Constantin Blome

Öffentliches Beschaffungsmarketing

D1809046

GABLER EDITION WISSENSCHAFT

Einkauf, Logistik und Supply Chain Management

Herausgegeben von
Professor Dr. Christopher Jahns

Die Schriftenreihe stellt den State-of-the-art betriebswirtschaftlicher Forschung am Supply Management Institute SMI™ im Bereich Einkauf, Logistik und Supply Chain Management dar. Die Verbindung von Theorie und Praxis steht dabei ebenso im Vordergrund wie die internationale Ausrichtung und die unmittelbare Verknüpfung der Themen Einkauf, Logistik und Supply Chain Management.

Constantin Blome

Öffentliches Beschaffungsmarketing

Ein Kennzahlensystem
für das Vergabemanagement

Mit Geleitworten von Prof. Dr. Christopher Jahns und
Prof. Dr. Eberhard Kuhlmann

Deutscher Universitäts-Verlag

Bibliografische Information Der Deutschen Nationalbibliothek
Die Deutsche Nationalbibliothek verzeichnet diese Publikation in der
Deutschen Nationalbibliografie; detaillierte bibliografische Daten sind im Internet über
<http://dnb.d-nb.de> abrufbar.

Dissertation Technische Universität Berlin, 2006

D 83

1. Auflage Januar 2007

Lektorat: Brigitte Siegel / Nicole Schweitzer

Der Deutsche Universitäts-Verlag ist ein Unternehmen von Springer Science+Business Media.
www.duv.de

Umschlaggestaltung: Regine Zimmer, Dipl.-Designerin, Frankfurt/Main
Gedruckt auf säurefreiem und chlorfrei gebleichtem Papier
Printed in Germany

ISBN 978-3-8350-0625-6

Geleitwort des Herausgebers

Die finanzielle Situation der öffentlichen Haushalte ist seit Jahren ein Dauerthema – nicht nur in der politischen Diskussion. Die unterschiedlichsten Modelle sollen helfen, Haushaltsmittel zu sparen, Leistungs- und Personalabbau sind an der Tagesordnung. Auf der anderen Seite lässt sich beobachten, dass die Beschaffung im öffentlichen Sektor oft ausgesprochen unwirtschaftlich ist. Zwischen zehn und 15 Prozent des Bruttosozialprodukts, das sind mehr als 250 Mrd. Euro, werden hier jährlich ausgegeben, und bisher fehlen fundierte umsetzbare Konzepte, um diesen Bereich wirtschaftlicher zu gestalten.

Die vorliegende Arbeit von Constantin Blome sieht auf Basis eines eigens geschaffenen privatwirtschaftlichen Ansatzes die Entwicklung eines öffentlichen Beschaffungsmarketings vor. Dabei handelt es sich nicht um ein einfach aus der Privatwirtschaft übertragenes Konzept, sondern um dessen Transformation auf die öffentliche Beschaffung. Im Rahmen der Transformation wird insbesondere das Vergaberecht, aber auch der aktuelle Status Quo der Verwaltungsreform berücksichtigt. Anders als bei anderen Reform-Konzepten werden Implementierung und Praxistauglichkeit nicht vernachlässigt. Herr Blome sichert dies durch die Bereitstellung eines bewusst als Sammlung gestalteten Kennzahlensystems ab, das erste dieser Art, und schafft damit die Basis für eine zielorientierte und wirtschaftliche öffentliche Beschaffung.

Die vorliegende Arbeit zeigt, dass es keinesfalls das Vergaberecht selbst ist, dass eine wirtschaftliche öffentliche Beschaffung verhindert, sondern dass hier vielmehr eine Lücke im Bereich adäquater Konzeptionen besteht. Aufgrund der besonderen Herausforderungen des öffentlichen Sektors ist ein Umdenken in der öffentlichen Beschaffung unvermeidbar; das hier entwickelte Konzept bietet die Möglichkeit, die notwendige Entwicklung auf ein durchdachtes und wirtschaftliches Fundament zu stellen.

Herrn Blomes Dissertation stellt die Basis eines gemeinsam mit dem Supply Management Institute SMI™ an der European Business School ins Leben gerufenen Forschungszentrums dar, in dem auch zukünftig fundierte und praxisrelevante Konzepte für die öffentliche Beschaffung entwickelt werden. Hierdurch soll die Reform der öffentlichen Beschaffung vorangetrieben und die Leistungsfähigkeit insbesondere der öffentlichen Verwaltung nachhaltig verbessert werden.

Univ.-Prof. Dr. Christopher Jahns

Geleitwort des Doktorvaters

Die öffentliche Wirtschaft befindet sich seit mehreren Jahren in einem Prozess der Reorganisation, der ganz allgemein auf die Steigerung der Wirtschaftlichkeit ausgerichtet ist. Eines der Kennzeichen dieses Prozesses ist die Adoption betriebswirtschaftlicher Erkenntnisse und privatwirtschaftlicher Erfahrungen. Unter Bezeichnungen wie „Neues Steuerungsmodell" oder „Öffentliche Kosten- und Leistungsrechnung" werden Theorien und Methoden angenommen, angepasst und angewandt, um den in vielen Bereichen offensichtlichen Rückstand der öffentlichen gegenüber der privaten Wirtschaft zu verringern. Zu diesen Funktionsbereichen gehört auch die öffentliche Beschaffung, die einen Effizienzschub, wie ihn die private Beschaffung in den letzten Jahren erhalten hat, dringend gebrauchen könnte. Obwohl durch öffentliche Aufträge ein jährliches Volumen von knapp 15% des BIP vergeben wird, geschieht dies – vor allem in Deutschland – vielfach mit unzureichender Professionalität. Ein modernes Beschaffungsmanagement ist nur selten, bei einigen „Beschaffungsleuchttürmen" (z. B. dem Bundesinnenministerium), anzutreffen, in den meisten Vergabestellen wird hingegen mehr „schlecht als recht" vergeben. Dennoch sind in Theorie und Praxis verblüffend wenige Ansätze anzutreffen, diesem Missstand abzuhelfen. Es fehlen immer noch der Problematik öffentlicher Beschaffung hinreichend angepasste Theorien und Methoden, durch deren Anwendung auch die durchschnittlich ausgestattetet Vergabestelle zumindest einen Teil des Erkenntnisfortschritts modernen, privaten Beschaffungsmanagements übernehmen könnten. Dazu fehlt es nach wie vor an realistischen, alltagstauglichen Konzepten.

Vor dem Hintergrund der skizzierten Ausgangslage entwirft der Verfasser, ein Grundmodell für das öffentliche Beschaffungsmarketing. Auf der Basis dieses Modells wird ein Kennzahlensystem entwickelt, durch dessen Anwendung die Professionalität öffentlichen Beschaffungsmarketings gesteigert werden kann. Es soll kein ideales öffentliches Beschaffungsmarketing begründet werden, sondern ein alltagstaugliches, das auch unter den vielfältigen Beschränkungen der Praxis einen Gewinn an Wirtschaftlichkeit erbringen kann. Als Prototyp öffentlicher Beschaffung dient die der Kommunen – zum einen, weil sie sehr häufig und in ähnlicher Form durchgeführt wird, zum anderen, weil hier ein Aufbruch zu neuen Ufern schon recht deutlich ausgeprägt ist. Der Autor liefert eine theoretisch fundierte und zugleich praxistaugliche Methodik für ein durch Kennzahlen gesteuertes öffentliches Beschaffungsmarketing

Prof. Dr. Eberhard Kuhlmann

Vorwort des Verfassers

Ziel dieser Arbeit ist es, einen Beitrag zur Steigerung der Wirtschaftlichkeit des öffentlichen Sektors zu leisten. Durch höhere Wirtschaftlichkeit im bisher stark vernachlässigten Feld der öffentlichen Beschaffung kann ein enormer Beitrag zur Verwaltungsreform geleistet werden. Eine wirtschaftlichere öffentliche Beschaffung kann einen Beitrag zur Haushaltskonsolidierung leisten oder dazu dienen, Leistungen des öffentlichen Sektors aufrechtzuerhalten oder neue Leistungen anbieten zu können. Letzten Endes führt eine wirtschaftlichere öffentliche Beschaffung zur Steigerung des Gemeinwohls.

Bisher werden die öffentliche Beschaffung und ihre großen Optimierungspotentiale sowohl auf Ebene des Verwaltungsbetriebs als auch von der Verwaltungsreform als relevantes Handlungsfeld oft übersehen. Es mangelt bisher an theoretisch fundierten und gleichzeitig praxisrelevanten Konzepten für die Steigerung der Wirtschaftlichkeit der öffentlichen Beschaffung. Deshalb wird in dieser Arbeit aufbauend auf einem privatwirtschaftlichen ein öffentliches Beschaffungsmarketing entwickelt. Hervorzuheben ist, dass das Konzept keinesfalls eine 1:1-Übertragung darstellt, sondern auf die besonderen Rahmenbedingungen der öffentlichen Beschaffung wie z. B. das Vergaberecht ausgerichtet ist. Damit das vorgestellte Konzept auch in der Praxis umsetzbar ist, wird ein Kennzahlensystem entwickelt, das die Analyse, Planung, Steuerung und Kontrolle des Vergabemanagements ermöglicht.

Im Rahmen meiner Dissertation möchte ich zunächst meinem Doktorvater, Herrn Prof. Dr. E. Kuhlmann, für die äußerst angenehme und produktive Zusammenarbeit danken. Ebenso gilt mein Dank Herrn Prof. Dr. U. Krystek für die mehr als zügige Erstellung des Zweitgutachtens sowie bereichernde Diskussionen ebenso wie Herrn Prof. Dr. H. Hirth als Vorsitzendem der Prüfungskommission für die sehr freundliche Art und Weise der Disputation. Über die Möglichkeit in der Veröffentlichungsreihe „Einkauf, Logistik und Supply Chain Management" von Herrn Prof. Dr. C. Jahns als erster Band veröffentlichen zu können, freue ich mich sehr.

Besonders große Unterstützung habe ich bei der Erstellung des Manuskripts von Frau. Barbara Könczöl (MA), Dipl.-Kffr. Miriam Wilhelm, Frau Dr. Helga Tödt und Dipl.-Kffr. Mechthild Wetekam erhalten. Insbesondere die Hilfe und Kollegialität von Frau Wetekam sind unbezahlbar und haben der Zeit am Lehrstuhl einen schönen Rahmen gegeben. Weiterhin bin ich allen meinen Freunden, aber auch den Kicker-Kollegen für die gemeinsame Zeit sehr verbunden, die das Forscherleben durch die gemeinsame Freizeit bunter gemacht haben. Meinen Eltern sei weiterhin für die finanzielle, aber insbesondere für die weitaus wichtigere persönliche Unterstützung gedankt, die zum Gelingen der Arbeit maßgeblich beigetragen hat. Am meisten wurde während der Promotionszeit meine Freundin Julia Tödt – auch durch nächtliche Störungen – strapaziert. Die endlose Geduld und das große Verständnis – insbesondere in den schwierigen Phasen – werde ich immer gut in Erinnerung halten können. Ihr und meinen Eltern ist diese Arbeit deshalb auch gewidmet. Als Letztes ist noch die Studienstiftung des deutschen Volkes hervorzuheben, die durch ein gut ausgestattetes Promotionsstipendium, einen sehr breiten Forschungsansatz ermöglicht hat. Zudem hat die ideelle Förderung der Stiftung zu vielen, wertvollen Freundschaften geführt.

Constantin Blome

Inhaltsverzeichnis

Abbildungsverzeichnis

Abkürzungsverzeichnis

4 Ps	Marketingmix (program, price, promotion und providing)
BHO	Bundeshaushaltsordnung
BM	Beschaffungsmarketing
BRD	Bundesrepublik Deutschland
BSP	Bruttosozialprodukt
CAPS	Center for Strategic Supply Research, Tempe, USA
Difu	Deutsches Institut für Urbanistik, Berlin
DIHT/DIHK	Deutscher Industrie- und Handelskammertag, Berlin
Diss.	Dissertation
DST	Deutscher Städtetag, Köln
DStGB	Deutscher Städte- und Gemeindebund, Berlin
EFTA	European Free Trade Association
EG(V)	Vertrag zur Gründung der Europäischen Gemeinschaft
E-Procurement	Electronic Procurement
EU	Europäische Union
GO NRW	Gemeindeordnung Nordrhein-Westfalen
HGrG	Haushaltsgrundsätzegesetz
Hrsg.	Herausgeber
HS.	Halbsatz
i. e. S.	im engeren Sinn
i. S. v.	im Sinne von
JiT	Just in Time
KGSt	Kommunale Gemeinschaftsstelle für Verwaltungsmanagement, Köln
NATO	North Atlantic Treaty Organisation
NPM	New Public Management
NSM	Neues Steuerungsmodell
OECD	Organization for Economic Cooperation and Development

o. J.	ohne Jahresangabe
o. V.	ohne Verfasser
RL	Richtlinie
TCO	total cost of ownership
USA	Die Vereinigten Staaten von Amerika
v. a.	vor allem
VO	Verordnung
z. T.	zum Teil
ZVEI	Zentralverband Elektrotechnik- und Elektronikindustrie e.V., Frankfurt

1 Einführung

1.1 Problemstellung und Zielsetzung

Die Situation der Beschaffung in der öffentlichen Verwaltung Deutschlands ist derzeit stark durch die folgenden Umstände geprägt: Da die verfügbaren Finanzmittel – beispielsweise durch rezessive Tendenzen, hohe Arbeitslosigkeit, Schuldendienst und Pensionslasten des öffentlichen Dienstes – knapper werden und die Ausweitung der öffentlichen Aufgaben in quantitativer und qualitativer Hinsicht sowie Verwaltungs-ineffizienz den Finanzbedarf anwachsen lassen, steigt die Differenz zwischen Finanz-bedarf und verfügbaren Finanzmitteln (LÜHMANN 2004, S. 143, MEYER 2004, S. 114ff., VOGELSANG/LÜBKING/ULBRICH 2005, S. 265ff.). Die finanzielle Lage des öffentlichen Sektors ist daher angespannt.

Durch die Konzentration auf Kernkompetenzen und das damit einhergehende Outsourcing und Contracting-out wird die Beschaffungstiefe der öffentlichen Verwal-tung noch weiter ansteigen (HAASE 1997, S. 22, SCHENK 2001, S. 24). Dadurch wird die Bedeutung der öffentlichen Beschaffung weiter zunehmen.

Des Weiteren haben sich die Einstellungen der Bürger – bezogen auf den Staat – gewandelt. Steuerzahler sehen sich immer mehr als Kunden des Staates. Die öffentliche Verwaltung, die schon seit langer Zeit Bürgern, Politikern und der Wirtschaft als unwirtschaftlich, ineffizient und bürokratisch erscheint, wird zunehmend an privatwirt-schaftlichen Wirtschaftlichkeitsmaßstäben gemessen (BRANDSTÄTT 2000, S. 43, SCHEDLER/PROELLER 2000, S. 28f.). Daraus resultieren ein erhöhter Legitima-tionsdruck und die Forderung nach mehr Wirtschaftlichkeit (RAFFEE/FRITZ/WIED-MANN 1994, S. 100, RICHTER 2000, S. 1).

Geprägt ist die öffentliche Beschaffung zudem dadurch, dass der Personal-bestand zur Durchführung der öffentlichen Beschaffung in quantitativer und qualitati-ver Weise oft nicht mit dem in privatwirtschaftlichen Unternehmen vergleichbar ist. Das Personal ist selten speziell für die Beschaffung ausgebildet. Insbesondere betriebs-wirtschaftliche Kenntnisse sind wenig verbreitet.

Ziel dieser Arbeit ist die Suche nach Methoden und Strategien zur Steigerung der Wirtschaftlichkeit der öffentlichen Beschaffung und die Ausgestaltung dieser für die entsprechenden Rahmenbedingungen. Eine effizientere und effektivere Beschaffung schont die finanziellen Ressourcen und eröffnet der öffentlichen Verwaltung einen größeren Handlungsspielraum (HENNING 1999, S. 1056, NAU/WALLNER 1999, S. 256).

Da betriebswirtschaftliche Methoden – sofern sie an die entsprechenden Rah-menbedingungen angepasst werden – auch die Wirtschaftlichkeit in der öffentlichen Verwaltung verbessern können und die öffentliche Beschaffung bisher selten strate-gisch ausgerichtet ist und ihr häufig der Marktbezug fehlt (BREDE 2001, HAASE 1997, S. 29), bietet sich deshalb das Beschaffungsmarketing als Methode an. Um innerhalb der bestehenden Rahmenbedingungen das Management des Beschaffungsmarketings zu ermöglichen, soll ein Kennzahlensystem genutzt werden. Das Kennzahlensystem ermöglicht eine Effizienz- und Effektivitätsbewertung, die die Unsicherheit über den Einsatz des Beschaffungsmarketings durch adäquate Informationen reduziert. Anhand alltagstauglicher Kennzahlen ist das zielgenaue Ausrichten des Verhaltens zur Erschließung der Beschaffungspotentiale möglich.

1.2 Untersuchungsgegenstand

Zu Beginn dieser Arbeit müssen zentrale Begriffe abgegrenzt und definiert werden. Kernbegriff der Arbeit ist die öffentliche Beschaffung. Bevor diese im Detail definiert wird, soll zunächst die grundsätzliche Bedeutung der Beschaffung für die öffentliche Verwaltung verdeutlicht werden.

Die Beschaffung ist sowohl für die Input- als auch die Output- bzw. Outcomeseite des Leistungserstellungsprozesses von großer Bedeutung. Auf der Inputseite ergibt sich der große Stellenwert zum einen dadurch, dass das Beschaffungsvolumen – wenn man die Haushaltspläne auswertet – i. d. R. den größten Ausgabenblock darstellt. Es sei darauf hingewiesen, dass auch Vorleistungen anderer öffentlicher Verwaltungsbetriebe die Fertigungstiefe des eigenen Vertriebs verringern und so die Beschaffungstiefe ansteigen lassen. Betrachtet man zudem, dass die Personalausgaben in der öffentlichen Verwaltung relativ schwer veränderbar sind, ergibt sich insbesondere im Rahmen des Kostenmanagements und der Haushaltskonsolidierung eine zentrale Bedeutung für die öffentliche Beschaffung. In der Beschaffung eingesparte finanzielle Mittel können zudem für andere Aufgaben der öffentlichen Verwaltung Verwendung finden. Jedoch geht – ebenso wie in der privatwirtschaftlichen Beschaffung auch – der Einfluss der Beschaffung über die kostenmäßige Beschaffungstiefe hinaus. Die Beschaffungsmarktpotentiale sollten nicht nur zur Senkung der Beschaffungskosten genutzt werden, sondern auch die Verbesserung des Outputs bzw. Outcomes des Leistungserstellungsprozesses zur Folge haben. Dies gilt insbesondere vor dem Hintergrund der sinkenden Fertigungstiefe. So sollte beispielsweise das Know-how des Lieferanten genutzt werden, um Innovationen nicht nur im Leistungserstellungsprozess selbst zu nutzen, sondern auch um sie den internen und externen Leistungsempfängern der öffentlichen Verwaltung zugänglich zu machen und auf diesem Wege das generierte Gemeinwohl ansteigen zu lassen. Zudem haben die Qualität der beschafften Leistungen und der Lieferanten häufig hohe Auswirkungen auf die Endqualität der erstellten Leistungen. Die zuletzt genannten Punkte haben für viele Leistungen der öffentlichen Verwaltung große Bedeutung, da sie nicht unerheblich auf fremdbeschaffte Leistungen zurückgehen (beispielsweise die Ausstellung eines Personalausweises in der Kommunalverwaltung). Besonders gilt dies für jene Leistungen, bei denen Input und Output der Leistungserstellung sich stark ähneln. Weiterhin ist ohne die adäquate Bereitstellung der fremdbeschafften Leistungen die Erbringung der Leistung nicht oder nur stark eingeschränkt möglich. Die genannten Aspekte untermauern, dass die Beschaffung für das Erreichen des Hauptziels der öffentlichen Verwaltung – dem Gemeinwohl – eine herausragende und strategische Bedeutung besitzt.

Bevor der Begriff „öffentliche Beschaffung" definiert werden kann, muss zunächst der äußerst facettenreiche Begriff „Beschaffung" abgegrenzt werden. Durch den Bedeutungswandel der Funktion Beschaffung, die zunehmende Spezialisierung ihrer Teilfunktionen, die Übernahme englischer Begriffe und ihr unterschiedlicher Gebrauch in Theorie und Praxis ist eine große Begriffsverwirrung und -vielfalt um den Begriff „Beschaffung" entstanden (KOPPELMANN 1999, S. 5, LENSING/SONNEMANN 1995, S. 1, SAUNDERS 1997, S. 34). Eine allgemein anerkannte Definition existiert nicht (ROLAND 1993, S. 3). Viele Bezeichnungen wie „Materialwirtschaft", „Versorgungsmanagement", „Einkauf", „Logistik", „Supply Management", „Supply Chain Management" etc. überschneiden sich mit dem Begriff „Beschaffung". Allerdings werden auch sie je nach Quelle unterschiedlich definiert.

Wenngleich eine ausführliche Diskussion dieser Termini für diese Arbeit verzichtbar ist, muss zur Verdeutlichung des Untersuchungsgegenstandes der Beschaffungsbegriff in zwei Dimensionen abgegrenzt werden. Zum einen unterscheidet man den Tätigkeitsumfang (Beschaffungsfunktionsumfang) und zum anderen den Umfang der Arten von Beschaffungsobjekten (Beschaffungsobjektumfang).

Die größte Konfusion besteht im Bereich des Beschaffungsfunktionsumfangs. In dieser Arbeit wird anders als z. B. bei Grochla und Schönbohm (GROCHLA/SCHÖN-BOHM 1980, S. 5) das „Versorgungsmanagement" bzw. „Supply Management" als übergeordneter Begriff für „Beschaffung", „Materialwirtschaft" und „Logistik" angesehen (ARNOLD 1997, S. 8, ARNOLDS/HEEGE/TUSSING 2001, S. 21, CLEMENS 1995, S. 30, KAUFMANN 2001, S. 40). Diese drei Begriffe überschneiden sich in ihren Funktionsumfängen (s. Abb. 1).

Materialwirtschaft und Logistik sind nicht Untersuchungsgegenstand dieser Arbeit, da sie sich eher mit der physisch-materiellen Dimension der Inputfaktoren und dem dazugehörigen Informationsfluss befassen (ARNOLD/ESSIG 2000, S. 123, CORSTEN 1996, S. 636, PALUPSKI 1998a, S. 167, PIONTEK 1993a, S. 1, TEMPEL-MEIER 1993, Sp. 314). Ihre Kernfunktionen sind z. B. Bereitstellung, Transport, Bevorratung, Wiederverwertung und Entsorgung. Diese Funktionen werden im Folgenden nicht betrachtet.

Der Beschaffungsfunktionsumfang erschließt sich durch die Abgrenzung des Beschaffungs- zum Einkaufsbegriff. Die Ausdrücke Beschaffung und Einkauf werden häufig synonym z. B. im alltäglichen Gebrauch oder aber auch mit gegenteiligem oder sich überschneidendem Begriffsinhalt genutzt (ARNOLD/ESSIG 2000, S. 122, BER-NING 1996, S. 1, HARTMANN 1997, S. 18). Früher war es in der Theorie und v. a. in der Praxis gebräuchlich, den Begriff „Einkauf" für eher strategische und den Begriff Beschaffung für eher operative Aufgabeninhalte zu nutzen (KATZMARCYK 1988,

S. 8). Heute hat sich der Terminus „Beschaffung" jedoch v. a. in der Theorie gegenüber dem Terminus „Einkauf" durchgesetzt (HARLANDER/BLOM 1999, S. 10, HART-MANN 1997, S. 18, KAUFMANN 2001, S. 36f.). Dies zeigt sich z. B. auch am Namen der führenden Zeitschrift dieses Bereiches: „Beschaffung aktuell".

Unter Beschaffung versteht man alle markt- und unternehmensbezogenen Aktivitäten, die die wirtschaftliche Versorgung des Unternehmens mit allen nicht selbst hergestellten Gütern zum Ziel hat (ARNOLD/ESSIG 2000, S. 123, HARLANDER/ BLOM 1999, S. 9f., THEISEN 1970, S. 423). Der Einkauf hingegen wird hier als der Teil der Beschaffung angesehen, der sich mit eher operativen Tätigkeiten beschäftigt (ANDERS 1992, S. 3, ARNOLDS/HEEGE/TUSSING 2001, S. 22, HARLANDER/ BLOM 1999, S. 10). Der Fokus dieser Arbeit liegt auf den eher strategischen Aufgaben, dem Beschaffungsmarketing. Die ausführliche Darstellung des Beschaffungsmarketings bleibt Kapitel 4 vorbehalten.

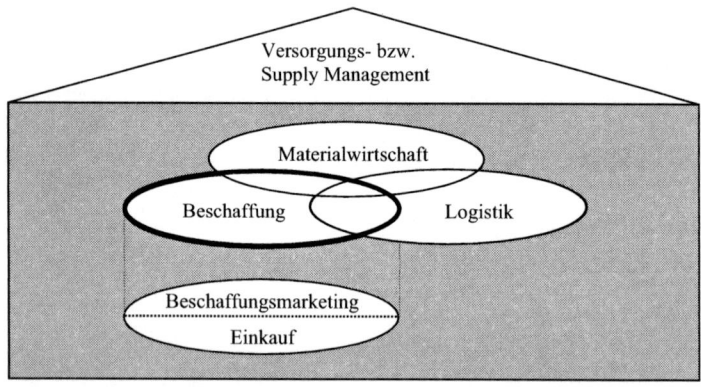

Abb. 1: Abgrenzung des Beschaffungsbegriffs

Der Objektumfang des Beschaffungsbegriffs fällt je nach Quelle sehr unterschiedlich aus (CORSTEN 1996, S. 633, ROLAND 1993, S. 4). V. a. in älteren Veröffentlichungen wird gefordert, den Beschaffungsbegriff so weit zu fassen, dass auch Personal und Kapital als Beschaffungsobjekte betrachtet werden (Beschaffung im weiteren Sinne) (DEMARCHI 1974, S. 167, GROCHLA 1977, S. 181, LIPPMANN 1979, S. 29). Wenn auch von Vertretern dieser Ansicht vorgebracht wird, dass sich diese Beschaffungsobjektarten nicht grundsätzlich voneinander unterscheiden, zeigt sich in der Praxis, dass sich für Leistungen, Personal und Kapital stark voneinander unterscheidende Teilmärkte herausgebildet haben (BIERGANS 1992, S. 25, CORSTEN 1996, S. 633, LINDNER 1983, S. 39f., PFISTERER 1988, S. 14). Gerade für die öffentliche Beschaffung unterscheiden sich diese Teilmärkte aufgrund der besonderen Regulierung noch stärker, als sie es in der privatwirtschaftlichen Beschaffung ohnehin schon tun

(HUELMANN 2000, S. 33). Deshalb scheint eine einheitliche Betrachtung der Teilmärkte in der Praxis wenig zweckdienlich zu sein.

Hier wird ein Beschaffungsbegriff mit eingeschränktem Objektumfang verwen-
det, der auch in Theorie und Praxis häufig genutzt wird (Beschaffung im engeren
Sinne) (ARNOLD 1982, S. 12, ERNST 1996, S. 34, HAMMANN/LOHRBERG 1986,
S. 7, KIENZLE 2000, S. 49, PIONTEK 1994, S. 34f.). Zum Objektumfang der Beschaffung gehören hier folglich Produktionsmaterial, Betriebsstoffe, Investitionsgüter,
Dienstleistungen, Handelswaren, Rechte und Informationen. Der teilweise in der Literatur anzutreffende noch enger gefasste Beschaffungsbegriff (Beschaffung im engsten
Sinne), der sich nur auf Material beschränkt, ist für diese Arbeit nicht adäquat, da er
sich mit der Abgrenzung des Vergaberechts nicht deckt und eine unnötige Begrenzung
des Teilmarktes Leistungen vornimmt.

Angelehnt an den privatwirtschaftlichen Beschaffungsbegriff werden unter öf-
fentlicher Beschaffung alle Tätigkeiten der öffentlichen Verwaltung verstanden, die das
zur Verfügungstellen aller nicht von der öffentlichen Verwaltung selbst hergestellten
Sachgüter und Dienstleistungen zum Gegenstand haben (HILSE 1996, S. 45). Als
Synonyme findet man auch die Begriffe „(öffentliches) Auftrags-/Vergabe-/Beschaf-
fungswesen", „öffentliche Auftragsvergabe" und „öffentlicher Einkauf" (HILSE 1996,
S. 39f., HUELMANN 2000, S. 35, MEYER 2002, S. 37). Gegenstand der öffentlichen
Beschaffung sind öffentliche Aufträge. Diese sind legaldefiniert nach § 99 Abs. 1 GWB
„entgeltliche Verträge zwischen öffentlichen Auftraggebern und Unternehmen, die
Liefer-, Bau- oder Dienstleistungen zum Gegenstand haben, und Auslobungsverfahren,
die zu Dienstleistungsaufträgen führen sollen". Es wird also die Beschaffung am Markt
und nicht die Möglichkeit der Eigenproduktion oder des Hoheitsakts betrachtet (HUEL-
MANN 2000, S. 33, RITTNER 1988, S. 29).

Alle Gesetze und Normen, die der öffentliche Auftraggeber bei der öffentlichen
Beschaffung zu beachten hat, werden zusammengenommen als Vergaberecht bezeichnet (KOKOTT 2000, S. 2). Insbesondere wird in dieser Arbeit das deutsche Vergaberecht betrachtet. Kern des nationalen Vergaberechts sind die drei aufeinander verweisenden Säulen: das Gesetz gegen Wettbewerbsbeschränkungen (GWB), die Vergabeverordnung (VgV) und die Verdingungsordnungen (VOL, VOB und VOF). Im Bereich
der Verdingungsordnungen werden die Bereiche Leistungen (VOL), freiberufliche
Leistungen (VOF) und Bauleistungen (VOB) unterschieden (s. Kap. 3). Aufgrund der
Spezifität von Bauleistungen (HILSE 1996, S. 30, ZDZIEBLO 1987, S. 37f.) wird
dieser Bereich nicht erörtert. Besonders fokussiert wird der Bereich der Leistungen.

Das Vergaberecht muss nur von öffentlichen Auftraggebern befolgt werden. Von
den unterschiedlichen Gruppen der öffentlichen Auftraggeber wird hier nur die Gruppe
der öffentlichen Verwaltung betrachtet (s. Kap. 3.3.1), da für sie die rechtlichen Restriktionen am größten sind. Zum einen scheint die Notwendigkeit eines Konzepts für
diesen Bereich sehr hoch zu sein und zum anderen kann das in der vorliegenden Arbeit
zu entwickelnde betriebswirtschaftliche Konzept leichter von einer höheren auf eine

niedrigere Restriktionsstufe übertragen werden als umgekehrt, so dass ein Ansetzen auf höchster Restriktionsstufe am sinnvollsten erscheint.

Dennoch ist auch die öffentliche Verwaltung als Untersuchungsgegenstand zu heterogen, so dass weiter fokussiert werden muss. Zunächst sind die unmittelbare und die mittelbare öffentliche Verwaltung zu unterscheiden (KÜCHLER 2000, S. 17, RAU 1994, S. 7). Öffentliche Unternehmen wie Eigenbetriebe, Eigengesellschaften, rechtsfähige öffentlich-rechtliche Anstalten, rechtsfähige Stiftungen, rechtsfähige Vereine und Beteiligungsgesellschaft stellen die mittelbare öffentliche Verwaltung dar (CRONAUGE 1997, S. 34, DAMKOWSKI/PRECHT 1995, S. 25, LÜDER/KÜPPER 1979, S. 248). Die unmittelbare öffentliche Verwaltung besteht aus der Kommunal-, Landes- und Bundesverwaltung (Verwaltungsführung, Dezernate, Sachgebieten, Abteilungen, Referate und Ämter) und den zugehörigen reinen Regiebetrieben und nichtrechtsfähigen öffentlich-rechtlichen Anstalten (KÜCHLER 2000, S. 52, BECKER 1989, S. 599, FABRY 2002, S. 6). Analog zur Unterscheidung von unmittelbarer und mittelbarer öffentlicher Verwaltung findet man auch die Einteilung in Brutto- und Nettobetriebe (LÜDER 1982, S. 540, RAFFEE/FRITZ/WIEDMANN 1994, S. 19). Nettobetriebe bzw. die mittelbare öffentliche Verwaltung sollen nicht Gegenstand dieser Arbeit sein, da sie privatwirtschaftlichen Unternehmen stärker ähneln (z. B. privatwirtschaftliche Rechnungslegung, personalwirtschaftliche Flexibilität) und so erneut nicht die höchste Restriktionsstufe Beachtung finden würde (BREDE 2001, S. 79f., STRUNZ 1993, S. 85ff.).

Aber auch die unmittelbare öffentliche Verwaltung ist relativ heterogen. Deshalb fokussiert sich diese Arbeit auf die Kommunalverwaltung. Die rechtlichen Restriktionen sind den anderen Ebenen der öffentlichen Verwaltung vergleichbar, jedoch ist die Kommunalverwaltung u. a. aufgrund der Nähe zu den Bürgern der Reformmotor. Die Einführung betriebswirtschaftlicher Methoden ist hier gegenüber der Bundes- und Landesverwaltung weiter fortgeschritten, so dass die erfolgreiche Einführung des zu entwickelnden Konzepts aufgrund der Vorkenntnisse wahrscheinlicher ist. Zudem vereinen die Kommunalverwaltungen etwa 50-60% des Beschaffungsvolumens der klassischen öffentlichen Auftraggeber auf sich (GÖTZ 1999, S. 5, HILSE 1996, S. 25+29, JANSEN/KLIPSTEIN 2002, S. 149, KULARTZ/PORTZ 2004, S. 1). Auch wenn keine einheitliche, umfassende Statistik zum öffentlichen Beschaffungsvolumen existiert (KRAFT-LEHNER 2002, S. 9, MEYER 2000, S. 57, UMWELTBUNDESAMT 1999, S. 14), kann für die Bruttobetriebe der Kommunalverwaltung ein Beschaffungsvolumen von 2,5 bis 3,5% des Bruttonationaleinkommens (früher BSP) angenommen werden. Etwa die Hälfte des öffentlichen Beschaffungsvolumens entfällt auf die klassischen öffentlichen Auftraggeber (MARX 1997, S. 71), und der Anteil des Beschaffungsvolumens am Bruttonationaleinkommen wird regelmäßig auf 10 bis 15% geschätzt (ALTINDAG 2000, S. 4, GÖTZ 1999, S. 5, HUELMANN 2000, S. 24, KRAFT-LEHNER 2002, S. 10, MATTHEY 2001, S. 28, MEYER 2002, S. 46, NOCH 2002, S. 1, PRIESS 2001, S. 1). Für 2004 bedeutet dies ein Beschaffungsvolumen von 220 bis 330 Mrd. €.

1.3 Methodik und Vorgehensweise

Die öffentliche Beschaffung ist, obwohl es sich um eine originär betriebswirtschaftliche Aufgabe handelt, weder in der Praxis noch in der Theorie betriebswirtschaftlich durchdrungen. Marktbezug und strategische Aspekte werden in der öffentlichen Beschaffung häufig außer Acht gelassen (CHRISTMANN/HULAND/MEISSNER 2004, S. 3). Da sich in der Privatwirtschaft zur Lösung dieser Probleme das Beschaffungsmarketing bewährt hat, wird hier dieses als begrenztes Vorbild genommen und auf die öffentliche Beschaffung unter Anpassung an die Rahmenbedingungen angewendet. Wenngleich sich die spezifischen Kernprinzipien des Beschaffungsmarketings übertragen lassen, ist für die Übertragung ein Ausrichten an den spezifischen Rahmenbedingungen notwendig. Das Beschaffungsmarketing besitzt eine Vielzahl an Vorteilen, die für die öffentliche Beschaffung genutzt werden können. Es kann der zunehmenden Komplexität und Dynamik der Umwelt der öffentlichen Beschaffung Rechnung tragen. Es kann zur Reduzierung der Beschaffungskosten führen, ein strategisches Vorgehen ermöglichen, eine verbesserte Schwerpunktsetzung bei den Beschaffungsprozessen erlauben, den Beschaffungsprozess verkürzen, das Beschaffungsverfahren transparenter machen, die Möglichkeit zur zielorientierten Steuerung schaffen, eine verbesserte Kontrolle erlauben, die Grundlage für die Selbstverwirklichung der Mitarbeiter und einen kooperativeren Führungsstil schaffen, zur Ausnutzung der internen und externen Beschaffungspotentiale führen, verbesserte Lieferantenbeziehungen ermöglichen, eine bessere Kommunikation in der Verwaltung schaffen, zur Ziel- und Strategieklärung führen, die Ressourcenverschwendung begrenzen etc., kurz: es kann eine grundsätzliche Verbesserung auf allen Ebenen der Beschaffung eintreten.

Da das öffentliche Beschaffungsmarketing bisher nur in Ansätzen besteht und die Privatwirtschaft der öffentlichen Beschaffung in punkto Beschaffungsmarketing weit voraus ist, bietet sich die Nutzung der Erfahrungen und Erkenntnisse des privatwirtschaftlichen Beschaffungsmarketings an. Da nicht jedes privatwirtschaftliche Unternehmen tatsächlich professioneller als die öffentliche Verwaltung beschafft, wird als Referenzmodell ein theoretisches Idealmodell des Beschaffungsmarketings gewählt. Voraussetzung für die Anwendung des Konzepts auf die öffentliche Beschaffung ist jedoch, dass sich betriebswirtschaftliche Methoden überhaupt zielführend auf die öffentliche Verwaltung anwenden lassen. Die Erfahrung zeigt, dass betriebswirtschaftliche Methoden sich nur zielführend anwenden lassen, wenn die speziellen Rahmenbedingungen der öffentlichen Verwaltung beim Übertragen der Methoden beachtet werden (Kap. 2).

Um das privatwirtschaftliche Beschaffungsmarketing an die speziellen Rahmenbedingungen anpassen zu können, müssen zunächst diese Rahmenbedingungen dargestellt werden. Die einzelnen Rahmenbedingungen werden bei der Übertragung des Beschaffungsmarketings als Unterstützung bzw. Restriktion aufgegriffen. Die wesentlichen Unterschiede der öffentlichen zur privatwirtschaftlichen Beschaffung bestehen in den Eigenschaften des öffentlichen Auftraggebers und dem Vergaberecht.

Zunächst werden der Aufbau, die Besonderheiten und der Status Quo in den deutschen Kommunalverwaltungen dargestellt (Kap. 2). Dabei wird auch auf die öffentliche Beschaffung als Teil der Kommunalverwaltung eingegangen. Da die Einführung des Beschaffungsmarketings eine Fortführung der bisherigen Reformen ist bzw. sich in den Reformprozess einfügen soll, werden wichtige Felder der Kommunalverwaltungsreform und deren Entwicklungsstand erörtert (Kap. 2.3).

Das dritte Kapitel beschäftigt sich mit dem Vergaberecht. Es werden Inhalte, Ziele und Besonderheiten des Vergaberechts dargestellt. Das Vergaberecht wird häufig als Haupthindernis für eine wirtschaftliche öffentliche Beschaffung angesehen und stellt eine der Hauptrestriktionsquellen für die Übertragung des Beschaffungsmarketings dar.

Anschließend bedarf es der Darstellung eines geschlossenen Beschaffungsmarketingkonzepts, das die sukzessive Übertragung des Beschaffungsmarketings auf die öffentliche Beschaffung erlaubt. Bei der Übertragung sind die Rahmenbedingungen der öffentlichen Beschaffung unbedingt zu respektieren. Da ein geschlossenes Beschaffungsmarketingkonzept, das ein systematisches Übertragen des Beschaffungsmarketings auf die öffentliche Beschaffung erlaubt, in der notwendigen Form in der Privatwirtschaft nicht existiert, muss zunächst ein solches entwickelt werden (Kap. 4.1 bis 4.3). Hierfür werden die bestehenden Beschaffungsmarketingansätze ausgewertet und daraus ein prozessuales Beschaffungsmarketing entwickelt, das sich an das (Absatz-) Marketing anlehnt. Die Entwicklung, die Ziele, der Aufbau und die Instrumente des Beschaffungsmarketings werden gezeigt. Im Kapitel 4.4 findet sich die detaillierte Übertragung des Konzepts auf die öffentliche Beschaffung der Kommunalverwaltung.

Problematisch ist, dass nun zwar ein geschlossenes theoretisches Konzept vorliegt, die Umsetzung in die Praxis jedoch noch nicht ausreichend berücksichtigt worden ist. Das Beschaffungsmarketing kann nicht durch rechtliche Vorgaben wie dem Vergaberecht umgesetzt werden. Den Verantwortlichen fehlen für die Umsetzung des Beschaffungsmarketings i. d. R. Informationen und konkrete Ansätze zur Analyse, Planung, Implementierung und Kontrolle der Maßnahmen. Die Beschaffungsprozesse sind häufig durch die vielen rechtlichen Vorgaben komplex und intransparent. Neues Personal, das sich mit Beschaffungsmarketing auskennt, steht nicht zur Verfügung. Fort- und Weiterbildungsmaßnahmen sind nur in begrenztem Umfang möglich. Vorgesetzte müssen nicht nur die Relevanz des Beschaffungsmarketings erkennen können, sondern auch dass das Konzept zielführend umgesetzt wird und dass sie die Beschaffung und ihre Mitarbeiter steuern können. Auch benötigen die Mitarbeiter konkretes Feedback zu ihrem eigenen Handeln. Folglich werden weitere Instrumente für die Umsetzung des Beschaffungsmarketings benötigt.

Hierfür bietet sich insbesondere der Aufbau eines Kennzahlensystems (Kap. 5) an. Kennzahlen können durch ihren hohen Informationsgehalt Komplexität reduzieren und Transparenz schaffen (BOTTA 1997, S. 16, GLADEN 2001, S. 12f., WEBER 2002, S. 213). Sie können adressatengerecht Informationen bereitstellen, die dem Beschaffer eine Effizienz- und Effektivitätsbewertung und -steuerung seines Handelns ermöglichen. In Kapitel 5.1 werden zunächst die Entwicklung, die Definition und die Anwendungsmöglichkeiten von Kennzahlen und Kennzahlensystemen sowie deren Probleme dargestellt. Weiterhin werden bisherige auch internationale Erfahrungen im Umgang mit Kennzahlensystemen in der öffentlichen Verwaltung bzw. der privatwirtschaftlichen Beschaffung wiedergegeben (Kap. 5.2). Kern des Kapitels ist die Entwicklung eines mehrstufigen Kennzahlensystems zur Steuerung bzw. Umsetzung des öffentlichen Beschaffungsmarketings (Kap. 5.3). Es handelt sich – dem modernen Kennzahlensystemverständnis entsprechend – um ein empirisch-induktiv hergeleitetes Kennzahlensystem, das auf Plausibilitätsüberlegungen aufbaut (Kap. 5.3.1).

Da das vorgestellte Gesamtkonzept sehr umfangreich ist, bedarf es eines Implementierungsplans, um eine erfolgreiche Umsetzung zu garantieren. Deshalb wird in Kapitel 6 ein modularer Implementierungsplan für Kommunalverwaltungsgruppen mit unterschiedlichen Ausgangs- und Rahmenbedingungen entworfen. Auch wird gezeigt, dass selbst eine partielle Umsetzung des Gesamtkonzepts durchaus zielführend sein kann.

In Kapitel 7 werden die Ergebnisse dieser Arbeit zusammengefasst und kritisch gewürdigt sowie ein Ausblick auf weitere Forschungsfragen gegeben.

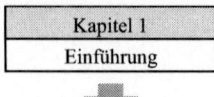

Kapitel 1

Einführung

Rahmenbedingungen der öffentlichen Beschaffung

Kapitel 2	Kapitel 3
Die Kommunalverwaltung	Das Vergaberecht

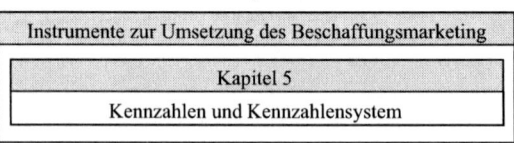

Das öffentliche Beschaffungsmarketing

Kapitel 4.1 bis 4.3

Entwicklung geschlossenes Beschaffungsmarketing

Kapitel 4.4

Übertragung Beschaffungsmarketing auf
die öffentliche Beschaffung

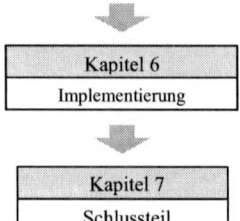

Instrumente zur Umsetzung des Beschaffungsmarketing

Kapitel 5

Kennzahlen und Kennzahlensystem

Kapitel 6

Implementierung

Kapitel 7

Schlussteil

Abb. 2: Aufbau der Arbeit

2   Der Status Quo in der Kommunalverwaltung

Um zu gewährleisten, dass die Anwendung betriebswirtschaftlicher Methoden in der Praxis zu positiven Effekten führt, müssen die vorhandenen Rahmenbedingungen der öffentlichen Beschaffung beachtet werden. Deshalb werden in diesem Kapitel die Rahmenbedingungen der Kommunalverwaltung dargestellt. Dabei wird der Bezug zur öffentlichen Beschaffung immer wieder hergestellt. Neben der Darstellung des Aufbaus, der Aufgaben und der Ziele der Kommunalverwaltung wird in diesem Kapitel auch die Anwendung betriebswirtschaftlicher Konzepte in der Kommunalverwaltung diskutiert, und der Rationalitätenmix in der Kommunalverwaltung aufgezeigt. Da die Reformbewegung des NPM und NSM die Kommunalverwaltung stark verändert haben, werden diese hier aufgegriffen. Die Darstellung einzelner Reformschwerpunkte führt zu einer weiteren Konkretisierung der Rahmenbedingungen der Kommunalverwaltung.

2.1   Charakterisierung der Kommunalverwaltung

Die öffentliche Verwaltung unterteilt sich in den Instanzenaufbau Bund, Land und Kommune. Dabei stellen Bund und Länder die unmittelbare und die Kommunen die mittelbare Staatsverwaltung dar (GORNAS/BEYER 1991, S. 20).

Die Kommunalverwaltung ist Teil der Exekutive. Ihr stehen keine Gesetzgebungskompetenzen zu (BRANDSTÄTT 2000, S. 18f., MAIER 2002, S. 38). Sie ist eine administrative Einrichtung zur Durchsetzung kommunal- und staatspolitischer Ziele bzw. ist mit der Umsetzung des politischen Willens beauftragt (BRANDSTÄTT 2000, S. 10f., HOMANN 1995, S. 47+63). Damit höhere Verwaltungsinstanzen keine dezentralen Verwaltungen in den Kommunen vorhalten müssen, ziehen sie Kommunalverwaltungen zur Aufgabenerfüllung heran. Allerdings ist die Kommunalverwaltung nicht nur Instrument höherer Instanzen. Die Kommunen besitzen das Selbstverwaltungsrecht nach Art. 28 Abs. 2 GG, das ihnen die allgemeine Zuständigkeit für sämtliche lokale Verwaltungsaufgaben zuspricht (BRANDSTÄTT 2000, S. 20f., KÜCHLER 2000, S. 20, VOGELSANG/LÜBKING/ULBRICH 2005, S. 37). Allerdings haben die Kommunen keine Bestands- und Aufgabengarantie (CRONAUGE 1997, S. 29, MEYER 1998, S. 62, VOGELSANG/LÜBKING/ULBRICH 2005, S. 37). Auch die Selbstverwaltung ist bis auf einen Kernbereich (u. a. Organisations-, Personal-, Planungs- und Finanzhoheit) durch Gesetze einschränkbar (VOGELSANG/LÜBKING/ULBRICH 2005, S. 38ff.).

Die Kommunalverwaltung ist ein Produktionsbetrieb in öffentlicher Trägerschaft, der die Allgemeinbedürfnisse der zugehörigen Kommune bedient (PALUPSKI 1997, S. 39). Als Teil der öffentlichen Verwaltung besitzt die Kommunalverwaltung ähnliche Merkmale wie die öffentliche Verwaltung:

- heterogenes, stark verflochtenes Leistungsprogramm (EICHHORN 1998, S. 212, HIEBER 1995, S. 25, RAU 1994, S. 18f.),
- politisch vorgegebenes Leistungsprogramm (BARGEHR 1991, S. 2, DEIMER/ KOSTENBADER 1997, S. 23, RAFFEE/FRITZ/WIEDMANN 1994, S. 48),
- unentgeltliche Leistungen (EICHHORN/BUCHHOLZ 1983, S. 210, SCHMIDT 2001, S. 17, SCHUSTER 2002, S. 278),
- eingeschränkte Marktfähigkeit der Leistungen (ADAMASCHEK 2000a, S. 26, BRÄUNIG 2000, S. 15, RICHTER 2000, S. 27),
- i. d. R. Leistungsmonopole (z. B. Personalausweis) (EMMEL 1998, S. 227f., PALUPSKI 1998b, S. 65, ROUSE 1997, S. 78),
- kein Konkursrisiko (HIEBER 1995, S. 25, RAU 1994, S. 18f., SEIFERT 1998, S. 27),
- Gemeinwohlorientierung und Bindung an Recht- und Gesetzmäßigkeit (BAR-GEHR 1991, S. 2, SCHMIDT 2001, S. 68, SCHWARZE/KOSS 1996, S. 14f.),
- große Interessenkonflikte und großes öffentliches Interesse an der Kommunalverwaltung (ADAMASCHEK ET AL. 2002, S. 17, REINERMANN 1984, S. 89).

Eine Besonderheit der Kommunalverwaltung gegenüber der Bundes- und Landesverwaltung ist z. B. der intensivere unmittelbare Kontakt mit den Bürgern (HOMANN 1995, S. 58).

Da die Begriffe „Stadt(-verwaltung)" und „Gemeinde(-verwaltung)" den hier betrachteten Untersuchungsgegenstand nur unzureichend beschreiben, wird der Begriff „Kommune" bzw. „Kommunalverwaltung" genutzt. Der Begriff „Stadt" ist eine ehemals mit Privilegien versehene Bezeichnung, die nach dem Stadtrecht verliehen wurde. Auch wenn die Begriffe „Kommune" und „Gemeinde" z. T. synonym gebraucht werden, ist der Begriff „Kommune" umfassender (SCHUSTER 2001, S. 20). Die Kommune umfasst die Gebietskörperschaften: Landkreis, kreisangehörige und kreisfreie Stadt, Gemeinde und Gemeindeverband (Samtgemeinden, Gemeindeverwaltungsverbände, Verbandsgemeinden und Verwaltungsgemeinschaften) (KÜCHLER 2000, S. 18). In der BRD gibt es 439 Kreise (darunter 116 kreisfreie Städte und 323 Landkreise) und insgesamt 12.631 Gemeinden (Stand 31.12.2004) (STATISTISCHES BUNDESAMT 2005, S. 40). Die Größen der einzelnen Gemeinden und somit auch der Kommunen unterscheiden sich – gemessen an der Zahl der Einwohner – stark voneinander (BRAND-STÄTT 2000, S. 20) (s. Abb. 3). Landkreise erfüllen überörtliche und andere Aufgaben, die von den einzelnen Gemeinden schlecht erfüllt werden können (Subsidiaritätsprinzip) (BRANDSTÄTT 2000, S. 25, HILL 1989, Sp. 442, VOGELSANG/LÜB-KING/ULBRICH 2005, S. 90f.). Kreisfreie Städte erfüllen die Landkreisaufgaben selbst (VOGELSANG/LÜBKING/ULBRICH 2005, S. 92). Die zunehmend nicht mehr vorzufindende Ebene der Regierungsbezirke ist nicht Gegenstand dieser Arbeit.

Gemeindegröße (gemessen an Einwohnerzahl)	Anzahl Gemeinden	Anteil Gemeinden an Gesamtanzahl Gemeinden
unter 1.000:	5.081	40,2 %
1.000 - 10.000:	5.977	47,4 %
10.000 - 50.000:	1.382	10,9 %
50.000 - 100.000:	109	0,9 %
100.000 - 500.000:	70	0,6 %
über 500.000:	12	0,1 %

Abb. 3: Größenverteilung der Gemeinden *(Stand 31.12.2003)*

(STATISTISCHES BUNDESAMT 2005, S. 40f.)

Der Aufbau der Kommunalverwaltung ist weiterhin durch unterschiedliche Formen der kommunalen Zusammenarbeit zur besseren Leistungserbringung wie z. B. der Verwaltungsgemeinschaft, der Samtgemeinde oder der kommunalen Arbeitsgemeinschaften geprägt (VOGELSANG/LÜBKING/ULBRICH 2005, S. 297ff.). Zur besseren Interessenvertretung und gegenseitigem Erfahrungsaustausch gibt es außerdem kommunale Spitzenverbände (auf Bundesebene: Deutscher Städtetag, Deutscher Städte- und Gemeindebund, Deutscher Landkreistag) (KÜCHLER 2000, S. 21). Auch Forschungs- und Beratungseinrichtungen wie die Kommunale Gemeinschaftsstelle für Verwaltungsmanagement (KGSt) in Köln und das Deutsche Institut für Urbanistik (Difu) in Berlin werden durch Kommunalverwaltungen getragen.

Der interne Aufbau der Kommunalverwaltung unterteilte sich lange Zeit in vier unterschiedliche Kommunalverfassungstypen: die süddeutsche Rats-, die norddeutsche Rats-, die Bürgermeister- sowie Magistratsverfassung (BRANDSTÄTT 2000, S. 29, KÜCHLER 2000, S. 28, MAIER 2002, S. 39). Heute existiert bis auf in Hessen und Bremerhaven nur noch die süddeutsche Ratsverfassung oder Abwandlungen von ihr (VOGELSANG/LÜBKING/ULBRICH 2005, S. 88). Die süddeutsche Ratsverfassung ist durch das Hauptorgan der direkt gewählten Gemeindevertretung (Rat) und den direkt gewählten hauptamtlichen Bürgermeister gekennzeichnet (VOGELSANG/LÜB-KING/ULBRICH 2005, S. 88f.). Der Bürgermeister ist der Ratsvorsitzende und Vorsitzender der Verwaltung. Der Rat ist das „oberste Willensbildungs- und Beschlussorgan" und trifft die grundsätzlichen Entscheidungen (VOGELSANG/LÜBKING/ULBRICH 2005, S. 101, RAU 1994, S. 20ff.). Die Kommunalverwaltung ist mit der Verwaltungsarbeit und der Vorbereitung bzw. Umsetzung von Ratsentscheidungen befasst (VOGELSANG/LÜBKING/ULBRICH 2005, S. 94).

Die Kommunalverwaltung ist meist zweistufig – bestehend aus Verwaltungsführung und Ämtern – oder dreistufig mit einer zusätzlichen mittleren Ebene aufgebaut (HOPP/GÖBEL 1999, S. 5, KÜCHLER 2000, S. 52). Auch wenn die einzelnen Ämter,

Dezernate etc. sehr vielfältig sind (POTTHOFF 1985, S. 43), weisen die Kommunal-verwaltungen insgesamt eine recht einheitliche Organisationsstruktur auf. Die Ämter der Kommunalverwaltung lassen sich meist in Fach- und Querschnittsämtern einteilen (HOPP/GÖBEL 1999, S. 4, KÜCHLER 2000, S. 52). Während die Beschaffung in der Kommunalverwaltung früher oft eine Querschnittsfunktion im Bereich des Hauptamtes war und z. T. noch ist (HILSE 1996, S. 65ff.+127f.), wird laut der Studie von Kosilek und Uhr insbesondere im Bereich der Beschaffungsabwicklung von Leistungen auf eine zentrale Vergabestelle verzichtet (KOSILEK/UHR 2002, S. 157). Das Hauptamt hat meist einen weniger abgegrenzten Aufgabenrahmen als andere Ämter der Kommunal-verwaltung und hat in erster Linie Aufgaben der inneren Verwaltung sowie zentrale Dienste inne.

Im Folgenden wird von dem Bereich, der mit der Beschaffung in der Kommu-nalverwaltung vertraut ist, allgemein von der Beschaffungsabteilung gesprochen – egal ob sich dahinter ein Amt, ein Dezernat oder ein Sachgebiet verbirgt.

2.2 Aufgaben und Ziele der Kommunalverwaltung

Die Aufzählung der Aufgaben der Kommunalverwaltung kann nicht abschließend er-folgen, da es keinen feststehenden Katalog öffentlicher Aufgaben gibt (BRANDSTÄTT 2000, S. 24, ERHARDT 1989, Sp. 1007, CRONAUGE 1997, S. 23). Die kommunalen Aufgaben werden in freiwillige und pflichtige Selbstverwaltungsaufgaben und Auf-tragsangelegenheiten unterschieden (VOGELSANG/LÜBKING/ULBRICH 2005, S. 49). Der Anteil der Auftragsangelegenheiten (z. B. Gesundheits-, Melde- und Schul-angelegenheiten) nimmt ständig zu (KÜCHLER 2000, S. 26, STÖRMANN 1997, S. 40). Freiwillige Selbstverwaltungsaufgaben (z. B. kommunale Wirtschaftsförderung, Verkehrseinrichtungen, Wohnungsbauförderung, Kulturarbeit, Sportförderung, Aus-landsstädtepartnerschaften) machen dagegen nur etwa 10% des Aufgabenumfangs aus (VOGELSANG/LÜBKING/ULBRICH 2005, S. 50ff., WALLERATH 2001, S. 55).

Der Großteil der Aufgaben der Kommunalverwaltungen besteht aus Dienstleis-tungen (BANNER 1997a, S. 18, EICHHORN 2000, S. 120), so dass der Staat den größten Dienstleistungsproduzenten der Gesellschaft darstellt (RUHNAU 1989, Sp. 935). Zunehmend entwickelt sich der Staat von der Ordnungs- zur Leistungsver-waltung (HAUBNER 1993, S. 313, SCHMIDT 2001, S. 30). Folglich gleicht sich die Kommunalverwaltung Dienstleistungsunternehmen immer mehr an.

Dennoch unterscheidet sich die Kommunalverwaltung durch ihre Ziele grund-sätzlich von privatwirtschaftlichen Unternehmen (KROPFBERGER 2000, S. 351, RAFFEE/FRITZ/WIEDMANN 1994, S. 34). Die andersgearteten Ziele können eine enorme Barriere für die Anwendung betriebswirtschaftlicher Methoden darstellen (REI-CHARD 1987, S. 148). Die Zielstruktur der Kommunalverwaltung ist wesentlich komplexer als in privatwirtschaftlichen Unternehmen (BRAUN 1992, S. 165, DIEMER

1996, S. 66ff., REICHARD 1987, S. 36). Aufgrund dessen und der Vielzahl an Interessengruppen, die die Zielbildung beeinflussen (BRAUN 1988, S. 131, HOMANN 1995, S. 64ff., SCHMIDBERGER 1994, S. 182), ist auch der Zielbildungsprozess zeitaufwendiger (STRUNZ 1993, S. 132). Die unterschiedlichen Interessen führen auch zu einem höheren Konfliktpotential innerhalb des Zielsystems (BRAUN 1992, S. 165, KÖNIG 2000, S. 53, RICHTER 2000, S. 18). Eindeutig formulierte, geordnete Zielstrukturen finden sich in der Praxis bei Kommunalverwaltungen nur selten (BÄHR 2002, S. 16, BERNDT 1988, S. 41, BUDÄUS 2002, S. 332).

Im Folgenden werden nicht die unterschiedlichen Zielklassifizierungen diskutiert (BRAUN/TÖPFER 1989, S. 22, BRENZKE 1989, S. 12, EICHHORN/BUCHHOLZ 1983, S. 210, HOMANN 1995, S. 67ff., WEWER 2001, S. 248), sondern auf die Ziele und Rationalitäten eingegangen, die auch für die öffentliche Beschaffung von besonderer Bedeutung sind. Zur grundsätzlichen Strukturierung der Ziele wird die weit verbreitete Unterteilung in Sach- und Formalziele aufgegriffen (MEYER 1986, S. 61, RAFFEE/FRITZ/WIEDMANN 1994, S. 106, SCHUSTER 2002, S. 1), wobei das Sachziel einen konkreten Output bezeichnet, der der Erreichung des abstrakteren Formalziels dient (SCHUSTER 2001, S. 42f.). Oberstes Formalziel der Kommunalverwaltung ist die Gemeinwohlsteigerung (Primärziel) (GORNAS 1992, S. 66, LANGTHALER 2001, S. 134, NAU/WALLNER 1999, S. 34). Allerdings ist dieses Ziel äußerst vage und nicht operational festgeschrieben (BOERGER 1975, S. 108ff., BUDÄUS 1999, S. 56, SALMEN 1980, S. 119). Für die Kommunalverwaltung existiert also kein ähnlich gut operationalisierbares oberstes Formalziel wie der Gewinn in der Privatwirtschaft (BRAUN 1988, S. 102, BUDÄUS 1999, S. 55, HUNZIKER 1999, S. 14, KÖNIG 2000, S. 53). Neben dem primären Formalziel der Gemeinwohlsteigerung existieren noch sekundäre Formalziele. Diese lassen sich beispielsweise unterteilen in politische Ziele, wie Machtzuwachs, administrative Ziele, wie Unabhängigkeit und Budgetmaximierung, juristische Ziele, wie Rechtmäßigkeit und ökonomische Ziele, wie Kostenreduktion (GRUNOW 1985, S. 44, RAFFEE/FRITZ/WIEDMANN 1994, S. 112, STEINEBACH 1998, S. 53). Die Praxis der Kommunalverwaltung ist jedoch durch die Dominanz der Sachziele gekennzeichnet, also der Erfüllung öffentlicher Aufgaben (DELLMANN 1991, S. 9, EICHHORN 2000, S. 166, KUHLMANN 1980, S. 14).

Ganz allgemein sind die unterschiedlichen bestehenden Ziele in der Kommunalverwaltung Ausdruck verschiedener Rationalitäten (juristische, administrative etc.) (BRAUN 1988, S. 91+231ff.). Diese Rationalitäten unterscheiden sich z. B. durch Denkmuster, Begrifflichkeiten und Verfahren. In der Kommunalverwaltung liegt ein Rationalitätenmix vor (BRÄUNIG 2000, S. 59). Ebenso wie die unterschiedlichen Ziele der Kommunalverwaltung kollidieren, kommt es auch bei den Rationalitäten zu Konflikten (BRAUN 1986a, S. 197, HÜLSMANN 2002, S. 131, RAU 1994, S. 44, SCHWARZE/KOSS 1996, S. 17). Für diese Arbeit besonders wichtig ist der Konflikt der juristischen und der wirtschaftlichen Ziele bzw. Rationalität. Dafür müssen zunächst die juristischen bzw. wirtschaftlichen Ziele dargestellt werden.

Die Kommunalverwaltung ist in ihrem Handeln an das Recht gebunden. Das Ziel der Rechtmäßigkeit ist in der Kommunalverwaltung sehr dominant und sowohl Ziel als auch grundlegende Bedingung des Verwaltungshandelns (CHRISTMANN/HU-LAND/MEISSNER 2004, S. 11, LAUX 1989, Sp. 1683, PITSCHAS 1989, Sp. 1648). Jedes Handeln der Kommunalverwaltung muss auch gerichtlich standhaft sein (REI-CHARD 1987, S. 148, SCHMIDT-ASSMANN 1997, S. 371). Die juristische Dominanz v. a. auf der Führungsebene setzt sich in der Zielstruktur fort (FREY 1994, S. 32, FUNKE 1998, S. 156, MEISTER 1983, S. 110).

Das Wirtschaftlichkeitsziel dagegen wurde in der Kommunalverwaltung lange stark vernachlässigt (BRÄUNIG 2000, S. 56, REICHARD 1987, S. 11, WEBER 1988a, S. 176), obwohl das Haushaltsrecht die Wirtschaftlichkeit sowohl für die Haushaltsaufstellung als auch für die Bewirtschaftung als notwendig vorschreibt (§ 7 BHO/LHO, § 6 HGrG, § 62 Abs. 2 GO NRW), und somit jegliches Verwaltungshandeln betroffen ist (ENGELS 1994, S. 19, SALMEN 1980, S. 13, SCHMIDT 2002a, S. 19). Grund für das Nichtbeachten sind u. a. der geringe Sanktionsdruck, Mess- und Bewertungsprobleme und fehlendes Know-how (BRÄUNIG 2000, S. 61, HARDT 1993, S. 6, LÜDER 1993, S. 212). Auch die Auslegungsprobleme des Wirtschaftlichkeitsziels, die auf der Leerformelhaftigkeit und der fehlenden Legaldefinition dieser rechtsverbindlichen Norm mit Verfassungsrang basieren (Art. 114 Abs. 2 GG), verstärkten dieses Problem noch (SALMEN 1980, S. 18).

Es wurde versucht, das Wirtschaftlichkeitsziel für die öffentliche Verwaltung anhand unterschiedlicher Modelle zu konkretisieren. Weit verbreitet ist das so genannte 3-E-Konzept, das aus dem angloamerikanischen Raum stammt (s. Abb. 4) (BUDÄUS 2000, S. 19ff., BUSCHOR 1994, S. 32f., FREY 1994, S. 27, HEWEL 1998, S. 207, HILSE 1996, S. 187, LEWIS/JONES 1990, S. 42, MAIER 2002, S. 261ff., RIDLEY 1996, S. 32).

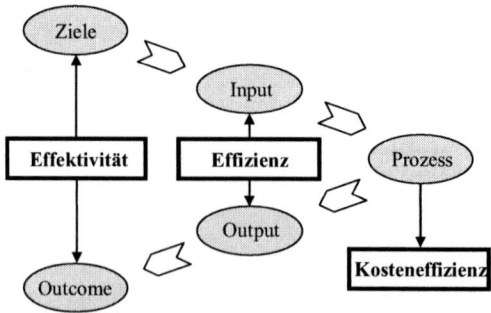

Abb. 4: Das 3-E-Konzept

(BUDÄUS 2000, S. 19ff., MAIER 2002, S. 261, HILSE 1996, S. 187, WAMBACH 1999, S. 253)

Dabei gibt die Effektivität den Zielerreichungsgrad ohne Kostenbetrachtung wieder (Verhältnis Outcome/Wirkung zum Ziel; „doing the right things") (BUDÄUS/BUCH-HOLTZ 1997, S. 329, EICHHORN 2000, S. 140, REDING 1981, S. 73). Unter Effizienz wird das günstige zielunabhängige Verhältnis aus Kosten und Leistungen bzw. Input und Output verstanden („doing the things right") (BUDÄUS 1997a, S. 51, NULLMEIER 2001a, S. 359, STEGMANN 2002, S. 72). Die Kosteneffizienz wird in dieser Arbeit als Untergröße der Effizienz betrachtet, so dass Wirtschaftlichkeit vorliegt, wenn Effektivität (effectiveness) und Effizienz (efficiency) gegeben sind (BANNER 1993a, S. 113, ROUSE 1997, S. 85). Die Kommunalverwaltung ist zu Effektivität und Effizienz ihrer Leistung verpflichtet. Die Verengung des Wirtschaftlichkeitsbegriffs nur auf die Effizienz wie bei Engels und Reichard (ENGELS 1994, S. 29, REICHARD 1987, S. 11) kann dazu führen, dass zwar effizient gearbeitet wird, aber nicht die richtige Wirkung mit der Arbeit erzielt wird. Auch kommt es z. T. zur Verwechslung von Wirtschaftlichkeit mit Kostendeckung (SCHUSTER 2002, S. 13). Jedoch können gerade bei Kostendeckung Unwirtschaftlichkeiten unbemerkt bleiben (SCHUSTER 2002, S. 14).

Neben Wirtschaftlichkeit fordert das Haushaltsrecht auch Sparsamkeit, die hier aber als Unterprinzip der Wirtschaftlichkeit aufgefasst wird (Minimierungsprinzip) und deshalb nicht gesondert thematisiert wird (BRÄUNIG 2000, S. 61, ENGELS 1994, S. 25, SCHUSTER 2001, S. 45, STEINEBACH 1998, S. 57). In der Praxis wird Sparsamkeit z. T. mit Wirtschaftlichkeit verwechselt (WEBER 1988a, S. 176), so dass langfristig sinnvolle Maßnahmen aufgrund notwendiger Anfangsinvestitionen unterbleiben (SCHMIDT 2002a, S. 29).

Das Wirtschaftlichkeitsziel gewinnt v. a. aufgrund der prekären Haushaltssituation und der Forderung nach betriebswirtschaftlichen Instrumenten für die öffentliche Verwaltung von verschiedensten Interessengruppen stark an Bedeutung (BECKER 1989, S. 119, DAMKOWSKI/PRECHT 1995, S. 143, KGST 1992, S. 11). Jedoch wird z. T. befürchtet, dass die wirtschaftliche Rationalität andere Rationalitäten in der Verwaltung ablöst. Die zusätzliche Verfolgung der wirtschaftlichen Rationalität muss und darf jedoch nicht die Ablösung der juristischen Rationalität bewirken. Ebenso wenig wie die wirtschaftliche Rationalität zu Rechtmäßigkeit führt, kommt es durch die juristische Rationalität jedoch zu Wirtschaftlichkeit. Die juristische Rationalität lässt stets einen Freiraum für die wirtschaftliche Rationalität, die von der wirtschaftlichen Rationalität für ihre Ziele genutzt werden kann. Konflikte entstehen v. a., wenn die juristische Rationalität bzw. wirtschaftliche Rationalität die Räume der anderen Rationalität nutzen will. Weiter besteht die Möglichkeit, dass Maßnahmen in einer Rationalität sehr zweckmäßig erscheinen, aber negative Effekte in der anderen Rationalität bewirken. Dies ist nicht auf die juristische und wirtschaftliche Rationalität beschränkt. Z. B. können Maßnahmen politisch zweckmäßig, aber administrativ unzweckmäßig sein (EICHHORN 2000, S. 131, SCHEDLER/PROELLER 2000, S. 53). Zudem gibt es nicht nur unterschiedliche Auffassungen bezüglich der Zielinhalte, sondern auch z. B. bezüglich

der Konkretheit der Ziele. Während die Politik eher vage Ziele u. a. zur Meinungsinte-
gration bevorzugt (BRANDSTÄTT 2000, S. 196, BREDE 1989, Sp. 1870, REMBOR
1997, S. 80, WEWER 2001, S. 248), sind für das wirtschaftliche Handeln bzw. die
zielgerichtete Steuerung konkrete, operationalisierte Ziele notwendig (ANDREE 1994,
S. 23, BRAUN 1992, S. 167, EICHHORN 1989, Sp. 1796). Die dargestellte Zielpro-
blematik gilt auch für die öffentliche Beschaffung. So kommt es aufgrund von administrativen Zielen z. B. zum sog. Dezemberfieber – also der zum Ende eines Haushaltsjah-
res teils hektischen Verausgabung von Mitteln, die nicht ins Folgejahr übernommen
werden können. Das Dezemberfieber ist aber unter wirtschaftlichen Gesichtspunkten
meist unzweckmäßig. Das Ziel der Ordnungsmäßigkeit ist bei der öffentlichen Beschaffung enorm wichtig (SACHER 1992, S. 109), da durch Gewährung subjektiver Rechte
bei Nichteinhalten der Vorschriften mit Gerichtsverfahren zu rechnen ist. Dies kann
jedoch mit wirtschaftlichen oder auch politischen Zielen z. B. im Bereich der vergabefremden Kriterien in Konflikt stehen (s. Kap. 3.3.5) (HILSE 1996, S. 139+170ff.,
PRIESS 1994, S. 2).

Um den Rationalitätenkonflikt zu handhaben, ist es notwendig, das Primärziel
der Kommunalverwaltung zu beachten. Die Betriebswirtschaftslehre muss akzeptieren,
dass es Maßnahmen in der Kommunalverwaltung gibt, die betriebswirtschaftlich unzweckmäßig sind, aber dennoch über die Zweckmäßigkeit in anderen Rationalitäten zur
Gemeinwohlsteigerung führen (BRAUN 1987, S. 186, EICHHORN 1991, S. 152).
Beispielsweise dient das Vergaberecht auch der Begrenzung politischer Einflüsse, auch
wenn dies zur Einschränkung der Flexibilität führen kann.

Beim Einsatz von betriebswirtschaftlichen Methoden in der Kommunalverwaltung muss klar sein, dass die betriebswirtschaftliche Rationalität hier aufgrund des Ra-
tionalitätenmixes nicht so dominant sein kann wie in privatwirtschaftlichen Unternehmen (ENGELS 1994, S. 46). Daraus folgt zwangsläufig, dass die Kommunalverwaltung bzw. die öffentliche Beschaffung i. d. R. unter betriebswirtschaftlichen Aspekten
unwirtschaftlicher als die Privatwirtschaft sein wird (ALBERS/HARDT 1994, S. 120,
FRIEDRICHSMEIER 2000, S. 17). Jedoch kann, da es auch in der Privatwirtschaft
z. T. zu Fällen eklatanter Misswirtschaft kommt, die Dichotomie, dass die öffentliche
Verwaltung generell unwirtschaftlich und privatwirtschaftliche Unternehmen generell
wirtschaftlich arbeiten, nicht aufrecht erhalten werden (DEIMER/KOSTENBADER
1997, S. 24, OETTLE 1972, S. 137). Die Leistungsfähigkeit der betriebswirtschaftlichen Methoden bleibt meist aus privatwirtschaftlicher Sicht jedoch hinter der Leistungsfähigkeit der Methoden in der Privatwirtschaft zurück (RICHTER 2000, S. 25).

Wichtig ist, dass dies für die Kommunalverwaltung nicht bedeutet, dass wirtschaftliches Handeln gar nicht erst angestrebt werden sollte, da das Handeln der Kommunalverwaltung oft ohnehin unwirtschaftlicher als das der Privatwirtschaft sein wird.
Im Gegenteil: Da auch Kommunalverwaltungen, wie es z. B. Leistungsvergleiche oder
auch Rechnungshofberichte zeigen, unterschiedlich gut wirtschaften (DONGES ET

AL. 1991, S. 12, GREVE 1993, S. 170), kann die betriebswirtschaftliche Betrachtung zu höherer Wirtschaftlichkeit führen.

Zudem hat die öffentliche Betriebswirtschaftslehre anhand der Gutenberg-Kriterien – Kombination Produktionsfaktoren zur Gütererzeugung, Wirtschaftlichkeitsprinzip und Anstreben des finanziellen Gleichgewichts – gezeigt, dass die öffentliche Verwaltung bzw. Kommunalverwaltung Betriebseigenschaft besitzt und somit auch ein Anwenden betriebswirtschaftlicher Methoden sinnvoll sein kann (BOERGER 1975, S. 74+104, BRAUN 1986b, S. 342, CHMIELEWICZ/EICHHORN 1971, S. 583ff., ÖSZE 2000, S. 28ff.).

Auch wenn z. T. angeführt wird, dass sich die öffentliche Verwaltung und privatwirtschaftliche Unternehmen stark unterscheiden (Say're Gesetz: „public and private management are fundamentally alike in all unimportant respects") (KÜCHLER 2000, S. 162, STRUNZ 1993, S. 130+135ff.), kann trotz der Unterschiede im Zielsystem, der Finanzierung, im Personal- und Organisationsbereich etc. von einer zunehmenden Problemkonvergenz gesprochen werden (ALBERS/HARDT 1994, S. 111, DAMKOWSKI/PRECHT 1995, S. 50, HEINZ 2000, S. 6, REINERMANN 1994a, S. 105). Insofern kann von dem Erfahrungsvorsprung der Privatwirtschaft in der Anwendung betriebswirtschaftlicher Methoden profitiert werden (JANN 1994, S. 12, KGST 1993, S. 14, SCHRIJVERS 1999, S. 247).

Dennoch müssen die unterschiedlichen Rahmenbedingungen bei der Anwendung betriebswirtschaftlicher Methoden beachtet bzw. die Methoden angepasst werden (BÄHR 2002, S. 8, EICHHORN 2001, S. 410, GESELLSCHAFT FÜR ÖFFENTLICHE WIRTSCHAFT 1994, S. 88, HOPP/GÖBEL 2004, S. 1f., KÖNIG 2000, S. 54). Das Verfolgen einer Transplantationsstrategie – also einer 1:1-Übernahme –, wie sie teilweise von Unternehmensberatern, Betriebswirten aber auch von Mitarbeitern der öffentlichen Verwaltung eingesetzt wurde und teilweise z. B. bei der Kostenrechnung noch genutzt wird (DAMKOWSKI/PRECHT 1995, S. 51, HOPP/GÖBEL 1999, S. 1, REICHARD 2001, S. 35, SCHRIJVERS 1999, S. 247), ist hingegen wenig zweckdienlich. Schlechtanwendungen der Methoden haben negative Effekte zur Folge (TÖPFER 2000a, S. 49, WAMBACH 1999, S. 249). Letztendlich muss, auch wenn betriebswirtschaftliche Methoden zunehmend Einzug in die Kommunalverwaltung halten und positive Effekte dadurch erzielt werden (BRANDSTÄTT 2000, S. 2, BUDÄUS 1993a, S. 57, EICHHORN 2001, S. 410), vor einer Überschätzung der betriebswirtschaftlichen Methoden gewarnt werden (LÜDER 1985, S. 98).

2.3 Die Reform in der Kommunalverwaltung

Da sich die Kommunalverwaltung den veränderten gesellschaftlichen, wirtschaftlichen, kulturellen und technischen Rahmenbedingungen nicht systematisch angepasst hat (BUDÄUS 1998a, S. 11, MAIER 2002, S. 31, REICHWEIN/MÖLTGEN/PADBERG

2002, S. 1), ist sie einem hohen Reformdruck ausgesetzt (DIECKMANN 2000, S. 39, RICHTER/DREYER 2001, S. 329).

Wenngleich nicht vernachlässigt werden soll, dass Binnen- und Außenreform miteinander verknüpft sind, wird im Folgenden – da die Arbeit nicht Reformmustern wie dem Zusammenstreichen von Leistungen der öffentlichen Verwaltung, stärkerer Außenfinanzierung oder radikaler Privatisierung folgt (HÜLSMANN 2002, S. 28) – die Reformgeschichte insbesondere der Binnenstruktur der Kommunalverwaltung dargestellt. Zudem soll durch den hier verfolgten Ansatz nicht ausgeschlossen werden, dass vermehrte Aufgabenkritik bzw. die vielseits geforderte Privatisierung von Leistungen im vernünftigen Maße sinnvoll ist. Dass Letztere nicht das alleinige Heilmittel für die bestehenden Wirtschaftlichkeitsprobleme sein kann, zeigen auch die z. T. erheblichen Privatisierungsprobleme (DAMKOWSKI/PRECHT 1995, S. 54, BORINS/GRÜNING 1998, S. 35, SCHOCH 1999, S. 113).

Die vielen Reformbestrebungen prägen die Situation in der Kommunalverwaltung maßgeblich. Zur Beschreibung des aktuellen Standes der Reform wird hier v. a. die umfassende Studie des Deutschen Städtetags (DST) und des Deutschen Instituts für Urbanistik (Difu) von 2004 herangezogen, an der 167 Kommunalverwaltungen zum Thema der Verwaltungsmodernisierung teilgenommen haben (DIFU 2005, S. 9).

Zunächst werden im Folgenden die allgemeinen Reformentwicklungen auf der Kommunalverwaltungsebene dargestellt. Dann werden die Hauptreformbewegungen des NSM (Neues Steuerungsmodell) und NPM (New Public Management) sowie die Entwicklung einiger wichtiger Hauptreformfelder erörtert.

2.3.1 Die allgemeine Reformsituation in der Kommunalverwaltung

Die prekäre finanzielle Lage verlangt von der Kommunalverwaltung heute mehr denn je ein Umdenken und ist folglich auch der Hauptanlass der Reformbestrebungen (AMBROSY/HINSENKAMP 2001, S. 123, KOSILEK/UHR 2002, S. 1, MAIER 2002, S. 104, REICHARD 2000, S. 15ff.). Alte Problemlösungsansätze wie additives Ressourcenmanagement sind heute nicht mehr möglich, da der Finanzbedarf der Kommunen ohnehin nicht gedeckt werden kann (BRANDSTÄTT 2000, S. 1, SCHRÖTER/ WOLLMANN 2001, S. 71f., VOGELSANG/LÜBKING/ULBRICH 2005, S. 265ff., WOHLFAHRT/ZÜHLKE 1999, S. 18). Die Finanzierung der vom Bund bzw. Land zusätzlich übertragenen Aufgaben wird zudem noch geringer (KOSILEK/UHR 2002, S. 1, KÜCHLER 2000, S. 26, MEYER 2001, S. 65).

Auch die Werte und Bedürfnisse der Mitarbeiter und der Bürger haben sich gewandelt (AMBROSY/HINSENKAMP 2001, S. 123, KEWENIG 1988, S. 15, SCHRÖTER/WOLLMANN 2001, S. 71f.). Die Mitarbeiter der Kommunalverwaltung sind emanzipierter geworden und wollen sich bei ihrer Arbeit verwirklichen (BECKER/ HANSEN 1997, S. 17). Bürger verlangen qualitativ anspruchsvolle Leistungen, die wirtschaftlich erstellt werden. In ihrer Leistungserstellung wird die Kommunalverwaltung sowohl von interner als auch von externer Seite stark kritisiert (DIECKMANN 2000, S. 29f., GREVE 1993, S. 167, MEYER-PITON/RIENASS 1997, S. 11).

Mit der Forderung von Bürgern, Unternehmen, Parteien und auch der Verwaltung selbst nach einer wirtschaftlicheren Verwaltung (ANDREE 1994, S. 1, KGST 1994, S. 30, STEGMANN 2002, S. 23) ziehen zunehmend betriebswirtschaftliche Instrumente in die Kommunalverwaltung ein (SCHERER/ALT 2002, S. 1, SCHRÖTER/ WOLLMANN 2001, S. 71). Der Kommunalverwaltung fällt jedoch die Anpassung an die Bedürfnisse ihrer Leistungsabnehmer schwer (Aufgabenrigidität) (BANNER 1991, S. 7, BUDÄUS 1998a, S. 14, SCHEER/BOLD/HEIB 1996, S. 120). Neue Aufgaben werden gerne z. B. zur Existenzsicherung der Verwaltung oder zur Wählerstimmenmaximierung in das Leistungsprogramm aufgenommen, alte aber zu selten abgebaut (BECKER 1997, S. 20, BUDÄUS 1982, S. 45, FIEDLER 2001, S. 106, MUNDHENKE 2000, S. 3). Sowohl die komplexe und dynamische Umwelt als auch die Dezentralisierung der Kommunalverwaltung machen betriebswirtschaftliche Methoden notwendig (AMBROSY/HINSENKAMP 2001, S. 123, BUDÄUS 1998b, S. 100f., EMMEL 1998, S. 227f.).

Durch die zunehmende Internationalisierung müssen sich auch die Kommunalverwaltungen einem stärkeren Standortwettbewerb stellen (BREDE 2001, S. 74, BUDÄUS 1998a, S. 11, REICHARD 2000, S. 15ff.). Für Unternehmen ist eine gut arbeitende Kommunalverwaltung ein Standortvorteil. Jedoch sind ausländische Kommunalverwaltungen im Reformprozess oft schon weiter fortgeschritten, wie man z. B. an der Umstellung des externen Rechnungswesens – beispielsweise in der Schweiz – erkennen kann (BRANDSTÄTT 2000, S. 1, BRAUN 1992, S. 162, DAMKOWSKI/PRECHT 1995, S. 75).

Zusammenfassend lässt sich festhalten, dass die Verwaltungsreform im Trend liegt (REICHARD 1993a, S. 3, VOLZ 1998, S. 234). Fast alle Kommunalverwaltungen beschäftigen sich mit ihr (DIFU 2005, S. 14f.). Die Reform ist Karrierethema und wird zur Außendarstellung genutzt (BANNER 1997a, S. 35, REICHARD 2001, S. 24). Zudem ist sie ein lukratives Feld für privatwirtschaftliche Unternehmen wie Unternehmensberatungen und wird auch von der Wissenschaft intensiv beforscht (HUNZIKER 1999, S. 3).

2.3.2 New Public Management (NPM) und das Neue Steuerungsmodell (NSM)

Seit Ende der 70er Jahren sehen sich die öffentlichen Verwaltungen in den meisten OECD-Ländern mit Krisen konfrontiert (BORINS/GRÜNING 1998, S. 12). Daraufhin begannen die ersten Reformen in den frühen 80er Jahren in Großbritannien, Australien, Neuseeland, Kanada, Schweden, Niederlande, Schweiz und in Finnland (BUDÄUS/ GRÜNING 1998, S. 6), wobei die angelsächsischen Länder die Vorreiter waren (GRÜ-

NING 2000, S. 14, HOMANN 1995, S. 2, TOONEN 1996, S. 485). Aufgrund sich glei-
chender Modernisierungsbedürfnisse ähneln sich die Reformansätze stark (BANNER
1993c, S. 188, MURRAY 1996, S. 407, GRÜNING 2000, S. 16ff.), unterscheiden sich
jedoch deutlich in den Umsetzungen aufgrund unterschiedlicher Prioritäten und Rahmenbedingungen (Haushaltssituation, Personalstruktur etc.) in den einzelnen Staaten
(BORINS/GRÜNING 1998, S. 14, GRÜNING 2000, S. 433, REICHARD 1993a, S. 7).
Im Nachhinein wird diese Reformbewegung unter dem Begriff „NPM" zusammengefasst (BUDÄUS 2004, S. 4, BUDÄUS/GRÜNING 1998, S. 7, CHRISTENSEN/LAE-
GREID 2001, S. 23, SAHLIN/ANDERSSON 2001, S. 52). In den USA findet man
gleichbedeutend den Begriff „Reinventing Government", der auf dem gleichnamigen
Werk Osbornes und Gaeblers fußt (OSBORNE/GAEBLER 1992). Das NPM zielt auf
die Wirtschaftlichkeits- und Wirksamkeitssteigerung öffentlicher Mittel ab (CHRIS-
TENSEN/LAEGREID 2001, S. 19, LANE 2000, S. 6, SCHRÖTER/WOLLMANN
2001, S. 71). Hierzu bedient es sich der Übertragung betriebswirtschaftlicher Methoden
auf die öffentliche Verwaltung (HOMANN 1995, S. 3, SCHEDLER/PROELLER 2000,
S. 44, SCHRÖTER/WOLLMANN 2001, S. 75). Während z. B. Großbritannien und
Neuseeland durch z. T. radikale Reformen im Reformprozess weit vorangeschritten
sind (DAMKOWSKI/PRECHT 1995, S. 109ff., FISCH 2002, S. 498f., WOLLMANN
2004, S. 37ff.), hinkt die deutsche öffentliche Verwaltung auch in der Kommunalverwaltung hinterher (BRANDSTÄTT 2000, S. 94f., SCHLEMMER 1998, S. 160,
SCHRÖTER/WOLLMANN 2005, S. 72). Die deutsche öffentliche Verwaltung konnte
sich längere Zeit vom Reformprozess abkoppeln (BANNER 1997a, S. 16). Dies lag
z. T. an der hohen Änderungsresistenz (DAMKOWSKI/PRECHT 1998, S. 17, MUND-
HENKE 1997, S. 13), aber auch an ihrer Zuverlässigkeit, dem hohen Qualifikations-
niveau der Mitarbeiter, der vergleichbar guten finanziellen Situation und dem hohen
Dezentralisierungsgrad (BANNER 1997a, S. 12, FISCH 2002, S. 507ff., MEYER
1998, S. 110, REINERMANN 1994b, S. 7, TÖPFER 2000d, S. 14). Allerdings kann
die deutsche öffentliche Verwaltung durch den Reformrückstand jetzt von den Erfahrungen weiter vorangeschrittener Verwaltungen profitieren (REICHARD 1994, S. 11).

    Das NPM besteht aus der Außen- und Binnenperspektive (REICHARD 1997,
S. 647, REICHARD 2001, S. 15, SCHRÖTER/WOLLMANN 2005, S. 63). Ziele bei
der Binnenreform sind die Steigerung der Effizienz und Effektivität der betrieblichen
Abläufe u. a. durch Kontraktmanagement, Kosten- und Leistungsrechnung, Budgetie-
rung, Controlling, Benchmarking und Personalpolitik (SANDER/LANGER 2003,
S. 3f.). Auch die Kundenorientierung z. B. beim Gestalten von Prozessen wird meist
der Binnenperspektive zugerechnet (SANDER/LANGER 2003, S. 3f.). Im Rahmen der
Außenperspektive wird die Neuregelung der Struktur, der Rahmenbedingungen und der
Beziehungen zu den Leistungsbeziehern der öffentlichen Verwaltung betrachtet (u. a.
Gewährleistungsstaat, Public-Private-Partnerships, Privatisierung, Deregulierung, Demokratisierung) (SANDER/LANGER 2003, S. 3f.). Die Vielzahl der Reformelemente
zeigt, dass es sich bei dem NPM eher um einen Sammelkorb dieser Elemente als um

ein einheitliches Konzept handelt. Die einzelnen Elemente sind für sich genommen nicht neu, aber ihre Kombination ist die Besonderheit des NPM (REICHARD 2001, S. 16).

Das NSM stellt die Rezeption des NPM v. a. für die deutsche Kommunalverwaltung dar (JANN 2001a, S. 83, HOPP/GÖBEL 2004, S. 38, SCHRÖTER/WOLLMANN 2005, S. 72). Seit Beginn der 90er Jahre ist in den Kommunalverwaltungen ein robustes Reformklima entstanden (BANNER 1997a, S. 34, BOGUMIL/KISSLER 1998, S. 124, BRÄUNIG 2000, S. 64), das zu einem grundsätzlichen Wandel der Kommunalverwaltung führte (HOPP/GÖBEL 1999, S. 31, TÖPFER 2000c, S. 362, WOHLFAHRT/ZÜHLKE 1999, S. 55). Die Kommunalverwaltung stellt den Vorreiter der deutschen öffentlichen Verwaltungsreform dar (DIECKMANN 2000, S. 37, KLINGEBIEL 1999, S. 381, TÖPFER 2000c, S. 360). Eine Besonderheit der deutschen Reform der Kommunalverwaltung ist, dass sie von den Kommunalverwaltungen ausgeht (ADAMASCHEK ET AL. 2002, S. 1, BANNER 1997b, S. 28). Hierin ähnelt der deutsche dem niederländischen Reformansatz.

Deshalb verwundert es auch nicht, dass die niederländische Stadt Tilburg Vorbild für das von der KGSt erarbeitete Konzept war (BANNER 1991, S. 11, JANN 2001a, S. 83, PROMBERGER 1995, S. 57ff.). Das NSM wurde von 1988 bis 1991 von der KGSt entwickelt und verbreitete sich ab 1992 rasant (REICHARD 2001, S. 24, REICHARD 2002, S. 267).

Die Parallelen des NSM zum NPM sind groß. Auch das NSM orientiert sich an privatwirtschaftlichen Methoden (BUDÄUS 1998c, S. 3, JANN 1993, S. 84, REICHARD 1994, S. 85). Die einzelnen Reformelemente decken sich mit denen des NPM: Dezentrale Ressourcen-/Ergebnisverantwortung, flexible Organisationsstrukturen, Budgetierungspraktiken, Kontraktmanagement, Outputsteuerung, Produktdefinitionen, Controlling, Personalmanagement etc.. Allerdings wird die Außenperspektive vernachlässigt (BRANDSTÄTT 2000, S. 87, FISCH 2002, S. 513, REICHARD 1997, S. 650). Auch das NSM stellt vielmehr einen Sammelkorb unterschiedlicher Reformelemente als ein geschlossenes Konzept dar (BUDÄUS 2004, S. 5, JANN 2001a, S. 82+88, REICHARD 1997, S. 652). So werden meist nur einzelne Elemente anstatt das NSM als Ganzes in den Kommunalverwaltungen umgesetzt (DIFU 2005, S. 12). Ohnehin unterscheiden sich die Reformprozesse in den einzelnen Kommunalverwaltungen stark (DAMKOWSKI/PRECHT 1998, S. 25, PETERS 1999, S. 23). Die größten Reformenergien entwickeln westdeutsche, große Kommunalverwaltungen (DIFU 2005, S. 14, KOSILEK/UHR 2002, S. 28, KÜCHLER 2000, S. 112, MAIER 2002, S. 130).

Trotz bewirkter Produktivitätseffekte bleibt das NSM bzw. das NPM nicht kritiklos (BORINS/GRÜNING 1998, S. 28+44f., HEINZ 2000, S. 1, JANN 1998, S. 24ff.+44, REICHARD 2002, S. 271, TÖPFER 2000d, S. 14). Fehlende Situationsanpassung, Außenvorlassen der Politik, fehlende Evaluation, Fragmentierung der Verwaltung, Überschätzung der Wirkung, Inhaltslosigkeit, Modeerscheinung werden dem NSM vorgeworfen (BUDÄUS/GRÜNING 1998, S. 8, JANN 2001a, S. 87ff., REI-

CHARD 1997, S. 655ff., REICHARD 2002, S. 270ff.). Mittlerweile entstehen z. T. „Ernüchterungs- und Frustrationseffekte" bei der Verwaltungsreform (BANNER 1997a, S. 30, DAMKOWSKI/PRECHT 1995, S. 118f., REICHARD 2002, S. 267). Zudem wird die Reformgeschwindigkeit durch die ungünstige Verbindung von Verwaltungsreform und Haushaltskonsolidierung zusätzlich gehemmt (REICHARD 2001, S. 339). Allerdings muss auch beachtet werden, dass die Haushaltssituation einer der Hauptauslöser für die Reform ist.

2.3.3 Die Reformschwerpunkte in der Kommunalverwaltung

Im Folgenden werden Reformschwerpunkte dargestellt, die u. a. die Bekämpfung der Hauptursachen für die Unwirtschaftlichkeiten in der Kommunalverwaltung zum Gegenstand haben. Insbesondere berücksichtigt werden der Personalbereich (s. Kap. 2.3.3.1), die Führung, Steuerung und Organisation (s. Kap. 2.3.3.2) sowie das Haushalts- und Rechnungswesen (s. Kap. 2.3.3.3). Es werden sowohl die Probleme als auch die Lösungsmöglichkeiten des NSM ebenso wie der Status Quo für den jeweiligen Schwerpunkt dargestellt.

2.3.3.1 Der Personalbereich

Auch für die öffentliche Verwaltung ist das Personal die wichtigste Ressource (BOG-DANSKI/PASUTTI 1997, S. 86, HACK/LATTWEIN 1996, S. 86, MAIER 2002, S. 97). Der Kostenanteil des Personals an den Gesamtkosten ist enorm. Nach Gatzers und Küchlers Erkenntnissen kann der Anteil in der Kommunalverwaltung auf rund ein Drittel der Gesamtkosten geschätzt werden (GATZER 1999, S. 42, KÜCHLER 2000, S. 83). Ein professionelles Personalmanagement existiert i. d. R. dennoch nicht (BU-DÄUS 1993a, S. 68, JANN 1994, S. 15). Die strategische Bedeutung des Personals wird häufig verkannt. Nicht einer der Vorschläge des NSM zur Reform des Personalbereichs ist flächendeckend in den Kommunalverwaltungen umgesetzt worden (DIFU 2005, S. 60). Jedoch ist das Personal gerade für den Reformprozess der entscheidende Engpass für Veränderungen (BUDÄUS 1998a, S. 31, DAMKOWSKI/PRECHT 1995, S. 274, KGST 1993, S. 29).

Die Personalwirtschaft in der öffentlichen Verwaltung ist insbesondere durch das öffentliche Dienstrecht stark reguliert (ALBERS 1993, S. 63, MAIJ 1997, S. 171, SCHMIDT 2002a, S. 73). Die Karrieren in der öffentlichen Verwaltung sind durch Laufbahngruppen, die auf einer unterschiedlichen Vorbildung basieren, von Beginn an vorbestimmt (DONGES ET AL. 1991, S. 27, MEISTER 1983, S. 111). Ein Großteil der Mitarbeiter in der öffentlichen Beschaffung gehört der mittleren und gehobeneren Laufbahngruppe an (HILSE 1996, S. 258, SACHER 1992, S. 179).

Leistungsbezogene Bezahlung ist zwar aufgrund der Dienstrechtsreform von 1997 in beschränktem Maße möglich, wird bisher aber eher selten praktiziert (DIECK-MANN 2000, S. 38, ROST/SCHAUDE 1998, S. 102, SCHWAAB 1998, S. 220). Die Möglichkeit, die Motivationseffekte leistungsbezogener Bezahlung indirekt durch Beförderungen zu ersetzen, ist in der Praxis aufgrund der Finanzsituation und des Stellenkegels kaum mehr möglich (BÖLKE 1993, S. 31, DERLIEN 2002, S. 241, MITSCH-KE 1994, S. 18). Auch negative Sanktionsmöglichkeiten wie Versetzung, Abordnung, Umsetzung oder Organisationsverfügungen kommen nur selten in Betracht (BRAND-STÄTT 2000, S. 188f.). Degradierungen sind fast ausgeschlossen (REICHARD 1987, S. 276).

Da beim Personal der Kommunalverwaltung häufig Motivationsdefizite auftreten (GRUBER 1999, S. 16f., HOPP/GÖBEL 1999, S. 12, REICHARD 1987, S. 280), sollten die Mitarbeiter aufgrund der beschränkten Möglichkeit zu materiellen Anreizen v. a. intrinsisch motiviert werden. Die Motivationsdefizite sind z. B. am hohen Anteil „innerer Kündigungen" ablesbar (ALT 2002, S. 60). Zur intrinsischen Motivation muss auf die neuen Wertvorstellungen der Mitarbeiter (Selbständigkeit, Kreativität, Teamgeist, Selbstverwirklichung) eingegangen werden (BRÜCKMANN 1994, S. 166, HAUBNER 1993, S. 313, HOPP/GÖBEL 1999, S. 26). Ein verändertes Führungsverhalten, das den Mitarbeitern mehr motivationssteigernde Mitsprache ermöglicht, ist notwendig (ANDREE 1994, S. 218, KORINTENBERG 1993, S. 136, NAU/WALL-NER 1999, S. 21, REINERMANN 1994b, S. 2).

Die pauschale Kritik der Öffentlichkeit an den Mitarbeitern der Kommunalverwaltung z. B. wegen Faulheit ist nicht haltbar (ALBERS 1993, S. 64, ALBERS/HARDT 1994, S. 126, BECKER 1989, S. 630). Zwar kommt es durch die Tätigkeit der Mitarbeiter teilweise zu Unwirtschaftlichkeiten, jedoch verhalten sich die Mitarbeiter meist rational in dem bestehenden System (BANNER 1991, S. 7, GRUBER 1999, S. 16f., PIPPKE 1989, Sp. 90). Allerdings führt das System selbst zu Unwirtschaftlichkeit (BEHR 2002, S. 8, CHMIELEWICZ 1987, S. 132, ENGELS 1994, S. 47, KÜCHLER 2000, S. 41). Die Mitarbeiter in der Kommunalverwaltung werden häufig nicht nach der Wirtschaftlichkeit ihrer Tätigkeit, sondern nach dem Grad der Regeltreue beurteilt (HILSE 1996, S. 267f., KAILING 1970, S. 44).

Ein großes Problem besteht bei der Personalrekrutierung. Hochqualifiziertes Personal ist häufig an einer Beschäftigung in der Kommunalverwaltung nicht interessiert (BANNER 1991, S. 7, REINERMANN 1994b, S. 42, SCHRÖDER 1994, S. 45). Besonders qualifiziertes Beschaffungspersonal zieht es eher in privatwirtschaftliche Unternehmen (DOSTAL 1981, S. 199, REICHARD 1987, S. 53, SCHMIDT 2001, S. 64).

Das bestehende Personal muss betriebswirtschaftlich fortgebildet oder durch neues, entsprechend qualifiziertes Personal ergänzt werden (FUNKE 1998, S. 153, WALTHER/BRÜCKMANN 1996, S. 43). Besonders im Bereich der Fachhochschulen findet sich Personal mit entsprechender Qualifizierung (z. B. Public Management-Studium) (JANN 2001b, S. 259, KÖNIG 2002, S. 399, WICHER 1990, S. 102). Allerdings zeigt sich ein Problem v. a. im universitären Bereich, das jedoch häufig nur große Kommunalverwaltungen tangiert. Die gesellschaftliche Anerkennung für ein Public Management-, Verwaltungswissenschaftenstudium etc. ist wesentlich geringer als z. B. in Frankreich (Ecole Nationale d'Administration) oder in den USA (John F. Kennedy School of Government) (SIEDENTOPF 1989, Sp. 1182).

Die Probleme bezüglich des Personals sind tendenziell im Bereich der Beschaffung noch größer als in den anderen Bereichen der Kommunalverwaltung. So wird das Beschaffungspersonal z. T. aus anderen Bereichen der Kommunalverwaltung abgeschoben (HILSE 1996, S. 259). Oft ist das Personal nur einen geringeren Teil seiner Arbeitszeit mit Beschaffungsaufgaben betraut (CHRISTMANN/HULAND/MEISSNER 2004, S. 2, SACHER 1992, S. 181, WESTHOF 1989, S. 131). In Anbetracht der Komplexität der Märkte und des Vergaberechts ist jedoch eine tiefergehende Spezialisierung notwendig. Die Bezahlung und Motivation sind häufig schlechter als in anderen Bereichen (SACHER 1992, S. 364, WESTHOF 1989, S. 131+182, WOODS ET AL. 1999, S. 1046). Qualifizierungs- und Weiterbildungsdefizite sind groß (CHRISTMANN/HULAND/MEISSNER 2004, S. 2, WESTHOF 1989, S. 250f.). Auch fehlt oft das für eine gute Beschaffungstätigkeit notwenige technische und ökonomische Wissen (SACHER 1992, S. 74+181), da die öffentlichen Beschaffer „nur" ihre normale laufbahnorientierte Grundausbildung erhalten (SACHER 1992, S. 182). Das Weiterbildungsangebot insbesondere in Verbindung von Vergaberecht und betriebswirtschaftlicher Beschaffung ist zwar umfangreicher geworden, aber dennoch begrenzt (HILSE 1996, S. 261, VONDERHEID 1994, S. 242, WESTHOF 1989, S. 131+169). Allgemein anerkannte Zertifizierungen und Spezialausbildungen sind für öffentliche Beschaffer, wie es in den USA weit verbreitet ist (YATES 1999, S. 350f.), so gut wie nicht vorhanden (HAASE 1997, S. 29, REICHARD 1987, S. 53, WESTHOF 1989, S. 131). Auch fehlen generell Organisationen, in denen sich öffentliche Beschaffer zusammenschließen (O. V. 2000, S. 93).

2.3.3.2 Führung, Steuerung und Organisation

Die öffentliche Verwaltung ist durch das Bürokratiemodell geprägt (BANNER 1993b, S. 57, BUDÄUS 1998c, S. 1, RICHTER 2000, S. 24). Auch wenn das Bürokratiemodell Vorteile, wie z. B. Verringerung von Willkür, besitzt (BRANDSTÄTT 2000, S. 53, SCHEDLER/PROELLER 2000, S. 15), kommt es v. a. bei schlecht standardisierbaren Aufgaben zu dysfunktionalen Effekten wie Bürokratisierung bzw. Bürokratieversagen (DONGES ET AL. 1991, S. 20, KRAUS 1985, S. 55, MAIJ 1997, S. 171). Mit dem Bürokratiemodell geht eine eher konditionale und hierarchische Steuerung der Kommunalverwaltung einher (FREY 1994, S. 32, MAIER 2002, S. 69, KÜHN 1999, S. 26). Zukünftiges Handeln wird durch Richtlinien und Vorschriften vorherbestimmt und bleibt oft nicht den freien Entscheidungen der Mitarbeiter überlassen (KROKER 1981,

S. 64, WEBER 1990, S. 585f.). Durch autoritäres Führungsverhalten und hohe Leitungsspannen kann es zur Überlastung der Führungskräfte kommen (EICHHORN 1998, S. 212, KOETZ 1993, S. 145f., MAIER 2002, S. 78).

Die dysfunktionalen Effekte werden durch die steigende Umwelt- und Leistungskomplexität der Kommunalverwaltung zusätzlich vergrößert. Dies hat mitunter sinkende Prozessgeschwindigkeit, höhere Kosten, fehlende Kundenorientierung, sinkende Entscheidungsfreude, steigende Risikoaversion, Demotivierung und Unterforderung des Personals, sinkende Eigeninitiative und fehlende Innovationsfreude zur Konsequenz (BRAMSEMANN/KÖSTER 1998, S. 7, EICHHORN 1998, S. 212, REINER-MANN 1994b, S. 55, SCHEDLER 1993, S. 22ff.+39). Die steigende Komplexität hat eine Überreglementierung im operativen Bereich zur Folge (BANNER 1993b, S. 59, HOPP/GÖBEL 1999, S. 18, SCHNEIDER 1978, S. 575). Zum Teil resultieren daraus pathologische Effekte, die auch als „bürokratischer Teufelskreis" bezeichnet werden (LÜDER 1985, S. 97f.). Die Anpassung an veränderte Rahmenbedingungen fällt der Kommunalverwaltung schwer (BECKER 1989, S. 628), da sie sich mehr mit ihrer eigenen Regulierung als mit ihren tatsächlichen Zielen beschäftigt (ANDREE 1994, S. 37f+103, BECKER 1989, S. 629, BRÄUNIG 2000, S. 57). Typische Verhaltensweisen sind z. B., dass Mitarbeiter selbst geschaffene Regeln als unumstößlich betrachten (HILSE 1996, S. 289). Die operative Übersteuerung ist in der Kommunalverwaltung häufig mit einer strategischen Untersteuerung gepaart (BUDÄUS 1998a, S. 25, HILSE 1996, S. 285, SCHMIDT 2001, S. 172). Es besteht also eine Strategielücke. Die operative Übersteuerung kann ebenso wie die strategische Untersteuerung bei der öffentlichen Beschaffung der Kommunalverwaltung beobachtet werden (HILSE 1996, S. 289f., SACHER 1992, S. 335).

Als Lösung des dargestellten Problems bietet sich der Übergang zu einer eher finalen Steuerung in Verbindung mit einem eher kooperativen Führungsstil an. So werden Mitarbeitern Freiräume geschaffen, die sie zur Bearbeitung komplexer Aufgaben benötigen (ANDREE 1994, S. 103, SCHMIDBERGER 1994, S. 134, STEINEBACH 1998, S. 182). Den Mitarbeitern werden zwar die Ziele vorgeschrieben bzw. mit den Vorgesetzten zusammen vereinbart, über den Weg der Zielerreichung entscheiden die Mitarbeiter jedoch selbst. So wird die Motivation gesteigert und der Vorgesetzte entlastet (KOETZ 1993, S. 154, REICHARD 1987, S. 182). Auch die sich verbreitende Abflachung der Verwaltungshierarchie wirkt hier unterstützend (SCHUSTER 2001, S. 94ff., HOPP/GÖBEL 2004, S. 7).

Das NSM empfiehlt zudem den Wechsel von der input- zur outputorientierten Steuerung. Die Outputorientierung soll durch die Produktorientierung umgesetzt werden, die auf das Bilden von Produkten aus Abnehmersicht aufbaut. Dafür sind Produktbeschreibungen bzw. -definitionen notwendig (HEINZ 2002, S. 1ff., HOPP/GÖBEL 1999, S. 47, KGST 1992, S. 67ff.). Grundlage hierfür kann der von der KGSt entwickelte Produktplan mit seinen 41 Produktgruppen sein (HOPP/GÖBEL 2004, S. 5). Obwohl sich eine produktorientierte Steuerung zunehmend durchsetzt und auch die Organisationseinheiten produktorientiert umgebildet werden (SCHUSTER 2001, S. 94ff., HOPP/GÖBEL 2004, S. 7), wird z. T. in den Produktdefinition die alte Struktur fortgeschrieben (BUDÄUS 1997b, S. 37). Diese werden „bürokratisch" und überdetailliert abgearbeitet (MAIER 2002, S. 115, REICHARD 2001, S. 31), ohne dass tatsächlich aus „Kundensicht" sinnvolle Produkte entstehen.

Ein weiteres Organisationsproblem, das sich auch negativ auf die Wirtschaftlichkeit der Kommunalverwaltung auswirkt (z. B. lange Dienstwege, Aufblähung des Querschnittsamts etc.), ist die Trennung von Fach- und Querschnittsämtern (BRAMSE-MANN/KÖSTER 1998, S. 7, EICHHORN 1998, S. 213). Diese Trennung bedeutet, dass Fachämter mit Fachaufgaben betraut sind (z. B. Einwohnermeldeamt) und Querschnittsämter mit der Ressourcenbewirtschaftung, worunter z. B. Personal, Finanzen und Sachmittel zählen. Da Fachämter keine Ressourcenverantwortung besitzen, sind sie nicht an Einsparungen interessiert (KGST 1991, S. 14). Die Querschnittsämter, die die Ressourcenverantwortung besitzen, mischen sich deshalb stark in die fachlichen Angelegenheiten ein (BRANDSTÄTT 2000, S. 51, KGST 1991, S. 12f., REICHARD 1994, S. 53). Als Ausweg empfiehlt das NSM die dezentrale Ressourcenverantwortung (Bündelung Fach- und Ressourcenverantwortung) (KÜCHLER 2000, S. 79, NAU/WALLNER 1999, S. 47, PALUPSKI 1998b, S. 30). Im Falle der Beschaffung kann es auch zu diesen Problemen kommen, allerdings fungiert sie in der Kommunalverwaltung häufig nur als Bestellschreiber. Jedoch kann mit der Bündelung von Fach- und Ressourcenverantwortung auch eine Dezentralisierung der Beschaffung zumindest für bestimmte Beschaffungsobjekte einhergehen (SCHUSTER 2001, S. 148).

Weiterhin entstehen in der Kommunalverwaltung oft Steuerungsprobleme, die auf der fehlenden Verantwortungsabgrenzung zwischen Politik (Rat) und Verwaltung basieren (REXRODT 1991, S. 4f.). Das NSM empfiehlt zur Zurückgewinnung der Steuerungsfähigkeit die Einführung des Kontraktmanagements (BRAMSEMANN/KÖSTER 1998, S. 7, REICHARD 1994, S. 18). Im Rahmen des Kontraktmanagements werden verbindliche Vereinbarungen zwischen dem Rat und der Verwaltung getroffen (KGST 1992, S. 42, REMBOR 1997, S. 110, SCHEDLER/PROELLER 2000, S. 133), bei denen der Rat die Kompetenz für die strategischen und die Verwaltung für die eher operativen Belange hat (KGST 1992, S. 47, MAIER 2002, S. 91, STEGMANN 2002, S. 24). So wird verhindert, dass die Politik – wie es in der Praxis häufig geschieht (ALBERS/HARDT 1994, S. 138, LADEUR 1993, S. 159, REICHARD 1993b, S. 120) – in die operativen Entscheidungen eingreift und die Verwaltung die strategischen Entscheidungen durch ihre Arbeit vorbestimmt (BÖHRET 1982, S. 134, BRANDSTÄTT 2000, S. 195, PALUPSKI 1997, S. 117). Bisher ist das Kontraktmanagement nur im begrenzten Rahmen umgesetzt worden (BOGUMIL/KUHLMANN 2004, S. 56).

Des Weiteren wurde im Rahmen der Verwaltungsreform vielerorts, insbesondere in den größeren Kommunalverwaltungen mit hohem Steuerungsbedarf, das ursprünglich aus der öffentlichen Verwaltung stammende Controlling eingeführt. Die Einführung des Controllings wird schon seit Ende der 70er Jahre gefordert (BRAUN 1991,

S. 59, SCHMIDBERGER 1994, S. 36), aber erst in den letzten zehn Jahren hat sich diese Forderung stark verbreitet (LÜDER 1993, S. 209, WEBER 1987, S. 265). Darüber wie viele Kommunalverwaltungen das Controlling tatsächlich eingeführt haben bzw. in welchem Umfang und Qualität die einzelne Verwaltung es eingeführt hat, herrscht Unstimmigkeit. Einige sprechen in diesem Zusammenhang von Nachholbedarf und Entwicklungsbedürftigkeit (KLINGEBIEL 1999, S. 378, STEINEBACH 1998, S. 201), andere von einer großen Verbreitung bzw. verbreiteten Einführung (BUDÄUS 1997b, S. 28, NAU/WALLNER 1999, S. 169, PALUPSKI 1998b, S. 31, SCHMIDT 2001, S. 278). Zumindest in den großen Kommunalverwaltungen ist Controlling schon seit längerem umgesetzt (DAMKOWSKI/PRECHT 1995, S. 151). Zumeist dürfte Controlling jedoch nicht flächendeckend, sondern eher in Form des Bau-, Investitions- oder Beteiligungscontrollings verbreitet sein (ANDREE 1994, S. 172ff, DAMKOWSKI/ PRECHT 1995, S. 71+154, EICHHORN 1999, S. 119, JACOBI/SCHMITT 1990, S. 279ff). Ein ausgeprägtes Beschaffungscontrolling dürfte in den Kommunalverwaltungen so gut wie nicht vorhanden sein.

Die Erwartungen an das Controlling sind insgesamt sehr hoch und decken sich in weiten Teilen mit den Erwartungen an betriebswirtschaftliche Methoden insgesamt. So werden beispielsweise Verbesserungen der Wirtschaftlichkeit, der Führung und Steuerung, der Koordinations-/Anpassungs-/Reaktions-/Innovationsfähigkeit, der Bürgernähe, der Zielorientierung, der Kontrolle, der Planung, der Informationsbasis und der Transparenz erwartet (ANDREE 1994, S. 35+57ff., BÄHR 2002, S. 36f., KGST 1994, S. 20+36, NAU/WALLNER 1999, S. 171f.+194, SCHMIDBERGER 1994, S. 109ff., SCHWARZE/KOSS 1996, S. 25f.). Zumindest in der Theorie wird berücksichtigt – ohne auf die Diskussion der verschiedenen Controllingkonzeptionen eingehen zu wollen –, dass Controlling der Führungsunterstützung dient und nicht die Führung ersetzt (BAUER/KLUG 1996, S. 163, BREDE 2001, S. 71, PROMBERGER 1995, S. 17ff, RICHTER 2001, S. 394).

Bei der Einführung des Controllings zeigt sich erneut, dass eine erfolgreiche Umsetzung nur unter Anpassung an die besonderen Rahmenbedingungen der Kommunalverwaltung möglich ist (HENNING 1999, S. 1061, SEIDENSCHWARZ 1992, S. 47, WEBER 1988b, S. 46).

2.3.3.3 Das Haushalts- und das Rechnungswesen

Der Bereich des Haushalts- und Rechnungswesens ist derzeit mit Abstand der von den Kommunalverwaltungen am stärksten verfolgte Reformschwerpunkt (DIFU 2005, S. 18). Die Informationsbedürfnisse der Kommunalverwaltung und ihrer Stakeholder haben sich in Bezug auf Haushaltsplanung und (internes und externes) Rechnungswesen geändert (REICHARD 1987, S. 284, SCHAUER 1992, S. 5). Der Bedarf an Wirtschaftlichkeitsinformationen ist gewachsen. Das unreformierte Rechnungswesen kann bzw. konnte die bestehenden Informationsbedürfnisse nicht befriedigen (BUDÄUS 1998a, S. 27, EICHHORN 2001, S. 412, LÜDER 1993, S. 218).

Der Haushaltsplan, der traditionell das Hauptsteuerungsinstrument für das Wirtschaften in der Kommunalverwaltung war (ANDREE 1994, S. 170, HILSE 1996, S. 154, POOK 2002, S. 9), weist als Planungs- und Steuerungsinstrument große Mängel auf (POOK 2002, S. 9). Er ist aufwendig, überdetailliert und liefert nicht die essentiellen Informationen zur Wirtschaftlichkeitssteuerung (BREDE 2001, S. 116, HEUER 1991, S. 159, WAMBACH 1999, S. 258). Zudem ist die Haushaltsplanung häufig sehr unflexibel (HEINRICH 1993, S. 298). Beispielsweise müssen Investitionsmittel sehr frühzeitig beantragt werden. Auch Anpassungen aufgrund aktueller Gegebenheiten (z. B. Marktveränderungen) sind nach Verabschiedung des Haushaltsplans nur schwer möglich (HAUSWIRTH 1994, S. 49, HEINRICH 1993, S. 298). Die starre Anwendung der Haushaltsprinzipien bzw. -grundsätze wie z. B. Jährlichkeitsprinzip und Grundsatz der zeitlichen Bindung führt zu dysfunktionalen Effekten (BREDE 2001, S. 112ff., DILLER 1985, S. 628ff., KORECKY 2000, S. 57, WINDISCH/OBERDIECK 1989, Sp. 562f.). Problematisch ist weiterhin, dass die Haushaltsplanung oft durch das Fortschreiben vergangener Pläne und Inputorientierung gekennzeichnet ist (ADAMA-SCHEK ET AL. 2002, S. 21, BREDE 2001, S. 116, KROKER 1981, S. 73).

Zur Behebung der Probleme der Haushaltsplanung wurde in einem Großteil der Kommunalverwaltungen die Budgetierung eingeführt (BOGUMIL/KUHLMANN 2004, S. 55, HEWEL 1998, S. 207f., SCHÄFFER 2000, S. 22). In den Kommunen mit einer Einwohnerzahl von über 400.000 ist sie bei über 80% und in den Kommunen aller Größenklassen bei über 50% eingeführt (DIFU 2005, S. 12). Auch wenn die Budgetierung die Haushaltsplanung um die Top-down-Orientierung ergänzt, Kostentransparenz und Flexibilität geschaffen hat und auch das Mitarbeiterpotential durch die größere Eigenverantwortlichkeit besser genutzt wird (BECKHOF 1999, S. 91, 99+110, BREDE 2001, S. 112, FRISCHMUTH 1999, S. 149, KGST 1997a, S. 22, SCHRIJVERS 1999, S. 248f.), konnte auch sie nichts an der Fortschreibungsmentalität und Inputorientierung ändern (BOGUMIL/KUHLMANN 2004, S. 55, BUDÄUS 2004, S. 11, HOPP/GÖBEL 2004, S. 25). Das NSM empfiehlt aber die Ablösung der Inputorientierung durch die Outputorientierung nicht nur bei der Steuerung, sondern auch bei der Haushaltsplanung bzw. Budgetierung. Die Outputorientierung soll durch einen produktorientierten Haushalt umgesetzt werden (BALS 2005, S. 335, BUDÄUS 2004, S. 12).

Zur Zeit wird zwar das bisherige Hauptziel des externen Rechnungswesens – die Dokumentation des Ressourceneinsatzes bzw. der Rechtmäßigkeit – erfüllt (BEYER 2001, S. 338, MAIER 2002, S. 76, MUNDHENKE 2000, S. 16), jedoch kann der neue Bedarf an Wirtschaftlichkeitsinformationen aufgrund des Buchführungsstils nicht gedeckt werden (BEYER 2001, S. 339, FIEBIG 1995, S. 39). Der bestehende Buchführungsstil der Kameralistik ist durch eine finanzwirtschaftliche Orientierung gekennzeichnet und fördert ein Denken in Ein- und Auszahlung statt in Aufwand und Ertrag

(BEYER/KINZEL 2005, S. 352ff., SANDER/LANGER 2003, S. 12). Die Gegenüberstellungen der Buchführungsstile der Kameralistik und der in der Privatwirtschaft vorherrschenden Doppik kommen häufig zu dem Schluss, dass die Kameralistik komplizierter, leistungsschwächer und intransparenter als die Doppik ist (BEYER 2001, S. 342, DIEMER 1996, S. 195ff., OSTERHOFF 1998, S. 184). Deshalb und aus Gründen der Softwareverfügbarkeit, der Fehlerresistenz und aufgrund des internationalen Trends will ein Großteil der Kommunalverwaltungen in naher Zukunft zur Doppik wechseln (BREDE 2001, S. 189, BUDÄUS 2004, S. 14, LÜDER 1999, S. 43f., TÖPFER 2000c, S. 357). Auch wenn die Doppik derzeit nur in wenigen deutschen Kommunalverwaltungen eingeführt ist (DIFU 2005, S. 24), haben einige Bundesländer ihre Kommunen zur Umsetzung der Doppik zwischen 2005 und 2008 verpflichtet (BEYER/KINZEL 2005, S. 358). Allerdings muss zur Diskussion des Buchführungsstils angemerkt werden, dass trotz der in der Privatwirtschaft angewandten Doppik eher das interne als das externe Rechnungswesen zur Wirtschaftlichkeitssteuerung herangezogen wird (SCHUSTER 2001, S. 116). Es könnte daher zur Enttäuschung der teilweise hohen Erwartungen an die Doppik kommen.

Bisher ist die Kommunalverwaltung häufig nicht in der Lage, konkrete Aussagen über ihre Kosten und Leistungen und somit über Wirtschaftlichkeit zu machen (FREUDENBERG 1998, S. 236f., HARDT 1993, S. 11, SCHUSTER 2002, S. 9). Ohne fundierte Wirtschaftlichkeitsaussagen ist eine zielgerichtete Steuerung jedoch kaum möglich (SCHWARZE/KOSS 1996, S. 5, SCHLEMMER 1998, S. 161, WALTHER 1998, S. 173). Deshalb bietet sich – wie es auch das NSM fordert – die Einführung der Kosten- und Leistungsrechnung an (BEYER 2001, S. 342, MAIER 2002, S. 97, REICHARD 1987, S. 311), die eine zielgerichtete Steuerung aufgrund der Kosten- und Leistungstransparenz ermöglicht (FISCHER 1997, S. 147, SCHMIDT 2002a, S. 29, WICK 1999, S. 123ff.).

Während rudimentäre Kosten- und Leistungsrechnungen in den Einheiten der Kommunalverwaltung mit entgeltlichen Leistungen schon länger bestehen, ist sie nun auch flächendeckender in die Kommunalverwaltungen eingezogen (ADAMASCHEK 2000b, S. 210, BREDE 2001, S. 204, SCHMIDT 2002a, S. 5+167, SCHUSTER 2002, S. 16). Allerdings ist die Einführung der Kosten- und Leistungsrechnung ein sehr anspruchsvolles Vorhaben, da es umfassender Anpassungen des privatwirtschaftlichen Konzepts an die Rahmenbedingungen der Kommunalverwaltung bedarf (ADAMASCHEK 2000b, S. 216, SCHUSTER 2002, S. 281).

3   Das Vergaberecht

In diesem Kapitel wird die zweite Besonderheit der öffentlichen Beschaffung – das Vergaberecht – dargestellt. Mit dem Einsetzen der gesonderten europäischen Regulierung hat das Vergaberecht sein ehemaliges „Aschenputteldasein" verlassen (HUBER 2002, S. 11, HUELMANN 2000, S. 21, OHLER 2001, S. 1). Gleichzeitig führte sie jedoch zum Anstieg von Umfang und Komplexität des Vergaberechts (GOERDELER 2002, S. 6, KRAFT-LEHNER 2002, S. 1, SCHWARZE 2000, S. 13). Das Vergaberecht ist stark durch die europäische Regulierung beeinflusst. Im Jahr 2004 wurden die maßgeblichen europäischen Richtlinien zum Vergaberecht neu erlassen (Richtlinien 2004/17/EG und 2004/18/EG). Da diese noch nicht in deutsches Recht umgesetzt wurden, wird im Folgenden in erster Linie das derzeit in der BRD geltende Vergaberecht dargestellt. In einzelnen Punkten werden die Reformbemühungen des Bundesministeriums für Wirtschaft und Arbeit (Arbeitsgruppe „Verschlankung des Vergaberechts") und die darauf aufbauenden Gesetzesentwürfe, die die neuen EU-Vergaberichtlinien umsetzen sollen, sowie die Inhalte der europäischen Richtlinien, die ab dem 01.02.2006 unmittelbar Geltung besitzen, aufgegriffen.

In den folgenden Teilkapiteln werden zunächst die Intentionen und Ziele des Vergaberechts erörtert (s. Kap. 3.1). Anschließend werden die Struktur und der konkrete Inhalt des Vergaberechts aufgeführt (s. Kap. 3.2). Wenngleich versucht wird, einen umfassenden Überblick über das Vergaberecht zu geben und Punkte, die für das öffentliche Beschaffungsmarketing von besonderer Bedeutung sind, hervorzuheben (s. Kap. 3.3), muss für eine geschlossene Darstellung des Vergaberechts auf die weitere Literatur verwiesen werden (AX/SCHNEIDER/NETTE 2002, BOESEN 1999, BOESEN 2003, DAUB/MEIERROSE/EBERSTEIN 2000, GRUBER/GRUBER/SACHS 2005, JASPER 2004, NOCH 2002, REIDT/STICKLER/GLAHS 2003, SCHÜTTE/HORST-KOTTE 2001). Die zuvor genannten Veröffentlichungen stellen die wichtigsten Quellen der nachfolgenden Darstellungen dar und werden - da die meisten ohnehin einen Großteil der hier dargestellten Inhalte umfassen – nicht gesondert als Quelle angeführt.

3.1   Begründung und Ziele des Vergaberechts

Auch wenn die öffentliche der privatwirtschaftlichen Beschaffung ähnelt (BARTL 2000, S. 46, LAMM/LEY/WECKMÜLLER 1991, S. 1, SACHER 1992, S. 4f.), ist aufgrund der abweichenden Rahmenbedingungen eine besondere Regulierung notwendig.

Obwohl das Beschaffungsvolumen der öffentlichen Verwaltung stark auf die einzelnen öffentlichen Auftraggeber aufgesplittet ist (EILSBERGER 1980, S. 340) und die Nachfragemacht durch den Zwangsbedarfscharakter der Nachfrage und die Marktunkenntnis geschwächt ist (CORTE/HESSELMANN/KAYSER 1990, S. 16, HERTWIG 2001, S. 2f.), besitzen öffentliche Auftraggeber in einigen Wirtschaftszweigen eine enorm hohe Nachfragemacht (z. B. im Bereich Rüstung, Tiefbau und Forschung) (BARTL 2000, S. 5, HAASE 1997, S. 22, PRIESS 2001, S. 3). Deshalb versucht das Vergaberecht, die daraus resultierenden negativen Effekte zu begrenzen. So soll z. B. durch das Nachverhandlungsverbot die Gefahr ruinöser Preiswettbewerbe gemindert werden (BIRGEL 1994, S. 18+35, HOMANN 1995, S. 106, SCHLECHT 1988, S. 24).

Da die öffentliche Beschaffung oft keinen funktionierenden Markt vorfindet, weil beispielsweise das nachgefragte Beschaffungsobjekt einzigartig oder das nachgefragte Beschaffungsvolumen besonders groß ist (AMMER 1980, S. 152, HAMMANN/ LOHRBERG 1986, S. 59f.), strebt das Vergaberecht durch öffentliche Bekanntmachungen an, einen Markt zu schaffen bzw. den Wettbewerb auf diesem zu fördern. Auch wenn der öffentliche Auftraggeber nicht in der Lage ist, den Markt aufgrund zu geringer Marktübersicht zu nutzen, greift das Vergaberecht ein (HERTWIG 2005, S. 2ff.). Für den Fall, dass kein Markt oder Wettbewerb möglich ist, versucht das Vergaberecht die daraus resultierenden negativen Wirkungen zu begrenzen.

Ferner ist das Streben nach einer wirtschaftlichen Beschaffung beim klassischen öffentlichen Auftraggeber geringer ausgeprägt als bei privatwirtschaftlichen Unternehmen, da für ihn das Regulativ des Marktes fehlt (MATTHEY 2001, S. 29, STERNER 1996, S. 33, WITTIG 1999, S. 4). Zudem verausgabt der öffentliche Auftraggeber bei der öffentlichen Beschaffung zum Großteil Steuergelder (GORDON ET AL. 1992, S. 820, LAMM/LEY/WECKMÜLLER 1991, S. 1). Das Vergaberecht versucht also letztendlich eine wirtschaftliche, gerechte und nachvollziehbare Verausgabung der hauptsächlich öffentlichen Gelder zu garantieren (FRICKE 1961, S. 12).

Außerdem besteht die Gefahr, dass die öffentliche Beschaffung für vergabefremde Zwecke instrumentalisiert wird (s. Kap. 3.3.4) (HILSE 1996, S. 139, MATTHEY 2001, S. 29, SACHER 1992, S. 98). Daher begrenzt das Vergaberecht den politischen Einfluss auf die öffentliche Beschaffung (PIETZCKER 1998, S. 432). Zudem soll so die Korruption bekämpft werden (KELMAN 1990, S. 11, VON AMELN 1989, S. 8).

Ein weiterer Umstand, dem das Vergaberecht Rechnung trägt, ist die zentrale Bedeutung der öffentlichen Beschaffung für den europäischen Binnenmarkt. Insbesondere durch die Durchsetzung des Diskriminierungsverbots (Art. 12 EG bzw. Art. 3 GG) soll ein freier Handel ermöglicht werden.

Die genannten Intentionen des Vergaberechts spiegeln sich in seinen Hauptprinzipien wieder. Es strebt eine wirtschaftliche öffentliche Beschaffung an (**Wirtschaftlichkeitsgebot** § 97 Abs. 5 GWB) und wird versucht, das Ziel Wirtschaftlichkeit v. a. über die Nutzung des Wettbewerbs zu erreichen (**Wettbewerbsgebot** § 97 Abs. 1 GWB bzw. § 2 Nr. 1Abs. 1 VOL/A). Für einen funktionierenden Wettbewerb müssen alle Bieter die gleiche Chance auf den Zuschlag erhalten, daher sind Diskriminierungen von Bietern untersagt (**Diskriminierungsverbot/Gleichheitsgrundsatz** Art. 12 EG). Damit Bieter erkennen können, ob das Verfahren rechtskonform abläuft (z. B. Abwesenheit von Diskriminierung) müssen die Zuschlagskriterien bei der Vergabebekanntmachung angegeben werden (**Transparenzgebot** § 97 Abs. 1 GWB). Weiterhin ist für den funktionierenden Wettbewerb sowohl vom öffentlichen Auftraggeber als auch vom Bieter markt- und rechtskonformes Verhalten notwendig (**Fairnessgebot** § 2 Nr. 1 Abs. 2 VOL/A).

Nach § 91 Abs. 3 GWB ist als zusätzliches Ziel die **Förderung des Mittelstands** für das Vergaberecht vorgegeben. Deshalb sind öffentliche Aufträge losweise auszuschreiben (§ 5 VOL/A). Bei beschränkter Ausschreibung und freihändiger Vergabe sind kleinere und mittlere Unternehmen anzusprechen (§ 7 Nr. 3 VOL/A) und durch Unteraufträge möglichst zu beteiligen (§ 10 Nr. 2 Abs. 1 VOL/A).

3.2 Die Struktur des Vergaberechts

In Europa hat sich das Vergaberecht durch die Regulierung der EU seit den 70er Jahren stark verändert (FERNANDEZ MARTIN 1996, S. 4, MEYER 2002, S. 49, PIETZ-CKER 1997, S. 43). Das deutsche Vergaberecht wurzelt zum einen auf dem nationalen Haushaltsrecht und zum anderen auf dem europäischen Vergaberecht (NOELLE/ROG-MANS 2002, S. 16). Zudem finden sich auch auf internationaler Ebene Vorgaben, z. B. das Government Procurement Agreement (s. Kap. 3.2.1).

Das Vergaberecht in der BRD besteht, wie in vielen anderen Ländern auch, aus einer Vielzahl von verstreuten Regelungen und ist nicht in einer einheitlichen Norm kodifiziert (NESSLER 1999, S. 89, ZEITZ 1997, S. 45). Der hierarchische Aufbau der verschiedenen Rechtsnormen des Vergaberechts kann der folgenden Abbildung entnommen werden.

Sowohl das Bundesministerium für Wirtschaft und Arbeit als auch die neuen bisher in der BRD nicht umgesetzten europäischen Richtlinien für das Vergaberecht – Richtlinien 2004/17/EG und 2004/18/EG (s. Kap. 3.2.2) – streben eine Vereinfachung der Struktur an. Das dabei angestrebte Zusammenfassen der Verdingungsordnungen VOB, VOL und VOF in eine Verordnung wird jedoch an der grundsätzlichen Verzweigtheit des Vergaberechts – wie man Abbildung 5 entnehmen kann – kaum etwas ändern.

Im Folgenden wird zur Darstellung des Vergaberechts besonders auf die Inhalte des deutschen Vergaberechts eingegangen. Wenn das nationale vom europäischen Vergaberecht abweicht, wird darauf hingewiesen. Die Struktur des Vergaberechts wird entsprechend der beinhalteten Reihenfolge der Abbildung 5 dargestellt.

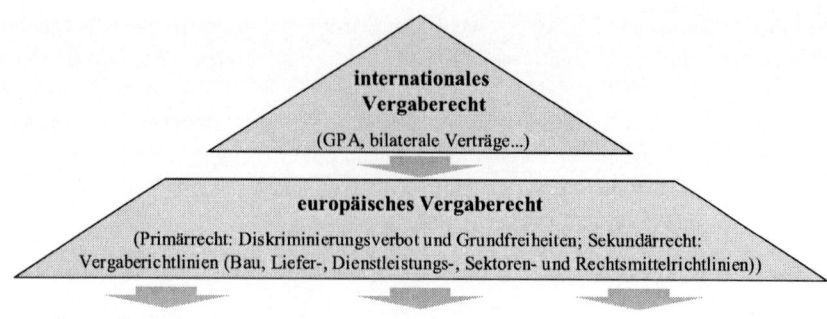

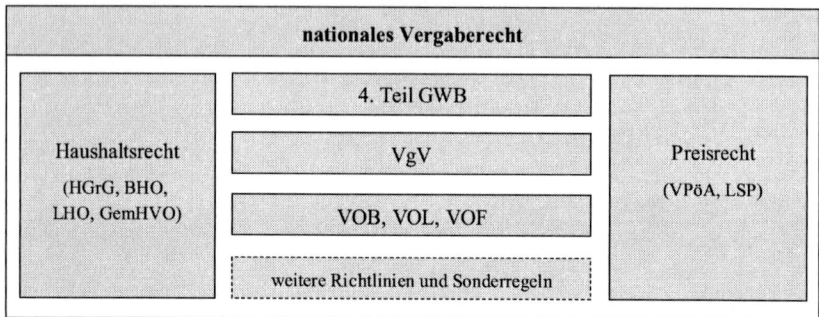

Abb. 5: Die Rechtsnormen des Vergaberechts

(BARTL 2000, S. 123, NOCH 2002, S. 9, SCHÜTTE/HORSTKOTTE 2001, S. 20)

3.2.1 Das internationale Vergaberecht

Für die EU und somit auch die BRD ist die zentrale internationale Vergaberechtsnorm das „Government Procurement Agreement" (GPA), das 1996 in Kraft trat und den GATT-Kodex-Regierungseinkäufe vom 12.04.1979 abgelöst hat (GORDON/RIM-MER/ARROWSMITH 1998, S. 31, HERTWIG 2005, S. 24, HUELMANN 2000, S. 112ff.). Da die EU dem GPA beigetreten ist, sind seit Mai 2004 auch die neuen EU-Mitgliedstaaten den Regelungen des GPA unterworfen (WTO 2004). In der Praxis ist das GPA weitgehend unbekannt, obwohl dem plurilateralen Abkommen 37 Mitglieder – darunter fast alle wichtigen Industrienationen – angehören (HAAGSMA 1997, S. 17, SCHÄFER 2002, S. 54, WTO 2006). Zudem ist das GPA dem EU-Vergaberecht über-geordnet, so dass die Vorgaben des GPA in das EU-Vergaberecht und letztendlich in das jeweilige Vergaberecht der EU-Mitgliedsstaaten umzusetzen sind (GORDON/RIM-MER/ARROWSMITH 1998, S. 31, MATTHEY 2001, S. 57ff., PRIESS 2001, S. 35). Da sich das EU-Vergaberecht und das GPA stark decken (ARROWSMITH 1998,

S. 21, KOKOTT 2000, S. 49), wird im Folgenden zur besseren Verständlichkeit nur auf das EU-Vergaberecht Bezug genommen.

Andere internationale Abkommen, wie z. B. das NATO-Truppenstatut und seine Zusatzabkommen sowie Abkommen mit Drittstaaten werden aufgrund ihrer geringen Bedeutung für den Untersuchungsgegenstand nicht weiter berücksichtigt (DRÜGE-MÖLLER 1999, S. 10, GÖTZ 1999, S. 14ff., HAILBRONNER 2000a, S. 54, NOEL-LE/ROGMANS 2002, S. 27). Auch das in der Literatur häufig erwähnte UNCITRAL „Model Law" für die öffentliche Beschaffung (United Nations Commission on International Trade Law) wird nicht weiter betrachtet, da es keine bindende internationale Norm ist, sondern lediglich eine Hilfe für die Modernisierung bzw. den Aufbau eines Vergaberechts darstellt (ARROWSMITH 1998, S. 6, HUNJA 2002, S. 167ff., MEYER 2002, S. 291).

3.2.2 Das europäische Vergaberecht

Auch wenn im EG-Vertrag die öffentliche Beschaffung nicht explizit geregelt ist, unterliegt sie dem Europarecht (GÖTZ 1999, S. 8, KLING 2000, S. 7, KOMMISSION DER EUROPÄISCHEN GEMEINSCHAFT 1993, S. 3). Ein Ziel der EU ist das Schaffen von Wirtschaftswachstum. Dies soll durch die Schaffung des freien europäischen Binnenmarktes erreicht werden (KOMMISSION DER EUROPÄISCHEN GEMEIN-SCHAFT 2006). Dafür ist die Befolgung der vier Grundfreiheiten des Europarechts notwendig:

- Warenverkehrsfreiheit (Art. 28ff. EG)
- Arbeitnehmerfreizügigkeit (Art. 39 EG)
- Niederlassungsfreiheit (Art. 43 EG)
- Dienstleistungsfreiheit (Art. 49 EG)

Die vier Grundfreiheiten sind Ausdruck des allgemeinen Diskriminierungsverbots (Art. 12 EG) (KLING 2000, S. 24ff., KRAFT-LEHNER 2002, S. 28ff., RIESE 1998, S. 4ff.). Sie gelten mit einigen Ausnahmen wie beispielsweise dem Schutz der öffentlichen Gesundheit, der Verbraucher oder der Umwelt auch für die öffentliche Beschaffung (KLING 2000, S. 8ff., LEE 1992, S. 5ff., RIESE 1998, S. 24ff.).

Wie das geringe grenzüberschreitend vergebene öffentliche Beschaffungsvolumen zeigte, entstand auf Grundlage der geltenden Grundfreiheiten noch kein echter Binnenmarkt (CORTE/HESSELMANN/KAYSER 1990, S. 11, DIHT 1996, S. 5, WERNER 2000a, S. 58). Da die öffentliche Beschaffung aber ein bedeutender Faktor für den Binnenmarkt ist, hat die EU Koordinierungsrichtlinien erlassen, die u. a. die Befolgung der Grundfreiheiten sicherstellen sollten. Durch das Erlassen von Richtlinien im Gegensatz zu Vergabegesetzen konnten nationale Besonderheiten des Vergaberechts besser berücksichtigt werden (FERNANDEZ MARTIN 1996, S. 33, KOMMISSION DER EUROPÄISCHEN GEMEINSCHAFT 1997, S. 9, OHLER 2001, S. 21).

Während die Grundfreiheiten jegliche öffentliche Auftragsvergabe betreffen, gelten die Richtlinien grundsätzlich nur, wenn ihr sachlicher und persönlicher Anwendungsbereich erfüllt ist. Dieser liegt vor, wenn ein öffentlicher Auftrag im Sinne der Richtlinie von einem öffentlichen Auftraggeber vergeben wird, der die in den Richtlinien aufgeführten Schwellenwerte übersteigt (BARTL 2000, S. 125f., HERTWIG 2001, S. 22f., JESTAEDT ET AL. 1999, S. 83ff.).

Die folgenden, mehrfachen Änderungen unterlegenen Richtlinien stellen die derzeit in das deutsche Recht umgesetzten europäischen Koordinierungsrichtlinien dar:

- **Dienstleistungskoordinierungsrichtlinie** über die Koordinierung der Verfahren zur Vergabe öffentlicher Dienstleistungsaufträge (RL 92/50/ EWG vom 18.06.1992; geändert durch RL 93/36/EWG, RL 97/52/EG und RL 2001/78/EG),
- **Lieferkoordinierungsrichtlinie** über die Koordinierung der Verfahren zur Vergabe öffentlicher Lieferaufträge (RL 93/36/EWG vom 14.06.1993 geändert durch RL 97/52/EG und RL 2001/78/EG),
- **Baukoordinierungsrichtlinie** zur Koordinierung der Verfahren zur Vergabe öffentlicher Bauaufträge (RL 93/37/EWG vom 14.06.1993; geändert durch RL 97/52/EG und RL 2001/78/EG)
- sowie **Sektorenkoordinierungsrichtlinie** zur Koordinierung der Auftragsvergabe durch Auftraggeber im Bereich der Wasser-, Energie- und Verkehrsversorgung sowie im Telekommunikationssektor (RL 93/38/ EWG vom 14.06. 1993; geändert durch RL 98/4/EG und RL 2001/78/ EG).

Die Richtlinien sind von den Mitgliedstaaten fristgerecht umzusetzen (Art. 249 EG). Allerdings wurden die vier Richtlinien nur zögerlich umgesetzt und ihre Umsetzungen in der Praxis zu selten befolgt. Abhilfe sollten die Rechtsmittelrichtlinien schaffen (MATTHEY 2001, S. 55, SCHWARZE 2000, S. 18), die die Bieter mit einem subjektiven Recht auf ein richtlinienkonformes Vergabeverfahren ausstatten (SCHWARZE 2000, S. 23):

- **Richtlinie 92/13/EWG** vom 25.02.1992 zur Koordinierung der Rechts- und Verwaltungsvorschriften für die Anwendung der Gemeinschaftsvorschriften über die Auftragsvergabe durch Auftraggeber im Bereich der Wasser-, Energie- und Verkehrsversorgung sowie im Telekommunikationssektor
- und **Richtlinie 89/665/EWG** vom 21.12.1989 zur Koordinierung der Rechts- und Verwaltungsvorschriften für die Anwendung der Nachprü-

fungsverfahren im Rahmen der Vergabe öffentlicher Liefer- und Bauaufträge.

Die vielfache Kritik an der Aufteilung der Koordinierungsrichtlinien hat dazu geführt, dass mit dem Erlass der neuen Koordinierungsrichtlinien vom 31.03.2004 nur noch zwei Richtlinien bestehen bleiben:

- **Richtlinie 2004/17/EG** zur Koordinierung der Zuschlagserteilung durch Auftraggeber im Bereich der Wasser-, Energie- und Verkehrsversorgung sowie der Postdienste
- und **Richtlinie 2004/18/EG** über die Koordinierung der Verfahren zur Vergabe öffentlicher Bauaufträge, Lieferaufträge und Dienstleistungsaufträge.

Diese Richtlinien sind von der BRD nicht fristgerecht zum 31.01.2006 umgesetzt worden. Da jedoch noch unklar ist, wann und wie die Richtlinien umgesetzt werden und die Änderungen im Vergleich zu früheren Neueinführungen der Richtlinien gering ausfallen, wird insbesondere auf die zur Zeit in das nationale Vergaberecht umgesetzten Inhalte Bezug genommen. Da die nicht umgesetzten Richtlinien ab 01.02.2006 jedoch unmittelbar gelten und die nicht fristgerechte Umsetzung der Inhalte private Dritte nicht belasten darf, wird aber auf die abweichenden Inhalte der Richtlinien hingewiesen. Private Dritte, die sich nach den unmittelbar geltenden Vergaberichtlinien besser als bei der derzeitigen Vergaberechtslage stellen würden, können sich – anders als öffentliche Auftraggeber – nämlich auf diese Inhalte berufen.

Auf eine ausführliche Darstellung der Inhalte des europäischen Vergaberechts wird hier verzichtet, da die nationalen Vorgaben i. d. R. mit dem europäischen übereinstimmen.

3.2.3 Das nationale Vergaberecht

Kern des nationalen Vergaberechts sind die drei aufeinander verweisenden Säulen: das Gesetz gegen Wettbewerbsbeschränkungen (GWB), die Vergabeverordnung (VgV) und die Verdingungsordnungen (VOL, VOB und VOF). Das Aufeinanderverweisen der Rechtsnormen wird auch Kaskadenprinzip genannt (HORN 2001, S. 56, KRAFT-LEHNER 2002, S. 57, SCHENK 2001, S. 188). Das aktuelle deutsche Vergaberecht ist durch die kartell- bzw. wettbewerbsrechtliche Lösung gekennzeichnet, die zu einer Zweiteilung des Vergaberechts geführt hat (FUCHS 2002, S. 121, HORN 2001, S. 21). Anhand der wettbewerbsrechtlichen Lösung wird das GWB und die VgV thematisiert (s. Kap. 3.2.3.1). Gesondert betrachtet werden die Verdingungsordnungen in Kapitel 3.2.3.2.

Den weiteren Rahmen des Vergaberechts bilden – wie schon in Abbildung 5 gezeigt – das Haushaltsgrundsätzegesetz (HGrG) und die Bundes-, Landes- und Gemeindehaushaltsordnungen sowie das Preisrecht. Letzteres wird aufgrund seiner Bedeutung für die spätere Arbeit gesondert in Kapitel 3.2.3.3 behandelt. Das Haushaltsrecht ist als Vergaberechtsquelle nur insofern bedeutend, als das es zur Wirtschaftlichkeit anhält und deshalb die Durchführung öffentlicher Ausschreibungen vorschreibt (§ 30 HGrG, § 55 BHO). Die weiteren Inhalte des Haushaltsrechts werden deshalb hier nicht betrachtet.

Ebenso werden die teilweise bestehenden Richtlinien und Anordnungen auf ministerieller Ebene, die jedoch keine bindende Wirkung für die Kommunalverwaltung entwickeln, hier nicht näher betrachtet.

3.2.3.1 Die kartell- bzw. wettbewerbsrechtliche Lösung

Vor der Umsetzung der europäischen Richtlinien war das Vergaberecht im Haushaltsrecht verankert. Die Verdingungsordnungen waren nur Innenrecht der öffentlichen Verwaltung. Daraus resultierte, dass obwohl der öffentlichen Verwaltung das Befolgen der Verdingungsordnungen vorgeschrieben war, die Bieter bei abweichendem Verhalten in Ermangelung eines Rechtsanspruchs den Verdingungsordnungen konformes Verhalten i. d. R. nicht einklagen konnten.

Die europäischen Rechtsmittelrichtlinien sehen aber genau dieses Recht für den Bieter vor. Da die europäischen Vergaberichtlinien Schwellenwerte vorsehen, ab denen auch erst der genannte Rechtsschutz zur Verfügung steht, wollte man in der BRD diesen Rechtsschutz auf den Bereich oberhalb der Schwellenwerte beschränken (PIETZCKER 2000, S. 65). Deshalb kam es in der BRD zur Zweiteilung des Vergaberechts (FUCHS 2002, S. 121, HORN 2001, S. 21). Dabei unterscheiden sich die Bereiche ober- und unterhalb der Schwellenwerte stark voneinander, da der das Vergaberecht betreffende Teil des GWB und die VgV nur oberhalb der Schwellenwerte zum Tragen kommen. Derzeit gelten die Schwellenwerte in Abbildung 6. Die EU-Richtlinien des Jahres 2004 sehen jedoch eine Anhebung der Schwellenwerte vor, die durch die Verordnung Nr. 1874/2004 vom 28.10.2004 aber wieder abgeschwächt wurden. Trotz unmittelbarer Wirkung der Richtlinien bleibt laut eines Rundschreibens zur Anwendung der Richtlinie 2004/18/EG des Bundesministeriums für Wirtschaft und Technologie vom 26.01.2006 einer förmlichen Änderung der VgV vorbehalten (BUNDESMINISTERIUM FÜR WIRTSCHAFT UND TECHNOLOGIE 2006, S. 3).

Liefer- und Dienstleistungs- aufträge im Sektorenbereich:	400.000 €
mit Ausnahmen die Liefer- und Dienst- leistungsaufträge der obersten oder oberen Bundesbehörden	130.000 €
alle anderen Liefer- und Dienstleistungsaufträge:	200.000 €
Bauaufträge:	5 Mio. €

Abb. 6: Die Schwellenwerte der VgV

Die BRD setzte den Rechtsschutz oberhalb der Schwellenwerte nur sehr zögerlich um. Zunächst wurde 1993 versucht, ihn mit einer haushaltsrechtlichen Lösung umzusetzen, d. h. dass durch die Änderung des Haushaltsgrundsätzegesetzes (§ 57 a-c HGrG) sowie den Erlass der Vergabe- (VgV) und Nachprüfungsverordnung (NpV) Vergabeprüf- und Vergabeüberwachungsstellen eingerichtet wurden (KRAFT-LEHNER 2002, S. 6, MEYER 2002, S. 52).

Die bis 1998 während haushaltsrechtliche Lösung wurde jedoch insbesondere von der EU-Kommission stark kritisiert (JESTAEDT ET AL. 1999, S. 6, NOELLE/ ROGMANS 2002, S. 28), da sie den von den EU-Richtlinien geforderten Rechtsschutz für die Bieter nicht garantieren konnte (HUBER 2002, S. 10). Eine Auseinandersetzung mit den USA und ein EU-Vertragsverletzungsverfahren führte mit dem Erlass des Vergaberechtsänderungsgesetzes vom 29.05.1998 zur Abkehr von der haushaltsrechtlichen Lösung.

Das Vergaberechtsänderungsgesetz hat die erste ausführliche Kodifizierung des deutschen Vergaberechts zur Folge. Dies führte zum Einfügen eines Teils des Vergaberechts in den vierten Teil des GWB – bestehend aus den Paragraphen zum Vergabeverfahren (§§ 97-101 GWB), zum Nachprüfungsverfahren (§§ 102-124 GWB) und zu sonstigen Regelungen (§§ 125-129 GWB). Die oben genannte Nachprüfungsverordnung konnte somit entfallen (BARTL 2000, S. 111). Aufgrund der Positionierung im GWB spricht man von der kartell- bzw. wettbewerbsrechtlichen Lösung. Neben dem vierten sind jedoch auch die anderen Teile des GWB für die öffentlichen Auftraggeber verbindlich, z. B. der zweite Abschnitt GWB (Marktbeherrschung und wettbewerbsbeschränkendes Verhalten) (RIESE 1998, S. 51, STERNER 1996, S. 82+85, WITTIG 1999, S. 241).

Die zweite Säule des Kaskadenprinzips – die bereits angesprochene VgV – verpflichtet in Form einer Verordnung die öffentlichen Auftraggeber ab Erreichen der Schwellenwerte zur Anwendung der Verdingungsordnungen – der dritten Säule des nationalen Vergaberechts. Die VgV setzt somit die Schwellenwerte der europäischen Ver-

gaberichtlinien um. Darüber hinaus enthält sie Vergabe- (§§ 1-16 VgV), Nachprüfungs-
(§§ 17-22 VgV) sowie Übergangs- und Schlussbestimmungen (§§ 23-24 VgV).

Aufgrund der Zweiteilung des Vergaberechts gelten die eben genannten Säulen
des Vergaberechts nur oberhalb der Schwellenwerte, unterhalb der Schwellenwerte
besteht nach wie vor die ursprüngliche haushaltsrechtliche Lösung fort (MEYER 2002,
S. 49).

3.2.3.2 Die Verdingungsordnungen

Die Verdingungsordnungen werden von Verdingungsausschüssen (Deutsche Vergabe-
und Vertragsausschuss für Bauleistungen und Deutscher Verdingungsausschuss für
Leistungen – ausgenommen Bauleistungen) verabschiedet (HUELMANN 2000, S. 36,
NOELLE/ROGMANS 2002, S. 24). Diese Ausschüsse sind sowohl mit Mitgliedern der
Auftraggeber- als auch der Auftragnehmerseite besetzt. Die VOB (Teil A) wurde zuerst
1926, die VOL (Teil A) 1936 veröffentlicht (RIESE 1998, S. 3, ZDZIEBLO 1987,
S. 15). Die VOF wurde erst im Jahr 1997 eingeführt und beinhaltet die Vergabe von
freiberuflichen Leistungen wie beispielsweise Architekten- und Ingenieurleistungen
(NOELLE/ROGMANS 2002, S. 28). Aktuell gültig sind die VOB vom 12.09.2002, die
VOL vom 17.09.2002 und die VOF vom 26.08.2002, die im Zuge der Umsetzung der
neuen europäischen Vergaberichtlinien einer Anpassung bedürfen.

Die drei Verdingungsordnungen ähneln sich sowohl im Aufbau als auch im
Inhalt (SACHER 1992, S. 110). Dass dennoch nicht eine einheitliche Verdingungsordnung für alle drei Bereiche existiert, ist in erster Linie historisch zu begründen (WEST-
HOF 1989, S. 33). Die Dreiteilung hat jedoch zur Konsequenz, dass die Abgrenzung
der Anwendungsbereiche der drei Ordnungen insbesondere bei komplexen Leistungen
schwierig ist (S. 75ff., GAIDA/HEINZE 1990, S. 30, JESTAEDT ET AL. 1999,
S. 74f.).

Die VOB wird hier nicht näher betrachtet, da Bauleistungen nicht Untersuchungsgegenstand der Arbeit sind (s. Kap. 1.2). Im Folgenden werden die Inhalte des
Vergaberechts in erster Linie am Beispiel der VOL dargestellt, da sie das weiteste Anwendungsgebiet der drei Verordnungen besitzt (BLUMENTHAL/MATTHEIS/REIME
2000, S. 136, HERTWIG 2001, S. 25).

Die VOL ist in zwei Teile geteilt. Teil A regelt die Auftragsvergabe bis zum
Zuschlag. Teil B beinhaltet allgemeine Vertragsbedingungen im Sinne von allgemeinen
Geschäftsbedingungen (HERTEL/PIETRASZEK 1988, S. 10, LAMM/LEY/WECK-
MÜLLER 1991, S. 7, RIESE 1998, S. 69). Im Folgenden steht die VOL/A im Mittel-
punkt der Betrachtung. Sie besteht aus den Abschnitten:

1. Basisparagraphen,
2. Bestimmungen nach der EG-Lieferkoordinierungsrichtlinie und der EG-Dienstleistungsrichtlinie,
3. Bestimmungen nach der EG-Sektorenrichtlinie,
4. Vergabebestimmungen nach der EG-Sektorenrichtlinie (VOL/A-SKR).

Abschnitt 1 enthält die Basisparagraphen, die bei Auftragswerten unterhalb der Schwellenwerte Anwendung finden. Abschnitt 2 betrifft Vergaben oberhalb der Schwellenwerte für öffentliche Auftraggeber, die nicht Sektorenauftraggeber sind (sog. a-Paragraphen). Die Basisparagraphen gelten – sofern sie nicht mit den a-Paragraphen inhaltlich kollidieren – auch im 2. Abschnitt, werden aber zusätzlich durch die a-Paragraphen ergänzt (§ 1a VOL/A). Zur Vereinfachung des Zitierens werden im weiteren Verlauf dieser Arbeit, wenn es um einen Verweis auf die Basisparagraphen handelt, nur die Basisparagraphen unterhalb der Schwellenwerte zitiert. Abschnitt 3 und Abschnitt 4 sind nicht Untersuchungsgegenstand der Arbeit, da sie sich an Sektorenauftraggeber richten.

In der kartell- bzw. wettbewerbsrechtlichen Lösung ist die Anwendung der Verdingungsordnungen durch VgV verpflichtend (MEYER 2002, S. 451, NESSLER 1999, S. 90, RIESE 1998, S. 12f.+17). Die Kommunalverwaltungen werden unterhalb der Schwellenwerte i. d. R. durch die Gemeindehaushaltsverordnung zur Anwendung der Verdingungsordnungen verpflichtet bzw. teilweise wird ihnen die Anwendung nur empfohlen (KOSILEK/UHR 2002, S. 38, KRAFT-LEHNER 2002, S. 64, MEYER 2002, S. 398+497, VON AMELN 1989, S. 8). Allerdings gelten die Verdingungsordnungen nur als Verwaltungsinnenrecht (BOESEN 1997, S. 48, HUBER 2002, S. 24).

3.2.3.3 Das Preisrecht

Das Preisrecht besteht – nachdem die entsprechende Preisrechtsverordnung für den Bereich der Beschaffung 1999 aufgehoben wurde – aus der Verordnung über die Preise bei öffentlichen Aufträgen (VPöA bzw. VO PR Nr. 30/53) und deren Anhang, den Leitsätzen für die Preisermittlung auf Grund von Selbstkosten (LSP) (BIRGEL 1994, S. 88ff.). In der VOL wird in § 15 Nr. 1 Abs. 2 VOL/A auf die VPöA verwiesen.

Das Preisrecht hat – wie es in der Eingangsformel der VPöA erwähnt ist – zum Ziel, marktwirtschaftliche Grundsätze in der öffentlichen Beschaffung durchzusetzen. Im Preisrecht besteht eine Hierarchie der anzuwendenden Preise (s. Abb. 7). Zunächst sind – auch wenn diese die Anwendung der Marktpreise einschränken können – die allgemeinen (z. B. das GWB) und die besonderen Preisvorschriften (z. B. Gebührenordnungen) zu befolgen (§ 3 VO PR Nr. 30/53) (BIRGEL 1994, S. 99). Vor allen anderen Preisformen haben dann die Marktpreise Vorrang. (§ 1 Abs. 1 VO PR 30/53) (BIRGEL 1994, S. 88f., FRANZ 1991, S. 833, ROGMANS 1993, S. 30f.). Selbstkostenpreise

sind nur bei Nichtvorhandensein von besonderen Preisvorschriften (staatlich regulierte
Preise) und Marktpreisen, bei Mangellagen oder bei auf der Anbieterseite beschränk-
tem Wettbewerb statthaft (§ 5 VO PR 30/53) (DÄUMLER/GRABE 1984, S. 22,
FRANZ 1992, S. 40, HERTEL/PIETRASZEK 1988, S. 40). Es gibt drei Formen von
Selbstkostenpreisen: den Selbstkostenfestpreis, den Selbstkostenrichtpreis und den
Selbstkostenerstattungspreis. Beim Bilden von Selbstkostenpreisen sind die Leitsätze
für die Ermittlung von Selbstkostenpreisen zu beachten (LSP) (BIRGEL 1994,
S. 121+139).

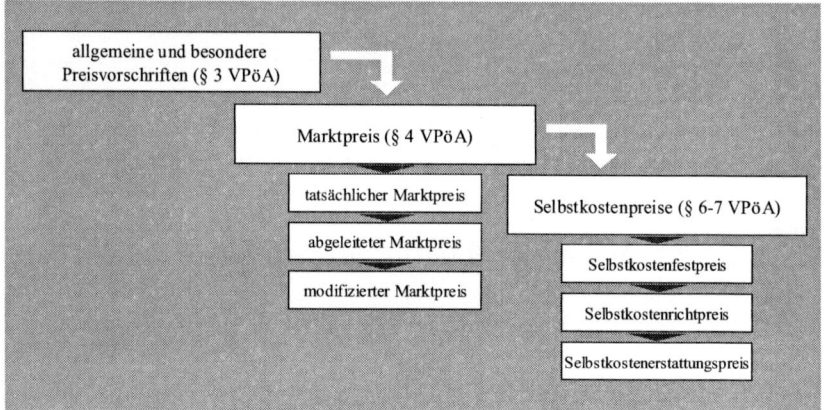

Abb. 7: Die Preistreppe

(BERNDT 1988, S. 35, DÄUMLER/GRABE 1984, S. 18, KEMPKEN 1980, S. 45, RITTNER 1988,
S. 53)

Das Preisrecht ist ferner durch die Grundsätze der festen Preise und Höchstpreise gekennzeichnet (§ 1 Abs. 2-3 VO PR 30/53) (HERTEL/PIETRASZEK 1988, S. 10, RAF-
FEE/FRITZ/WIEDMANN 1994, S. 197f., RIESE 1998, S. 63), d. h. dass von den Ver-
tragspartnern feste Preise oder zumindest feste Preisbestandteile vereinbart werden und
keine höheren Preise – als die Verordnung vorschreibt – vereinbart werden dürfen. Sowohl die Anwendung der Preisverordnung als auch die Angemessenheit der Selbstkostenpreise kann nach §§ 9-10 VO PR 30/53 durch den öffentlichen Auftraggeber überprüft werden. Dies kann für den Lieferanten einen tiefen Eingriff in sein Unternehmen
darstellen.

3.3   Die Bestimmungen des Vergaberechts

Die Inhalte des Vergaberechts sind sehr umfangreich. Schon die Verdingungsordnungen umfassen zusammen mehrere hundert Seiten. Die Inhalte des Vergaberechts wer-

den primär an den Hauptsäulen des nationalen Vergaberechts dem GWB, der VgV und der Verdingungsordnung – speziell der VOL/A – dargestellt.

3.3.1 Der sachliche und persönliche Anwendungsbereich

Den sachlichen Anwendungsbereich des nationalen Vergaberechts stellen öffentliche Aufträge dar. Diese sind legaldefiniert nach § 99 Abs. 1 GWB „entgeltliche Verträge zwischen öffentlichen Auftraggebern und Unternehmen, die Liefer-, Bau- oder Dienstleistungen zum Gegenstand haben, und Auslobungsverfahren, die zu Dienstleistungsaufträgen führen sollen". Der sachliche Anwendungsbereich wird ferner durch die Verdingungsordnungen konkretisiert (§ 1+1a VOL/A). Zudem ist zu beachten, ob das Vergaberecht ober- oder unterhalb der Schwellenwerte zum Tragen kommt. Nach § 100 Abs. 2 GWB sind oberhalb der Schwellenwerte einige Bereiche vom Vergaberecht ausgenommen. Zu diesen Bereichen zählen z. B. In-house-Geschäfte, Grundstückserwerb, Schiedsgericht- und Schlichtungsleistungen, Wertpapiere und Fernsprechdienstleistungen.

Der persönliche Anwendungsbereich des Vergaberechts umfasst die öffentlichen Auftraggeber. Die Gruppe der öffentlichen Auftraggeber ist sehr heterogen. Zudem kommt es durch die Zweiteilung des deutschen Vergaberechts unter- und oberhalb der Schwellenwerte zu unterschiedlichen öffentlichen Auftraggeberbegriffen (DRÜGE-MÖLLER 1999, S. 56ff.+182ff., JESTAEDT ET AL. 1999, S. 16ff.). Oberhalb der Schwellenwerte kommt der Auftraggeberbegriff des GWB zum Tragen. Im GWB wird der funktionale öffentliche Auftraggeberbegriff der EU-Richtlinien umgesetzt. Durch die funktionale Auslegung wird verhindert – wie früher z. T. geschehen (MEININGER 2002, S. 523, MATTHEY 2001, S. 58) –, dass öffentliche Auftraggeber durch Rechtsformänderungen in das Privatrecht fliehen und so das Vergaberecht umgehen können (MEYER 2002, S. 50, SCHENK 2001, S. 33, WERNER 2000a, S. 85f.). Gemäß § 98 GWB erstreckt sich der persönliche Anwendungsbereich auf Gebietskörperschaften inklusive Sondervermögen (§ 98 Nr. 1 GWB), staatsnahe juristische Personen (§ 98 Nr. 2+3GWB), private Sektorenauftraggeber (§ 98 Nr. 4 GWB) und sonstige private Auftraggeber (§ 98 Nr. 5+6 GWB).

Die klassischen öffentlichen Auftraggeber (Bund, Länder und Kommunen) fallen unter den § 98 Nr. 1 GWB.

Staatsnahe juristische Personen des öffentlichen und des privaten Rechts zeichnen sich durch eine eigene Rechtspersönlichkeit, die Gründung zur Erfüllung im Allgemeininteresse liegender Aufgaben nicht gewerblicher Art und die Beherrschung bzw. Finanzierung durch öffentliche Auftraggeber aus (§ 98 Nr. 2 GWB) (DRÜGEMÖLLER 1999, S. 58ff., WERNER 2000a, S. 96ff.). Allerdings wirft die Abgrenzung in der Praxis mitunter Probleme auf (z. B. öffentlich-rechtliche Kreditinstitute, Religionsgemeinschaften) (BARTL 2000, S. 52f., OHLER 2001, S. 152ff.+173ff.).

Private Sektorenauftraggeber sind natürliche oder juristische Personen privaten Rechts mit Tätigkeit im Sektorenbereich (Trinkwasser-, Energieversorgung oder im Verkehrsbereich) (HERTWIG 2001, S. 15, MATTHEY 2001, S. 70), die ein besonderes oder ausschließliches Recht zur Tätigkeit oder Beherrschung durch Auftraggeber i. S. d. § 98 Nr. 1-3 GWB haben (§ 98 Nr. 4 GWB).

Sonstige private Auftraggeber gelten nur bei bestimmten Auftragsvergaben als öffentliche Auftraggeber. Dies ist der Fall bei Aufträgen wie Tiefbaumaßnahmen oder der Errichtung von Krankenhäusern und damit in Verbindung stehender Dienstleistungen und Auslobungsverfahren, wenn Stellen i. S. v. § 98 Nr. 1-3 GWB diese zu 50% oder mehr finanzieren (§ 98 Nr. 4 GWB) oder es sich um Baukonzessionen handelt (§ 98 Nr. 6 GWB).

Unterhalb der Schwellenwerte herrscht noch der alte institutionelle öffentliche Auftraggeberbegriff des Haushaltsrechts vor, der lediglich die klassischen öffentlichen Auftraggeber (Bund, Länder und Kommunen) umfasst (§ 55 BHO/LHO) (JESTAEDT ET AL. 1999, S. 16, WERNER 2000a, S. 87).

3.3.2 Die Vergabearten

Das Vergaberecht sieht unterschiedliche Vergabearten vor. Oberhalb der Schwellenwerte sind das offene, das nichtoffene Verfahren und das Verhandlungsverfahren vorgesehen, unterhalb der Schwellenwerte die öffentliche Ausschreibung, die beschränkte Ausschreibung und die freihändige Vergabe. Dabei ähnelt das offen Verfahren der öffentlichen Ausschreibung, das nichtoffene Verfahren der beschränkten Ausschreibung und das Verhandlungsverfahren der freihändigen Vergabe stark (DSTGB 2004, S. 10f.). Unterschiede bestehen insbesondere bei der Publizitätspflicht (HERTWIG 2005, S. 62ff.).

Im Folgenden werden die Begriffe „öffentliche Ausschreibung", „beschränkte Ausschreibung" bzw. „freihändige Vergabe" als Allgemeinbegriffe gefasst, die das Vergabeverfahren oberhalb und unterhalb der Schwellenwerte kennzeichnen. Wenn es sich um ein Vergabeverfahren oberhalb der Schwellenwerte handelt, werden die Begriffe „offenes Verfahren", „nichtoffenes Verfahren" und „Verhandlungsverfahren" genutzt, für Verfahren unterhalb der Schwellenwerte wird der Zusatz „unterhalb der Schwellenwerte" aufgeführt.

Die Vergabeart des Planungswettbewerbs, das die VOF (§§ 20+25 VOF) sowie § 31a der VOL/A vorsieht, wird im Folgenden nicht gesondert dargestellt. Der Planungswettbewerb ist ein Auslobungsverfahren, das dem öffentlichen Auftraggeber Pläne verschafft, die durch ein Preisgericht ausgewählt werden.

Während die europäischen Richtlinien den öffentlichen Auftraggebern die Wahl lassen, ob sie ein offenes oder nichtoffenes Verfahren nutzen (Art. 6 Abs. 4 RL 93/36 EWG), besteht in der BRD eine klare Hierarchie der Verfahren, in der die öffentliche

Ausschreibung absoluten Vorrang hat (§ 3 Nr. 2 VOL/A, § 55 BHO). In der BRD können lediglich die Sektorenauftraggeber frei zwischen offenem und nichtoffenem Verfahren wählen. Die freihändige Vergabe kann nur genutzt werden, wenn die anderen Vergabeverfahren nicht greifen (s. Kap. 3.3.2.3).

Bei der Wahl der anzuwendenden Vergabeart werden in der Praxis viele Fehler begangen (NOCH 2002, S. 44). Nicht selten wird geglaubt, dass unter genauer Kenntnis der Verdingungsordnungen nahezu jedes Verfahren frei gewählt werden kann (HILSE 1996, S. 309). Eine fehlerhafte Vergabeartenwahl führt jedoch zu Ansprüchen der Bieter gegenüber dem öffentlichen Auftraggeber bzw. zur Aufhebung des Verfahrens (BOLLONGINO 1992, S. 30).

Die in Deutschland noch nicht umgesetzte Richtlinie 2004/18/EG sieht eine weitere Vergabeart vor – den wettbewerblichen Dialog (Art. 29 RL 2004/18/EG). Er kann bei besonders komplexen Vorhaben eingesetzt werden, bei denen der öffentliche Auftraggeber im Dialog mit den Bietern eine Lösung entwickeln kann. Hierbei ergeben sich besondere Anforderungen an die Diskriminierungsfreiheit und Geheimhaltung (Art. 29 Abs. 3 RL 2004/18/EG). Ebenso wie es dem Mitgliedsstaat überlassen bleibt, den wettbewerblichen Dialog umzusetzen, können nach der neuen Richtlinie noch Rahmenvereinbarungen, elektronische Auktionen und dynamische Beschaffungssysteme als Vergabearten zugelassen werden (Begründung 16 RL 2004/18/EG). Jedoch ist noch unklar, wie sie in das deutsche Vergaberecht umgesetzt werden.

3.3.2.1.1 Die öffentliche Ausschreibung

Bei der öffentlichen Ausschreibung wird eine unbeschränkte Anzahl potentieller Bieter zur Angebotsabgabe durch eine öffentliche Bekanntmachung aufgefordert (§ 3 Nr. 1 Abs. 1 VOL/A). Die Bieter sollen zur knappen Kalkulation angehalten werden, in dem sie die Angebote der anderen Bieter nicht kennen, die Angebote verschlossen gehalten werden und Preisnachverhandlungen nicht gestattet sind (HILSE 1996, S. 51f, WESTHOF 1989, S. 37ff.). Bei der öffentlichen Ausschreibung handelt es sich um ein förmliches Verfahren. Der Arbeitsaufwand für eine öffentliche Ausschreibung ist verglichen mit den anderen Vergabearten hoch (KOSILEK/UHR 2002, S. 39).

Unter Einbeziehung der VOL/A können die Tätigkeiten des öffentlichen Auftraggebers bei einer öffentlichen Ausschreibung idealtypisch wie folgt dargestellt werden (s. Abb. 8):

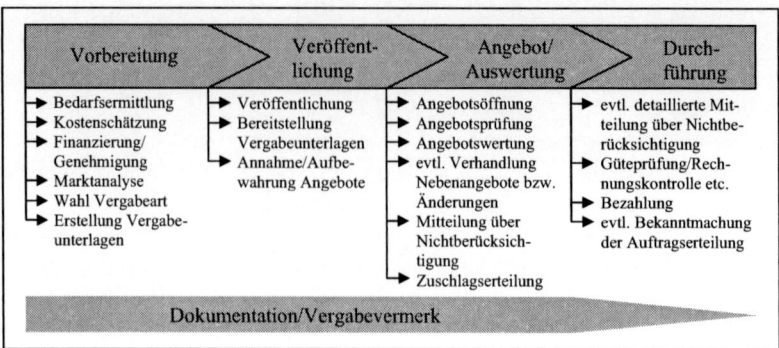

Abb. 8: Der Prozess der öffentlichen Ausschreibung

(ALTINDAG 2000, S. 14, AX/SCHNEIDER 2005, S. 97, CHRISTMANN/HULAND/MEISSNER 2004, S. 144, HAMMANN/LOHRBERG 1986, S. 61, REICHARD 1987, S. 51, KAILING 1970, S. 64f., HILSE 1996, S. 213ff.)

Auch wenn die öffentliche Ausschreibung die Regelvergabeart darstellen soll, wird sie aufgrund des hohen Arbeitsaufwandes in der Praxis eher gemieden und ist oftmals – zumindest im Bereich der VOL – nur noch von geringerer Bedeutung (HILSE 1996, S. 53, KOSILEK/UHR 2002, S. 39, SACHER 1992, S. 23ff.+125). Mitunter ist ihr Einsatz auch nicht unbedingt zielführend, da z. B. Marktübersicht besteht und alle potentiellen Bieter schon vorher bekannt sind (ALTINDAG 2000, S. 12). Die Bundeswehr vergibt beispielsweise nur etwa 10% ihres Beschaffungsvolumens durch öffentliche Ausschreibungen (BIRGEL 1994, S. 35, STEINEBACH 1998, S. 249).

3.3.2.2 Die beschränkte Ausschreibung

Bei der beschränkten Ausschreibung handelt es sich auch um ein förmliches Verfahren, allerdings wird nur eine begrenzte Zahl an Unternehmen zur Angebotsabgabe aufgefordert (§ 3 Nr. 1 Abs. 2 VOL/A) (HILSE 1996, S. 52f., WERNER 2000b, S. 164ff., WESTHOF 1989, S. 37ff.). Es können demnach nur die aufgeforderten Unternehmen miteinander konkurrieren. Die beschränkte Ausschreibung kann in der BRD nur unter bestimmten Voraussetzungen genutzt werden (BARTL 2000, S. 179ff.). Hierunter fallen die besondere Leistungseigenart, der unverhältnismäßig hoher Aufwand oder die Ergebnislosigkeit einer öffentlichen Ausschreibung, die Dringlichkeit oder Geheimhaltung (§ 3a Nr. 2 Abs. 4 VOL/A). Es ist stets aktenkundig zu machen, aus welchem Grunde von der öffentlichen Ausschreibung abgewichen wurde (§ 3 Nr. 5 VOL/A).

   Weiterhin kann zur Erkundung des Bewerberkreises ein öffentlicher Teilnahmewettbewerb vorgesehen werden, bei dem potentielle Bieter ihre Teilnahme beantragen

können (§ 3 Nr. 1 Abs. 4 VOL/A). Während unterhalb der Schwellenwerte ein Teilnahmewettbewerb nur bei Zweckmäßigkeit der Aufforderung zur Angebotsabgabe vorge-
schaltet werden soll (§ 4 Nr. 1-2 VOL/A), ist er oberhalb der Schwellenwerte fest vorgeschrieben (§ 3a Nr. 1 Abs. 1 VOL/A). Anders als bei der öffentlichen Ausschreibung
findet bei der beschränkten Ausschreibung die Prüfung der Eignung der Bieter vor der
eigentlichen Angebotsabgabe im Teilnahmewettbewerb statt. Dennoch sind nicht
zwangsläufig alle geeigneten Teilnehmer des Wettbewerbs zu einer Angebotsabgabe
aufzufordern, da die Anzahl der Bieter begrenzt werden kann. Oberhalb der Schwellenwerte sollten es jedoch nicht weniger als fünf, unterhalb der Schwellenwerte mindestens drei Bieter sein (§ 3a Nr. 1 Abs. 2 VOL/A, § 7 Nr. 2 Abs. 2 VOL/A). Der Bieterkreis sollte bei erneuten Ausschreibungen gewechselt werden (§ 7 Nr. 2 Abs. 4
VOL/A). Vorteilhaft an der beschränkten Ausschreibung ist, dass bei der Beschaffung
gezielter vorgegangen werden kann und die Bearbeitungskomplexität und der Zeitbe-
darf geringer als in der öffentlichen Ausschreibung ausfallen kann.

Der Prozess der beschränkten Ausschreibung gestaltet sich idealtypisch unter
Einbeziehung der Vorgaben der VOL/A wie folgt, wobei die Phase des Teilnahmewett-
bewerbs unterhalb der Schwellenwerte entfallen kann (s. Abb. 9):

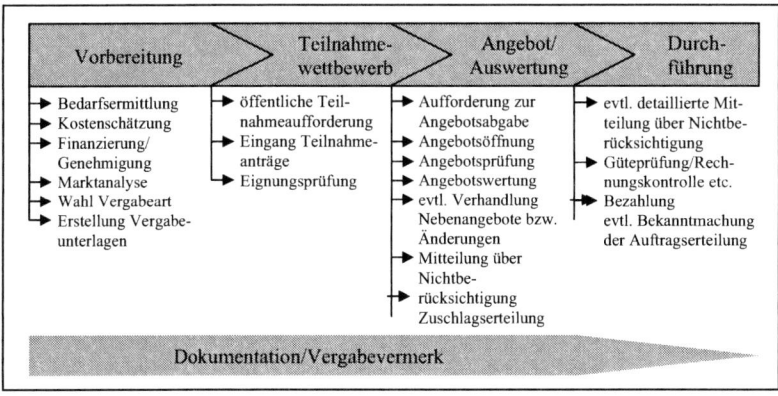

Abb. 9: Der Prozess der beschränkten Ausschreibung

(AX/SCHNEIDER 2005, S. 97, HAMMANN/LOHRBERG 1986, S. 61, HILSE 1996, S. 213ff., KAI-
LING 1970, S. 64f., REICHARD 1987, S. 51)

3.3.2.2.1 Die freihändige Vergabe

Die freihändige Vergabe ist kein förmliches Verfahren und lässt dem Auftraggeber somit mehr Freiraum als die anderen Vergabeverfahren (§ 3 Nr. 1 Abs. 3 VOL/A) (ROG-
MANS 1993, S. 20). Bei der freihändigen Vergabe tritt der öffentliche Auftraggeber

direkt an die ihm zweckmäßig erscheinenden potentiellen Lieferanten heran, um mit ihnen die Auftragsbedingungen auszuhandeln (HAILBRONNER 2000a, S. 164ff., HILSE 1996, S. 52f., WESTHOF 1989, S. 37ff.). Es darf also über die Leistungen und Preise unter Beachtung der Gleichbehandlung verhandelt werden. Dabei können jedoch die Elemente – z. B. der Teilnahmewettbewerb – der anderen Vergabeverfahren aufgegriffen werden. Insbesondere in der Vorbereitungs- und Durchführungsphase gibt es Parallelen zur öffentlichen und beschränkten Ausschreibung. Die unterschiedlichen Möglichkeiten des Prozessablaufs sollen in Ermangelung eines idealtypischen Prozesses hier nicht gesondert aufgeführt werden.

Aufgrund der Formlosigkeit des Verfahrens und dem vermuteten geringeren Arbeitsaufwand, ist die freihändige Vergabe in der Praxis verbreitet (ALTINDAG 2000, S. 12, GÖTZ 1999, S. 103, HILSE 1996, S. 53f.). Teilweise sind freihändige Verfahren jedoch viel aufwendiger als die anderen Vergabeverfahren und die Gefahr unwirtschaftlicher Abschlüsse ist insbesondere bei nicht vorhandener Marktübersicht groß (AX/SCHNEIDER 2005, S. 86).

Während im Bereich der VOF die freihändige Vergabe das einzig vorgesehene Verfahren ist (JESTAEDT ET AL. 1999, S. 92), darf sie in der VOL nur aus folgenden Gründen genutzt werden (§ 3 Nr. 4 VOL/A):

- nur ein oder wenige Unternehmen kommen zur Leistungserbringung in Frage (z. B. zulässiges Kartell, gewerbliche Schutzrechte),
- Wirtschaftlichkeitsgründe (z. B. vorteilhafte Gelegenheit, kleinvolumige Nachbestellungen),
- Unanwendbarkeit der öffentlichen oder beschränkten Ausschreibung (z. B. Leistung nicht ausreichend beschreibbar)
- oder andere Gründe wie z. B. Dringlichkeit, Geheimhaltung.

Der Grund für das Abweichen von der öffentlichen bzw. beschränkten Ausschreibung ist aktenkundig zu machen (§ 3 Nr. 5 VOL/A, § 3a Nr. 3 VOL/A) (FUCHS 2002, S. 138). Oberhalb der Schwellenwerte kann das Verfahren u. a. noch bei Vergaben an Justizvollzugsanstalten/Einrichtungen der Jugendhilfe/Aus- und Fortbildungsstätten und Dienstleistungen, für die vorher keine Preise festgelegt werden können, angewendet werden (§ 3a Nr. 1 VOL/A). Weiterhin besteht die Möglichkeit, dass auf Erlass eines Ministers unterhalb einer „Bagatellgrenze" die freihändige Vergabe ohne weitere Begründung angewendet werden kann (CHRISTMANN/HULAND/MEISSNER 2004, S. 54). Die Höhe der Bagatellgrenzen unterscheidet sich regional erheblich (KOSILEK 2004, S. 42f.).

Während unterhalb der Schwellenwerte eine öffentliche Bekanntmachung der freihändigen Vergabe nicht notwendig ist (HERTWIG 2001, S. 46), ist sie oberhalb der Schwellenwerte bis auf wenige Ausnahmen (z. B. Ausschließlichkeitsrecht, zwingende Dringlichkeit) immer notwendig (§ 3a Nr. 2 VOL/A). Dabei können die Verhandlungspartner nur aus dem Kreis die potentiellen Lieferanten, die aus der öffentlichen Bekanntmachung hervorgegangen sind, gewählt werden (AX/SCHNEIDER 2005, S. 99).

3.3.3 Die Fristen

Das Vergaberecht schreibt für bestimmte Schritte der Vergabeverfahren Mindestfristen vor, die u. a. der Diskriminierung bestimmter Bieter vorbeugen soll. Das Einhalten der Fristen ist für das Vergabeverfahren sehr bedeutend, da die Bieter sonst vom Vergabeverfahren ausgeschlossen werden können bzw. die öffentlichen Auftraggeber rechtswidrig handeln.

Je nach Vergabeart bestehen unterschiedliche Fristen. Die VOL legt für das offene Verfahren die Angebotsfrist – Zeitraum, in dem Angebote abgegeben, geändert und zurückgezogen werden dürfen – auf mindestens 52 Kalendertage fest (§ 18a Nr. 1 Abs. 1 VOL/A). Zu Fristverkürzungen auf 36 bzw. 22 Kalendertage kann es aufgrund der Vorinformation nach § 17a Nr. 1 VOL/A kommen (§ 18a Nr. 1 Abs. 2 VOL/A). Unterhalb der Schwellenwerte ist bei öffentlichen Ausschreibungen eine ausreichende Frist einzukalkulieren (§ 18 Nr. 1 Abs. 1 VOL/A).

Beim nichtoffenen Verfahren beträgt die Angebotsfrist mindestens 40 Kalendertage, außer die Frist wurde durch Vorinformation auf 26 Kalendertage bzw. bei Dringlichkeit auf zehn Tage verkürzt (§ 18a Nr. 2 Abs. 2-3 VOL/A). Unterhalb der Schwellenwerte ist wieder nur eine „ausreichende Frist" einzukalkulieren (§ 18 Nr. 1 Abs. 1 VOL/A). Beim nichtoffenen Verfahren ist nach der öffentlichen Bekanntmachung noch eine Bewerbungsfrist von 37 Kalendertagen zu beachten, die bei Dringlichkeit auf 15 Tage verkürzt werden kann (§ 18a Nr. 2 Abs. 1 VOL/A). Unterhalb der Schwellenwerte ist eine ausreichende Bewerbungsfrist einzurichten (§ 18 Nr. 1 Abs. 1 VOL/A).

Für die freihändige Vergabe unter- und oberhalb der Schwellenwerte ist nach der VOL/A die Festlegung einer Bewerbungsfrist nicht notwendig (§ 18 Nr. 1 Abs. 2 VOL/A).

Die Zuschlags- und Bindefristen sollen bei den Vergabeverfahren so kurz wie möglich sein (§ 19 VOL/A). Weitere Fristen gelten oberhalb der Schwellenwerte für die Mitteilung über die Nichtberücksichtigung an die unterlegenen Bieter (innerhalb von 15 Kaltendertagen) (§ 27a VOL/A, § 13 VgV) sowie die Mitteilung über die erfolgte Vergabe an das Amt für amtliche Veröffentlichungen der Europäischen Gemeinschaften (innerhalb von 48 Tagen) (§ 28a Nr. 1 Abs. 1 VOL/A).

3.3.4 Die Eignungs- und Zuschlagskriterien

Auch wenn die Vergabeverfahren je nach Vergabeart sich in ihrem Ablauf stark unterscheiden, erfolgt die Angebotswertung nach den gleichen Prinzipien. Dabei sind die Eignungs- und Zuschlagskriterien zentral für die Angebotswertung. Im Folgenden wird die Angebotswertung am Beispiel der öffentlichen Ausschreibung dargestellt.

Bei der öffentlichen Ausschreibung findet vor der eigentlichen Angebotswertung die formelle und inhaltliche Angebotsprüfung statt (§ 23 Nr. 1-2 VOL/A). Die Angebotswertung selbst lässt sich in vier Schritte unterteilen (BIRGEL 1994, S. 38ff., LAMM/LEY/WECKMÜLLER 1991, S. 44):

- den Ausschluss von Angeboten (§ 25 Nr. 1 VOL/A),
- die Überprüfung der Eignung der Bieter (§ 25 Nr. 2 Abs. 1 VOL/A),
- den Ausschluss der Angebote mit außergewöhnlich tiefen Preisen (§ 25 Nr. 2 Abs. 2-3 VOL/A)
- und die Zuschlagsentscheidung (§ 25 Nr. 3 VOL/A).

Dabei erfolgt der **Ausschluss von Angeboten**, wenn der Bieter gegen Frist oder Form – beispielsweise durch fehlende Unterschrift oder Veränderung der Vergabeunterlagen – verstößt (§ 25 Nr. 1 VOL/A).

Die **Überprüfung der Eignung der Bieter** erfolgt anhand von Eignungskriterien. Die im Vergaberecht abschließend aufgezählten Kriterien sind Fachkunde, Leistungsfähigkeit und Zuverlässigkeit (§ 97 Abs. 4 GWB, § 2 Nr. 3 VOL/A, § 25 Nr. 2 Abs. 1 VOL/A). Für jede Vergabe ist die Überprüfung aller drei Eignungskriterien vorgeschrieben, die im Folgenden näher erläutert werden. Für die Überprüfung können bestimmte Angaben und Nachweise vom Bieter verlangt werden. Diese müssen allerdings im sachlichen Zusammenhang mit dem Vergabeverfahren stehen, verhältnismäßig sein und dürfen den Schutz der Betriebsgeheimnisse nicht unterlaufen sowie einzelne Bieter nicht diskriminieren (§ 7 Nr. 4 VOL/A).

Die Fachkunde beschreibt die Fähigkeit des Bieters, das in der Vergabe verlangte Qualitätsniveau erfüllen zu können. Als Anhaltspunkt dient die gewerbsmäßige Beschäftigung mit der zu erbringenden Leistung (KRAFT-LEHNER 2002, S. 101, WACHENDORFF 1985, S. 27).

Anhaltspunkte für die Leistungsfähigkeit sind die technische und personelle Ausstattung des Lieferanten sowie dessen Finanzkraft und Lieferfähigkeit im Zeitraum der Auftragsdurchführung (HAILBRONNER 2000a, S. 71ff., LUPP 1992, S. 124ff.). Während für Vergabeverfahren oberhalb der Schwellenwerte die Nachweise für die wirtschaftliche Leistungsfähigkeit in der VOL/A exemplarisch aufgeführt sind (Bankerklärungen, Bilanzen und Umsatzerklärungen) (§ 7a Nr. 2 Abs. 1 VOL/A) (BOVIS 1998, S. 100, GÖTZ 1999, S. 149f.), ist die Aufzählung der Nachweise für die technische Leistungsfähigkeit abschließend (u. a. Studiennachweise, Liste erbrachter Leistungen, Erklärungen über die technische Ausstattung/die durchschnittliche Mitarbeiteranzahl) (§ 7a Nr. 2 Abs. 2 VOL/A) (GÖTZ 1999, S. 151f., SCHENK 2001, S. 41). Die im Vergabeverfahren vom Bieter zu erbringenden Nachweise sind schon in der Vergabebekanntmachung aufzuführen (§ 7a Nr. 2 Abs. 3 VOL/A).

Anhaltspunkte für die dritte Komponente der Eignung des Bieters – die Zuverlässigkeit – sind z. B. die Abwesenheit von Konkurs-/Vergleichsverfahren oder deren Beantragung, von nachweislich schweren Verfehlungen, Bestechungen oder Betrug sowie von nicht gezahlten Steuern/Abgaben (§ 7 Nr. 5 VOL/A) (BOVIS 1998, S. 99f., KRAFT-LEHNER 2002, S. 102, PRIESS 1994, S. 88f.). Auch wenn frühere Aufträge für die Zuverlässigkeitsprüfung herangezogen werden dürfen, können diese – außer bei besonders schweren Verfehlungen – nicht zu einer dauerhaften Sperre des Bieters führen (NOCH 2002, S. 188f.).

Im dritten Schritt der Angebotswertung erfolgt der **Ausschluss der Angebote mit außergewöhnlich tiefen Preisen** – sofern eine Prüfung den Preisunterschied nicht klären kann – von der Wertung (§ 25 Nr. 2 Abs. 2-3 VOL/A). Nach Art. 55 der in Deutschland noch nicht umgesetzten Richtlinie 2004/18/EG dürfen ab 01.02.2006 Angebote, deren äußerst niedriger Preis auf rechtmäßig erhalten staatliche Beihilfen gründet, nicht mehr ausgeschlossen werden.

Im vierten Schritt der Angebotswertung erfolgt die **Zuschlagsentscheidung** anhand der Zuschlagskriterien. Im deutschen Vergaberecht hat sich – nach schlechter Erfahrung mit dem alleinigen Zuschlagskriterium des niedrigsten Preises – das Verfolgen des wirtschaftlichsten Angebots durchgesetzt (§ 25 Nr. 3 VOL/A) (MARX 2000, S. 83, PIDUCH 1981, S. 11, SCHMIDT 2001, S. 65). Der Spielraum der EU-Vergaberichtlinien, die sowohl das wirtschaftlichste als auch das preisgünstigste Angebot als Zuschlagskriterium zulassen, wird im deutschen Vergaberecht eingeschränkt (BOVIS 1998, S. 107, MATTHEY 2001, S. 55, STERNER 1996, S. 56). Die Zuschlagsentscheidung stellt zugleich den Vertragsschluss dar (NOELLE/ROGMANS 2002, S. 101).

Das Verfolgen des wirtschaftlichsten Angebots eröffnet dem Beschaffer einen Ermessensspielraum (HAILBRONNER 2000a, S. 79, JESTAEDT ET AL. 1999, S. 116). Eine Vielzahl an Zuschlagskriterien kann berücksichtigt werden. Das Vergaberecht zählt in der VOF und im 3. bzw. 4. Abschnitt der VOL/A exemplarisch u. a. Preis, Liefer- und Fertigstellungsdatum, Betriebskosten, Profitabilität, Qualität, Ästhetik, Zweckmäßigkeit, technische Hilfe, Liefersicherheit auf (§ 1 Abs. 2 VOF, § 25b Nr. 1 Abs. 1 VOL/A, § 11 SKR Nr. 1 Abs. 1 VOL/A-SKR) (DRÜGEMÖLLER 1999, S. 137, SCHENK 2001, S. 44). Bei Vergabeverfahren oberhalb der Schwellenwerte sind die Zuschlagskriterien schon in der Bekanntmachung bzw. in den Ausschreibungsunterlagen – ihrer Wichtigkeit nach geordnet – bekannt zu geben (BOVIS 1998, S. 107, PRIESS 1994, S. 105). In der Praxis kommt es dennoch häufig vor, dass nur die Preisgünstigkeit die Zuschlagsentscheidung dominiert (WESTHOF 1989, S. 219). Ab dem 01.02.2006 müssen – Art. 55 der neuen europäischen Richtlinie 2004/18/EG entsprechend – die Zuschlagskriterien nicht mehr ihrer Wichtigkeit nach angegeben werden, sondern das konkrete Gewicht des Zuschlagskriteriums benannt werden.

Die Eignungs- und Zuschlagskriterien sind bei der Angebotswertung strikt zu trennen. Ein erneutes Heranziehen eines Eignungs- als Zuschlagskriterium ist nicht rechtens, und somit ist ein „mehr an Eignung" nicht ausschlaggebend für den Zuschlag (BARTL 2000, S. 176, BOLLONGINO 1992, S. 31, PIETZCKER 1998, S. 460). Folglich kann bei der Eignungsprüfung nicht berücksichtigt werden, ob ein Lieferant sich bei vergangenen Aufträgen bewährt hat oder er besser qualifiziert ist als andere. Die Zuschlagskriterien müssen direkt auftragsbezogen sein und dürfen nicht auf den Bieter im Allgemeinen abstellen (BOLLONGINO 1992, S. 31, STERNER 1996, S. 55).

Ein großer Diskussionspunkt im Rahmen der Eignungs- und Zuschlagskriterien ist das vergabefremde Kriterium, das auch in der BRD eine große Tradition besitzt. Vergabefremde Kriterien dienen der Erfüllung vergabefremder Ziele – auch sekundäre Ziele genannt –, die über das Ziel der Bedarfsdeckung hinausgehen (RIESE 1998, S. 202). Diese Ziele lassen sich in folgende Bereiche einteilen:

- **wirtschaftspolitische** (z. B. Konjunktursteuerung),
- **sozialpolitische** (Förderung von Ausbildungsbetrieben, bestimmten Personengruppen wie Vertriebene, Behinderte, Blinde, Frauen oder Langzeitarbeitslose sowie von Regionen wie z. B. die neuen Bundesländer),
- **umweltpolitische** (Förderung umweltfreundlicher Produkte oder Unternehmen)
- und **sonstige Ziele** (Bekämpfung von illegaler Beschäftigung, illegaler Preisabsprachen, Schwarzarbeit, Tarifbrüchen, Sekten, verfassungsfeindlicher Bestrebungen, Korruption sowie Förderung der Demokratisierung anderer Länder, von Technologien und Innovationen, der Marktöffnung oder auch von einzelnen Unternehmen z. B. bei Konkursgefahr) (BENEDICT 2000, S. 19, 129+147, KLING 2000, S. 443ff., 482ff., 537f.+586f., MEYER 2002, S. 90ff.+201, PIETZCKER 1997, S. 56ff., PRIESS 1994, S. 107f., RIESE 1998, S. 228ff., 244+254f., SACHER 1992, S. 71f.+102).

Ob das Verfolgen vergabefremder Kriterien im Rahmen der Angebotswertung generell gegen die EU-Richtlinien verstößt, ist oft kontrovers diskutiert worden (KLING 2000, S. 1, KRAFT-LEHNER 2002, S. 63f., LAMM/LEY/WECKMÜLLER 1991, S. 8, MARTIN-EHLERS 1999, S. 685, MEYER 2002, S. 243, OTTING 1996, S. 461ff.). Wenngleich die Diskussion zu keinem einheitlichen Ergebnis führt, herrscht v. a. aufgrund der Rechtsprechung in den Fällen „Beentjes" und „Nord-Pas-de-Calais" eine Grauzone (HERMA 2004, S. 112ff., KRAFT-LEHNER 2002, S. 65, OTTING 1996, S. 462, SCHENK 2001, S. 60). Auch wenn nicht ausgeschlossen werden kann, dass die Berücksichtigung insbesondere sozialpolitischer Kriterien im Rahmen der Angebotswertung in jedem Fall unzulässig ist (HERMA 2004, S. 120f., KRAFT-LEHNER 2002, S. 64), wird das Verfolgen vergabefremder Kriterien bei der Angebotswertung i. d. R. gegen die europäischen Richtlinien bzw. die vier Grundfreiheiten verstoßen (MEYER 2002, S. 82, SCHUMACHER 1998, S. 162). In den neuen europäischen Vergaberichtlinien ist explizit vorgesehen, dass unter bestimmten Voraussetzungen soziale Aspekte für die Auftragsdurchführung vom Auftraggeber festgeschrieben werden können (Art. 26 RL 2004/18/EG).

Auch wenn die Verfolgung vergabefremder Ziele nach deutschem Vergaberecht per Gesetz ermöglicht werden kann (§ 97 Abs. 4 GWB) bzw. unterhalb der Schwellenwerte nicht an ein Gesetz gebunden ist (HAILBRONNER 2000a, S. 73, KRAFT-LEH-NER 2002, S. 62, MATTHEY 2001, S. 30), sollte deshalb von vergabefremden Kriterien mit Ausnahme der umweltpolitischen Kriterien in der Angebotswertung abgesehen werden. Umweltpolitische Ziele können sogar als Folgekosten im Rahmen der Zuschlagsentscheidung Berücksichtigung finden (GÖTZ 1999, S. 180, KLING 2000, S. 803f., UMWELTBUNDESAMT 1999, S. 25).

Rechtskonform können vergabefremde Ziele aber in der Vorbereitungsphase einer Vergabe bei der Bedarfsbestimmung bzw. -formulierung einfließen (MEYER 2002, S. 96, SCHENK 2001, S. 85, UMWELTBUNDESAMT 1999, S. 24). Allerdings darf dadurch die Leistungsbeschreibung nicht so ausgestaltet werden, dass der Wettbewerb unnötig begrenzt wird (MEYER 2002, S. 74+232f.).

Letztendlich sollte auch die vielfache, mitunter vom Deutschen Städte- und Gemeindebund, der DIHK und dem Bundeskartellamt, geäußerte Kritik an der Verfolgung vergabefremder Kriterien – mit Ausnahme der umweltpolitischen Ziele – Rechnung getragen werden (DSTGB 2004, S. 1, DIHT 1996, S. 8, WITTE 1998, S. 1687). Die Verfolgung vergabefremder Kriterien führt zu einem erhöhten Arbeitsaufwand, da die Kriterien oft nur schwer überprüfbar sind (BOVIS 1998, S. 206, GÖTZ 1999, S. 176, HERTWIG 2001, S. 6, RITTNER 2000, S. 90). Zudem können direkte Subventionen gezielter eingesetzt werden, da auch die Förderbedürftigkeit der Bieter nicht beachtet wird (HAASE 1997, S. 26, HUELMANN 2000, S. 51ff, RITTNER 2000, S. 95). Letztendlich steht das Verfolgen vergabefremder Zwecke den Primärzielen des Vergaberechts entgegen, da der Wettbewerb beschränkt wird und die Beschaffungskosten steigen (PIETZCKER 1999, S. 24, PRIESS 2001, S. 2, RITTNER 2000, S. 91, SCHENK 2001, S. 69).

Problematisch bei vergabefremden Kriterien ist jedoch, dass eine Tendenz zu verwaltungsinternen Anweisungen oder auch Ad-hoc-Entscheidungen besteht (BENE-DICT 2000, S. 35). Diese lassen sich oft nur schwer erkennen und untersagen (MEYER 2002, S. 82). Empirische Zahlen zeigen, dass Kommunalverwaltungen oft nicht nur aus wirtschaftlichen Gründen einen Großteil ihre Aufträge regional oder lokal vergeben (HILSE 1996, S. 165, KOSILEK/UHR 2002, S. 45, NESSLER 2000, S. 146).

3.3.5 Der Rechtsschutz

Wie bereits erwähnt, gestaltet sich der Rechtsschutz unter- und oberhalb der Schwellenwerte unterschiedlich. Oberhalb der Schwellenwerte ist zur Umsetzung der subjektiven Rechte der Bieter, wie sie die europäischen Vergaberichtlinien fordern, ein Nachprüfungsverfahren vorgesehen (§ 100 Abs. 1 GWB, § 104 Abs. 2 GWB). Bei Verstößen der öffentlichen Auftraggeber gegen das Vergaberecht können sich die Bieter an die Vergabeprüfstellen und Vergabekammern bzw. Vergabesenate wenden (BLUMEN-THAL/MATTHEIS/REIME 2000, S. 141). Das eigentliche Nachprüfungsverfahren im Sinne der europäischen Vergaberichtlinien findet erstinstanzlich vor der Vergabekammer und zweitinstanzlich vor dem Vergabesenat statt. Auch wenn die Vergabekammer kein ordentliches Gericht ist, besitzt sie die für die EU-Vergaberichtlinien erforderliche Gerichtsqualität (BYOK 2000b, S. 228, SCHENK 2001, S. 198). Sachliche Kontinuität und persönliche Unabhängigkeit werden durch die hohen Anforderungen an die Besetzung (z. B. Befähigung eines Mitglieds zum Richteramt) und mindestens fünfjährige Amtsdauer geschaffen (§ 105 GWB). Die Vergabekammer wird nur auf Antrag tätig (§ 107 GWB). Das Verfahren vor der Vergabekammer wird durch die §§ 107-115 GWB näher geregelt.

Die zweite Instanz – der Vergabesenat – ist am Oberlandesgericht angesiedelt, und für das Verfahren besteht Anwaltszwang (§ 120 Abs. 2 GWB). Das Verfahren vor dem Vergabesenat ist in den §§ 116-124 GWB geregelt.

Vergabeprüfstellen sind fakultative Einrichtungen, die der Streitschlichtung und Beratung dienen (NOCH 2000, S. 199). Sie können nur die öffentlichen Auftraggeber nach § 98 Nr. 1-3 GWB zur Durchführung rechtmäßiger Maßnahmen veranlassen (§ 103 GWB).

Das Nachprüfungsverfahren kann generell nur verfolgt werden, wenn der Zuschlag im Vergabeverfahren noch nicht erteilt worden ist und der Bieter den öffentlichen Auftraggeber unverzüglich für den Verstoß gerügt hat (§ 107 Abs. 3 GWB, § 114 Abs. 2 S. 1 GWB) (AX/SCHNEIDER/NETTE 2002, S. 325+337, BYOK 2000a, S. 259). Ansonsten kommt nur noch der sekundäre Rechtsschutz in Betracht (Schadensersatz) (HERTWIG 2005, S. 198ff.). Damit der öffentliche Auftraggeber den Bieter durch einen vorzeitigen Zuschlag nicht vom Rechtsschutz ausschließen kann, muss der Auftraggeber die Bieter innerhalb von 15 Tagen vor Erteilung über den geplanten Zuschlag informieren (BARTL 2000, S. 63, JAEGER 2000, S. 125). Anders als bei der Vergabeprüfstelle hat das Verfahren vor der Vergabekammer und dem Vergabesenat aufschiebende Wirkung für den Zuschlag (§ 115+118 GWB).

Das Nachprüfungsverfahren verbleibt meist vor der Vergabekammer (ZDZIE-BLO 1987, S. 50). Jedoch kann binnen einer Notfrist von zwei Wochen eine sofortige Beschwerde beim Vergabesenat gegen die Entscheidung der Vergabekammer eingereicht werden (§§ 116-117 GWB).

Unterhalb der Schwellenwerte steht den Bieter das Nachprüfungsverfahren nicht offen. Sie können sich nur auf die Grundfreiheiten des EG-Vertrages, des Grundgesetzes etc. berufen oder auf außergerichtliche Rechtsbehelfe wie die Gegenvorstellung sowie die Fach- und Dienstaufsichtsbeschwerde zurückgreifen (HEIERMANN/AX 1997, S. 15ff., KLING 2000, S. 36f., PRIESS 2001, S. 17).

3.3.6 Weitere Inhalte des Vergaberechts

Ferner schreibt die VOL die Zulassung von Nebenangeboten bzw. Änderungsvorschlägen vor, wenn sie vom öffentlichen Auftraggeber nicht vorher ausdrücklich ausgeschlossen worden sind. Nebenangebote sind genauso wie alle anderen Angebote zu werten. Nach Art. 24 der noch nicht in das deutsche Vergaberecht umgesetzten europäischen Richtlinie 2004/18/EG sind Varianten nur noch bei vorheriger Angabe des Auftraggebers in der Bekanntmachung möglich. Weiterhin sind für Nebenangebote in den Verdingungsunterlagen Mindestbedingungen bekannt zu machen, die für eine Berücksichtigung des Nebenangebots erfüllt werden müssen.

Die VOL lässt mehrere Arten der Leistungsbeschreibung zu: funktionale, konstruktive ebenso wie deren Mischform (§ 8 Nr. 2 VOL/A). Bei der Leistungsbeschreibung ist zu beachten, dass der Wettbewerb nicht durch Bezug auf konkrete Produkt-, Herstellungsverfahren oder den Ursprungsort der Beschaffungsobjekte verengt wird (§ 8 Nr. 3 VOL/A). Soll in der Leistungsbeschreibung Bezug auf Normen und Spezifikationen genommen werden, besteht für den Bereich oberhalb der Schwellenwerte eine festgelegte Reihenfolge, in der die Normen und Spezifikationen angewendet werden dürfen (§ 8a VOL/A). Nach Art. 23 der in Deutschland bisher nicht umgesetzten Richtlinie 2004/18/EG ist beim Bezug auf Normen und Spezifikationen der Zusatz „oder gleichwertig" anzuführen. Wird den Normen oder Spezifikationen durch ein Angebot gleichermaßen entsprochen, ist ein Ablehnen dieses Angebots aufgrund der Nichterfüllung der Spezifikation und Norm nicht möglich. Für die Leistungsbeschreibung schreibt die VOL weiterhin vor, dass sie erschöpfend und eindeutig sein muss (§ 8 Nr. 1 Abs. 1 VOL/A), damit dem Bieter „kein ungewöhnliches Wagnis aufgebürdet" wird (§ 8 Nr. 1 Abs. 3 VOL/A).

Des Weiteren gibt die VOL detaillierte Vorschriften für die Form, den Inhalt sowie die Behandlung der Angebote vor (z. B. Öffnung, Eingangsvermerk) (§§ 18, 18a, 21-22 VOL/A). Zur Dokumentation des Vergabeverfahrens ist ein Vergabevermerk anzufertigen, der alle wichtigen Gesichtspunkte des Vergabeverfahrens enthält (§ 30 VOL/A). Artikel 43 der bisher nicht in Deutschland umgesetzten Richtlinie 2004/18/ EG dehnt den Inhalt des Vergabevermerks noch weiter aus. Der Vergabevermerk muss vier Jahre aufbewahrt werden (BARTL 2000, S. 268).

Die VOL/A stellt ferner detaillierte Anforderungen an die öffentliche Bekanntmachung (§§ 17+17a VOL/A), den Inhalt der Vergabeunterlagen (§ 9 VOL/A) und die

Aufhebung der Ausschreibung (§§ 26+26a VOL/A). Des Weiteren enthält sie Regelungen zu Vertragsstrafen (§ 12 VOL/A) und der Verjährung von Mängelansprüchen (§ 13 VOL/A).

4 Konzeption eines privatwirtschaftlichen und öffentlichen Beschaffungsmarketings

Ziel dieses Kapitels ist die Konzeption des öffentlichen Beschaffungsmarketings. Da das öffentliche Beschaffungsmarketing wenig verbreitet ist, soll das privatwirtschaftliche Beschaffungsmarketing auf die öffentliche Beschaffung unter Berücksichtigung der speziellen Rahmenbedingungen übertragen werden. Zunächst wird die allgemeine Entwicklung der Beschaffung und des Beschaffungsmarketings dargestellt (s. Kap. 4.1). Da aber – wie gezeigt wird (s. Kap. 4.2) – kein adäquates Beschaffungsmarketingkonzept besteht, das für die systematische Übertragung auf die öffentliche Beschaffung geeignet ist, wird zunächst ein eigenes prozessorientiertes Beschaffungsmarketingkonzept entwickelt (s. Kap. 4.3). Dabei wird jede Prozessphase ausführlich dargestellt, da nur anhand der Inhalte sukzessive und systematisch die Übertragung des privatwirtschaftlichen Beschaffungsmarketings vorgenommen werden kann. Anhand des entwickelten Konzepts können die einzelnen Unterstützungen und Restriktionen der Rahmenbedingungen der öffentlichen Beschaffung für das öffentliche Beschaffungsmarketing aufgezeigt werden (s. Kap. 4.4). In Kapitel 4.5 wird das Fazit aus der Übertragung des Beschaffungsmarketings auf die öffentliche Beschaffung gezogen.

Zu beachten ist bei der Entwicklung des Konzepts, dass es sich nicht um den Versuch handelt, eine Beschaffungsmarketingtheorie zu erarbeiten. Auf die theoretischen Grundlagen, auf denen ein Beschaffungsmarketing begründet werden kann (mitunter Anreiz-Beitragstheorie, organisationale Kooperationstheorien etc.), wird deshalb nicht gesondert eingegangen. Auch die Modelle des Beschaffungsverhaltens, die häufig im Industriegütermarketing thematisiert werden, sind für die Arbeit nur am Rande von Bedeutung.

4.1 Die Entwicklung des Beschaffungsmarketings

Schon lange ist bekannt, dass Beschaffungskosteneinsparungen leichter zu generieren sind als z. B. Produktivitäts- oder Umsatzsteigerungen und der Gewinn aufgrund der großen Hebelwirkung von Beschaffungskosteneinsparungen in der Beschaffung „liegt" (ARNOLD 1982, S. 30, BERG 1981, S. 26, DEMARCHI 1974, S. 13, GROCHLA ET AL. 1983, S. 22, HEYDE 1972, S. 175, LUDERER 1974, S. 63).

Während es vor 1900 in Deutschland noch keine systematische Betrachtung der Beschaffung gab (KAUFMANN 2001, S. 18, KAUFMANN 2002, S. 5), entwickelte sich in der Zeit von 1900 bis in die 30er Jahre eine relativ geschlossene Beschaffungstheorie (GROCHLA/SCHÖNBOHM 1980, S. 2, KAUFMANN 2001, S. 19, REIN-SCHMIDT 1989, S. 61). Nachdem Nicklisch den Begriff „Beschaffung" einführte (NICKLISCH 1912, S. 175), lieferte Findeisen ein erstes theoretisches Gesamtkonzept (FINDEISEN 1924). Sandig unterteilte dann die Beschaffungsmaßnahmen in innen-

und außengerichtete (SANDIG 1935, S. 228ff.). Im Anschluss an diese Zeit geriet die Beschaffung wieder stärker in Vergessenheit (BIERGANS 1992, S. 15, KAUFMANN 2002, S. 5). Bevor die Beschaffung in den 70er Jahren wieder an Bedeutung gewinnen konnte, forderte Grochla 1956 die Marktorientierung der Beschaffung und Sundhoff in seinem Werk von 1958 die Unterteilung in strategische und operative Beschaffungsaufgaben (KAUFMANN 2001, S. 22, SUNDHOFF 1958). Die Bedeutungszunahme in den 70er Jahren und die wachsende Marktorientierung der Beschaffung waren in der BRD der Ausgangspunkt für die heute weitgehend anerkannte strategische Stellung und die Überwindung des Strategienotstandes der Beschaffung (ARNOLD 2002, S. 205, ARNOLDS/HEEGE/TUSSING 2001, S. 21, BICK 2000, S. 72, BOUTELLIER/CORSTEN 2000, S. 38). Folge dieser Entwicklung ist die zunehmende Ablösung des traditionellen durch das moderne Beschaffungsmodell, das durch das Beschaffungsmarketing verkörpert wird.

Verschiedene Autoren versuchen, die Entwicklung von der operativen zur strategischen Beschaffung bzw. zum Beschaffungsmarketing in unterschiedlichen, oft vierstufigen Modellen zu veranschaulichen (BIERGANS 1992, S. 65, BURT/STARLING 2002, S. 95ff., KAUFMANN 2001, S. 18ff.). Man findet die Entwicklung von der „clerical", „mechanical", „proactive" zur „world class" Beschaffung oder von „passive", „independent", „supportive" zu „integrative" und von „serve the factory", „lowest unit cost", „coordinate purchasing" zu „strategic procurement" (CAMMISH/KEOUGH 1991, S. 25, DOBLER/BURT 1984, S. 6, RECK/LONG 1988, S. 4).

Die Notwendigkeit eines modernen Beschaffungsmodells respektive des Beschaffungsmarketings basiert auf mehreren Tatsachen. Durch die Konzentration auf Kernkompetenzen in Verbindung mit Outsourcing ist die Beschaffungstiefe stark und bei Industriebetrieben durchschnittlich auf über 50% angestiegen (ARNOLDS/HEEGE/TUSSING 2001, S. 32, BICHLER/KROHN 2001, S. 42, ESSIG 2001, S. 21, WALLER 2003, S. 489). In den USA wurde so z. B. 1980 der Anteil der Beschaffung an der Fertigungstiefe von 1931 (57%) wieder erreicht (SYSON 1992, S. 2). Zudem erhöhte und erhöht sich die Komplexität, Dynamik und somit auch die Intransparenz der Beschaffungsmärkte durch Entwicklungen wie:

- zunehmende Internationalisierung und das damit anwachsende Risiko (etwa durch politische Unsicherheit, Währungs- und Transportrisiken) (ARNOLD 1982, S. 28, BAPP 1990, S. 28, JETTER 1992, S. 79, LINDNER 1983, S. 54),
- anwachsende Preis- und Versorgungsschwankungen (PIONTEK 1994, S. 39, VOEGELE/SCHWENTEK 2002, S. 305),
- kürzere Produktlebenszyklen (BAILY ET AL. 1994, S. 13, WERNER 1997, S. 1ff.),
- schnellere technologische Entwicklungen (PIONTEK 1994, S. 39, SAUNDERS 1997, S. 12ff.),

- zunehmende Handelsgeschwindigkeit (FREHNER/BODMER 2000, S. 7, PIONTEK 1994, S. 26f.),
- Verbesserung der Informations- und Kommunikationstechnologie und der Logistik (ARNOLD 1982, S. 28, BICHLER/KROHN 2001, S. 45),
- zunehmende Ressourcenknappheit (GROCHLA/SCHÖNBOHM 1980, S. 1),
- Konzentrationstendenzen auf Lieferantenseite (BAILY ET AL. 1994, S. 6),
- erhöhter Kostendruck aufgrund hoher Konkurrenz auf den Absatzmärkten (HASSEMER 1996, S. 26, RÜCKZIEGEL/JEPP 1993, S. 31, WERNER 1997, S. 1ff.)
- und die Erfordernis, zunehmend ökologische Auswirkungen einzukalkulieren (ARNOLD 1989, S. 47, BAILY ET AL. 1994, S. 6, MATTHEWS/ TOOLE/FAVRE 1999, S. 7).

Es ist damit zu rechnen, dass die Beschaffung – wie es sich beispielsweise durch den Wirtschaftsboom in China abzeichnet – wieder häufiger den Engpass des Unternehmens darstellen wird und die Bedeutung der Beschaffung auch aufgrund der Prognose eines weiteren Anwachsens der Beschaffungstiefe noch steigen wird (ARNOLD 2002, S. 205, DRESEN 1997, S. 1, KAUFMANN 2001, S. 2, VOEGELE/SCHWENTEK 2002, S. 303). Allerdings wird in deutschen Unternehmen die Beschaffung trotz ihres hohen Einflusses auf die Wettbewerbsfähigkeit noch zu oft vernachlässigt (ARNOLD/ ESSIG 2000, S. 122, HARLANDER/BLOM 1999, S. 300, KAUFMANN 2002, S. 22).

Die Beschaffung muss zur Steigerung ihrer Leistungsfähigkeit auf die Veränderungen der Rahmenbedingungen des Beschaffungs- und Absatzmarktes adäquat reagieren bzw. diese antizipieren (CORSTEN 1996, S. 639, KOPPELMANN 1986a, S. 149, PIONTEK 1994, S. 26). Dafür ist eine professionellere und besonders auch strategisch handelnde Beschaffung notwendig (BOUTELLIER/CORSTEN 2000, S. 18, HIRSCH-STEINER 2002a, S. 34, MATTHEWS/TOOLE/FAVRE 1999, S. 3). Das traditionelle Beschaffungsmodell, in dem die Beschaffung als unproblematischer, untergeordneter und eher operativer Bereich angesehen wird (BIERGANS 1992, S. 16, ELLRAM/BI-ROU 1995, S. 2, FRIEDL 1990, S. 66) und auch schon mal als „Abstellgleis" für Mitarbeiter diente (ARNOLD/ESSIG 2000, S. 122, CORSTEN 1996, S. 631, FREHNER/ BODMER 2000, S. 46), ist nicht mehr tragbar. Der Beschaffer als passiver Bestellschreiber oder Erfüllungsgehilfe (HIMPEL 1999, S. 1, KALBFUSS 1998, S. 22+37, KIENZLE 2000, S. 11), der nur auf die Erzielung von Einsparungen bei Preisverhandlungen abstellt, schafft es nicht, die strategischen Beschaffungspotentiale zu erschließen. Er muss heute Moderator (bzw. Agent und Katalysator) zwischen Bedarfsträger und Lieferant sein und als Know-how- und Innovationsdrehscheibe dienen (BAILY ET AL. 1994, S. 53, KOPPELMANN 1997, S. 15, NOWAK/FINCKE/KADES 2002, S. 34, SPEKMAN/KAMAUFF/SALMOND 1994, S. 76). Er ist Repräsentant des

Unternehmens auf dem Beschaffungsmarkt und ist für den guten Ruf als Abnehmer verantwortlich (BUDDE 2001, S. 58, KATZMARCYK 1988, S. 102). Der Beschaffer muss folglich – wie im traditionellen Beschaffungsmodell auch – sowohl beschaffungsmarkt- als auch unternehmensbezogene Aufgaben erfüllen, so dass von der Bipolarität der Beschaffung gesprochen wird (BIERGANS 1992, S. 142+157, HIMPEL 1999, S. 9, KIENZLE 2000, S. 9).

Das Beschaffungsmarketing geht auf Kotlers grundlegende Idee des „generic concept of marketing" zurück, das vorsieht, dass Marketing auf jede beliebige Transaktion und somit auch auf Beschaffungsvorgänge anwendbar ist (BIERGANS 1992, S. 91, KOPPELMANN 2000, S. 78, KOTLER 1972, S. 46ff., LIPPMANN 1979, S. 8). Einer der Hauptunterschiede zwischen dem altem Beschaffungsmodell und dem Beschaffungsmarketing ist die Rolle des Lieferanten, der für den Abnehmer aufgrund der hohen Beschaffungstiefe eine enorme Bedeutung besitzt (BOUTELLIER/CORSTEN 2000, S. 5, BRUCH 1999, S. 677, WERNER 1997, S. 3). Die Bedeutung der Lieferanten für den Abnehmer ist allerdings noch ausgeprägter als die Beschaffungstiefe suggeriert, da der Abnehmer zusätzlich auch technologisch vom Lieferanten abhängig ist (BUFF 1993, S. 19). Das Beschaffungsmarketing verfolgt daher nicht nur wie im traditionellen Beschaffungsmodell eher transaktionale Lieferantenbeziehungen, sondern auch kooperative Beziehungen (GADDE/HAKANSSON 1993, S. 73, MENZE 1993, S. 35). Wenngleich zu Beginn des Beschaffungsmarketings bis in die 90er Jahre hinein ein übertrieben hoher Anteil an strategischen Beziehungen verfolgt worden ist, hat sich nach der Renaissance transaktionaler Beziehungen im Rahmen des „aggressive sourcing" – auch Lopez-Effekt genannt – heute ein situativer Ansatz durchgesetzt (KAPOOR/GUPTA 1997). Es zeigte sich, dass kooperative Beziehungen nicht in jedem Fall vorzuziehen sind, z. B. sind die hohen Beziehungskosten einer Partnerschaft bei Warenterminbörsen i. d. R. nicht zu rechtfertigen (WERNER 1997, S. 194). Heute wird versucht, aus dem möglichen Beziehungskontinuum zwischen kooperativ – auch partnerschaftlich und relational genannt – und transaktional – auch advers und Spot-Beziehung genannt – die situationsadäquateste Beziehung anzustreben (ESSIG 2001, S. 22ff., WALLER 2003, S. 489, WERNER 1997, S. 58, ZIMMERMANN/GASSER 1999, S. 28). Folglich entsteht ein Portfolio aus unterschiedlichen Lieferantenbeziehungen (GADDE/SNEVOTA 2000, S. 307, MONCZKA/TRENT/HANDFIELD 1998, S. 260). Insgesamt ist festzustellen, dass durch das moderne Beschaffungsmodell die Bedeutung kooperativer Beziehungen stark angestiegen ist (LARGE 2000, S. 4, MONCZKA/TRENT/HANDFIELD 1998, S. 350, SAUNDERS 1997, S. 67).

Zudem wird anders als im traditionellen Beschaffungsmodell, welches davon ausging, dass immer ausreichend qualifizierte und auch kurzfristig wechselbare Lieferanten zur Verfügung stehen (GADDE/HAKANSSON 1993, S. 3, GROCHLA/ SCHÖNBOHM 1980, S. 13, MENZE 1993, S. 22), der Lieferant im Beschaffungsmarketing als knappe Ressource angesehen (DOBLER/BURT 1984, S. 218). Der Beschaffungsmarkt wird im Beschaffungsmarketing als dynamisch und aktiv durch das Unternehmen beeinflussbar verstanden (HOUGH 1992, S. 7, PINKERTON 2002, S. 514, STANGL 1985, S. 12).

Obwohl der Beschaffungsmarketingdiskurs in den letzten Jahren stark von der Schule Koppelmanns geprägt und vorangebracht worden ist, leidet die Beschaffungsliteratur im deutschsprachigen Raum immer noch an einer „operativen Problemverengung" (ARNOLD 1997, S. 22, CORSTEN 1996, S. 63, FIETEN 1990, S. 375, SAUNDERS 1997, S. 27). Daher nimmt das Beschaffungsmarketing trotz der zunehmenden Bedeutung nur einen verhältnismäßig kleinen Platz im wissenschaftlichen Diskurs ein (BIERGANS 1992, S. 101, ERNST 1996, S. 56+64). Die Literatur zum Beschaffungsmarketing wird ausführlich in Kapitel 4.2 thematisiert. Eine geschlossene Beschaffungs- und Beschaffungsmarketingtheorie besteht ebenso wenig wie eine allgemein anerkannte Begriffslehre (CORSTEN 1996, S. 631, ERNST 1996, S. 38, HARLANDER/ BLOM 1999, S. 300, KOPPELMANN 2000, S. 18). Die Beschaffungsmarketingdefinitionen fallen sehr unterschiedlich aus (BIERGANS 1992, S. 20, ERNST 1996, S. 38). Der recht allgemeinen Definition Koppelmanns, dass Beschaffungsmarketing analog zum (Absatz-)Marketing als ein „auf den Versorgungsmarkt gerichtetes Führungskonzept des Unternehmens" anzusehen ist (KOPPELMANN 2000, S. 5), kann prinzipiell gefolgt werden. Allerdings sagt diese Definition wenig über die Merkmale des Konzepts aus. Eine Definition, die alle Merkmale des in dieser Arbeit verfolgten Beschaffungsmarketingverständnisses beinhaltet, besteht nicht. Deshalb wird Beschaffungsmarketing hier – gestützt auf die häufig in anderen Beschaffungsmarketingdefinitionen zu findenden Merkmale (BERG 1981, S. 10, BERNING 1996, S. 5, BICHLER 2001, S. 60, HUBMANN/BARTH 1990, S. 26, KATZMARCYK 1988, S. 20f., KERN 1991, S. 24, MENZE 1993, S. 33f., PIONTEK 1993a, S. 4) – wie folgt verstanden:

> Beschaffungsmarketing ist ein systematisch geplanter, strategischer Ansatz, der auf die aktive Gestaltung und Nutzung der Marktpotentiale ausgerichtet ist und durch die Ausrichtung an den Ansprüchen des Lieferanten versucht, die eigenen Beschaffungsziele zu erreichen. Kern des Beschaffungsmarketings ist der Beschaffungsmarketingmix.

Insbesondere durch die Lieferantenorientierung und den Beschaffungsmarketingmix, der auf einer integrierten Planung beruhen soll, kann das Beschaffungsmarketing von anderen Konzepten wie dem (strategischen) Beschaffungsmanagement oder der (strategischen) Beschaffungspolitik abgegrenzt werden. Der Beschaffungsmarketingmix wird in Kapitel 4.3.3.4 ausführlich beschrieben. Es ist an das auf vier Teilpolitiken basierende „Standard"-Marketingmix des (Absatz-)Marketings angelehnt und besteht aus den vier Teilpolitiken Beschaffungsprogramm-, Preis-, Kommunikations- und Bezugspolitik.

Auch wenn das Beschaffungsmarketing teilweise als Paradigmenwechsel bzw. Revolution verstanden wird, greift es doch auf bekannte Inhalte zurück (BIERGANS

1992, S. 19+102). Im Zentrum des Beschaffungsmarketings stehen eher strategische Aufgaben (CLEMENS 1995, S. 1, KOPPELMANN 1999, S. 5, MENZE 1993, S. 34). Unter strategischen Aufgaben werden hier eher innovative Aufgaben mit langfristiger Ausrichtung und unter operativen eher kurzfristige Aufgaben mit Routinecharakter verstanden (BOUTELLIER/CORSTEN 2000, S. 22f., ROLAND 1993, S. 16). Zwar umfasst das Beschaffungsmarketing auch operative Aufgaben, diese werden aber im Folgenden nur am Rande betrachtet.

Typische, eher strategische Aufgaben des Beschaffungsmarketings sind Folgende:

-   **unternehmensbezogene Aufgaben**: etwa Änderung des Beschaffungsprogramms durch Substitution, Standardisierung oder Anstoßen von Fertigungstiefenreduzierungen
-   und **marktbezogene Aufgaben**: wie Beschaffungsmarktforschung, Bezugsquellenerschließung (Lieferantenförderung und -entwicklung), Kooperationen, Bezugsquellensicherung, Einbinden des Lieferanten in den Entwicklungsprozess (ARNOLD 1997, S. 65ff., BERG 1981, S. 48+73f., HIRSCHSTEINER 2002a, S. 47+162, KATZMARCYK 1988, S. 61ff.).

4.2   Analyse bestehender Beschaffungsmarketingkonzepte

In der Literatur sind unterschiedliche Konzepte des Beschaffungsmarketings entwickelt worden. Die Analyse der Literatur erfolgt dahingehend, ob ein Konzept besteht, anhand dessen die systematische Übertragung des Beschaffungsmarketings auf die öffentliche Beschaffung möglich ist und das den Ansprüchen eines modernen Beschaffungsmarketingkonzepts genügt. Daraus ergeben sich mehrere Ansprüche an die zu betrachtenden Beschaffungsmarketingkonzepte, die anhand von drei Kriterien überprüft werden sollen.

Zunächst muss es sich um ein Beschaffungsmarketingkonzept handeln (**Kriterium 1**). Dies lässt sich – entsprechend der hier verfolgten Definition des Beschaffungsmarketings (s. Kap. 4.1) – insbesondere daran überprüfen, ob das zu untersuchende Konzept:

a.   eine systematische Planung beinhaltet,
b.   strategische Aufgaben verfolgt,
c.   die Ansprüche des Lieferanten berücksichtigt und
d.   ein Beschaffungsmarketingmix besitzt.

Die aktive Gestaltung und Nutzung von Marktpotentialen soll nicht gesondert betrachtet werden, da sie ohnehin von allen untersuchten Beschaffungsmarketingkonzepten verfolgt wird. Das Kriterium „1a" überprüft, ob das Konzept vorsieht, die Maßnahmen des Beschaffungsmarketings aus den Strategien und diese wiederum aus den Zielen abzuleiten. Kriterium „1b" zeigt, ob ein Konzept neben operativen auch strategische Ansätze verfolgt. Anhand von Kriterium „1c" wird analysiert, ob die Anforderungen des Lieferanten berücksichtigt oder diese in der Planung des Beschaffungsmarketings außenvorgelassen werden. Essentiell für das Kriterium „1d" ist, dass der Beschaffungsmarketingmix integriert geplant wird – also die Interdependenzen der einzelnen Teilpolitiken berücksichtigt werden.

Der zweite Anspruch, der an das Beschaffungsmarketingkonzept zu stellen ist, ist die Vollständigkeit (**Kriterium 2**). Hier wird überprüft, inwieweit die Ziel-, Strategie- und Maßnahmenebene berücksichtigt wird und wenn dies der Fall ist, ob die gesamte Breite der jeweiligen Ebene beinhaltet ist.

Als Ausdruck eines modernen Beschaffungsmarketingkonzepts, das der Komplexitätsreduktion, der Steigerung der Transparenz und der Unterstützung des Konzeptanwenders als Handlungsleitfaden dient, bietet sich die Prozessorientierung des Konzepts an (**Kriterium 3**).

Anhand der genannten Kriterien wurde ein Großteil der Literatur, die sich mit der Beschaffung auseinandersetzt, auf ein passendes Beschaffungsmarketingkonzept hin untersucht. Dabei wurde sich nicht nur auf Konzepte beschränkt, die den Namen Beschaffungsmarketing tragen, sondern auch solche einbezogen, die zumindest einzelne Merkmale der vorliegenden Beschaffungsmarketingdefinition umfassen, aber einen anderen Namen wie Einkaufspolitik, Einkaufsmarketing, Beschaffungspolitik oder Beschaffungsmanagement tragen.

Bei der Analyse wurden mehrere Literaturschwerpunkte untersucht, die schon aufgrund ihrer unterschiedlichen Zielsetzungen sich mit dem Beschaffungsmarketing sehr verschieden auseinandersetzen. Innerhalb jeden Literaturschwerpunktes werden einige bedeutende Werke dargestellt. Allerdings gilt zu beachten, dass teilweise auch innerhalb der einzelnen Literaturschwerpunkte durchaus unterschiedliche Meinungen vertreten werden.

Einen sehr umfangreichen Literaturschwerpunkt stellen die Veröffentlichungen dar, die die Beschaffung oder Teilbereiche der Beschaffung thematisieren, die den Begriff „Beschaffungsmarketing" nicht nutzen, aber auf einzelne Merkmale des Beschaffungsmarketings eingehen. So werden etwa in vielen Veröffentlichungen strategische Aufgaben thematisiert, die auch im Beschaffungsmarketing von Bedeutung sind (u. a. ARNOLD 1982, ARNOLDS/HEEGE/TUSSING 2001, BOUTELLIER/CORSTEN 2000, BUCK 1998, FRIEDL 1990, GRUNWALD 1993, HAHN/KAUFMANN 2002, HARTMANN 1997, JETTER 1992, KAUFMANN 2001, LARGE 2000, LINDNER 1983, ROLAND 1993, SCHULTE 1990, SZYPERSKI/ROTH 1982, VERSTEEG 1999). Ein Teil der Literatur zur Beschaffung setzt sich auch mit dem Beschaffungsmarketingmix auseinander (u. a. CORSTEN 1996, GROCHLA/SCHÖNBOHM 1980, STARK 1973). Auch wenn ein Teil der genannten Literatur mehr als nur eines der Unterkriterien des Kriteriums „1" (Bestehen eines Beschaffungsmarketingkonzepts) erfüllen kann – z. B. die Konzepte in den Veröffentlichungen Arnolds, Bucks, Corstens, Friedls und einzelne Beiträge im Sammelband von Hahn und Kaufmann –, erfüllt in diesem Literaturschwerpunkt kein Konzept alle vier Unterkriterien. Allerdings verwundert dieser Befund nicht, da die Zielsetzung der genannten Literatur nicht die Entwicklung eines Beschaffungsmarketings ist.

Ein weiterer zu betrachtender Literaturschwerpunkt liegt bei den Veröffentlichungen, die den Begriff „Beschaffungsmarketing" explizit nutzen und das Beschaffungsmarketing – zumindest in Ansätzen – darstellen, sich aber nicht hauptsächlich dem Beschaffungsmarketing widmen. So definiert Fahn in seiner Dissertation zur Beschaffungsentscheidung das Beschaffungsmarketing und stellt es dem Anbietermarketing gegenüber (FAHN 1972). Katzmarcyk spricht vom strategischen und taktischen Einkaufsmarketing und führt Einkaufsmarketinginstrumente auf (KATZMARCYK 1988). Lensing und Sonnemann gehen kurz auf das Beschaffungsmarketing ein und stellen zwar ein beschaffungspolitisches Instrumentarium jedoch kein integriert geplantes Beschaffungsmarketingmix dar (LENSING/SONNEMANN 1995). Bichler und Krohn thematisieren in einem Kapitel zur Beschaffung kurz den Beschaffungsmarketingmix (BICHLER/KROHN 2001). Teilweise wird das Beschaffungsmarketing nur erwähnt (ANDERS 1992, HIRSCHSTEINER 2002a, PALUPSKI 1998a, STRUB 1998, ZIMMERMANN/GASSER 1999). Die Überprüfung der einzelnen Kriterien führt zum gleichen Schluss wie im vorigen Literaturschwerpunkt: das erste Kriterium kann in keiner Quelle komplett erfüllt werden. Allein schon aufgrund des Umfangs, den das Beschaffungsmarketing in diesen Arbeiten einnimmt, scheint die Konzeption eines umfangreichen Beschaffungsmarketings nicht möglich zu sein.

Deshalb wird nun der Literaturschwerpunkt dargestellt, der sich im Kern dem Beschaffungsmarketing widmet. Dabei wird jedoch auf die Diskussion der großen Anzahl an Artikeln und Sammelbandbeiträgen, die sich meist nur mit Ausschnitten des Beschaffungsmarketings beschäftigen und schon aufgrund ihres beschränkten Umfangs kein ausführliches Konzept liefern können, weitestgehend verzichtet, da sie wenig Erkenntnisgewinn beisteuern können (beispielsweise COURT/STEELE 1989, HARTMANN 1996, KOPP 1978, RÜCKZIEGEL/JEPP 1993). Auch wird auf die Diskussion der Veröffentlichungen verzichtet, die nur auf bestimmte Produkte oder Betriebsformen abstellen (HANSEN 1990, SOBOLL 2004). In Abbildung 10 wird eine Übersicht der Analyse der einzelnen Quellen geboten.

Demarchis Werk von 1974, das auch den Titel Beschaffungsmarketing trägt, ist zwar eine der ersten umfangreichen Veröffentlichungen, die sich mit dem Beschaffungsmarketing auseinandersetzen, verstößt jedoch gegen die hier verfolgten Anforderungen (DEMARCHI 1974). Demarchis Konzept beinhaltet strategische Ansätze, nimmt eine systematische Planung vor und lässt stark vermuten, dass eine integrierte Planung angestrebt werden soll; allerdings berücksichtigt es den Anspruch der Lieferanten nicht und enthält keine integrierte Planung. Weiterhin bestehen Lücken des Konzepts auf der Ziel-, Strategie- und Maßnahmenebene. Aufgrund der genannten Punkte erfüllt das Konzept, obwohl es sich um einen prozessorientierten Ansatz handelt (DE-MARCHI 1974, S. 82), die Anforderungen nicht.

Lippmann führt in seiner Dissertation zum funktionalen Beschaffungsmarketing lediglich eine Grundlagen- und Zielbeschreibung sowie die Aufzählung der Teil- und Unterfunktionen des Beschaffungsmarketings auf und kann daher den hier verfolgten Ansprüchen nicht genügen (LIPPMANN 1979). Lippmanns Konzept enthält weder eine systematische Planung noch ein integriert geplantes Beschaffungsmarketingmix.

Auch Bergs Konzept, das eine Unterteilung in taktisches und strategisches Beschaffungsmarketing vornimmt, auf die Methoden und Gestaltung des Beschaffungsmarketings sowie den Beschaffungsmarketingmix eingeht, verstößt gegen die hier gestellten Anforderungen (BERG 1981). Zwar werden strategische Aufgaben verfolgt, die Ansprüche des Lieferanten – wenn auch oft nur indirekt – berücksichtigt und die integrierte Planung des Beschaffungsmarketingmixes thematisiert (BERG 1981, S. 38), jedoch findet sich keine systematische Planung des Beschaffungsmarketings. Zudem besitzt das Konzept keinen Prozesscharakter und ist im Bereich der Ziel- und Strategieebene unvollständig.

Treis beschreibt in seinem Sammelbandbeitrag das Beschaffungsmarketing allgemein und geht auf die Zielebene und den Beschaffungsmarketingmix ein (TREIS 1986). Um ein Beschaffungsmarketingkonzept im Sinne dieser Arbeit handelt es sich aufgrund des Verstoßens gegen das Kriterium der systematischen Planung nicht. Ferner erfüllt das Konzept die Anforderungen „Vollständigkeit" (keine Berücksichtigung von Strategien) und „Prozesscharakter" nicht.

Hamman und Lohrberg gehen in ihrer Veröffentlichung auf die Grundlagen, Prozesse, Organisation, Zielsetzungen, Strategien und Instrumente des Beschaffungsmarketings ein und heben die Verzahnung von Beschaffungs- und Absatzmarketing hervor (HAMMANN/LOHRBERG 1986). Die beiden Autoren widmen sich ausführlich der Ableitung des Beschaffungsmarketingmixes (HAMMANN/LOHRBERG 1986, S. 193ff.). Das Konzept erfüllt alle geforderten Kriterien. Allerdings bestehen auch hier Probleme, die ein Verwenden des Konzepts in der folgenden Arbeit ausschließen. Die von Hammann und Lohrberg den aufgezeigten Strategien decken zwar den Raum möglicher Beschaffungsstrategien, den Hammann und Lohrberg aufzeigen gut ab. Es werden eine Anpassungs-, interne Beschaffungs-, externe Beschaffungs- und zweiseitige Strategie unterschieden, die sich darauf beziehen, ob sich der Fertigungsabteilung oder dem Markt angepasst wird oder ob dieser aktiv gestaltet werden soll (HAMMANN/LOHRBERG 1986, S. 102ff.). Allerdings handelt es sich – wie von den beiden auch angeführt – nur bei zwei der Strategien um Beschaffungsmarketingstrategien, da sie die aktive Gestaltung des Marktes zum Gegenstand haben. Die Zweckmäßigkeit der aufgeführten Strategien ist für die Planung des Beschaffungsmarketingmixes aber eher gering, da sie nur aussagen, ob ein Beschaffungsmarketingmix notwendig ist oder nicht, aber nicht wie es auszugestalten ist. Dass diese Problematik aus Sicht der Autoren nicht besteht, fußt auf der Annahme Hammanns und Lohrbergs, dass eine Strategie aus den fünf aufeinander abgestimmten Entscheidungsbereichen Segmentierung des Beschaffungsmarktes, Marktverhalten, Beschaffungsvolumen, Einsatz des beschaffungspolitischen Instrumentariums und Zeitbezug besteht (HAMMANN/LOHRBERG 1986, S. 50f.). Dies führt aber unweigerlich dazu, dass durch den Einbezug des beschaffungspolitischen Instrumentariums sowie des Beschaffungsvolumens Strategie- und Maßnahmenebene vermischt werden. Auf die „sehr enge Verzahnung mit den unterschiedlichen beschaffungspolitischen Instrumenten" weisen Hammann und Lohrberg sogar selbst hin (HAMMANN/LOHRBERG 1986, S. 51).

Ein weiteres Problem besteht auf der Zielebene des Konzepts und bei der Unterteilung des Beschaffungsmarketingmixes. Die Zielebene wird in Kosten-, Versorgungs-, Markt- und Kommunikationsziele unterschieden. Gemeinwohlorientierte Ziele werden folglich nicht berücksichtigt. Während man über die Zweckmäßigkeit der Unterteilung der Zielfelder sicherlich unterschiedlicher Meinung sein kann, scheint die Einteilung des Beschaffungsmarketingmixes eher ungeeignet zu sein. Der Beschaffungsmarketingmix unterteilt sich hier in die Bereiche Gestaltung der Leistung (beinhaltet Beschaffungsprogramm-, Bezugs-, Kommunikations- und Finanzierungspolitik), Gestaltung des Entgelts (auch Entgeltpolitik genannt) und die Gestaltung des Vertrags (auch Kontrahierungspolitik genannt) (HAMMANN/LOHRBERG 1986, S. 51ff.). Es ist nicht ersichtlich, warum von der klassischen Unterteilung des Marketingmixes in vier Teilpolitiken abgewichen wird, da zum einen der Bereich der Leistungsgestaltung inhaltlich einen besonders großen Bereich einnimmt. Unklar ist dabei auch, warum Finanzierungs-, Kontrahierungs- und Entgeltpolitik getrennt werden. Aufgrund dieser Kritikpunkte wird dieses Konzept nicht direkt zur Übertragung auf die öffentliche Beschaffung genutzt.

Berndt entwickelt in seinem Werk „Marketing für öffentliche Aufträge" ein Beschaffungsmarketingkonzept für öffentliche Nachfrager (BERNDT 1988). Allerdings handelt es sich nach den hier verwendeten Kriterien – auch wenn Berndt es so benennt – um kein Beschaffungsmarketingkonzept. So werden zwar die Maßnahmen aus den Zielen abgeleitet (BERNDT 1988, S. 17f.), die Strategien aber ausgelassen. Insofern verwundert es auch nicht, dass strategische Aufgaben in dem Konzept fehlen. Weiterhin bezieht sich Berndt zwar auf Grochla und Schönbohm, die ein Beschaffungsmarketingmix aufführen, jedoch stellt er die genannten Instrumente nur als geordnete Sammlung dar (BERNDT 1988, S. 18f.). Zudem bleibt die Anwendung der Instrumente im Laufe seiner Arbeit aus. Die Ansprüche des Lieferanten werden nicht thematisiert. Ferner ist das Konzept unvollständig. Auch wenn Berndt einen prozessorientierten Ansatz wählt, kann er den hier erforderlichen Ansprüchen nicht genügen.

Kern geht in seinem praxisorientierten Werk zum Einkaufsmarketing, das leider oft sehr oberflächlich bleibt, u. a. auf die Vorteile des Einkaufsmarketings, Strategien und Taktiken sowie wie auf die Einkaufspolitik ein (KERN 1991). Die integrierte Planung des Beschaffungsmarketingmixes wird bei Kern gesondert thematisiert (KERN 1991, S. 148ff.). Auch wenn strategische Belange und die Ansprüche des Lieferanten betrachtet werden, existiert eine systematische Planung in dem hier verfolgten Sinn bei Kern nicht, so dass das Modell den genannten Anforderungen nach nicht ausreicht. 1993 erschienen sowohl Pionteks als auch Menzes Veröffentlichung zum internationalen Beschaffungsmarketing (MENZE 1993, PIONTEK 1993a). Beide beschreiben das Beschaffungsmarketing nur recht allgemein. Ein den hier verfolgten Anforderungen genügendes Konzept ist nur ansatzweise zu finden.

Jansens Beschaffungsmarketingmonographie besteht nur aus einer stichwortartigen und oberflächlichen sowie reichlich bebilderten Erläuterung einzelner Teilbereiche des Beschaffungsmarketings (JANSEN 1994).

Bernings Studientext geht zwar neben den Grundlagen und der Entwicklung auch auf den Prozess des Beschaffungsmarketings sowie die Ableitung der Beschaffungs- aus der Unternehmensstrategie ein, stellt den Bereich der Ziel- und Strategieebene sowie mehrere Teilprozesse des Beschaffungsmarketingprozesses nur unzureichend dar (BERNING 1996). Zudem besitzt sein Konzept – auch wenn es den anderen Anforderungen genügt – kein integriert geplanter Beschaffungsmarketingmix.

Harlanders und Bloms Beschaffungsmarketingmonographie, die mittlerweile in der 7. Auflage erschienen ist, wurde erstmals 1975 veröffentlicht (HARLANDER/ BLOM 1999). Der vorgestellte Beschaffungsmarketingmix verfolgt strategische Aufgaben, orientiert sich an den Ansprüchen des Lieferanten und sieht einen integriert geplanten Beschaffungsmarketingmix vor. Allerdings fehlt eine nach den hier verfolgten Ansprüchen systematische Planung – auch wenn sie von den Autoren gefordert wird – (HARLANDER/BLOM 1999, S. 46). Es wird lediglich darauf hingewiesen, dass Maßnahmen im Einklang mit den Zielen stehen müssen. Allerdings werden weder die Strategien aus den Zielen noch die Maßnahmen aus den Strategien abgeleitet. Ohnehin wird die Zielebene nicht dargestellt, so dass das Konzept hier als unvollständig gelten muss. Der Prozessansatz wird im Bereich der Strategien verfolgt (HARLANDER/BLOM 1999, S. 29).

Eichler präsentiert ein Beschaffungsmarketingansatz, das jedoch kein Beschaffungsmarketingkonzept im Sinne dieser Arbeit darstellt, da es dem Teilkriterium der systematischen Planung nicht genügt und die aufgeführten Teilpolitiken des Beschaffungsmarketings nicht integriert geplant werden (EICHLER 2003). Auch wenn der Ansatz prozessorientiert ist, wird die Zielebene des Beschaffungsmarketings vollständig ignoriert.

Beim Beschaffungsmarketingansatz Hofbauer und Bauers, die besonderen Wert auf einen integrierten Ansatz legen, ist keine systematische Planung im hier verfolgten Sinne vorhanden (HOFBAUER/BAUER 2004). Auch der Beschaffungsmarketingmix fehlt. Zudem wird die Ebene der Beschaffungsziele stark vernachlässigt. So genügt der Ansatz - auch wenn ein prozessorientierter Ansatz verfolgt wird – den hier gestellten Anforderungen nicht.

Eines der ausgereiftesten Beschaffungsmarketingkonzepte wird von Koppelmann präsentiert, das auch in den Arbeiten seiner Schüler aufgegriffen, dargestellt und teilweise auch weiterentwickelt wird (u. a. BIERGANS 1992, ERNST 1996, GEIDER 1986, HÖVELER 2000, HUTH 1988, KIENZLE 2000, MEYER 1986, PFISTERER 1988, SCHLESINGER 1991, SCHUBERT 2004). Auch andere Autoren greifen das Konzept der Schule Koppelmanns unverändert auf (ILIUS 2004).

Allerdings wird aufgrund von Redundanzen auf die Einzeldarstellung dieser Werke und der Werke der Schüler verzichtet, da das dort verfolgte Konzept Koppelmann selbst ausführlich in mehreren Veröffentlichungen erläutert (KOPPELMANN 1994, KOPPELMANN 1999, KOPPELMANN 1997). Am ausführlichsten ist sein Beschaffungsmarketingkonzept jedoch in seinem Werk „Beschaffungsmarketing" dargestellt, das im Jahr 2004 in der vierten Auflage erschienen ist (KOPPELMANN 2004).

Koppelmanns Konzept kann alle hier geforderten Kriterien erfüllen. So wird das Beschaffungsmarketing systematisch geplant (KOPPELMANN 2000, S. 105), strategische Aufgaben werden verfolgt, die Lieferantenansprüche berücksichtigt (KOPPELMANN 2000, S. 80) und ein Beschaffungsmarketingmix genutzt, das integriert geplant wird (KOPPELMANN 2004, S. 300ff.). Zudem ist das Konzept auf Ziel-, Strategie- und Maßnahmenebene vollständig (KOPPELMANN 2000, S. 114ff., S. 124ff.+283ff.). Des Weiteren wird ein prozessorientierter Ansatz gewählt (KOPPELMANN 2004, S. 42+83ff.).

Obwohl das Konzept alle genannten Punkte erfüllt, soll es hier dennoch nicht genutzt werden, da es einige Unstimmigkeiten besitzt bzw. hier z. T. eine andere Meinung vertreten wird. So muss zum einen der Aufbau des Beschaffungsmarketingprozesses kritisiert werden (bestehend aus den Phasen Situationsanalyse (inklusive Beschaffungskonstellationen, -ziele, -strategien und -potentiale), Bedarfsanalyse (inklusive Outsourcing), Marktanalyse und -auswahl, Lieferantenanalyse und -auswahl, Lieferantenverhandlung (inklusive Beschaffungsmarketingmix) und Beschaffungsabwicklung (inklusive Bestellung, Überwachung und Entsorgung). Zum anderen werden im Rahmen der Situationsanalyse Beschaffungsinstrumentalziele sowie Beschaffungsstrategien thematisiert. Wenngleich bei den Beschaffungsinstrumentalzielen ein Bezug zum Beschaffungsmarketingmix hergestellt wird (KOPPELMANN 2000, S. 123), ist das Ableiten von Beschaffungsstrategien vor der Bedarfsanalyse – also bevor feststeht, für welche Gruppen an Beschaffungsobjekten die Strategie geplant wird – wenig zweckmäßig. Anstatt die Strategieplanung einfach nach der Bedarfsanalyse durchzuführen, führt Koppelmann ein detailreiches System der „Wenn-Dann"-Überprüfungen als Kompatibilitätsprüfung ein, bei der noch in eine horizontale und vertikale Kompatibilitätsprüfung sowie in Top-down- und Bottom-up-Vorgehen unterschieden wird (KOPPELMANN 2000, S. 135ff.). Dieser Ansatz erweckt den Eindruck unnötiger Komplexität. Weiterhin ist der Teilprozess der Potentialanalyse im Beschaffungsmarketing wenig gebräuchlich und ebenfalls unnötig komplex (KOPPELMANN 2000, S. 143ff.).

Im Rahmen der Bedarfsanalyse wird das Outsourcing thematisiert (KOPPELMANN 2004, S. 197ff.). Allerdings ist die Frage des Outsourcings meist von so großer Bedeutung, dass sie – zwar teilweise unter Mitwirken der Beschaffung getroffen wird –

jedoch meist als Grundbedingung vor der Bedarfsanalyse getroffen wird. Das Vorgehen eines Industrieunternehmens wird eher selten so ausfallen, dass ein Bedarf erkannt wird und dann – von der Beschaffung ausgehend – überlegt wird, ob das Beschaffungsobjekt im eigenen Unternehmen hergestellt oder fremdbezogen wird.

Im Bereich der Strategien werden diese mit Maßnahmen vermischt. Dies ist allerdings auch auf den von Koppelmann verwendeten Strategiebegriff, dass Strategien als Bündel von Maßnahmen angesehen werden, zurückzuführen. Die Unterscheidung von Beschaffungsstrategien nach den Dimensionen des Beschaffungsmarketingmixes scheint wenig hilfreich (KOPPELMANN 2000, S. 125), da Strategien meist über diese Grenzen hinweg wirken. Die Aufteilung der Teilpolitiken des Beschaffungsmarketing-mixes (Kommunikations-, Bezugs-, Produkt-, Entgelt- und Servicepolitik) weicht vom vierteiligen Marketingmix des (Absatz-)Marketings ab (KOPPELMANN 2000, S. 281ff.).

Weiterhin ist der genutzte Beschaffungsbegriff Koppelmanns zu umfassend, da er auch die Entsorgung als Teil des Beschaffungsmarketings thematisiert (KOPPEL-MANN 2000, S. 336f.). Zuletzt muss an Koppelmanns Konzept bemängelt werden, dass viele unpräzise und teilweise nur von Koppelmann genutzte Begrifflichkeiten in einer Zahl eingeführt werden, die das Verständnis unnötig erschweren.

Durchsucht man die englischsprachige Literatur auf Beschaffungsmarketingkon-zeptionen, fällt auf, dass, obwohl die Beschaffungsliteratur in vielen Einzelpunkten weiter entwickelt ist als die deutschsprachige Literatur, das Konzept des Beschaffungs-marketings aber keine direkte Entsprechung im Englischsprachigen hat. Koppelmanns Versuch, mit seinem englischsprachigen Werk „Procurement Marketing" dies zu än-dern, ist nicht geglückt. Wenngleich kein direktes Äquivalent des Beschaffungsmarke-tings besteht, sind die einzelnen Merkmale des Beschaffungsmarketings wie Orientie-rung an den Ansprüchen des Lieferanten etc. in der Beschaffung – teilweise auch viel früher als in der deutschsprachigen Literatur – verbreitet (BAILY ET AL. 1994, CAVI-NATO/KAUFFMAN 2000, DOBLER/BURT 1984, FEARON/DOBLER/KILLEN 1992, HEINRITZ ET AL. 1991, LEENDERS/FEARON 1997, MONCZKA/TRENT/HANDFIELD 1998). Ein umfangreiches Beschaffungsmarketingkonzept, das die hier verfolgten Kriterien erfüllt, besteht weder in den umfangreichen Standardbeschaffungs-kompendien (AMMER 1980, BAILY ET AL. 1994, CAVINATO/KAUFFMAN 2000, DOBLER/BURT 1984, FEARON/DOBLER/KILLEN 1992, HEINRITZ ET AL. 1991, LEENDERS/FEARON 1997, MONCZKA/TRENT/HANDFIELD 1998, WESTING/FINE/ZENZ 1976) noch in den etwas weniger umfangreichen Standardbeschaffungs-monographien (BURT/PINKERTON 1996, ELLRAM/BIROU 1995, GADDE/HA-KANSSON 1993, HARDING 1990, HOUGH 1992, LEENDERS/BLENKHORN 1989, SAUNDERS 1997, SCHEUING 1988, SYSON 1992). In der englischsprachigen Literatur ist – trotz der Popularität des (Absatz-)Marketingmixes – ein Beschaffungs-marketingmix nicht zu finden.

Letztlich führt die Analyse der Literatur zu dem Schluss, dass lediglich zwei den Anforderungen an ein modernes Beschaffungsmarketingkonzept genügen (s. Abb. 10). Diese sollen aber aufgrund einiger Mängel hier nicht weiter verfolgt werden. Auffallend bei der Literaturanalyse ist weiterhin, dass hauptsächlich die Kriterien „1b" und „1c" – strategischer Aufgaben und Berücksichtigung der Ansprüche des Lieferanten – meist in Kombination erfüllt werden. Besonders selten wird den Kriterien „1a" und 2 – Beinhalten einer systematischen Planung und Vollständigkeit – genügt. Bei diesen beiden und den Kriterien „1d" und „3" – integriertes Beschaffungsmarketingmix und Prozessorientierung – ist kein Muster erkennbar, wann sie erfüllt werden.

In Kapitel 4.3 wird in Ermangelung eines geeigneten Ansatzes ein eigenes Beschaffungsmarketingkonzept entwickelt. Dabei wird auf bekannte Inhalte des Beschaffungsmarketings zurückgegriffen. Es wird allen drei Kriterien, die zur Analyse der anderen Beschaffungsmarketingkonzepte herangezogen wurden, entsprochen. Zusätzlich werden die Probleme, die bei den Konzepten Koppelmanns sowie Hammann und Lohrbergs bestehen, behoben. So wird beispielsweise bei der systematischen Planung darauf geachtet, dass die Planungsebenen – insbesondere die Strategie- und Maßnahmenebene – nicht vermengt werden, aber trotzdem jede Ebene vollständig abgedeckt wird. Des Weiteren wird der integrierte Beschaffungsmarketingmix an die gebräuchliche Einteilung des Marketingmixes angelehnt. Es wird soweit wie möglich versucht, auf bereits im Marketing bestehende Begriffe zurückzugreifen. Zudem wird ein neues Modell des Beschaffungsmarketingprozesses genutzt. Anhand dieses Prozesses wird in den nachfolgenden Teilkapiteln das neu entwickelte Beschaffungsmarketingkonzept dargestellt.

Kriterien / Autoren	Anforderung Konzept (Kriterium 1)				Vollständig- keit (Kriterium 2)	Prozess- orientierung (Kriterium 3)
	a	b	c	d		
Demarchi (1974)	+	+	-	+	-	+
Lippmann (1979)	-	+	+	-	-	+
Berg (1981)	-	+	+	+	-	-
Treis (1986)	-	+	+	+	-	-
Hammann/ Lohrberg (1986)	+	+	+	+	+	+
Berndt (1988)	-	-	-	-	-	+
Kern (1991)	-	+	+	+	-	-
Menze (1993)	-	+	+	-	-	+
Piontek (1993a)	-	+	+	-	-	-
Jansen (1994)	-	-	-	-	-	-
Berning (1996)	+	+	+	-	-	+
Harlander/ Blom (u.a. 1999)	-	+	+	+	-	+
Eichler (2003)	-	+	+	-	-	+
Hofbauer/Bauer (2004)	-	+	+	-	-	+
Koppelmann (u. a. 2004)	+	+	+	+	+	+

Teilkriterien: a: systematische Planung, b: strategische Inhalte, c: Berücksichtigung Lieferantenansprüche, d: Beschaffungsmarketingmix

Abb. 10: Übersicht über Beschaffungsmarketingansätze verschiedener Autoren

4.3 Der Prozess des Beschaffungsmarketings

Wie bereits erwähnt, soll hier ein prozessorientierter Ansatz des Beschaffungsmarketings verfolgt werden. Der Prozessansatz ermöglicht ein systematisches Entscheidungsverhalten. Wie Abbildung 10 zeigt, sind schon mehrere prozessorientierte Ansätze in der Literatur zum Beschaffungsmarketing verfolgt worden. Die Prozessmodelle unterscheiden sich – wenngleich sie grundsätzlich ähnliche Abläufe vorsehen – in der Einteilung und Anzahl der Phasen sowie in deren Detailliertheit und Umfang deutlich. Schon aufgrund des benötigten Umfangs wird hier auf eine Diskussion der bestehenden Ansätze verzichtet. Beim Entwurf des Beschaffungsmarketingmodells wird vielmehr dem idealtypischen Prozess des Marketingmanagements – wie ihn Bruhn darstellt – gefolgt (BRUHN 2001, S. 37).

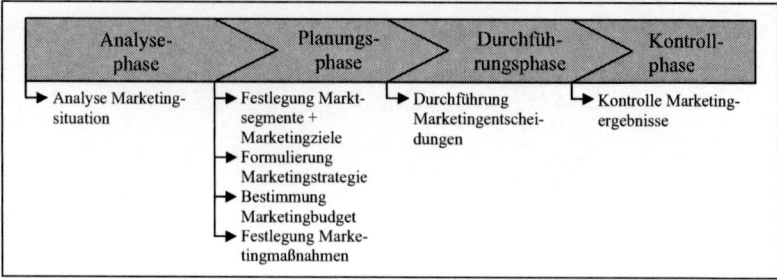

Abb. 11: Der Marketingmanagementprozess Bruhns

(BRUHN 2001, S. 37)

Bruhns Ansatz deckt alle Prozessphasen des Marketingmanagements ab und zeichnet sich durch seine klare Struktur und Übersichtlichkeit aus. Allgemeinere Problemlösungsprozesse wie der Führungsprozess Hahns finden in dem Modell ihre inhaltliche Entsprechung (HAHN 1996, S. 46ff.). Wenngleich sie meist einer anderen Aufteilung der Prozessphasen folgen. Abbildung 12 kann die Anwendung des Bruhn'schen Prozessmodells auf das Beschaffungsmarketing unter Berücksichtigung der Besonderheiten des Beschaffungsprozesses entnommen werden.

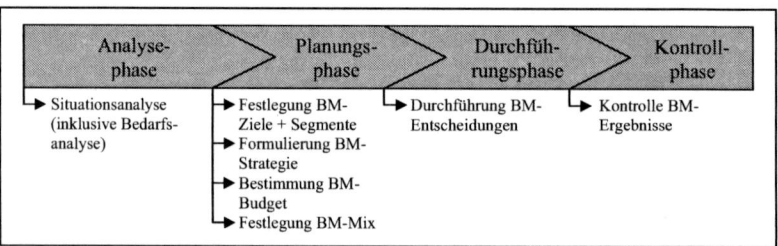

Abb. 12: Der Beschaffungsmarketingprozess

Nach dem in Abbildung 12 dargestellten Modell werden die Analyse-, Planungs-, Durchführungs- und Kontrollphase unterschieden, die idealtypisch sukzessive durchlaufen werden und aufeinander aufbauen. Die Make-or-buy-Entscheidung wird hier jedoch als dem Prozess vorgelagerte Phase gesondert betrachtet (s. Kap. 4.3.1). Diese Entscheidung wird meist vor dem eigentlichen Beschaffungsmarketingprozess getroffen und ist – auch wenn die Beschaffung möglichst an dieser Entscheidung beteiligt werden sollte – nicht Gegenstand des eigentlichen Beschaffungsmarketingprozesses. Folglich wird sie auch nicht in Abbildung 12 aufgeführt. Die Vorphase der Make-or-buy-Entscheidung führt zu einer der Basisvoraussetzungen des Beschaffungsmarketings, nämlich der Fertigungstiefe des Unternehmens. Ausgangspunkt des Beschaffungsmarketingprozesses ist die Analysephase, die der Analyse der Situation und der

Identifizierung des Problems dient (s. Kap. 4.3.2). Die Analysephase setzt sich mit den Grundlagen auseinander, auf denen die eigentliche Planung des Beschaffungsmarketings aufbauen soll, und sorgt für die systematische Vorbereitung der zu treffenden Entscheidungen. Kern der Situationsanalyse ist die Bedarfsanalyse (s. Kap. 4.3.3). Bei der Analyse der Situation wirkt die Beschaffungsmarktforschung mit, deren Tätigkeit sich durch den ganzen Prozess zieht, aber schon an dieser Stelle thematisiert werden soll (s. Kap. 4.3.4).

In der Planungsphase wird zunächst ermittelt, welche Lösungsmöglichkeiten zur Verfügung stehen, diese dann beurteilt und letztlich eine Lösungsmöglichkeit ausgewählt. Dies geschieht durch die Schritte der Festlegung der Beschaffungsmarketingziele und -segmente, der Strategie, des Budgets und der Maßnahmen in Form des Beschaffungsmarketingmixes (s. Kap. 4.3.3). Diese Schritte werden ebenso wie die Folgenden durch die Tätigkeit der Beschaffungsmarktforschung unterstützt.

In der Durchführungsphase werden die Planungen in den Teilphasen Beschaffungsanbahnung-, -abschluss und -realisation umgesetzt (s. Kap. 4.3.4).

Gegenstand der Kontrollphase ist die Kontrolle der Beschaffungsmarketingergebnisse (s. Kap. 4.3.5). Hier sind auch die Kontrolle der Rechnungen, Termine, Qualitäten und Kosten von Bedeutung.

Der vorgestellte Prozessansatz ist idealtypisch. In der Praxis kann es zu Überlappungen, Paralleldurchläufen und Auslassungen einzelner Phasen oder Teilphasen kommen (HAMMANN/LOHRBERG 1986, S. 22). Es kann auch passieren, dass der Prozess nicht zu Ende geführt bzw. wieder in frühere Phasen des Prozesses zurückgesprungen wird und einzelne Phasen mehrfach durchlaufen werden. Die Ausgestaltung des Prozesses und die Anzahl der am Beschaffungsprozess beteiligten Personen richten sich auch nach der Beschaffungssituation (ARNOLD 1997, S. 39f., BACKHAUS 1999, S. 58+103, VAN WEELE 1984, S. 25f.). Je nachdem, was für ein Bedarf besteht (z. B. Neuartigkeit, Beschaffungsvolumen), wie sich der Beschaffungsmarkt für diesen Bedarf gestaltet (z. B. Anzahl an Lieferanten, Marktdynamik), wie professionell die Beschaffer sind und wie viele Ressourcen zur Verfügung stehen (z. B. Ausbildung, finanzielle und zeitliche Ressourcen), kann sich der Beschaffungsprozess und seine Phasen in punkto Intensität, Inhalt und Länge sehr unterschiedlich gestalten (DOLMETSCH 2000, S. 48, HAMMANN/LOHRBERG 1986, S. 33, VAN WEELE 1984, S. 28). Dies thematisieren mitunter das Buygrid-Modell von Robinson, Faris und Wind und andere Ansätze, die insbesondere im Industrie- bzw. Investitionsgütermarketing angewendet werden (ARNOLD 1982, S. 131, ARNOLD 1997, S. 36+39, BACKHAUS 1999, S. 65+97ff., BAILY ET AL. 1994, S. 328, KOPPELMANN 2000, S. 22, ROBINSON/ FARIS/WIND 1967, KUHLMANN 2001). Diese Ansätze sind für diese Arbeit nur von untergeordnetem Interesse.

In den folgenden Kapiteln werden die Phasen und Teilphasen des hier vorgestellten Beschaffungsmarketingprozesses sowie die vorgelagerte Phase der Make-or-buy-Entscheidung sukzessive dargestellt.

4.3.1 Die vorgelagerte Make-or-buy-Entscheidung

Die dem Beschaffungsmarketingprozess vorgelagerte Make-or-buy-Entscheidung stellt die Grundlage des Beschaffungsmarketings dar (ARNOLD/ESSIG 2000, S. 124, HAMMANN/LOHRBERG 1986, S. 3). Mit der Make-or-buy-Entscheidung wird der Eigen- bzw. Fremdfertigungsanteil des Unternehmens und somit die Fertigungs- bzw. Beschaffungstiefe festgelegt (BERNING 1996, S. 29). Es sind grundsätzlich operative und strategische Make-or-buy-Entscheidungen zu unterscheiden (ARNOLDS/HEEGE/ TUSSING 2001, S. 337ff., MÄNNEL 1981, S. 83, RÖSSLE 1974, S. 918). Während die operative Make-or-buy-Entscheidung – auch Subcontracting genannt – nur die Abgabe von Fertigungstiefe an dritte Unternehmen etwa zum Abfangen von Kapazitätsspitzen betrifft (HEINRITZ ET AL. 1991, S. 160, RENKEWITZ 1974, S. 927ff., SAUNDERS 1997, S. 156), beschäftigt sich die strategische Make-or-buy-Entscheidung – auch Outsourcing genannt – mit der langfristigen Veränderung der Fertigungstiefe (PALUPSKI 1998a, S. 177, REICHMANN/PALLOKS-KAHLEN 2002, S. 528, RUOFF 2001, S. 76). Beim Outsourcing werden Leistungen vollständig einem Dritten auf Dauer übertragen. Die strategische Make-or-buy-Entscheidung determiniert das Beschaffungsprogramm folglich im hohen Maße (BOUTELLIER/CORSTEN 2000, S. 18). Da diese Entscheidung meist der Bedarfsanalyse zeitlich vorausgeht, wird diese Teilphase als Vorphase des eigentlichen Beschaffungsmarketingprozesses – und nicht wie etwa bei Koppelmann als Teil der Bedarfsanalyse – gesehen (KOPPELMANN 2000, S. 201ff.).

Die allgemeine Reduzierung der durchschnittlichen Fertigungstiefe zeigt, dass trotz teilweiser bestehender Vorbehalte (u. a. Abbau von Arbeitsplätzen, Know-how-Verlust) in der Praxis eine Tendenz zum Outsourcing besteht (BOUTELLIER/CORS-TEN 2000, S. 16, VENKATESAN 1992, S. 100). Oft sind Kostenvorteile und die Konzentration auf die eigenen Kernkompetenzen oder das Nutzen der Spezialisierungsvorteile des Lieferanten die dafür hauptausschlaggebenden Punkte („Do what you can do best, outsource the rest") (ARNOLDS/HEEGE/TUSSING 2001, S. 329, VENKATE-SAN 1992, S. 98, WEBER 1999, S. 222). Weitere Gründe für die Fremdfertigung und Gründe für die Eigenfertigung finden sich in Abbildung 13.

Bei Outsourcing-Entscheidungen sollte beachtet werden, dass sie ganzheitlich und für Objektgruppen gefällt werden und nicht – wie es häufig passiert – nur für Einzelobjekte auf Basis von kurzfristigen Kostenvergleichen (BOUTELLIER/CORSTEN 2000, S. 10+14, REICHMANN 2000, S. 44, ZIMMERMANN/GASSER 1999, S. 62). Allerdings bestehen bei der Ganzheitlichkeit der Betrachtung des Entscheidungsproblems Quantifizierungs- und Zurechnungsprobleme (z. B. Overhead-Kosten) sowie Probleme bei der Auswahl der richtigen Vergleichskriterien (Ein- und Auslagerungsbarrieren, Endkundensicht, Flexibilität, Umstellungskosten etc.) (ANDERS 1992, S. 157f., HARLANDER/BLOM 1999, S. 148f, MÄNNEL 1981, S. 80, MONCZKA/ TRENT/HANDFIELD 1998, S. 224ff.). Weder die Make- noch die Buy-Alternative sind per se überlegen, ihre Vorteilhaftigkeit kann nur in Bezug auf eine konkrete Situation bestimmt werden.

Gründe für Fremdfertigung

→ geringere Kosten durch fehlende Eigenfertigung (Fix-/Entwicklungskosten, Kapitalbindung etc.)

→ kein Entwicklungsrisiko

→ höhere Flexibilität bei Nachfragemengen

→ Konzentration auf eigene Kernkompetenzen

→ Nutzung der Spezialisierung des Lieferanten (Know-how, Skaleneffekte)

→ Faktorkostenvorteile des Lieferanten

→ Potential für Gegengeschäfte

→ erhöhte Kostentransparenz

Gründe für Eigenfertigung

→ Nutzung der eigenen Spezialisierung (kein Personalabbau, kein Know-how-Verlust etc.)

→ eingeschränkte Reversibilität des Outsourcings

→ geringere Kosten (Verwertung von Nebenprodukten, keine Lieferantengewinne/Transportkosten/ Vertriebs- und Verwaltungskosten des Lieferanten, Faktorkostenvorteile etc.)

→ Image

→ Geheimhaltung

→ größere Autonomie (Einfluss auf Produktion, Kontrollmöglichkeiten, schnellere Versorgung, Transportrisiko etc.)

→ höhere Flexibilität bei Leistungsanforderungen

→ Verminderung des steuerpflichtigen Gewinns

Abb. 13: Die Gründe für Fremd- und Eigenfertigung

(ARNOLDS/HEEGE/TUSSING 2001, S. 329ff., BERNING 1996, S. 30f., BOUTELLIER/CORSTEN 2000, S. 10ff., BURT/PINKERTON 1996, S. 101f., DEMARCHI 1974, S. 130ff., HARLANDER/ BLOM 1999, S. 147f., KOPPELMANN 2000, S. 203ff., PIONTEK 2003, S. 45+51ff.)

Die Beschaffer sollten, da sie im Unternehmen am besten über bestehende Buy-Alternativen informiert sind, in jedem Fall in die Make-or-buy-Entscheidung mit einbezogen werden, auch wenn die Entscheidung letztendlich oft von übergeordneten Stellen getroffen wird (ARNOLDS/HEEGE/TUSSING 2001, S. 351, BURT/PINKERTON 1996, S. 98, WESTING/FINE/ZENS 1976, S. 275). Outsourcing-Entscheidungen sollten nicht nur durch Unternehmensgründungen, Änderungen des Produktionsprogramms, Unzufriedenheiten mit Lieferanten, Voranschreiten im Produktlebenszyklus etc. angestoßen werden, sondern auch aktiv vom Beschaffer z. B. aufgrund von Marktpreisveränderungen, neuen Bezugsquellen und neuen Technologien initiiert werden (BERNING 1996, S. 37, JETTER 1992, S. 63, MONCZKA/TRENT/HANDFIELD 1998, S. 216ff.).

Weiterhin wird die Outsourcing-Diskussion in letzter Zeit immer häufiger auch für die Beschaffungsfunktion selbst geführt (BOUTELLIER/CORSTEN 2000, S. 25, KOPPELMANN 2000, S. 207, SCHNEIDER 1998, S. 10, WULLENKORD 2003, S. 10). Auch Beschaffungstätigkeiten können durch Dritte erledigt werden (ARNOLD 1998b, S. 33, BERNING 1996, S. 47, GROCHLA/SCHÖNBOHM 1980, S. 115, MÄNNEL 1981, S. 26). Teilweise wird auch die Funktion Beschaffung ganz ausgelagert (FREIENSTEIN/PETRI/MÜLLER 2002, S. 840ff., KAUFMANN 2002, S. 18, OHL 2002, S. 66). Meist beschränkt sich das Outsourcing im Beschaffungsbereich jedoch auf einzelne Teilfunktionen bzw. Gruppen von Beschaffungsobjekten, die von spezialisierten Beschaffungsdienstleistern wie Preisagenturen, Systemprovidern, Fullservice-Dienstleistern, Purchasing-card-Dienstleistern und Infobrokern/-diensten übernommen werden (HIRSCHSTEINER 2002a, S. 390, PALUPSKI 1998a, S. 182, SCHNEIDER 1998, S. 17ff.). Weit verbreitet ist besonders das Outsourcing des C-Artikel-Managements (MONCZKA/TRENT/HANDFIELD 1998, S. 45, SCHNEIDER 1998, S. 24). In größeren Konzernen kommt es teilweise auch zur konzerninternen Fremdvergabe der Beschaffungstätigkeit (auch cooperative procurement genannt) (BUCHHOLZ 1999, S. 274). Insgesamt steht das Beschaffungs-Outsourcing in Deutschland jedoch am Anfang, während es hingegen in den USA schon viel stärker verbreitet ist (SCHNEIDER 1998, S. 10).

4.3.2 Die Analysephase

In dieser Phase des Prozesses gilt es, die allgemeine Beschaffungssituation zu analysieren und die Problemstellung zu ermitteln. Kern der Situationsanalyse ist die Bedarfsanalyse (s. Kap. 4.3.2.1). Im Rahmen dieser Prozessphase ist weiterhin die Beschaffungsmarktforschung von großer Bedeutung, die in Kapitel 4.3.2.2 beschrieben wird.

4.3.2.1 Die Situationsanalyse

Die Situationsanalyse versucht, die Situation der Beschaffung in Bezug auf den Markt respektive die Abnehmerkonkurrenz, das Umfeld und aber auch auf das eigene Unternehmen detailliert zu betrachten. Besonders berücksichtigt werden sollten Stärken, Schwächen, Chancen, Risiken, aber auch die Ziele, die mit der Beschaffung verbunden sind. Zur Analyse der Chancen, Risiken, des Marktes und Umfelds benötigt die Beschaffung die Unterstützung der Beschaffungsmarktforschung.

Die Ziele der Beschaffung können an dieser Stelle im Allgemeinen schon betrachtet werden. Ihre Konkretisierung erfolgt jedoch erst später im Prozess. Daher werden die Ziele auch in Kapitel 4.3.3.1 thematisiert. Viele der genannten Informationen können durch die Beschaffungsmarktforschung erst erhoben werden, nachdem der wichtigste Schritt der Situationsanalyse – die Bedarfsanalyse – durchgeführt worden ist, da Aussagen zur Beschaffungsmarktstruktur, -entwicklung, -volumen etc. nur bei Kenntnis des Bedarfs aussagekräftig sein können.

Die Bedarfsanalyse ist aufgrund der frühen Stellung im Beschaffungsprozess besonders wichtig, da eine fehlerhafte Analyse das Ergebnis des gesamten Prozesses stark negativ beeinflussen kann, etwa wenn ein nicht dem Bedarf entsprechendes Beschaffungsobjekt bezogen wird (KOPPELMANN 1997, S. 47f., KOPPELMANN 2000, S. 156).

Gegenstand der Bedarfsanalyse (teilweise auch Bedarfsplanung genannt) ist die Ermittlung des Bedarfs sowie dessen aktive Gestaltung und Abstimmung in quantitativer, qualitativer, zeitlicher und örtlicher Hinsicht (CORSTEN 1996, S. 654, ERNST 1996, S. 44, SCHLESINGER 1991, S. 16). Ziel ist es, die Anforderungen des Bedarfsträgers und die Möglichkeiten des Beschaffungsmarktes in Übereinstimmung zu bringen. Für den Erfolg der Bedarfsanalyse ist grundlegend, dass der Bedarf nicht als Datum, sondern als aktiv durch das Beschaffungsmarketing zu gestaltende Größe aufgefasst wird (GROCHLA/SCHÖNBOHM 1980, S. 15, KERN 1991, S. 137, SCHEUING 1988, S. 10). Ungeprüft Bedarfe zu übernehmen, kann teuer werden (JANSEN 1994, S. 11). Als Filterkriterien dienen der Beschaffung die Beschaffungsziele. Der Beschaffer muss aus dem subjektiv wahrgenommenen Bedarf des Bedarfsträgers den objektiven Bedarf generieren und somit als Bedarfsagent wirken (BERG 1981, S. 20, HEINRITZ ET AL. 1991, S. 12, KOPPELMANN 2000, S. 158). Grundsätzlich können dabei nach Koppelmann die Bedarfskomponenten Beschaffungsobjekt (Mengen- und Leistungsanforderung) und Beschaffungsmodalität (Zeit-, Lieferungs-, Service-, Entgelt- und Informationsanforderungen) unterschieden werden (KOPPELMANN 1986b, S. 309, KOPPELMANN 2000, S. 162ff., SCHLESINGER 1991, S. 73, 80, 92+99, STANGL 1985, S. 56).

Bevor die Mengenanforderung festgelegt werden kann, ist die qualitative Bedarfsanalyse durchzuführen – also der Bestimmung der Leistungsanforderungen des Beschaffungsobjekts. Diese wird in der deutschsprachigen Literatur im Gegensatz zur englischsprachigen Literatur stark vernachlässigt (KOPPELMANN 2000, S. 157, SCHLESINGER 1991, S. 18+26ff.). In der Praxis kann es bei der qualitativen Analyse zu enormen Problemen kommen. Die vom Bedarfsträger formulierten Leistungsanforderungen sind manchmal übertrieben hoch bzw. so gestellt, dass – beabsichtigt oder nicht – nur wenige Lieferanten zur Auftragserfüllung geeignet sind und es folglich zu eigentlich vermeidbaren Wettbewerbsverengungen kommt (BURT/PINKERTON 1996, S. 40, DEMARCHI 1974, S. 136, DOBLER/BURT 1984, S. 166). In einigen Fällen kommt es auch zu falschen oder unpräzisen Bedarfsanforderungen durch den Bedarfsträger (MÖHRSTÄDT ET AL. 2001, S. 18). Der Beschaffer muss folglich die Bedarfsanforderungen überprüfen und auch eingreifen, damit er seine Entscheidungsspielräume nutzen kann, die Beschaffungsentscheidung letztendlich nicht alleine in die Hand des Bedarfsträgers fällt und auch das Erreichen der Wirtschaftlichkeit sichergestellt ist (DOBLER/BURT 1984, S. 49f., RAMSAY 2002, S. 116). Die unterschiedlich detaillierten und aufwendigen Spezifizierungsarten, anhand derer die Bedarfsspezifizierung erfolgen kann (z. B. durch konkrete Festlegung der Material- und Herstellverfahren, Leistungsbeschreibungen, Typen, Standards, Normen und Markennamen) (STIEGEN-ROTH 2000, S. 91ff.), unterscheiden sich auch in ihrer Konsequenz für den Wettbewerb.

Die quantitative Dimension des Bedarfs kann verbrauchsorientiert (stochastisch, auf Grundlage von Vergangenheitswerten) oder programmorientiert (deterministisch, etwa durch Ableitung aus Stücklisten) ermittelt werden (BRACHMANN 1986, S. 17, GROCHLA ET AL. 1983, S. 32, LENSING/SONNEMANN 1995, S. 62ff.). Die zeitliche und örtliche Bedarfsgestaltung können zur Erschließung weiterer Beschaffungsmarketingpotentiale führen.

4.3.2.2 Die Beschaffungsmarktforschung

Die Beschaffungsmarktforschung ist eine systematische Tätigkeit der Informationssuche, -gewinnung und -aufbereitung über die Situation und Entwicklung des Beschaffungsmarktes mit dem Ziel der adäquaten Informationsbereitstellung zur Erhöhung der Markttransparenz (HARLANDER/BLOM 1999, S. 48, REINELT 2002, S. 566). Die Beschaffungsmarktforschung unterscheidet sich von der populären (Absatz-) Marktforschung nicht nur durch Blickrichtung und Untersuchungsgegenstand. Sie ist i. d. R. mit einer höheren Anzahl an Produkten und mit einer rationaleren Entscheidungsfindung konfrontiert (HAMMANN/LOHRBERG 1986, S. 87, KOPPELMANN 1997, S. 118, LARGE 2000, S. 83). Zudem ist regelmäßig die Anzahl der Lieferanten im Beschaffungsmarketing gegenüber der Anzahl an Abnehmern im (Absatz-)Marketing wesentlich geringer.

Die hohe Bedeutung der Beschaffungsmarktforschung für das Beschaffungsmarketing ergibt sich daraus (ARNOLDS/HEEGE/TUSSING 2001, S. 117+148, BAILY ET AL. 1994, S. 122, STRACHE/BLOM 1982, S. 24), dass Markttransparenz und aussagefähige Informationen Hauptvoraussetzung für ein gezieltes Beschaffungsmarketing sind (HIRSCHSTEINER 2002a, S. 22). So liefert sie auch Informationen über neue Beschaffungsquellen, Materialien, Beschaffungsobjekte, Technologien etc. und trägt somit zur langfristigen Sicherstellung der optimalen Versorgung, dem rechtzeitigen Erkennen zukünftiger Entwicklungen und zur Stärkung der Marktstellung bei (ELLRAM/BIROU 1995, S. 3, HARTMANN 1997, S. 162f., REINELT 2002, S. 567+572ff., TREIS 1986, S. 137). Die Beschaffungsmarktforschung ist für den ganzen Beschaffungsmarketingprozess von großer Bedeutung. Sie kann nicht nur im Rahmen der Situationsanalyse, sondern auch in der Planungsphase z. B. zur Planung des Beschaffungsmarketingmixes oder der Durchführungsphase wichtige Informationen liefern. Im traditionellen Beschaffungsmodell wurde die Beschaffungsmarktforschung auch wegen ihrer im Vergleich zu heute geringeren Erfolgsbedeutung oft nur nachrangig betrachtet

(ARNOLDS/HEEGE/TUSSING 2001, S. 117, KOPPELMANN 1986a, S. 149, SPOH-RER 1996, S. 71).

Die Beschaffungsmarktforschung kann sich in ihrer Häufigkeit (einmalig, bedarfsabhängig oder laufend), ihrer Betrachtungsweise (statisch oder dynamisch) und Systematik unterscheiden (ARNOLD 1997, S. 257, ARNOLDS/HEEGE/TUSSING 2001, S. 117f., KOPPELMANN 1986a, S. 161f., LENSING 1990, S. 30ff.). Für die Durchführung der Beschaffungsmarktforschung sind ferner Informationsart, -detailliertheit und die Erhebungsmethoden festzulegen (GROCHLA/SCHÖNBOHM 1980, S. 62f., KOPPELMANN 1986a, S. 160, ROLAND 1993, S. 83).

Ebenso wie in der (Absatz-)Marktforschung wird in der Beschaffungsmarktforschung zwischen primärer und sekundärer Forschung unterschieden (KOPPELMANN 2000, S. 360, LENSING 1990, S. 23, SCHULTE 1990, S. 102). Die Vor- und Nachteile sind mit denen in der (Absatz-)Marktforschung zu vergleichen. Allerdings nimmt die Sekundärforschung in der Beschaffung einen noch höheren Anteil als im (Absatz-)Marketing ein (LARGE 2000, S. 96). In der Beschaffung ist es zudem weniger verbreitet, externe Dienstleister mit Beschaffungsmarktforschungsaufgaben zu beauftragen (ARNOLDS/HEEGE/TUSSING 2001, S. 148). Nicht alle Methoden der (Absatz-)Marktforschung bieten sich auch für die Beschaffungsmarktforschung an (HAMMANN/LOHRBERG 1986, S. 85+88, KOPPELMANN 1986b, S. 310, STANGL 1985, S. 47f.). Für die Darstellung der vielen unterschiedlichen Informationsquellen und ihren Eigenschaften kann hier allerdings nur auf die weitere Literatur verwiesen werden (DOBLER/BURT 1984, S. 215ff., HIRSCHSTEINER 2002a, S. 191, KERN 1991, S. 179ff., KOPPELMANN 2000, S. 368, ROLAND 1993, S. 78).

Auch wenn aufgrund des hohen personalen, zeitlichen und finanziellen Aufwands eine ausführliche Beschaffungsmarktforschung nicht für alle Beschaffungsobjekte gerechtfertigt werden kann (LENSING 1990, S. 25, STANGL 1985, S. 94, STARK 1994, S. 64), sollte zumindest für die wichtigeren Beschaffungsobjekte eine systematische und kontinuierliche Beschaffungsmarktforschung erfolgen (JANSEN 1994, S. 11, LENSING 1990, S. 20, YOUNG 1999, S. 120). Nur so kann frühzeitig auf Veränderungen reagiert oder diese antizipiert und das Beschaffungsmarktpotential bestmöglich ausgenutzt werden (ELLRAM/BIROU 1995, S. 67). Zur Bestimmung der beschaffungsmarktforschungswürdigen Objekte werden auch die Kriterien Beschaffungsrisiko, Marktdynamik und Beschaffungshäufigkeit herangezogen (CORSTEN 1996, S. 656, HARTMANN 1997, S. 164, LENSING 1990, S. 35).

4.3.3 Die Planungsphase

Inhalt der Planungsphase ist die Ziel-, Strategie-, Budget- und Maßnahmenplanung sowie die Segmentierung des Beschaffungsmarktes. Die Beschaffungsziele werden aus den Unternehmenszielen, die Strategien des Beschaffungsmarketings aus den Beschaffungszielen und die Maßnahmen wiederum aus den Strategien abgeleitet. So werden die Beschaffungsziele sukzessive umgesetzt und kulminieren im integriert geplanten Beschaffungsmarketingmix. Dabei sind die Ziele, Strategien und Maßnahmen immer auf ein möglichst homogenes Segment des Beschaffungsmarktes zu beziehen.

Im Folgenden wird nicht näher darauf eingegangen, wie es im Detail zur Ziel-, Strategie- und Maßnahmenfestlegung kommt, sondern der konzeptionelle Rahmen des Beschaffungsmarketings und dessen Inhalt dargestellt, da dieser insbesondere für die Übertragung des Beschaffungsmarketings auf die öffentliche Beschaffung entscheidend ist.

4.3.3.1 Die Ziele und Segmentierung des Beschaffungsmarketings

Die Ziele des Beschaffungsmarketings leiten sich aus den Unternehmenszielen und -strategien ab und sollten mit den Zielen anderer Unternehmensbereiche abgestimmt werden (ELLRAM/BIROU 1995, S. 180, KATZMARCYK 1988, S. 22f.+36, KOPPELMANN 1996, S. 64). Dabei ist es notwendig, die Ziele – und darauf aufbauend – die Strategien und Maßnahmen des Beschaffungsmarketings für Beschaffungsmarktsegmente zu formulieren. Beschaffungsmarktsegmente liegen vor, wenn Beschaffungsobjekte oder Lieferanten zu intern möglichst homogenen und extern möglichst heterogenen Segmenten zusammengefasst werden, die eine einheitliche Behandlung des Segments auf dem Beschaffungsmarkt erlauben (FREHNER/BODMER 2000, S. 82f., MÜHLMEYER/BELZ 2001, S. 42ff.). Aufgrund der Unterschiedlichkeit der Beschaffungsobjekte und der zugehörigen Beschaffungsteilmärkte ist die Segmentierung notwendig, da es weder sinnvoll ist, für alle Beschaffungsobjekte respektive Lieferanten einheitliche Ziele und Strategien zu verfolgen noch für jedes Beschaffungsobjekt oder jeden Lieferanten eigene Ziele und Strategien zu formulieren (CARTER 1999, S. 98, GROCHLA/SCHÖNBOHM 1980, S. 98).

Die Segmentierung ist in der Beschaffung allerdings wesentlich weniger weit vorangeschritten als im (Absatz-)Marketing. Dies zeigt sich auch an den verwendeten Segmentierungskriterien. Häufig werden nur Beschaffungsobjekte zusammengefasst, die der gleichen Beschaffungskategorie zugehören (z. B. Bürobedarf oder Fuhrpark). In diesem Fall wird im Folgenden von Beschaffungsobjektgruppen gesprochen. Bei der Bildung der Beschaffungsobjektgruppen ist unbedingt darauf zu achten, dass die Segmente eine ausreichende Größe besitzen und so auch die Anzahl unterschiedlicher Gruppen gering gehalten wird. Zunehmend setzt sich auch die Lieferantensegmentierung durch (FREHNER/BODMER 2000, S. 82).

Um unternehmerisches Handeln bzw. ein gezieltes Beschaffungsmarketing zu ermöglichen, ist bei den Beschaffungsmarketingzielen darauf zu achten, dass sie den Anforderungen der Operationalität genügen (KOPPELMANN 2000, S. 103, LARGE 2000, S. 41). Grundsätzlich werden die Beschaffungsziele in Sach- und Formalziel unterteilt (FRIEDL 1990, S. 102, KOPPELMANN 1999, S. 85, REINSCHMIDT 1989, S. 73). Das grundlegende Sachziel ist die Versorgung des Unternehmens mit benötigtem Material; grundlegendes Formalziel ist die Wirtschaftlichkeit der Beschaffung (KATZMARCYK 1988, S. 22f., KOPPELMANN 2000, S. 30, PIONTEK 1994, S. 31, ROLAND 1993, S. 7). Auch hier werden – wie es üblicherweise in der Beschaffungsliteratur geschieht – diese recht abstrakten Ziele durch Bildung von Unterzielen konkretisiert. Die Begriffe „Beschaffungsziele" und „Beschaffungsmarketingziele" werden in dieser Arbeit synonym gebraucht.

Aufgrund der großen Anzahl an möglichen Unterzielen sind die Ansätze zur Systematisierung der Beschaffungsmarketingziele sehr zahlreich (ARNOLD 1997, S. 10, CORSTEN 1996, S. 644f., KOPPELMANN 1999, S. 86, MEYER 1986, S. 64ff.+87f.). Ein allgemein anerkanntes Zielsystem existiert nicht (ARNOLD 1997, S. 10, ROLAND 1993, S. 12, STARK 1973, S. 56). Auch wenn die Zielsysteme in der Praxis häufig wenig systematisch und oft stark operativ ausgerichtet sind (LINDNER 1983, S. 20, MEYER 1986, S. 92), ist die Anwendung einer Zielsystematik zur ausgeglichenen Planung zu empfehlen. Zudem lässt sich nur mit ihr systematisch die Übertragung des Beschaffungsmarketings auf die öffentliche Beschaffung überprüfen. Die Zielsystematisierung dieser Arbeit baut auf der Systematisierung Koppelmanns auf (s. Abb. 14) (KIENZLE 2000, S. 59, KOPPELMANN 2000, S. 115, MEYER 1986, S. 97). Sie zeichnet sich dadurch aus, dass die Zielfelder ein einheitlich mittleres Abstraktionsniveau besitzen, der Raum möglicher Beschaffungsziele abgedeckt wird und sie eine Einteilung in intern relativ homogene Zielfelder erlaubt. Auch wenn die Zielfelder keine absolute Trennschärfe besitzen, sind sie doch gut voneinander abgrenzbar.

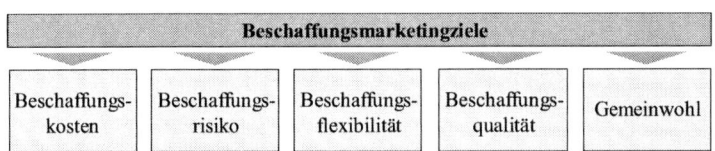

Abb. 14: Die Beschaffungsmarketingziele

Die Beschaffungskosten sind – auch wenn sich die Betrachtungsweise der Beschaffungskosten gewandelt hat – das in der Praxis häufig dominierende Zielfeld (HAMMANN/LOHRBERG 1986, S. 48, HOUGH 1992, S. 12). Allerdings sind die Kosten im Vergleich zu den anderen Zielfeldern eher eine eher nachlaufende Größe, so schlägt sich eine hohe Beschaffungsqualität in hohen Preisen oder Ausbleiben einer Lieferung in hohen Kosten nieder.

Anstatt auf einen operativ verengten Preisfokus wird zunehmend verstärkt auf die Gesamtkostenoptimierung abgestellt, und es werden immer mehr Kosten im Sinne der „total cost of ownership" (TCO) berücksichtigt (ARNOLDS/HEEGE/TUSSING 2001, S. 26, BAILY ET AL. 1994, S. 10, FERRIN/PLANK 2002, S. 18ff., HACKETHAL 2003, S. 29). Die TCO-Kosten können um ein Vielfaches über den Beschaffungspreisen liegen (ELLRAM 2002, S. 662), da auch die Beschaffungsfunktions-, Benutzungs- und Entsorgungskosten mit einfließen (ELLRAM 1994, S. 8, MONCZKA/ TRENT/HANDFIELD 1998, S. 470ff.). Auch wenn eine komplette Erfassung der TCO in der Praxis zu komplex und aufwendig ist (ELLRAM 2002, S. 671, FERRIN/PLANK 2002, S. 19, LARGE 2000, S. 47), sollte zumindest die Unterteilung und Erhebung von Beschaffungsobjekt- und -funktionskosten (u. a. Beschaffungspersonal-, -sach- und -kapazitätskosten) erfolgen (KOPPELMANN 2000, S. 116, LARGE 2000, S. 32+45). Vielen Unternehmen sind ihre Beschaffungsfunktionskosten nicht bekannt (KOSILEK/ UHR 2002, S. 56, LARGE 2000, S. 46).

Die folgenden drei Zielfelder Beschaffungsrisiko, -flexibilität und -qualität stehen in einem starken Zusammenhang, da schlechte Zielwerte in einem Zielfeld durch die anderen oft ausgeglichen oder zumindest abgeschwächt werden können. Beispielsweise kann im Fall, dass bei einer Nichtbelieferung aufgrund des hohen Standardisierungsgrades eines Beschaffungsobjektes auch ein anderer Lieferant genutzt werden kann, eine hohe Beschaffungsflexibilität einen hohen Risikograd in ihrer Wirkung ausgleichen.

Das Beschaffungsrisiko spiegelt den Grad der Gefährdung des Bezugs durch beispielsweise politische, beschaffungsmarktbezogene oder betriebliche Störquellen wider (MEYER 1986, S. 146). Ziel ist es, das Risiko möglichst gering zu halten. Da die Anzahl an Störquellen, die das Primärziel der Versorgung verhindern können, groß ist, ist das Ziel besonders bei kritischem und strategischem Bedarf sehr bedeutungsvoll. Stangl unterscheidet beschaffungsmarkt- und betriebsbezogene Risiken, wobei erstere Ausdruck von Naturkatastrophen, Konjunkturüberhitzungen oder Konkursen und letztere von Fehlorganisationen oder Lagerschwund sein können (HARLANDER/BLOM 1999, S. 27, PIONTEK 1994, S. 112, STANGL 1985, S. 116ff.). Teilweise wird das Beschaffungsrisiko in die Objekt- und Modalitätskomponente unterschieden (KIENZLE 2000, S. 72ff., KOPPELMANN 2000, S. 118, MEYER 1986, S. 138). Dabei bezieht sich die Objektkomponente auf Risiken im Bereich der Beschaffungsobjektqualität und -menge und die Modalitätskomponente mitunter auf die Pünktlichkeit einer Lieferung.

Beschaffungsflexibilität bedeutet die Möglichkeit, in einer Beschaffungssituation alternative Handlungsmöglichkeiten zu verfolgen. Je höher die Flexibilität ausfällt, umso eher können Qualitäts- und Risikoprobleme aufgefangen werden. Meyer unterscheidet drei Komponenten der Beschaffungsflexibilität: die Objekt-, Entscheidungs- und Planungsflexibilität (MEYER 1986, S. 146). Bei allen drei Komponenten kann angesetzt werden, um eine Flexibilitätssteigerung zu erreichen. In sehr dynamischen Beschaffungssituationen nimmt das Flexibilitätsziel einen hohen Stellenwert ein (BUCK 1998, S. 199, MEYER 1986, S. 157). Zu beachten ist, dass Beschaffungsflexibilität je nach Beschaffungsobjekt auf unterschiedliche Weise erreicht werden kann. Während beim eher operativen Bedarf Flexibilität auch durch die Verfügbarkeit potentieller Lieferanten entstehen kann, ist beim strategischen Bedarf eine gute Lieferantenbeziehung für die Beschaffungsflexibilität unbedingt notwendig.

Beschaffungsqualität liegt vor, wenn die Anforderungen und tatsächlichen Objekt- und Modalitätskomponenten der Beschaffungsobjekte erfüllt werden (KOPPELMANN 2000, S. 116ff.). Qualitätsmängel können deshalb sowohl durch Abweichen der Objektmenge oder der Objektqualität auftreten als auch durch Lieferterminabweichungen oder Servicemängel. Die Beschaffungsqualität kann auf zweierlei Arten gesteigert werden: durch höhere Leistungskonstanz oder Leistungssteigerung. Das Qualitätsziel besitzt für die Beschaffung enorme Bedeutung, da ein großer Teil der Fehler der Endprodukte auf der mangelnden Qualität der Beschaffungsobjekte beruht und diese Fehler regelmäßig mit hohen Kosten verbunden sind (Kosten zur Erkennung und Bereinigung des Fehlers, imageschädigende Garantiefälle etc.) (BURT/STARLING 2002, S. 100, DE PAOLL 1999, S. 316, DOBLER/BURT 1984, S. 7, HARDING/HARDING 1999, S. 795).

Das letzte Zielfeld, die Gemeinwohlorientierung, umfasst konjunktur-, strukturbezogene, politische und weltanschauliche Ziele, die in der privatwirtschaftlichen Beschaffung oft von eher nachrangiger Bedeutung sind (KOPPELMANN 2000, S. 114+121, MEYER 1986, S. 170ff.). Zumindest ökologische Ziele nehmen jedoch einen immer höheren Stellenwert ein (CORSTEN 1996, S. 645, LINDNER 1983, S. 111). Aber auch Diskussionen über Kinderarbeit und „Fairtrade" zeigen, dass gemeinwohlorientierte Ziele auch in der privatwirtschaftlichen Beschaffung zum Tragen kommen (KOPPELMANN 1999, S. 88).

4.3.3.2 Die Strategien des Beschaffungsmarketings

Die Definition des Begriffes „Strategie" fällt trotz der weit verbreiteten Auseinandersetzung mit Strategien uneinheitlich aus. So führen etwa Welge und Al-Laham 40 unterschiedliche Strategiebegriffe auf (BRANDSTÄTT 2000, S. 116, LEHMANN 1993, S. 12, WELGE/AL-LAHAM 1992, S. 166ff.). Der in der Beschaffungsliteratur teilweise vertretenen Ansicht, dass Strategien lediglich „langfristig wirksame Bündel von Beschaffungsmaßnahmen" darstellen (CORSTEN 1996, S. 668, KOPPELMANN 2000, S. 124, ROLAND 1993, S. 23), wird hier nicht gefolgt, da Beschaffungsstrategien zwar Maßnahmenbündel zur Folge haben, jedoch die Bildung eines – wenn auch langfristig wirksamen – Maßnahmenbündels nicht unbedingt eine Strategie darstellt. Ohne die unterschiedlichen Strategiebegriffe hier diskutieren zu wollen, werden Strategien hier als „zentrales Bindeglied" zwischen Ziel und Maßnahme angesehen (BECKER 1998, S. 143). Sie werden aus den Zielen abgeleitet und engen den Handlungsraum der Maßnahmen so ein, dass diese durch das Ausrichten auf die Strategien letztendlich zur Zielerfüllung beitragen (AAKER 1989, S. 5f., BECKER 1998, S. 140, KOONTZ/O'DONNELL 1976, S. 135f., PALUPSKI 1998a, S. 14, RAFFEE/FRITZ/WIEDMANN 1994,

S. 132). Durch Strategien können Maßnahmen gesteuert und koordiniert werden (AR-NOLD 1997, S. 59). Strategien besitzen für das Unternehmen eine große Bedeutung und sind auf das Erschließen von Erfolgspotentialen ausgerichtet (ANSOFF 1966, S. 125ff., BERNING 1996, S. 6, KOTLER 1982, S. 283ff., LINDNER 1983, S. 82, MEYER 1986, S. 191, MILES/SNOW 1986, S. 16f.). Allerdings muss angemerkt werden, dass der Strategiebegriff hier weiter gefasst ist als etwa in der Literatur zur strategischen Planung und dem strategischen Management. Beschaffungs- und Beschaffungsmarketingstrategie werden im Folgenden synonym verwendet.

Die Beschaffungsstrategie leitet sich aus den Beschaffungsmarketingzielen ab und sollte mit den Unternehmenszielen und -strategien im Einklang stehen (ARNOLD 1997, S. 60, FREHNER/BODMER 2000, S. 48, KOPPELMANN 2000, S. 137, PEE-MÖLLER 2002, S. 164). Strategien müssen aufgrund der Unterschiedlichkeit der Beschaffungsobjekte bzw. deren zugehöriger Teilmärkte für jedes Beschaffungsmarketingsegment einzeln bestimmt werden.

In der Beschaffungsliteratur zeigt sich parallel zum (Absatz-)Marketing die häufige Durchmischung der Ziel-, Strategie- und Maßnahmenebenen (BECKER 1995, Sp. 2411f., BECKER 1998, S. 139). Dieses Phänomen scheint – wie verschiedene Sourcing-Strategien zeigen (ARNOLD/ESSIG 2000, S. 123) – im Beschaffungsmarketing sogar noch viel ausgeprägter zu sein.

Um diese Problematik im zu entwickelnden Beschaffungsmarketingmodell zu vermeiden, wird das Konzept im Bereich der Strategien analog zu Beckers mehrdimensionalem Strategiekonzept für das (Absatz-)Marketing entwickelt, da dieses Konzept die Unterteilung in „klar voneinander abgrenzbare, materiell-inhaltliche Strategieebenen" ermöglicht (BECKER 1998, S. 147). Zudem deckt das Konzept den Raum möglicher Strategien recht vollständig ab. Becker unterscheidet die materiell-inhaltlichen Strategien: Marktfeld-, Marktstimulierungs-, Marktparzellierungs- und Marktarealstrategie (BECKER 1998, S. 147). Jede dieser Strategieebenen umfasst weitere Strategieoptionen. Die Strategieebenen können kombiniert werden (BECKER 1998, S. 351ff.). Es gilt, die Strategieebenen und ihre Strategieoptionen auf das Beschaffungsmarketing zu übertragen (s. Kap. 4.3.3.2.1 bis 4.3.3.2.4). Abbildung 15 zeigt die Beschaffungsmarketingstrategien. Neben den Strategieebenen unterscheidet Becker noch Wettbewerbsstrategien und Strategiestile, die jedoch keine materiell-inhaltlichen Strategien darstellen, sondern eher als basis-strategisches Handlungsmuster aufgefasst werden müssen (BECKER 1998, S. 370ff.). Die Übertragung von Wettbewerbsstrategien respektive Strategiestilen wird in Kapitel 4.3.3.2.5 thematisiert. Analog zu Beckers Konzept ergibt sich für das Beschaffungsmarketing folgendes Strategiekonzept:

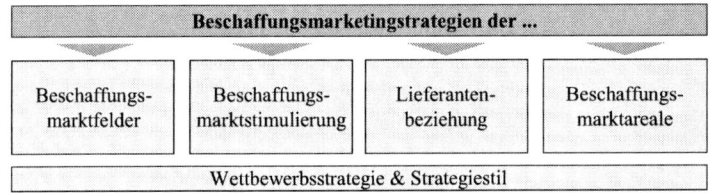

Abb. 15: Die Beschaffungsmarketingstrategien und der Strategiestil

Als Hilfsmittel zur Ableitung situationsadäquater Strategien bietet sich die in der Beschaffung weit verbreitete Portfoliotechnik und die ABC- und XYZ-Analyse an, die mitunter auch kombiniert werden (HARTMANN 1997, S. 158, HUBMANN/BARTH 1990, S. 26, ROLAND 1993, S. 127). Bei der ABC- oder XYZ-Analyse wird durch das Einteilen der Beschaffungsobjekte in die Klassen „A", „B" und „C" oder „X", „Y" und „Z" wirtschaftlicheres Handeln durch Konzentrieren auf die wichtigen Handlungsfelder ermöglicht (GROCHLA ET AL. 1983, S. 97ff., HIRSCHSTEINER 2002a, S. 398, PIONTEK 2003, S. 374, REICHMANN 2001, S. 349). Während die Klasse „A" für die größte beschaffungsvolumenbezogene Bedeutung und die Klasse „C" für die kleinste steht, kennzeichnet „X" die Klasse mit der größten Vorhersagegenauigkeit bezüglich des Bedarfsverlaufs und „Z" die Klasse mit der geringsten Vorhersagegenauigkeit dar. Die Portfoliotechnik verfolgt hingegen keinen monokausalen Ansatz. Durch das Einordnen eines Beschaffungsobjekts in eine zweidimensionale Ebene (z. B. Beschaffungsvolumen und Versorgungsrisiko) werden Normstrategien abgeleitet. Die Anzahl der unterschiedlichen Beschaffungsportfolioansätze ist groß (ARNOLD 1997, S. 89ff., ARNOLDS/HEEGE/TUSSING 2001, S. 316ff., FRIEDL 1990, S. 225ff., FRÖHLING/ NONNENMACHER 2002, S. 595, PIONTEK 1994, S. 118ff., HEEGE 1981, S. 18ff., LINDNER 1983, S. 192ff., ROLAND 1993, S. 135ff.). Exemplarisch zeigt Abbildung 16 das sehr populäre Versorgungsrisiko-Portfolio, das die Beschaffungsobjekte in die Kategorien Engpass-, unkritische, Schlüssel- und Hebelprodukte einteilt.

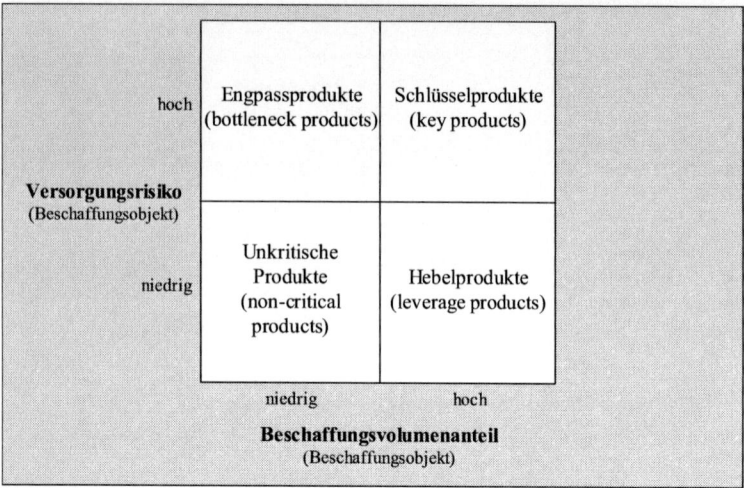

Abb. 16: Das Versorgungsrisiko-Portfolio

(ARNOLDS/HEEGE/TUSSING 2001, S. 319ff., CARTER 1999, S. 92ff., HEEGE 1981, S. 21ff., LINDNER 1983, S. 192ff., PIONTEK 1994, S. 128ff.)

4.3.3.2.1 Die Strategien der Beschaffungsmarktfelder

Die Marktfeldstrategien des (Absatz-)Marketings haben die Erweiterung des Tätigkeitsfeldes (neue Produkte und/oder Märkte) oder das Konzentrieren auf das bestehende Tätigkeitsfeld zum Ziel (bisheriges Produkt und bisheriger Markt) (BECKER 1998, S. 148ff., KOCH 1999, S. 141ff. NIESCHLAG/DICHTL/HÖRSCHGEN 2002, S. 89ff., SCHEUCH 1996, S. 127f.). Marktfelder werden durch Produkt-Markt-Kombinationen beschrieben. Es werden die Marktfeldstrategien Marktdurchdringung, -entwicklung, Produktentwicklung und Diversifikation unterschieden (BECKER 1998, S. 148ff., KOCH 1999, S. 141ff. NIESCHLAG/DICHTL/HÖRSCHGEN 2002, S. 89ff., SCHEUCH 1996, S. 127f.). Anders als im (Absatz-)Marketing besteht beim Beschaffungsmarketing das Beschaffungsmarktfeld aus den Dimensionen Beschaffungsobjekt und Lieferant. Aus der Kombination dieser Dimensionen entstehen analog zum (Absatz-)Marketing folgende vier Strategien (s. Abb. 17):

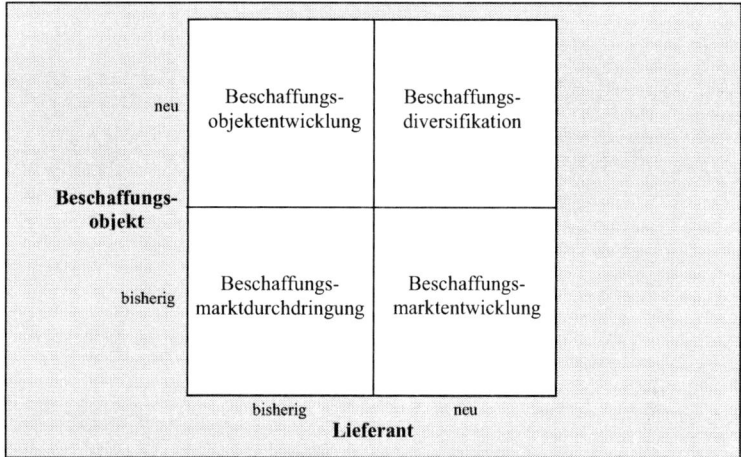

Abb. 17: Die Strategien der Beschaffungsmarktfelder

Wenn eine Konzentration auf das bestehende Tätigkeitsfeld erfolgt, handelt es sich um die Strategie der Beschaffungsmarktdurchdringung, die versucht, Beschaffungsmarketingpotentiale bei den bisherigen Lieferanten und Beschaffungsobjekten zu nutzen. Bei Verfolgung dieser Strategie bieten sich bei strategischen Beschaffungsobjekten Maßnahmen wie die Institutionalisierung der Beziehung durch langfristige Verträge, der Übergang zum Single Sourcing, eine intensivere Lieferantenpflege, gemeinsames Qualitätsmanagement oder Modular Sourcing an. Bei eher operativen Beschaffungsobjekten können Maßnahmen zur Beziehungsrationalisierung wie die geringere Lieferantenpflege, kurzfristigere Verträge und die Erhöhung des Wettbewerbs durch Standardisierung verfolgt werden. Die Strategie der Beschaffungsmarktdurchdringung ist aufgrund ihres vergleichbar geringen Risikos und Investitionsbedarfs sowie der Möglichkeit zur enormen Kostensenkung und Qualitätssteigerung oft die naheliegendste der Beschaffungsmarktfeldstrategien.

Im Falle der Beschaffungsmarktentwicklung wird durch das Einschalten neuer Lieferanten versucht, neue Beschaffungsmarketingpotentiale bei den bisherigen Beschaffungsobjekten zu erschließen. Hierfür kommen bei strategischen Bedarfen beispielsweise Maßnahmen der Lieferantenentwicklung, der Beschaffungswerbung und der Übergang zum Dual Sourcing in Frage. Bei eher operativen Bedarfen bietet sich etwa die Erhöhung des Wettbewerbs durch Übergang zum Multiple Sourcing an. Folge der Beschaffungsmarktentwicklung können beim operativen Bedarf sinkende Beschaffungskosten, höhere Beschaffungsflexibilität und sinkendes Beschaffungsrisiko sein, während beim strategischen Bedarf das Bild ambivalent ist, da auch das Verbleiben bei den bestehenden Lieferanten vorteilhafter sein kann.

Die Strategie der Beschaffungsobjektentwicklung hat zum Ziel, bei den bisherigen Lieferanten neue Beschaffungsobjekte zu beziehen. Insbesondere beim eher strategischen Bedarf kommen bei der Beschaffungsobjektentwicklung Maßnahmen wie der Einsatz von Wertanalyseteams, des Simultaneous Engineering oder die Früheinbindung des Lieferanten in den Entwicklungsprozess in Betracht. Ist die Strategie der Beschaffungsobjektentwicklung mit einer mit dem Lieferanten gemeinsamen Entwicklungsarbeit verbunden, sollte die Strategie zur Steigerung der Beschaffungsqualität und -flexibilität sowie dem Absenken der Beschaffungskosten mit einer Vertiefung der Lieferantenbeziehung verbunden werden. Handelt es sich bei den neuen Beschaffungsobjekten jedoch um eher operative Beschaffungsobjekte, die keine intensivere Zusammenarbeit mit dem Lieferanten benötigen, können die Beschaffungskosten auch durch das Wegfallen der Lieferantensuchphase sinken. Da bei der Beschaffungsobjektentwicklung – auch wenn es neue Beschaffungsobjekte sind – bei bisherigen Lieferanten bezogen wird, ist das Beschaffungsrisiko sehr viel kleiner als bei der Beschaffungsmarktdiversifikation.

Im Falle der Beschaffungsdiversifikation werden bei neuen Lieferanten neue Beschaffungsobjekte bezogen. Während für operative Bedarfe wie Standardprodukte diese Strategie unproblematisch sein kann, stellt sie bei strategischen Bedarfen oft ein Risiko dar, da die Qualität des unbekannten Lieferanten schlechter eingeschätzt werden kann. Auch wenn die Beschaffungsdiversifikation zur Erschließung enormer Qualitäts- und Kostensenkungspotentiale führen kann, bietet sich für den eher strategischen Bedarf – sofern bestehende Lieferanten die neuen Beschaffungsobjekte überhaupt anbieten können – die Beschaffungsobjektentwicklung an. Für den operativen Bedarf kann die Beschaffungsdiversifikation ferner zu einer enormen Steigerung der Beschaffungsflexibilität führen.

4.3.3.2.2 Die Strategien der Beschaffungsmarktstimulierung

Die Marktstimulierung bezieht sich auf die „Art und Weise der Marktbeeinflussung und -steuerung" (BECKER 1998, S. 179). Im (Absatz-)Marketing gibt es die Marktstimulierungsstrategien Präferenz- und Preis-Mengen-Strategie (BECKER 1998, S. 181f., KOCH 1999, S. 152ff., SCHEUCH 1996, S. 438). Während bei der Präferenzstrategie durch eine hohe Qualität eine Nachfragerpräferenz geschaffen wird, die auch die Erzielung eines höheren Preises ermöglicht, wird bei der Preis-Mengen-Strategie hingegen versucht, den Nachfrager nicht durch hohe Qualität, sondern durch einen günstigen Preis zum Produktkauf zu bewegen. Auch wenn die Sichtweise beim Beschaffungsmarkt genau der des Absatzmarktes entgegengesetzt ist, lässt sich der Strategieansatz analog anwenden.

Die Präferenzstrategie des (Absatz-)Marketings findet ihre Entsprechung in der Qualitätsstrategie. Der Blick wird insbesondere auf das Verfolgen einer hohen Qualität gerichtet und nicht auf die Präferenz einzelner Lieferanten, die primär bei der Lieferantenbeziehungsstrategie beachtet wird. Die Präferenzstrategie kann der gestiegenen Bedeutung des Qualitätsziels direkt Rechnung tragen. Qualitätsverbesserungen können durch Leistungsverbesserungen oder -konstanzen erreicht werden. Auch Umweltverträglichkeit kann Ausdruck hoher Qualität sein. Die Qualitätsstrategie bietet sich oft für eher strategische Bedarfe an.

Das Äquivalent zur Preis-Mengen-Strategie des (Absatz-)Marketing wird hier Preisfokussierungsstrategie genannt. Dies soll Ausdruck dafür sein, dass die Beschaffungsobjekte in erster Linie nach Preisgesichtspunkten gekauft werden. Bei operativen Bedarfen, für deren Bezug die Lieferanten unproblematisch gewechselt werden können und die unkritisch für den Produktionsprozess sind, wie beispielsweise Bürobedarf, kann eine Preisfokussierungsstrategie vorteilhaft sein. Ebenso wie bei der Qualitätsstrategie die Preise nicht völlig unbeachtet bleiben dürfen, sollte bei der Preisfokussierungsstrategie die Qualität Mindeststandards nicht unterschreiten, da die Gesamtkosten dadurch stark ansteigen können. Die Betrachtungsweise der Preisfokussierungsstrategie kann auch dahingehend erweitert werden, dass nicht allein die Preise, sondern auch die Beschaffungsfunktionskosten fokussiert werden.

4.3.3.2.3 Die Lieferantenbeziehungsstrategien

Im (Absatz-)Marketing setzen sich die Marktparzellierungsstrategien mit der Marktabdeckung und der Differenziertheit der Marktbearbeitung auseinander (BECKER 1998, S. 237ff., SCHEUCH 1996, S. 438). Die Marktparzellierungsstrategien bieten sich in der weit entwickelten Form – wie sie im (Absatz-)Marketing verfolgt werden – aufgrund des Entwicklungsstandes des Beschaffungsmarketings noch nicht an. Vielmehr steht die Frage im Mittelpunkt, welche Art von Beziehung zu einem Lieferanten angestrebt wird. In Betracht kommt dafür das gesamte Kontinuum von der transaktionalen hin zur kooperativen Beziehung (COLBERG/HOFFMANN/KOSMOL 2000, S. 54, DOBLER/BURT 1984, S. 440, MÜHLMEYER/BELZ 2001, S. 39). Je nach Situation, die in diesem Fall stark durch die Bedeutung des Lieferanten oder Beschaffungsobjekts für das Unternehmen geprägt ist, bietet sich – den Eckpunkten des Beziehungskontinuum entsprechend – das Verfolgen einer Kooperations- oder Transaktionsstrategie an (HIMPEL 1999, S. 36). Die einzelnen Kooperations- und Transaktionsstrategien können sich in Inhalt und Ausrichtung durchaus stark unterscheiden. Zur Verdeutlichung wird hier aber auf die Extrempole des Kontinuums eingegangen. Es ist bei der Lieferantenbeziehungsstrategie wichtig, dass die Lieferanten bzw. Gruppen von Lieferanten nicht alle gleich, sondern angemessen und daher auch unterschiedlich behandelt werden (BAILY ET AL. 1994, S. 122, GELDERMAN/VAN WEELE 2002, S. 30). Nur so können die Vorteile der jeweiligen Strategieoption genutzt werden (s. Abb. 18). Die

Vor- und Nachteile der beiden Strategieoptionen verlaufen genau entgegengesetzt zueinander.

Vorteile der Kooperationsstrategie

→ Erschließung strategischer Kostensenkungspotentiale

→ höheres Commitment des Lieferanten (dadurch höhere Lieferfähigkeit)

→ Nutzung des Lieferanten-Know-hows (Quelle technologischer Innovationen)

→ schnellere Produktentwicklung durch Zusammenarbeit bei der Entwicklung

→ bessere Planungsmöglichkeit und verbesserter Informationsaustausch

→ bessere Früherkennung von Fehlentwicklungen

→ besseres Qualitätsniveau durch besseres Problemverständnis des Lieferanten

→ Vereinfachung der Beschaffungsabwicklung

→ Abbau von Lagern

Vorteile der Transaktionsstrategie

→ niedrigere Beziehungskosten, keine Beziehungsinvestitionen

→ niedrigere Preise durch höheren Wettbewerb

→ größere Flexibilität durch Möglichkeit des Lieferantenwechsels

→ geringere Abhängigkeit vom einzelnen Lieferanten

→ kein drohender Know-how-Verlust

→ kein Motivationsverlust durch langfristige Verträge

Abb. 18: Die Vorteile der Kooperations- und Transaktionsstrategie

(ARNOLDS/HEEGE/TUSSING 2001, S. 305, BICHLER/KROHN 2001, S. 50f., COLBERG/HOFFMANN/ KOSMOL 2000, S. 60f., ELLRAM/BIROU 1995, S. 94f., KOPPELMANN 1996, S. 67, MONCZKA/TRENT/ HANDFIELD 1998, S. 537f., PFISTERER 1988, S. 163f., STOELZLE 2000, S. 16f.)

Für den operativen Bedarf bietet sich eher eine Transaktionsstrategie an. Hauptziel der Transaktionsstrategie ist die Minimierung der Beschaffungskosten, indem die Beziehungskosten und Beschaffungsobjektkosten durch Nutzung des Wettbewerbs reduziert werden. Die Nutzung des Marktmechanismus ersetzt das in der Kooperationsstrategie notwendige Vertrauen (BENSAOU 1999, S. 35, KRYSTEK 2002, S. 1048f., SAUNDERS 1997, S. 255) und ermöglicht auch kurzfristige Lieferantenwechsel (SCHINDELE 1998, S. 38). In der Praxis kann häufig beobachtet werden, dass Unternehmen vorgeben, kooperative Lieferantenbeziehungen zu unterhalten, obwohl es sich tatsächlich um transaktionale Beziehungen handelt (BROWN 1997, S. 117).

Dennoch werden im neuen Beschaffungsmodell mehr und mehr engere Lieferantenbeziehungen – gepaart mit längerfristigen Verträgen – eingegangen (HARTMANN/PAHL/SPOHRER 1997, S. 15, HOMBURG 2002, S. 185, MONCZKA/ TRENT/HANDFIELD 1998, S. 141ff.+699ff.). Kooperative Beziehungen bieten sich eher für den strategischen und komplexen Bedarf an (MÜHLMEYER/BELZ 2001,

S. 41f.). Ein Unternehmen ist aufgrund des hohen Aufwands in der Zahl der kooperativen Beziehungen, die unterhalten werden können, stark beschränkt (BENSAOU 1999, S. 36, GADDE/SNEVOTA 2000, S. 305ff., MÜHLMEYER/BELZ 2001, S. 42, TRENT 1999, S. 181). Voraussetzungen wie Vertrauen, Offenheit und ähnliche Ziele der Partner müssen für diese Art der Beziehung erfüllt sein (ANDERS 1992, S. 137, ELLRAM/BIROU 1995, S. 96, PARSONS 2002, S. 5, REISS 2003, S. 28). Im Rahmen einer solchen Beziehung wird der Lieferant als Quelle von Wettbewerbsvorteilen wahrgenommen, und es wird versucht, sein Know-how intensiv zu nutzen (HIRSCHSTEINER 2002a, S. 166). Prinzipiell werden dem Lieferanten Gewinne zugestanden, damit er seine langfristige Leistungsfähigkeit erhöhen kann (ANDERS 1992, S. 138, JETTER 1992, S. 216, LEENDERS/BLENKHORN 1989, S. 154). Einige Maßnahmen wie z. B. Just in Time (JiT) oder Entwicklungskooperationen können nur durch kooperative Beziehungen erschlossen werden (MENZE 1993, S. 42). Da sich bei der Kooperationsstrategie eine höhere gegenseitige Abhängigkeit ergibt, scheuen sich einige Unternehmen und Lieferanten jedoch vor kooperativen Beziehungen (BAPP 1990, S. 29, CANNON/PERREAULT 1999, S. 457).

Angemerkt werden muss zu den Lieferantenbeziehungsstrategien, dass – auch wenn die Entscheidung über die Anzahl der Lieferanten stark durch die Lieferantenbeziehungsstrategie vorherbestimmt wird (z. B. Single Sourcing und Kooperationsstrategie) – in diesem Punkt keinesfalls eine Dichotomie besteht, da auch beim Single Sourcing eine transaktionale Beziehung nicht ausgeschlossen ist.

4.3.3.2.4 Die Strategien der Beschaffungsmarktareale

Gegenstand der Marktarealstrategien ist die räumliche Festlegung des zu bearbeitenden Marktausschnitts (BECKER 1998, S. 299ff., KOCH 1999, S. 151, SCHEUCH 1996, S. 438). Die Marktarealstrategien gehören im Beschaffungsmarketing zu den meistdiskutierten Ansätzen (ARNOLD 2002, S. 203). Ebenso wie beim (Absatz-)Marketing stehen nationale und internationale Gebietsstrategien zur Disposition. Im Beschaffungsmarketing werden meist – wie es auch hier gehandhabt wird – die Extrempositionen des Local und Global Sourcing unterschieden. Während das Local Sourcing die Versorgung des Unternehmens aus dem nächsten Umkreis ohne Übertreten nationaler Grenzen zum Ziel hat, betrachtet das Global Sourcing den weltweiten Beschaffungsmarkt. An diesen Strategieoptionen lassen sich die Beschaffungsmarktarealstrategien eindeutig beschreiben, so dass andere Arealstrategien wie das Domestic, National, Euro und Multi Sourcing nicht weiter berücksichtigt werden (ARNOLD 2002, S. 206). Zwischen globaler und internationaler Beschaffung werden in dieser Arbeit keine Unterschiede gemacht.

Die internationale Beschaffung hat durch die seit den 80er Jahren zunehmende Globalisierung eine enorme Aufwertung erfahren und stellt für viele Unternehmen eine wichtige Quelle von Wettbewerbsvorteilen dar (BRANDES 2003, S. 7, MONCZKA/ TRENT/HANDFIELD 1998, S. 367, VOEGELE/SCHWENTEK 2002, S. 305, WILLEKE/ALTHAUS 1998, S. 280). Für einige Unternehmen ist aufgrund des Konkurrenzdrucks zur Ausnutzung von Faktorkostenvorteilen oder der Absicherung der Rohstoffzufuhr eine internationale Beschaffung zwingend notwendig (BICHLER/KROHN 2001, S. 55, PIONTEK 2003, S. 61ff.). Der Trend zum Global Sourcing wird ferner durch verbesserte Informations- und Kommunikationsmittel, die zunehmende wirtschaftliche Entwicklung vieler Länder, die Homogenität der Endprodukte und die verbesserte Logistik unterstützt (BICHLER/KROHN 2001, S. 55, CARTER/NARASIMHAN 1990, S. 2, MENZE 1993, S. 317+364, PIONTEK 2003, S. 61ff.).

Wenngleich vielseitige Gründe für einen Wechsel zum Global Sourcing sprechen (s. Abb. 19), sind es in deutschen Unternehmen meist Kostenvorteile und das Ziel der Wettbewerbssteigerung auf dem heimischen Markt, die für diesen Schritt ausschlaggebend sind (BRANDES 2003, S. 8). Bei der Ausgestaltung des Global Sourcings können unterschiedliche Internationalisierungsgrade unterschieden werden (quasinationale Beschaffung, direkter und indirekter Import, Beschaffungsniederlassungen im Ausland etc.) (ANDERS 1992, S. 87f., ARNOLDS/HEEGE/TUSSING 2001, S. 276ff., HEINRITZ ET AL. 1991, S. 191f., MENZE 1993, S. 171).

Allerdings ist – wie die große Anzahl der mit dem Global Sourcing verbundenen Probleme zeigt (s. Abb. 19) – das Global Sourcing kein Allheilmittel (ANDERS 1992, S. 84). Es eignet sich nicht für jedes Beschaffungsobjekt und jede Beschaffungssituation, da z. B. der erhöhte Aufwand nicht immer gerechtfertigt werden kann (CARTER/ NARASIMHAN 1990, S. 8, MONCZKA/TRENT/HANDFIELD 1998, S. 393, NORQUIST ET AL. 1992, S. 179). Das Global Sourcing eignet sich primär für Rohstoffe, Standardteile und kleine, leichte oder geringwertige Beschaffungsobjekte mit geringem Abstimmungsbedarf (ANDERS 1992, S. 83, HARTMANN 1997, S. 161, MENZE 1993, S. 82f., ROSENWALD 1998, S. 386), wenngleich mittlerweile auch anspruchsvollere Beschaffungsobjekte global beschafft werden (BOUTELLIER/CORSTEN 2000, S. 30).

Gründe für das Global Sourcings

→ Zugang zu sonst nicht verfügbaren Beschaffungsobjekten und Quellen in Bezug auf Qualität/ Menge/Technologie/Know-how etc.

→ Risikominimierung (Standortrisiko, Preisstabilisierung, Absicherung der Belieferung etc.)

→ Absatzziele (Gegengeschäfte, Beschaffungsmarkt als Ausgangspunkt für neue Absatzmärkte)

→ Steigerung des Wettbewerbsdrucks auf (heimische) Lieferanten

→ Image

→ niedrigere Kosten (z. B. Faktorkostenvorteile)

Probleme des Global Sourcings
➤ höhere Kosten und Aufwand (z. B. Zölle, zusätzliche Lager/Transport/Versicherungen/ Kommunikation/Verwaltung/Beschaffungsintermediäre etc., komplexere Planung/Logistik)
➤ ökologische Belastung
➤ kulturelle und kommunikative Barrieren (Sprache, Mentalität, Handelsbräuche, Zeitzonen etc.)
➤ rechtliche Barrieren (z. B. Geschäftsbedingungen)
➤ Währung, Maße etc.
➤ Qualitätsunterschiede
➤ Handelshemmnisse (z. B. Import- und Exportbarrieren)
➤ Länderrisiken (Rechtssicherheit), fehlende Infrastruktur
➤ politische Probleme (Ausbeutung, Vernachlässigung der heimischen Wirtschaft etc.)

Abb. 19: Die Gründe und Probleme des Global Sourcings

(ANDERS 1992, S. 82f., ARNOLDS/HEEGE/TUSSING 2001, S. 271ff., BAILY ET AL. 1994, S. 214ff., BICHLER/KROHN 2001, S. 56f., BOUTELLIER/CORSTEN 2000, S. 27f., DOBLER/ BURT 1984, S. 269ff., HEINRITZ ET AL. 1991, S. 187ff., MONCZKA/TRENT/HANDFIELD 1998, S. 371ff., PIONTEK 1993a, S. 11ff.+36, ROSENWALD 1998, S. 381ff.)

Auch wenn sich ein Trend hin zum Global Sourcing abzeichnet, bietet sich etwa in Verbindung mit fertigungssynchronen Materialbereitstellungen (JiT) die Nutzung der Vorteile des Local Sourcings an, die entgegengesetzt zu den Problemen des Global Sourcings verlaufen (s. Abb. 19) (BAILY ET AL. 1994, S. 214, HEINRITZ ET AL. 1991, S. 155, SCHEUING 1988, S. 145, WESTING/FINE/ZENS 1976, S. 116). Geringere Beschaffungsfunktionskosten und kleinere Beschaffungsrisiken durch einfachere Kommunikation, geringeren Planungsaufwand und kürzere Anlieferungswege können insbesondere bei großvolumigen und schwergewichtigen Beschaffungsobjekten, hohem Abstimmungsbedarf oder Dienstleistungen das Verfolgen des Local Sourcings begünstigen (ARNOLDS/HEEGE/TUSSING 2001, S. 269f.).

4.3.3.2.5 Die Wettbewerbsstrategien und der Strategiestil

Becker hebt hervor, dass die materiell-inhaltlichen Strategien immer auch konkurrenzorientiert sein müssen (BECKER 1998, S. 370f.). Das Verhalten gegenüber den Wettbewerbern kommt in Wettbewerbsstrategien und im Strategiestil zum Ausdruck, die jedoch „keine Strategiekonzepte eigener Art" darstellen (BECKER 1998, S. 371). Ohne dieses Konzept tiefergehend zu erörtern, kann festgehalten werden, dass zwei Dimensionen des Verhaltens gegenüber dem Wettbewerber unterschieden werden können: die Grundausrichtung des Marketing (Anpassung oder Abhebung vom Marktüblichen; auch konventionell und unkonventionell genannt) und die Unternehmenshaltung (defensiv oder offensiv) (BECKER 1998, S. 374f.).

Dies kann analog auch auf das Beschaffungsmarketing angewendet werden. Je nach Bedeutung des Beschaffungsobjektes respektive des Lieferanten bieten sich unterschiedliche Handlungsmuster in Bezug auf die Konkurrenz an. Handelt es sich eher um operative Standardbeschaffungsobjekte kann ein offensives und/oder unkonventionelles Handlungsmuster zu einem unnötig hohen Aufwand führen. Bei strategischen Beschaffungsobjekten oder bedeutenden Lieferanten, die auf dem Beschaffungsmarkt umkämpft sind – also die Nachfrage das Angebot des Lieferanten übersteigt, Exklusivverträge abgeschlossen werden etc. –, bietet sich ein offensives und vielleicht auch unkonventionelles Handlungsmuster an. Hierdurch kann sich das beschaffende Unternehmen besser beim Lieferanten positionieren und Wettbewerbsvorteile generieren.

4.3.3.3 Die Budgetierung des Beschaffungsmarketings

Die Funktionen der Budgetierung sind vielfältig. So dient sie der Verbesserung der Planung, aber mitunter auch der Verbesserung der Motivation, der Koordination, der Kontrolle und der Schaffung von Handlungsräumen (KURRLE 1995, S. 104, PALUPSKI 1998a, S. 111, PIONTEK 2003, S. 339). Das Beschaffungsmarketingbudget stellt die in monetären Größen bewerteten Beschaffungsmarketingpläne dar, die als Sollgrößen für den Beschaffungsmarketingmix für eine bestimmte Periode zu verstehen sind (FRIEDL 1990, S. 74, PIONTEK 1994, S. 162, REINSCHMIDT 1989, S. 36f., STARK 1973, S. 97).

Die Unterteilung des Gesamtbudgets sollte zumindest in die Beschaffungsobjekt- und die -funktionskosten erfolgen (PFISTERER 1988, S. 148f., HARTMANN 1997, S. 183). Die Beschaffungsobjektkosten sind die direkt sich aus dem Preis ergebenden Kosten. Die Beschaffungsfunktionskosten ergeben sich durch die Tätigkeit der Beschaffer (z. B. Telefoniekosten). Von besonders großer Bedeutung ist aufgrund des Volumens das Budget der Beschaffungsobjektkosten. Das Budget der Beschaffungsfunktionskosten wird häufig noch weiter unterteilt (Bezugs-, Bereitstellungs-, Beschaffungsverwaltungs- und Beschaffungspersonalkostenbudget) (FRIEDL 1990, S. 76f., PIONTEK 1994, S. 168ff., VAN WEELE 1984, S. 20f.).

Auch wenn der genaue Ablauf, die Ermittlung von Budgets so wie die unterschiedlichen Budgetformen und Probleme nicht weiter thematisiert werden sollen, wird auf zwei Punkte hingewiesen. Bei der Budgetierung ist zunächst die Höhe des Budgets und anschließend dessen Verteilung auf die Beschaffungsobjektgruppen und Maßnahmen vorzunehmen. Die Teilphase der Budgetierung erfolgt in der Praxis sehr häufig parallel zu den anderen Teilphasen des Planungsprozesses.

4.3.3.4 Der Beschaffungsmarketingmix

Im Rahmen des (Absatz-)Marketings besitzt der Marketingmix einen sehr hohen Stellenwert. Der Marketingmix ist das Resultat der Maßnahmenplanung und besteht aus mehreren Teilpolitiken (auch Instrumentalbereiche oder Submixe genannt), die integriert geplant werden, um möglichst viele Synergien zu nutzen und Interdependenzen zu berücksichtigen (KOCH 1999, S. 176, NIESCHLAG/DICHTL/HÖRSCHGEN 1997, S. 890ff., SCHEUCH 1996, S. 432). Dabei wird in jeder Teilpolitik ein Prozess durchlaufen, der die gleichen Phasen und Teilphasen wie der Prozess des Beschaffungsmarketings enthält. Da die Phasen und Teilphasen denen des Beschaffungsmarketingprozesses gleichen, wird auf die Darstellung der Prozesse in den Teilphasen verzichtet.

Für die Systematisierung der Teilpolitiken bestehen unterschiedliche Ansätze (BOOMS/BITNER 1981, S. 47ff., BORDEN 1964, S. 2ff., BECKER 1998, S. 486ff.). Am weitesten verbreitet ist das auf das 4 P-Modell McCarthys (product, price, place und promotion) (MCCARTHY 1960) zurückgehende Modell, die vier Teilpolitiken Produkt-, Preis-, Distributions- und Kommunikationspolitik beinhaltet (KOCH 1999, S. 171ff., KOTLER ET AL. 2003, S. 191, KUHLMANN 1990, S. 95ff., MEFFERT 2000, NIESCHLAG/DICHTL/HÖRSCHGEN 2002, S. 149ff., SCHEUCH 1996, S. 258ff.).

Auch im Beschaffungsmarketing spricht man analog vom Beschaffungsmarketingmix (BIERGANS 1992, S. 342, KOPPELMANN 1999, S. 193). Dies wird ebenso aus den Strategien abgeleitet und ist Resultat der Maßnahmenplanung (HARLANDER/ BLOM 1999, S. 25). Da auch bei den Teilpolitiken des Beschaffungsmarketings Interdependenzen bestehen und Synergien genutzt werden können, ist die integrierte Planung essentiell (BERG 1981, S. 39, GROCHLA/SCHÖNBOHM 1980, S. 95, HAMMANN/LOHRBERG 1986, S. 56, HARLANDER/BLOM 1999, S. 25). Wenn die Maßnahmen integriert geplant werden, wird in dieser Arbeit der Begriff „Beschaffungsmarketingmix" verwendet. Der in der Literatur häufig vorzufindende Begriff „beschaffungspolitisches Instrumentarium" beinhaltet dagegen meist keine integrierte Planung.

Bisher konnte sich keine allgemeine Systematisierung der Teilpolitiken des Beschaffungsmarketingmixes durchsetzen (BIERGANS 1992, S. 20). Die einzelnen Systematisierungsansätze unterscheiden sich erheblich (s. Abb. 20). In Abbildung 20 sind nur Quellen aufgeführt, in denen ausdrücklich von einem Beschaffungsmarketingmix oder beschaffungspolitischem Instrumentarium gesprochen wird und dieser nicht einfach nur unkommentiert von einer anderen Quelle übernommen wird. Anzumerken zu Abbildung 20 ist, dass innerhalb der Teilpolitiken versucht wurde, unterschiedliche Begriffe mit gleichem Begriffsinhalt unter einem Begriff zu subsumieren. Ferner gibt die Abbildung Auskunft darüber, ob der Ansatz der integrierten Planung des Beschaffungsmarketingmixes vom Autor berücksichtigt wurde.

Teilpolitik	Theisen 1970	Heyde 1972	Stark 1973	Demarchi 1974	Berg 1981	Grochla 1982, Grochla/Schotthohm 1980	Hammann/Lohrberg 1986	Treis 1986	Friedl 1990	Kern 1991	Roland 1993	Lensing/Sonnemann 1995	Corsten 1996	Buck 1998	Harlander/Blom 1999, Strache/Blom 1982	Kenzle 2000	Bichler/Krohn 2000	Eichler 2003	Koppelmann 2004, Biergans 1992, Pfister 1988, Kern 1991
Programm																			
Produkt-/Programmpolitik		+				+	+	+	+	+	+		+	+		+		+	+
Qualitätspolitik	+	+	+	+							+		+			+		+	
Quantitätspolitik		+	+	+							+					+		+	
Servicepolitik												+					+		+
Preis																			
Preis-/Entgeltpolitik	+	+	+	+			+			+			+	+	+	+	+	+	+
Preis- und Konditionenpolitik						+			+	+									
Konditionenpolitik		+		+						+	+								
Gegenleistungs-/Finanzierungspolitik	+						+	+			+		+						
Kommunikation																			
Kommunikationspolitik		+	+	+	+	+	+	+	+	+	+		+	+		+	+	+	+
Beschaffungswerbung	+																		
Informationspolitik										+									
Bezug																			
Bezugspolitik						+	+		+		+		+	+		+		+	+
Beschaffungswegepolitik			+																
Lieferantenauswahl, Methoden-/Selektionspolitik	+	+														+		+	
Lieferantenpolitik		+		+					+	+	+		+						
Beschaffungsbereitschaftspolitik								+											
Beschaffungszeitpolitik			+	+						+									
Konkurrenzpolitik										+									
Marktpolitik										+									
Beschaffungsraumpolitik	+																		
Rechtliche Gestaltung						+	+						+	+					
Sonstige																			
Lagerpolitik											+								
Subsistenzpolitik				+															
Umweltpolitik										+									
Innerbetriebliche Marketingpolitik										+									
Make-or-buy														+					
Integrierte Planung des Beschaffungsmarketingmixes				+	+	+		+	+		+		+	+			+		+

Abb. 20: Übersicht über den Aufbau von Beschaffungsmarketingmixen und beschaffungspolitische Instrumentarien verschiedener Autoren

Im Folgenden wird die Systematisierung der Teilpolitiken des Beschaffungsmarketing-mixes an die des Standardmodells des (Absatz-)Marketingmixes angelehnt. So kann in Anlehnung an McCarthy von den 4 Ps des Beschaffungsmarketings gesprochen wer-den: program, price, promotion und providing. Für das Abweichen von der Einteilung des verbreiteten (Absatz-)Marketing-Modells im Beschaffungsmarketing besteht kein sachlicher Grund. Zudem kann man in Abbildung 20 erkennen, dass hier erfolgte Syste-matisierung des Beschaffungsmarketingmixes die bestehenden Ansätze gut wiedergibt

(s. Abb. 21). Ein Großteil der Ansätze besteht aus der Produkt- oder Programmpolitik – wenngleich bei einigen Autoren eine Unterteilung in Qualitäts- und Quantitätskomponente erfolgt –, der Preis- respektive Entgeltpolitik – wobei einzelne Autoren Preis- und Konditionenpolitik getrennt behandeln –, der Kommunikationspolitik und der Bezugspolitik. Letztere wird bei einzelnen Autoren in weitere Teilpolitiken, die sich mit den Einzelentscheidungen der Bezugspolitiken auseinandersetzen, unterteilt.

Abb. 21: Der Beschaffungsmarketingmix

Die hier verwendeten Teilpolitiken fassen ähnliche Maßnahmen, wenn auch nicht trennscharf, so doch deutlich unterscheidbar zusammen. Die Teilpolitiken befinden sich auf einem ähnlichen Abstraktionsniveau, und ihre Anzahl ist gering. Zudem ist durch die Anlehnung an das (Absatz-)Marketing eine weitere Verbreitung des Beschaffungsmarketingmixes wahrscheinlicher.

Wichtig ist, dass bei der Planung des Beschaffungsmarketingmixes auch die Forderungen des Lieferanten betrachtet werden, da dem Lieferanten Anreize zur Erfüllung der Forderungen des beziehenden Unternehmens geboten werden müssen (BIERGANS 1992, S. 371, PFISTERER 1988, S. 246). Viele der Maßnahmen des Beschaffungsmarketingmixes besitzen Forderungs- und Anreizcharakter (BIERGANS 1992, S. 208ff.).

Gegenstand des Weiteren Kapitels ist die Darstellung der Teilpolitiken und der zugehörigen Beschaffungsmarketingmaßnahmen, wobei jedoch nur die sehr bedeutenden Maßnahmen dargestellt werden sollen. Eine lückenlose Aufzählung ist ohnehin nicht möglich. Einzelne Maßnahmen, die sich zum Einsatz in mehreren Teilpolitiken eignen, werden nur einmal detaillierter beschrieben. Nicht weiter eingegangen wird darauf, wie die Planung der Teilpolitiken bzw. des Beschaffungsmarketingmixes durchgeführt wird, da in erster Linie die Inhalte der Teilpolitiken entscheidend für das Entwickeln des öffentlichen Beschaffungsmarketings sind.

4.3.3.4.1 Die Beschaffungsprogrammpolitik

Die Beschaffungsprogrammpolitik beschäftigt sich mit der Gestaltung des Beschaffungsprogramms, das die benötigten Beschaffungsobjekte hinsichtlich Art bzw. Qualität, Quantität sowie zeitlicher Verteilung bestimmt (CORSTEN 1996, S. 663, FRIEDL 1990, S. 69, GROCHLA 1982, S. 9, GROCHLA/SCHÖNBOHM 1980, S. 66). Auch wenn die Bedarfsanalyse die Beschaffungsprogrammpolitik stark durch die Vorgabe von Gestaltungs- und Leistungsanforderungen beeinflusst, besitzt die Beschaffungsprogrammpolitik einen großen Freiraum, den sie aktiv zur Gestaltung des Beschaffungsprogramms nutzen kann.

Ebenso wie bei der Bedarfsanalyse muss vor dem Festlegen der Quantitäts- die Qualitätskomponente des Beschaffungsobjekts bestimmt werden. Das Festlegen der Art und Qualität des Beschaffungsobjekts besitzt einen enormen Einfluss auf den Wettbewerb um die Auftragserfüllung. Restriktive Anforderungen (z. B. Zeichnungsteile im Gegensatz zu Standardbeschaffungsobjekten) können – wie bei der Bedarfsanalyse auch – zu unnötigen Wettbewerbsverengungen führen und somit die Wirtschaftlichkeit und Versorgungssicherheit gefährden (KATZMARCYK 1988, S. 67). Die Maßnahmen, wie Früheinschalten der Beschaffung, Standardisierung, Simplifizierung, Beschaffungsobjektdifferenzierung, Substitution und Qualitätsmanagement, die zur Gestaltung der Art und Qualität des Beschaffungsobjektes herangezogen werden können, werden im Folgenden näher dargestellt.

Um vorzubeugen, dass die Produktentwicklung losgelöst vom Beschaffungsmarkt stattfindet, bietet sich eine möglichst frühe Integration der Beschaffung in den Forschungs- und Entwicklungsprozess des Unternehmens an (BICK 2000, S. 72, BURT/PINKERTON 1996, S. 12, PEUKERT 2000, S. 116). Je früher die Beschaffung in den Prozess der Produktentwicklung und -vermarktung eingeschaltet wird, umso größer können die erschlossenen Beschaffungsmarktpotentiale sein (KIENZLE 2000, S. 4). Dies gründet z. B. darauf, dass in der Entwicklungsphase die Produktion noch nicht aufgenommen wird, die Anpassungskosten geringer als in späteren Phasen sind und insofern die Vorschläge der Beschaffung leichter berücksichtigt werden können, und der Großteil der späteren Produktkosten schon in der Entwicklungsphase festgelegt wird (BURT/PINKERTON 1996, S. 34, DOBLER/BURT 1984, S. 142f., ELLRAM/ BIROU 1995, S. 75, VERSTEEG 1999, S. 65). Dies wird in der Praxis jedoch zu selten berücksichtigt, und so wird die Beschaffung häufig zu spät oder gar nicht in den Entwicklungsprozess integriert (DE PAOLL 1999, S. 316, VERSTEEG 1999, S. 21). Die Maßnahme kann insbesondere bei den Strategien der Beschaffungsmarktfelder, der -stimulierung und den Lieferantenbeziehungsstrategien genutzt werden.

Zur Gestaltung des Beschaffungsprogramms bietet sich die Maßnahme der Standardisierung an. Sie kann sowohl in der Entwicklungsphase als auch zu einem späteren Zeitpunkt eingesetzt werden. Bei der Standardisierung (auch Normung genannt) wird versucht, die Eigenschaftsausprägungen der Beschaffungsobjekte (Größe, Form, Farbe, Qualität etc.) zu vereinheitlichen und auf den Beschaffungsmarkt anzupassen (HARLANDER/BLOM 1999, S. 101, HARTMANN 1997, S. 120, PIONTEK 1993a, S. 124). So bestehen in der Praxis teilweise Beschaffungsobjekte, die als teure Zeichnungsteile beschafft werden, aber durch minimale Änderungen als Standardbeschaffungsobjekt zu wesentlich geringeren Kosten bezogen werden können (HOUGH 1992, S. 110, LARGE 2000, S. 74). Durch Standardisierungen kommt es zur Reduzierung der Teilevielfalt und zur Konzentration des Beschaffungsvolumens. Dies kann auch sinkende Beschaffungskosten – beispielsweise durch Preissenkungen aufgrund von Volumenbündelung oder geringeren Beschaffungsfunktions-, Verwaltungs- oder Logistikkosten –, eine höhere Beschaffungsqualität durch geringere Fehleranfälligkeit und eine höhere Versorgungssicherheit zur Folge haben (ANDERS 1992, S. 13f.+67, DOBLER/BURT 1984, S. 150f.+181, FREHNER/BODMER 2000, S. 62, HARTMANN 1997, S. 122f.). Zudem kann die Standardisierung ebenfalls einen Anreiz für den Lieferanten aufgrund der Konzentration des Beschaffungsvolumens und der Vereinfachung der Prozesse darstellen, jedoch senkt es die Wechselbarrieren erheblich und setzt den Lieferanten einem erhöhten Wettbewerb aus. Die Maßnahme bietet sich insbesondere für die Preisfokussierungs-, die Beschaffungsmarktdurchdringungs-, die Lieferantenbeziehungsstrategien und das Global Sourcing an.

Die Vorteile der Standardisierung können noch durch das Verfolgen der Simplifizierung der Produkte verstärkt werden (DOBLER/BURT 1984, S. 182). Bei der Simplifizierung wird die Reduzierung der Anzahl unterschiedlicher Einzelteile angestrebt (DOBLER/BURT 1984, S. 181, HEINRITZ ET AL. 1991, S. 136, LARGE 2000, S. 78, WESTING/FINE/ZENS 1976, S. 141f.). Auch wenn dies primäre Aufgabe anderer Unternehmensteilbereiche ist (insbesondere Fertigung und Entwicklung sowie Produktion), sollte das Beschaffungs-Know-how Einfluss finden.

Jedoch sind auch der Simplifizierung und Standardisierung entgegengesetzte Maßnahmen der Beschaffungsobjektdifferenzierung möglich. Durch individuelle Beschaffungsobjekte kann vor allem bei zunehmender Beschaffungstiefe zur Differenzierung der Endprodukte beigetragen werden, die wiederum zu einer vorteilhafteren Positionierung auf dem Absatzmarkt genutzt werden kann. Auch wenn dies eine Maßnahme ist, die sich auf die Beschaffungsmarketingziele zunächst negativ auswirken (höhere Abhängigkeit vom Lieferanten, höhere Beschaffungskosten, geringere Beschaffungsflexibilität), kann sie aus Gesamtunternehmenssicht vorteilhaft sein. Zudem kann die Beschaffungsobjektdifferenzierung einen großen Anreiz für den Lieferanten u. a. aufgrund der Möglichkeit, höhere Preise zu verlangen, darstellen. Diese Maßnahme kann im Rahmen der Präferenzstrategie, der Kooperationsstrategie und einer unkonventionellen Wettbewerbsstrategie genutzt werden.

Eine weitere, oft angewendete Möglichkeit zur aktiven Gestaltung des Beschaffungsprogramms ist die Substitution. Bei der Substitution wird versucht, Beschaffungsobjekte, die etwa besonders risikobehaftet oder teuer sind, durch günstigere und flexibler einsetzbare zu ersetzen (BERG 1981, S. 57, KERN 1991, S. 215). Substitutionen können ebenso durch Veränderungen auf den Beschaffungsmärkten (Marktverengungen etc.), technologische Neuerungen oder auch ökologische Gründe angestoßen werden (CORSTEN 1996, S. 656). Existieren funktionsgleiche Substitute, fallen auch die Substitutionen leicht (KATZMARCYK 1988, S. 68), jedoch werden diese Substitute nicht immer von der Beschaffung sofort erkannt. Bei ungleichen Substituten sind tiefergehende Analysen notwendig. Die Substitution kann gut im Rahmen der Strategie der Beschaffungsobjektentwicklung, der Preisfokussierungsstrategie, der Transaktionsstrategie etc. eingesetzt werden.

Ein Instrument, das sowohl gut bei Standardisierungen und Simplifizierungen eingesetzt werden kann, als auch Aufschlüsse für Substitutionen liefern kann, ist die in Theorie und Praxis weit verbreitete Wertanalyse (ARNOLDS/HEEGE/TUSSING 2001, S. 183, MONCZKA/TRENT/HANDFIELD 1998, S. 63f., WALLER 2003, S. 505). Sie versucht, durch Entflechten des Funktionskomplexes eines Objektes in Haupt-, Neben- und unnötige Funktionen zu zeigen, welche der Funktionen eines Objektes überflüssig sind oder ersetzt werden bzw. welche zusätzlichen der Steigerung der Zielerfüllung dienen können (ARNOLDS/HEEGE/TUSSING 2001, S. 183ff., GROCHLA/SCHÖN-BOHM 1980, S. 67, HARTMANN 1997, S. 173, STRACHE 1999, S. 47). Die Wertanalyse ist eine systematische, interdisziplinäre Teamarbeit (ARNOLD 1997, S. 228, HAMMANN/LOHRBERG 1986, S. 89f., STRACHE 1999, S. 45), an der im Idealfall sowohl die Beschaffung als auch die Lieferanten beteiligt sein sollten (ARNOLDS/ HEEGE/TUSSING 2001, S. 205ff.). Allerdings ist die Wertanalyse aufgrund ihres hohen Arbeitsaufwandes in erster Linie für A-Güter, nicht-standardisierte Objekte oder Objekte mit vielen Bestandteilen geeignet (ARNOLDS/HEEGE/TUSSING 2001, S. 192f., HAMMANN/LOHRBERG 1986, S. 91, MONCZKA/TRENT/HANDFIELD 1998, S. 420). Zudem müssen dem Lieferanten zur Teilnahme Anreize wie etwa höhere Beschaffungsvolumina oder Beteiligungen an den Kosteneinsparungen in Aussicht gestellt werden (ARNOLDS/HEEGE/TUSSING 2001, S. 213ff.).

Im Rahmen des Qualitätsmanagements hat sich die Erkenntnis durchgesetzt, dass hohe Qualität nur von Beginn an produziert werden kann und sich nicht durch nachträgliche Kontrollen erreichen lässt (JANSEN 1994, S. 24, JETTER 1992, S. 132, MENZE 1993, S. 118). Ohne auf die umfangreiche Thematik des Qualitätsmanagements ausführlich eingehen zu wollen, bietet sich auch das Verlagern der Qualitätssicherung durch Qualitätssicherungsvereinbarungen vom beziehenden Unternehmen auf die Produktion – also zum Lieferanten – an (HARLANDER/BLOM 1999, S. 125, KAUFMANN 1995, S. 293, KATZMARCYK 1988, S. 55). Für eine hohe Qualität ist das Entstehen eines Qualitätsbewusstseins sowohl im eigenen Unternehmen als auch beim Lieferanten notwendig. Anhaltspunkte können hier beispielsweise auch Lieferantenzertifizierungen sein, die das Einhalten von Qualitätsstandards überprüfen (BUDDE 1998, S. 33, BURT/PINKERTON 1996, S. 179ff., DOBLER/BURT 1984, S. 471+479ff.). Als Anreiz zur Qualitätssicherung können dem Lieferanten Prämien, größere Freiheiten bei der Qualitätskontrolle etc. gewährt werden. Diese Maßnahme kann mitunter bei den Strategien der Beschaffungsmarktdurchdringung und der Kooperationsstrategie verfolgt werden.

Im Rahmen der Quantitätsgestaltung wird das Volumen der zu beschaffenden Objekte festgelegt. Gegenstand der Betrachtung ist die durch Beschaffungsmarketing zu gestaltende Bedarfsmenge, die von der Bestellmenge zu unterscheiden ist. Die eher operativ geprägte Bestellmengenplanung und -terminplanung (optimale Bestellmenge) (ARNOLD 1997, S. 106ff.+161, BRACHMANN 1986, S. 33ff., HARTMANN 1997, S. 34ff.+195ff.) ist hier ebenso nicht Betrachtungsgegenstand wie die damit in engem

Zusammenhang stehenden Bereitstellungsprinzipien (Einzelbeschaffung im Bedarfsfall bzw. „hand to mouth-buying", die einsatzsynchrone Anlieferung bzw. JiT und die Vorratshaltung) (BAILY ET AL. 1994, S. 103ff., GROCHLA/SCHÖNBOHM 1980, S. 132f., HARTMANN 1997, S. 191f.).

Durch Zusammenfassen der Bedarfsmengen können enorme Bündelungseffekte genutzt werden, die sich u. a. positiv auf Preise und Beschaffungsflexibilität auswirken können. Die meisten Unternehmen haben dieses Potential noch nicht ausgereizt (KOPPELMANN 2000, S. 130, MÖHRSTÄDT ET AL. 2001, S. 17+67). Neben fehlenden einheitlichen Materialschlüsseln, einer passiven Beschaffung kommt es besonders in großen Konzernen aufgrund von Dezentralisierungs- und Globalisierungstendenzen verstärkt auch zur räumlichen Splittung des Beschaffungsvolumens (BOUTELLIER/ CORSTEN 2000, S. 72, GHAZVINIAN 2000, S. 29, FREHNER 2002, S. 125). Die Splittung des Beschaffungsvolumens respektive das Nichtnutzen der Bündelungseffekte hat schlechtere Marktstellungen (z. B. höheres Beschaffungsrisiko) und höhere Beschaffungskosten durch höhere Preise zur Folge. Maßnahmen zur Bündelung können beispielsweise im Rahmen der Strategie der Beschaffungsmarktdurchdringung, der Preisfokussierungsstrategie, der Kooperationsstrategie und einer offensiven Wettbewerbsstrategie von Vorteil sein.

Zur Bündelung des Volumens kann an mehreren Punkten angesetzt werden. Standardisierungen, Substitutionen und Simplifizierungen erhöhen das bündelungsgeeignete Beschaffungsvolumen. Auch organisatorische Änderungen wie die Einführung regionaler oder weltweiter Beschaffungsgruppen (Materialgruppenmanagement) sowie die Nutzung von Instrumenten des Electronic Procurement oder langfristiger Verträge wie etwa Rahmenverträge können zur Bündelung beitragen (BOUTELLIER/CORSTEN 2000, S. 74ff., HEINRITZ ET AL. 1991, S. 110f., HIRSCHSTEINER 2002a, S. 412f., SACKSTETTER 1998, S. 366). Letztere werden im Rahmen der Bezugspolitik näher erörtert. Für alle genannten Maßnahmen ist ein gewisses Grundmaß an Standardisierung zwingende Voraussetzung (z. B. einheitlicher Materialschlüssel) (KAUFMANN 2002, S. 19, FREHNER 2002, S. 125). Insgesamt sind die Möglichkeiten zur Volumenbündelung durch die Weiterentwicklung der Informations- und Kommunikationstechnologien oder des E-Procurement enorm verbessert worden (VOEGELE/ SCHWENTEK 2002, S. 312).

4.3.3.4.2 Die Preispolitik

Die Vorteile der Preispolitik des Beschaffungsmarketings sind denen der Preispolitik des (Absatz-)Marketings ähnlich: Die Maßnahmen der Preispolitik sind i. d. R. wesentlich schneller umsetzbar als die Maßnahmen der anderen Teilpolitiken. Sie besitzen aufgrund der hohen Aussagekraft und des großen Anreizcharakters für den Lieferanten eine hohe Reagibilität. Allerdings wirken sich – auch wenn die Kosten für die Durchführung der Maßnahmen selbst gering sind – Preisveränderungen stark und direkt auf die Kosten aus. Auch wenn die Preispolitik stark durch die Maßnahmen der anderen Teilpolitiken vorherbestimmt ist, besteht ein Spielraum für die Preispolitik (BAILY ET AL. 1994, S. 143), dessen Größe jedoch stark von der bestehenden Marktform abhängt (HAMMANN/LOHRBERG 1986, S. 176, LENSING 1990, S. 11).

Bestandteile der Preispolitik sind zum einen der Preis selbst, aber auch Preisnachlässe, Preiszuschläge, Zugaben und die Zahlungsmodalität (GROCHLA/SCHÖNBOHM 1980, S. 164ff., HEINRITZ ET AL. 1991, S. 215ff., SCHULTE 1990, S. 53f.). Jeder einzelne dieser Bestandteile kann so ausgestaltet werden, dass er einen Anreiz oder eine Forderung gegenüber dem Lieferanten darstellt.

Dass die Preispolitik im Vergleich zu den anderen Teilpolitiken des Beschaffungsmarketingmixes lange Zeit weniger ausdifferenziert war, zeigt sich am zentralen Bestandteil der Preispolitik, dem Preis. Im traditionellen Beschaffungsmodell wurde regelmäßig der niedrigste Preis angestrebt, so dass der Spielraum für die Preispolitik begrenzt war. Wenngleich das Verfolgen des niedrigsten Preises auch heute – z. B. bei der Preisfokussierungsstrategie – sinnvoll ist, besteht jedoch auch die Möglichkeit, etwa im Fall der Qualitätsstrategie einen angemessenen, nicht jedoch unbedingt niedrigsten Preis anzustreben. So kann es sein, dass kurzfristig höhere Preise dem Lieferanten ermöglichen, langfristig Kostensenkungspotentiale zu erschließen, die zum Erreichen wesentlich höherer Beschaffungszielniveaus führen können.

Ansätze zur stärkeren Ausdifferenzierung der Preispolitik finden sich bei Koppelmann und seinem Umfeld sowie bei Katzmarcyk (BIERGANS 1992, S. 249ff., KATZMARCYK 1988, S., 47ff., KOPPELMANN 2000, S. 300ff., PFISTERER 1988, S. 277). Allerdings ist in diesen Quellen der Aufbau der Maßnahmen eher ungeordnet und das Vokabular teilweise eher verwirrend (z. B. Preissog-, Preisdurchdringungs- und Preisakzeptanzpolitik). Im Grunde genommen werden jedoch die Inhalte der Preispolitik des (Absatz-)Marketings – wenn auch etwas unglücklich – auf das Beschaffungsmarketing übertragen.

Auch beim Beschaffungsmarketing kann sich bei der Preisfindung am „magischen Dreieck" orientiert werden, das auf der Kostensituation des Lieferanten, den Konkurrenzpreisen und der Preisbereitschaft des Abnehmers begründet ist (KUHLMANN 1990, S. 243).

In der Literatur werden häufig zwei Analyseverfahren zur Überprüfung der Preise thematisiert: die Preis- und die Kostenanalyse (BAILY ET AL. 1994, S. 151, FARA 1998, S. 207ff., LARGE 2000, S. 46). Diese sollen Auskunft über die Angemessenheit der Preise liefern. Während die deutlich weniger aufwendige Preisanalyse beispielsweise anhand von Preisvergleichen mit Preisen ähnlicher Produkte oder in der Vergangenheit erzielten Preisen vorgeht und so auch Konkurrenzpreise mit einbezieht (BURT/PINKERTON 1996, S. 136), versucht die Kostenanalyse, anhand der Ermittlung der einzelnen Kosten der Leistung die Kalkulation des Lieferanten nachzuvollziehen (HARLANDER/BLOM 1999, S. 231, STANGL 1985, S. 42). Hierbei bestehen jedoch starke Informationsprobleme (ARNOLDS/HEEGE/TUSSING 2001, S. 157). Biergans und Koppelmann thematisieren außerdem die abnehmerorientierte Preisfindung (BIERGANS 1992, S. 249ff., KOPPELMANN 2000, S. 300ff.). Diese kann durch die Preisvorgabe des Abnehmers erfolgen.

Neben der Preisfindung können zudem einige Instrumentalstrategien der Preispolitik des (Absatz-)Marketing im Beschaffungsmarketing angewendet werden. So spricht Koppelmann beispielsweise die Strategien Minimalpreis-, Fairpreis- und Marktdurchschnittspreisstrategie an (KOPPELMANN 2000, S. 125). Diese können als Entsprechungen der Hoch-, Mittel- und Niedrigpreisstrategie des (Absatz-)Marketing angesehen werden (BRUHN 2001, S. 173). Der Abnehmer verfolgt demnach z. B. der Preisfokussierungsstrategie die Durchsetzung eines möglichst niedrigen Preises, bei einer defensiven Wettbewerbsstrategie einen mittleren Preis oder bei der Qualitätsstrategie einen fairen Preis.

Die Instrumentalstrategien des Preiswettbewerbs orientierten sich daran, dass der Abnehmer versucht, Preisführer, Preisfolger oder Preiskämpfer in Bezug zu seinen Abnehmerkonkurrenten zu sein. Die Strategie des Preisführers dürfte außer bei besonders hart umkämpften Märkten für die Beschaffung eher von geringer Bedeutung sein. Preiskämpfer zeichnen sich am (Absatz-)Markt dadurch aus, dass sie jede Preissenkung des Konkurrenten noch unterschreiten, um keine Kunden zu verlieren. Der Preiskampf am Beschaffungsmarkt bedeutete, dass der Abnehmer den Preis der Abnehmerkonkurrenz immer überbieten würde, um die Lieferantenbeziehung aufrecht zu erhalten. Auch diese Strategieoption kommt nur bei stark umkämpften Märkten in Frage. Die letzte Option, die Preisfolgerschaft, meint, dass man sich den Preisen der Abnahmekonkurrenz stets angepasst.

Auch die Instrumentalstrategien der Preisabfolge kommen für die Beschaffung in Betracht. So kann einerseits versucht werden, Lieferanten zunächst durch hohe Preise anzulocken und dann zur (gemeinsamen) Senkung von Kosten und Preisen zu bewegen (KOPPELMANN 2000, S. 302). Dies bietet sich etwa bei Verfolgen der Kooperations- und Qualitätsstrategie an. Andererseits kann es sich jedoch auch anbieten, vom Lieferanten zunächst einen sehr niedrigen Preis zu verlangen, der ihm aber einen langfristigen Vertrag mit gleichbleibenden oder sich der jeweiligen Kostensituation anpassenden Preisen garantiert.

Während die zuvor genannten Instrumentalstrategien in der Literatur zur Beschaffung praktisch nicht thematisiert werden, wird die Möglichkeit der Preisdynamikstrategien – auch wenn sie nicht so benannt wird – häufiger bearbeitet. Preisdynamikstrategien können sich der Vereinbarung von Festpreisen oder flexiblen Preisen bedienen. Während die Vorteile von Festpreisen darin bestehen, dass sich Kostenveränderungen nicht direkt auswirken und auch die Budgetierung vereinfacht wird, ist bei flexiblen Preisen die Marktpreisorientierung sichergestellt, verkürzt sich die Preisverhandlung und entfallen die bei Festpreisen einkalkulierten Risikozuschläge (GRUNWALD 1993, S. 79f.). Bei flexiblen Preisen besteht die Möglichkeit, Verträge mit Preisvorbehaltsklauseln wie z. B. unbestimmte Preisvorbehaltsklausel, Tagespreisklausel oder Preisgleitklausel mit festen Ausgangspreisen zu vereinbaren (HARTMANN 1997, S. 478, HIRSCHSTEINER 2002a, S. 252). Ob sich eher flexible oder feste Preise anbieten, hängt stark von der Beschaffungssituation ab. Preisgleitklauseln sind eher bei langfristigen Verträgen von Bedeutung.

Neben dem zentralen Bestandteil der Preispolitik, dem Preis, können auch die anderen Bestandteile als Forderung oder Anreiz für den Lieferanten ausgestaltet werden. Im Rahmen der Preisnachlässe stehen Mengenrabatte, Treuerabatte, Sonderleistungsrabatte, Skonti, Boni etc. zur Disposition (KOPPELMANN 2000, S. 300ff.). Als Preiszuschläge kommen mitunter Belieferungs-, Mengen- oder Zeitprämien in Betracht, und es können Pönale und Mindermengenzuschläge vereinbart werden (BIERGANS 1992, S. 311ff.). Als Zugaben können auch Werbematerialien, Werbekostenzuschüsse etc. gewährt werden. Bezüglich der Zahlungsmodalitäten sind u. a. Zahlungsmittel, -weg und -termin festzulegen (BIERGANS 1992, S. 249ff.+311ff., KOPPELMANN 2000, S. 300ff.).

4.3.3.4.3 Die Kommunikationspolitik

Die Kommunikationspolitik ist die Teilpolitik des Beschaffungsmarketings, die in der Praxis am wenigsten Beachtung findet (MENZE 1993, S. 297). Sie kann in die Bereiche interne und externe Kommunikation unterteilt werden.

Die interne Kommunikation muss für einen guten Austausch mit den Bedarfsträgern sorgen und diese als Kunden auffassen. Die Kommunikation zwischen Bedarfsträger und Beschaffer ist für das Erreichen der Beschaffungsziele sehr bedeutend, da nur so Beschaffungsqualität erreicht werden kann. Allerdings ist für die Planung des Beschaffungsmarketingmixes insbesondere die externe Kommunikation von Interesse und wird daher detaillierter dargestellt.

Ziel der externen Kommunikationspolitik ist die systematische Beeinflussung des Lieferanten im Sinne der eigenen Zielsetzung (CORSTEN 1996, S. 666, HAMMANN/LOHRBERG 1986, S. 169). Primäre Aufgaben der Kommunikationspolitik sind die Informationsverteilung, der Aufbau eines guten Beschafferimages im Markt, das Gewinnen exzellenter Lieferanten sowie die Pflege und Förderung bestehender Lieferantenbeziehungen (HAMMANN/LOHRBERG 1986, S. 53+168, HARLANDER/ BLOM 1999, S. 295f., PIONTEK 1993a, S. 98). Zur Erfüllung dieser Aufgaben stehen Maßnahmen wie Beschaffungswerbung, Public Relations, Referenzpolitik, Einsatz von Beschaffungshomepages, Teilnahme an Einkaufsmessen und Durchführung von Lieferantentagen zur Auswahl (BIERGANS 1992, S. 262ff.+325ff., HARLANDER/BLOM 1999, S. 296, HIRSCHSTEINER 2002a, S. 476, KOPPELMANN 2000, S. 304ff., PFISTERER 1988, S. 282, PIONTEK 1993a, S. 98f.)

Die Beschaffungswerbung wird von den genannten Maßnahmen in der Literatur am häufigsten thematisiert. Sie kann zur Erhöhung der Bieterzahl beitragen, das Beschaffer- und Unternehmensimage verbessern und zur Kontaktanbahnung mit neuen Lieferanten genutzt werden (GROCHLA/SCHÖNBOHM 1980, S. 87ff., HAMMANN/ LOHRBERG 1986, S. 172, HIRSCHSTEINER 2001, S. 88, JANSEN 1994, S. 81). Insbesondere für die Strategien der Beschaffungsmarktentwicklung, Beschaffungsdiversifikation sowie des Global Sourcings, ist der Einsatz der Beschaffungswerbung von Vorteil. Aber auch in bestehenden Lieferantenbeziehungen kann das Image durch Beschaffungswerbung verbessert werden. Unter Beschaffungswerbung fallen neben Printanzeigen, Prospekte, Werbebriefe etc. auch Ausschreibungsbekanntmachungen, die jedoch in ihrer Werbequalität sehr eingeschränkt sind. Aufgrund der Unterschiede zwischen Absatz- und Beschaffungsmarketing gelten für die Durchführung von Beschaffungswerbung andere Maßgaben, da es sich bei Beschaffungsentscheidungen um wesentlich rationalere Entscheidungen handelt, die ein anderes Ansprechen der Zielgruppe erfordert. Dies ist bei Gestaltung und Auswahl der Werbemittel und -träger zu beachten. Zudem ist der Stellenwert der Beschaffungswerbung wesentlich geringer als der Stellenwert der Werbung im (Absatz-)Marketing einzustufen (GROCHLA/SCHÖN-BOHM 1980, S. 86), was sich auch in der Höhe des Werbebudgets niederschlagen wird.

Auch die Maßnahme Public Relations kann im Beschaffungsmarketing genutzt werden und kann dazu dienen, Goodwill für das Unternehmen aufzubauen und das Image des Unternehmens generell und als Abnehmer zu verbessern. Die Maßnahmen der Public Relations können sich bei jeder gewählten Strategie positiv auswirken.

Im Rahmen der Referenzpolitik kann dem Lieferanten angeboten werden, dass er den Abnehmer als Referenz bei Dritten anführen darf, um weitere Aufträge zu akquirieren (BIERGANS 1992, S. 325ff., HARLANDER/BLOM 1999, S. 297). Eine weitere Möglichkeit, die über die eigentliche Referenzpolitik hinausgeht, ist das Verwenden des Lieferantennamens im (Absatz-)Marketing. Für Maßnahmen dieser Art ist eine Zusammenarbeit des Absatz- und Beschaffungsmarketings zwingend erforderlich. Maßnahmen der Referenzpolitik sind insbesondere im Bereich der Kooperations- und Qualitätsstrategie von größerer Bedeutung.

Der Einsatz von Beschaffungshomepages verbreitet sich in der Praxis zunehmend. Sie können zum einen zur Aufwertung des Images der Beschaffung führen, jedoch auch potentielle Lieferanten aufmerksam machen, diesen und bisherigen Lieferanten Informationen zu übermitteln und die Abwicklung der Beschaffung z. B. durch elektronische Ausschreibung zu vereinfachen. Die Beschaffungshomepage ist an keine einzelne Beschaffungsstrategie gebunden.

Die Teilnahme an Einkaufsmessen dient in erster Linie dem Sammeln von Informationen, der Gewinnung von Marktübersicht und der Kontaktanbahnung mit neuen Lieferanten. Es besteht weiterhin die Möglichkeit, neue Lösungsmöglichkeiten für Beschaffungsprobleme kennen zu lernen. Teilnahmen an Einkaufsmessen können bei Verfolgen jeder Strategie lohnen, bieten sich aber in erster Linie für bedeutende Beschaffungsobjekte an.

Lieferantentage, an denen mehrere ausgewählte Lieferanten in das Abnehmerunternehmen eingeladen und ihnen Informationen über den Abnehmer geboten werden, dienen dazu, Lieferanten fester an das abnehmende Unternehmen zu binden, das eigene Image beim Lieferanten zu verbessern, die Kommunikation positiver zu gestalten, die Lieferanten zu motivieren und ihnen Informationen über die gewünschte Leistung des Lieferanten und das eigene Beschaffungsmarketing zu vermitteln. Lieferantentage bieten sich für die Strategien der Beschaffungsobjektentwicklung und Beschaffungsmarktdurchdringung ebenso an wie bei der Kooperationsstrategie.

4.3.3.4.4 Die Bezugspolitik

Die Bezugspolitik ist die umfangreichste Teilpolitik des Beschaffungsmarketingmixes, daher werden anschließend Beschaffungsweg, Beschaffungsorgan, Bezugsmodalität und Lieferantenpolitik gesondert thematisiert.

Der Beschaffungsweg

Der Beschaffungsweg ergibt sich aus der Entscheidung, ob direkt oder indirekt bezogen werden soll, und durch die Wahl des Beschaffungsverfahrens (BUCK 1998, S. 73, GROCHLA/SCHÖNBOHM 1980, S. 80, HAMMANN/LOHRBERG 1986, S. 149ff.). Weiterhin besteht bei der Gestaltung des Beschaffungswegs die Möglichkeit, die Potentiale des Electronic Procurement zu nutzen.

Beim direkten Bezug beschafft der Abnehmer die Ware direkt beim Hersteller. Hierdurch können sich Vorteile bei den Kosten (beispielsweise Wegfall der Kosten und Gewinne der Beschaffungsmittler, niedrigere Transportkosten bei selten benötigten, großvolumigen oder schweren Beschaffungsobjekten) und der Stellung beim Lieferanten (engerer Kontakt, bessere Kommunikation, höhere Flexibilität, höherer Einfluss auf die Produktgestaltung etc.) ergeben (ARNOLDS/HEEGE/TUSSING 2001, S. 284f., HARTMANN 1997, S. 201). Je nach Situation können die Beschaffungsfunktionskosten durch notwendige Verhandlungen enorm ansteigen oder die Beschaffungsflexibilität beim operativen Bedarf eingeschränkt werden. Der direkte Bezug bietet sich mitunter bei den Strategien der Beschaffungsmarktstimulierung, den Lieferantenbeziehungsstrategien oder dem Global Sourcing an.

Beim indirekten Bezug werden zwischen Lieferant und Abnehmer ein oder mehrere Beschaffungsmittler wie Kommissionäre, Einkaufsbüros oder Importeure geschaltet, die auch Logistik- oder Lagerungsaufgaben erfüllen können (HARTMANN 1997, S. 200ff.). Durch den Beschaffungsmittler kann es auch zu besserem Service und besserer Beratung (sinkendes Beschaffungsrisiko), niedrigeren Beschaffungskosten (z. B.

niedrigere Beschaffungsfunktionskosten, wegfallende Mindermengenzuschläge) oder höheren Beschaffungskosten (Kosten und Gewinn des Beschaffungsmittlers) sowie höherer Markttransparenz kommen (ARNOLDS/HEEGE/TUSSING 2001, S. 284f., HARTMANN 1997, S. 202f.). Der indirekte Bezug kann bei der Transaktions-, der Preisfokussierungsstrategie und dem Global Sourcing genutzt werden. Ob der indirekte oder direkte Bezug vorzuziehen ist, kann allerdings nur situationsbezogen und nicht generell festgestellt werden.

Die zweite Entscheidung zur Festlegung des Beschaffungsweges betrifft das Beschaffungsverfahren. Unter Beschaffungsverfahren ist zu verstehen, wie die Beschaffung konkret vollzogen wird, ob über Marktveranstaltungen wie Auktionen oder Ausschreibungen bezogen wird, Bestellungen getätigt oder Verhandlungen geführt werden (BURT/PINKERTON 1996, S. 120, HEINRITZ ET AL. 1991, S. 74, MONCZKA/TRENT/HANDFIELD 1998, S. 36, THEISEN 1970, S. 60ff.). Je nach gewähltem Beschaffungsverfahren besteht ein unterschiedlich großer Raum für den Einsatz der Beschaffungsmarketingmaßnahmen. Marktstruktur und Beschaffungsobjekt sind bei der Wahl des Beschaffungsverfahrens besonders ausschlaggebend.

Bestellungen und der Kauf ohne Verhandlung bieten sich an, wenn kein weiterer Klärungsbedarf zwischen Lieferant und Abnehmer besteht und mögliche Verhandlungen wenig aussichtsreich erscheinen; ersteres dürfte insbesondere beim operativen Bedarf gegeben sein. Die Bestellung und der Kauf ohne Verhandlung kommen – wenn ein funktionierender Wettbewerb besteht – häufig in Betracht. Bestellungen zeichnen sich durch relativ niedrige Beschaffungsfunktionskosten aus. Beide Verfahren sind besonders geeignet für die Strategie der Beschaffungsmarktdurchdringung und die Transaktionsstrategie.

Verhandlungen werden genutzt, wenn Marktübersicht besteht, eine gewisse Bedeutung des Beschaffungsobjekts für den Abnehmer gegeben ist oder Verhandlungsbedarf besteht (HARDING 1990, S. 93, MONCZKA/TRENT/HANDFIELD 1998, S. 487). Diese Punkte dürften eher vom strategischen Bedarf erfüllt werden. Verhandlungen und Verhandlungtaktiken werden ausführlich in der Literatur diskutiert und werden hier aufgrund ihrer Spezität nicht näher dargestellt (BAILY ET AL. 1994, S. 166ff., DOBLER/BURT 1984, S. 371ff., GROCHLA/SCHÖNBOHM 1980, S. 163f., HARDING 1990, S. 85ff., MONCZKA/TRENT/HANDFIELD 1998, S. 487+ 505ff.). Verhandlungen können u. a. im Rahmen der Kooperationsstrategie, der Beschaffungsmarktentwicklung, der Beschaffungsdiversifikation und den Strategien der Beschaffungsmarktstimulierung ratsam sein.

Ausschreibungen bieten sich in erster Linie bei eindeutigen Spezifikationen, bedeutenden Beschaffungsobjekten, ausreichenden Zeitressourcen für die Durchführung und evtl. nicht ausreichender Marktübersicht an (BURT/PINKERTON 1996, S. 122, LEENDERS/FEARON 1997, S. 547, MONCZKA/TRENT/HANDFIELD 1998, S. 30). Zudem lohnt eine Ausschreibung nur, wenn eine ausreichende Anzahl Interessenten zur Verfügung steht. Der Ressourcenaufwand einer öffentlichen Ausschreibung ist relativ hoch, da es sich um ein formales Verfahren handelt, in dessen Vorfeld umfangreiche Vorbereitungen zu treffen sind (Erstellen der Ausschreibungsunterlagen, Veröffentlichung etc.). Ausschreibungen können mitunter bei der Transaktions-, der Preisfokussierungs-, aber auch der Präferenzstrategie sowie der Beschaffungsdiversifikation und Beschaffungsmarktentwicklung in Frage kommen.

Bei Auktionen handelt es sich um einen speziellen Preisfindungsmechanismus, der zu besonders günstigen Beschaffungsobjektkosten führen kann. Auktionen können gut beim Verfolgen der Preisfokussierungs- und der Transaktionsstrategie eingesetzt werden.

Die vielfältigen Potentiale des Electronic Procurement – also der elektronischen Beschaffung über das Internet – können mitunter durch Desktop Purchasing Systeme, elektronische Marktplätze und Plattformen, Online-Kataloge, elektronische Auktionen und Ausschreibungen sowie Online Shops genutzt werden (AUST ET AL. 2001, S. 13, BICHLER/KROHN 2001, S. 89f., BOGASCHEWSKY 1999, BOGASCHEWSKY 2002, S. 19, DOLEMTSCH 2000, MÖHRSTÄDT ET AL. 2001, NEKOLAR 2003). Electronic Procurement-Instrumente können im Rahmen jeder Beschaffungsstrategie eingesetzt werden. So können durch Desktop Purchasing-Systeme und Online-Kataloge Bedarfe gebündelt und Prozesse vereinfacht werden (PUSCHMANN/ALT/ÖSTERLE 2001, S. 24). Durch elektronische Auktionen können Preisfindungsmethoden kostengünstig umgesetzt werden, die oft zu niedrigeren Beschaffungsobjektkosten führen. Die Diskussion der spezifischen Instrumente des Electronic Procurement muss aufgrund des Umfangs hier entfallen. Stattdessen wird nur auf die bereits erwähnte weiterführende Literatur verwiesen.

Die Beschaffungsorgane

Die Wahl der Beschaffungsorgane setzt sich eigentlich aus zwei Entscheidungsbereichen zusammen, die nacheinander dargestellt werden: Wahl des Beschaffungsorgans und Entscheidung über die Nutzung von Beschaffungskooperationen.

Als Beschaffungsorgan wird die Einheit bezeichnet, die tatsächlich die Beschaffung durchführt. Die verschiedenen Beschaffungsorgane können nach dem Grad der Zentralisierung unterschieden werden. Demnach lässt sich ein Kontinuum aufspannen, an dessen Endpunkten die Beschaffungsorgane „ausschließliche Beschaffung durch den Zentraleinkauf" und „selbständige Beschaffung durch die Bedarfsträger" stehen. Weitere Beschaffungsorgane sind z. B. Werkseinkauf, Reisende, Beschaffungsniederlassungen, Vertreter, Makler und Kommissionäre.

In der Praxis geht – nachdem sich Dezentralisierungs- und Zentralisierungstrends abgewechselt haben – der Trend zu Hybridformen, in denen zentrale und dezentrale Beschaffungsorgane nebeneinander bestehen (BUCK 1998, S. 201, KAUFMANN 2002, S. 18, KÖGLMAYR/STRUB 1998, S. 60). Ziel dieser Hybridformen ist es, die Vorteile zentraler und dezentraler Beschaffungsorgane zu kombinieren (s. Abb. 22). In der Praxis hat sich bewährt in diesem Zusammenhang, die eher strategische Beschaffung zu zentralisieren und die eher operative zu dezentralisieren (GHAZVINIAN 2000, S. 36, MÖHRSTÄDT ET AL. 2001, S. 85, WIRTZ/ECKERT 2001, S. 152). Insbesondere können die Instrumente des Electronic Procurement dies unterstützen. Aus den Vorteilen in Abbildung 21 lässt sich auch ablesen, dass die Zentralisierung sich mitunter für die Preisfokussierungsstrategie, die Strategie der Beschaffungsmarktdurchdringung und eine offensive Wettbewerbsstrategie eignet, während die Dezentralisierung u. a. Vorteile bei der Präferenzstrategie und der Beschaffungsobjektentwicklung besitzt.

Vorteile der zentralen Beschaffung

- Preis- und Konditionenvorteile (z. B. durch Volumenbündelung)
- bessere Marktposition
- niedrigeres Beschaffungsrisiko durch höhere Lieferbereitschaft
- einfachere Reduzierung der Beschaffungsobjekt- und Lieferantenanzahl (z. B. durch Standardisierungsmaßnahmen)
- niedrigere Lagerbestände
- einheitlichere Steuerung und Kontrolle (z. B. durch eine einheitliche Beschaffungsstrategie)
- größere Spezialisierung der Mitarbeiter/effizientere Aufgabenerfüllung
- bessere Marktübersicht

Vorteile der dezentralen Beschaffung

- höhere Flexibilität und schnellere Abwicklung (durch z. B. kürzere Instanzen-, Transport- und Kommunikationswege)
- geringere Schnittstellenprobleme/geringerer Koordinationsaufwand/verbesserte Kommunikation (z. B. durch engeren Kontakt zum Bedarfsträger)
- höhere Motivation und Verantwortungsbewusstsein durch Einbindung
- weniger Bürokratie/geringere Overheadkosten
- unmittelbare Lieferantenkontakte
- besseres Detailwissen bezogen auf Bedarf und Beschaffungsobjekte

Abb. 22: Die Vorteile der zentralen und dezentralen Beschaffung

(BAILY ET AL. 1994, S. 48f., GADDE/HAKANSSON 1993, S. 28+123f., HOUGH 1992, S. 19ff., JETTER 1992, S. 82f., KÖGLMAYR/STRUB 1998, S. 59f., LENSING/SONNEMANN 1995, S. 29ff., MÖHRSTÄDT ET AL. 2001, S. 81f., MONCZKA/TRENT/HANDFIELD 1998, S. 71ff.)

Ein bedeutendes Problem im Zusammenhang mit der Zentralisierung ist das Phänomen des „maverick buying". Hierzu kommt es, wenn der Bedarfsträger etwa aus Flexibilitätsgründen bei der Lieferantenwahl oder terminlichen Engpässen an den für die Beschaffung vorgesehenen Organen „vorbeibeschafft" (DOLMETSCH 2000, S. 14, MÖHRSTÄDT ET AL. 2001, S. 14+49, PUSCHMANN/ALT/ÖSTERLE 2001, S. 23). Da sich dies jedoch oft kontraproduktiv auf das Erreichen der Beschaffungsmarketingziele insgesamt auswirkt, müssen die Beschaffungsorgane sich auch aus diesem Grund ebenfalls im eigenen Unternehmen gut präsentieren, den Bedarfsträger als Kunden behandeln und einen guten Service bieten (ELLRAM/BIROU 1995, S. 68ff.).

Des Weiteren muss im Zusammenhang mit der Entscheidung über die Beschaffungsorgane die Möglichkeit der horizontalen Beschaffungskooperation betrachtet werden (auch cooperative oder group purchasing genannt) (ARNOLD 1998a, S. 8+122f., ESSIG 2002, S. 267). Beschaffungskooperationen entstehen durch formellen oder informellen Zusammenschluss von zwei oder mehreren Organisationen mit dem Ziel, Beschaffungen gemeinsam durchzuführen (ARNOLD 1998a, S. 3, BOUTELLIER/CORSTEN 2000, S. 6, 64+70, ESSIG 2002, S. 272). Die Ziele, die mit Beschaffungskooperationen in Deutschland bisher besonders verfolgt wurden, sind v. a. die durch die Volumenbündelung resultierenden Preissenkungen, aber auch erhöhte Expertise, Erfahrungsaustausch und eine verbesserte Marktstellung (ARNOLD 1998c, S. 53, ESSIG 2002, S. 266+279). Weite Verbreitung finden Beschaffungskooperationen im Handels- und Handwerksbereich (ARNOLD 1997, S. 117f., ARNOLD 1998b, S. 34). Sie bieten sich gerade für kleine und mittlere Unternehmen an, da sie ihre im Vergleich zu größeren Unternehmen oft schlechtere Marktposition ausgleichen können (ARNOLD 1982, S. 245, KAUFMANN 2002, S. 17). Beschaffungskooperationen empfehlen sich beispielsweise für die Verfolgung der Preisfokussierungs- und Transaktionsstrategie.

Allerdings eigenen sich nicht alle Beschaffungsobjekte aufgrund von Geheimhaltungs-, Flexibilitätsanforderungen, hohen Wettbewerbs etc. für Kooperation (ARNOLD 1998c, S. 43, DUNSCH 1998, S. 14, SCHINDELE 1998, S. 36). In erster Linie eignen sich wenig komplexe und nicht wettbewerbsentscheidende Beschaffungsobjekte (SCHINDELE 1998, S. 38). Der Erfolg einer Kooperation wird neben der Wahl der richtigen Beschaffungsobjekte maßgeblich durch die Wahl der adäquaten Kooperationspartner beeinflusst (ARNOLD 1997, S. 120, ARNOLD 1998c, S. 23).

Grundsätzlich stehen unterschiedliche Beschaffungskooperationstypen zur Verfügung (Beschaffungsringe, Joint Ventures, Börsen etc.), die sich in ihrer Dauer (nur punktuell oder dauerhaft), Formanforderungen und Intensität (mit/ohne Kapitalbeteiligung, mit/ohne gemeinsamem Vertragsschluss und/oder -abwicklung) unterscheiden (ARNOLD 1997, S. 118f., ESSIG 2002, S. 273, OLESCH 1998, S. 63, SCHINDELE 1998, S. 41).

Die teilweise bestehenden kartellrechtlichen Bedenken gegenüber Beschaffungskooperationen sind bei Beachtung der Vorschriften des GWB unberechtigt; das heißt, dass die Kooperationspartner nicht zum Bezug über die Kooperation gezwungen werden dürfen, kein gleichförmiges Verhalten ausgelöst werden darf, und auch der Wettbewerb nicht wesentlich beeinträchtigt wird (§§ 1, 19-21 GWB) (DUNSCH 1998, S. 16, HARLANDER/BLOM 1999, S. 141, SCHINDELE 1998, S.49+62ff.). Zur Überwachung der Einhaltung dieser Vorgaben unterliegen Beschaffungskooperationen der Missbrauchskontrolle der zuständigen Kartellbehörde (SCHINDELE 1998, S. 64).

Die Beschaffungsmodalitäten

Auch das Festlegen der Beschaffungsmodalitäten ist Teil der Bezugspolitik. Die Anzahl der einzelnen Beschaffungsmodalitäten (Exklusivbezugsrechte, Kapazitätsreservierungen, Bezugsort, Bezugstermin etc.) ist sehr groß, und jede einzelne kann als Anreiz oder Forderung gestaltet werden (BIERGANS 1992, S. 241ff.+300ff., KOPPELMANN 2000, S. 294). Die meisten Beschaffungsmodalitäten stellen operative Entscheidungen dar. Es wird hier nur die Vertragsdauer als Beschaffungsmodalität dargestellt.

Kurzfristige Verträge ermöglichen bei operativem Bedarf eine hohe Flexibilität und können durch erhöhten Wettbewerb zu niedrigeren Beschaffungspreisen führen, jedoch kommt es häufiger zu Vertragsverhandlungen und neuer Suche von Lieferanten, wobei das Beschaffungsvolumen je Vertrag geringer ist. Bei langfristigen Verträgen wird über höhere Beschaffungsvolumina verhandelt. Die Flexibilität kann bei strategischem Bedarf steigen, hingegen sinkt sie bei operativem Bedarf. Durch langfristige Verträge kann sich die Beziehung zum Lieferanten verbessern. Folglich bieten sich in Verbindung mit einer Transaktionsstrategie oft kurzfristige und bei Kooperationsstrategien eher langfristige Verträge an. Folglich eignen sich kurzfristige Verträge besonders für das Verfolgen der Preisfokussierungs- und Transaktionsstrategie, aber auch der Beschaffungsmarktentwicklung, während langfristige Verträge eher Kooperations- und Präferenzstrategien sowie die Strategien der Beschaffungsmarktentwicklung und der Beschaffungsdiversifikation unterstützen.

Eine Möglichkeit, die Vorteile lang- und kurzfristiger Verträge zu vereinen, sind Rahmen-, Sukzessiv- und Abrufverträge, die dem Beschaffer eine größere Flexibilität gewähren (ANDERS 1992, S. 150, ARNOLDS/HEEGE/TUSSING 2001, S. 253, HARTMANN 1997, S. 469, SCHULTE 1990, S. 127). Während bei Rahmenverträgen die Abnahmemengen und -termine vorher nicht vertraglich festgelegt werden, werden bei Abrufverträgen meist Mindest- und/oder Höchstmengen und bei Sukzessivlieferverträgen Mengen und Termine vorher bestimmt (HARTMANN 1997, S. 471f.). Beim Rahmenvertrag ist es trotz großer Freiräume möglich, das Beschaffungsvolumen bei einem Lieferanten zu konzentrieren (HARTMANN 1997, S. 470, KAUFMANN 1995, S. 293, SCHULTE 1990, S. 127). Rahmenverträge werden häufig genutzt und oft für dezentral anfallenden Kleinbedarf auch in Verbindung mit E-Procurement-Instrumenten und als Grundlage für das C-Teilemanagement eingesetzt (STRACHE 2000, S. 41).

Die Lieferantenpolitik

Die Lieferantenpolitik stellt den umfangreichsten Teilbereich der Bezugspolitik dar und ist aufgrund der zunehmenden Beschaffungstiefe und dem damit einhergehenden steigenden Stellenwert der Lieferanten überhaupt einer der zentralen Bereiche des Beschaffungsmarketings (KOPPELMANN 2000, S. 256, MONCZKA/TRENT/HANDFIELD

1998, S. 255). Eine gute Lieferantenbasis und gute Lieferantenbeziehungen stellen eine wichtige Grundlage für den langfristigen Unternehmenserfolg dar und tragen erheblich zur Erfüllung der Beschaffungsmarketingziele bei (CAMMISH/KEOUGH 1991, S. 22, ELLRAM/BIROU 1995, S. 99, MARKHAM/MORALES/SLAIGHT 1999, S. 37, MONCZKA/TRENT/HANDFIELD 1998, S. 334ff.). Die Lieferantenpolitik ist „die Gesamtheit der Maßnahmen, die darauf gerichtet sind, der Unternehmung eine genügende Anzahl von leistungsfähigen Zulieferern mit dauerhafter Existenzfähigkeit und Lieferwilligkeit aufzubauen bzw. zu erhalten und auf diese Weise dem Unternehmen auf der Inputseite strategische Wettbewerbsvorteile zu eröffnen" (ARNOLDS/HEEGE/ TUSSING 2001, S. 263). Daraus folgt, dass nicht nur bestehende, sondern auch potentielle Lieferanten Gegenstand der Lieferantenpolitik sind (BOUTELLIER/CORSTEN 2000, S. 37, DOLLMANN/DREBINGER/READ 2001, S. 47).

Zwei grundsätzliche Erkenntnisse liegen einer guten Lieferantenpolitik zu Grunde: zum einen existieren unterschiedliche Lieferantenbeziehungen, die auch unterschiedlich zu behandeln sind. Zum anderen unterliegen Lieferantenbeziehungen Änderungen, auf die der Beschaffer reagieren bzw. die er antizipieren muss (GADDE/HA-KANSSON 1993, S. 77, HIRSCHSTEINER 2001, S. 88, LARGE 2000, S. 222). In der Praxis wird ein aktives Management der Lieferantenbeziehungen oft vernachlässigt und die Dynamik von Lieferantenbeziehungen verkannt, so dass es zu nicht situationsadäquaten Beziehungen kommt, die zu enormen Kosten, Problemen oder auch ungenutzten Potentialen führen können (BARTH/EGER 2000, S. 44, BOUTELLIER/CORSTEN 2000, S. 37, CANNON/PERREAULT 1999, S. 457).

Die Begriffskonfusion im Bereich der Lieferantenpolitik ist groß. Es wird u. a. von Lieferantenförderung, -entwicklung, -strukturpolitik, -pflege, -erziehung, -analyse, -bewertung, -kooperation, -integration und -aufbau gesprochen (ANDERS 1992, S. 139, ARNOLD 1997, S. 189ff., HIRSCHSTEINER 2002a, S. 167ff., LARGE 2000, S. 228, SCHULTE 1990, S. 5, WERNER 1997, S. 5). Im Folgenden wird die Lieferantenpolitik in die Bereiche Lieferantenauswahl, -entwicklung und -pflege unterteilt. Während sich die Lieferantenentwicklung mit dem Aufbau von Anbietern zu potentiellen oder tatsächlich auch genutzten Lieferanten auseinandersetzt, ist die Förderung, Rationalisierung oder auch Beendigung der bestehenden Lieferantenbeziehungen Gegenstand der Lieferantenpflege.

Die Maßnahmen der Lieferantenpolitik sind nur auf der Grundlage von Beurteilungen der bestehenden und potentiellen Lieferanten möglich (BOUTELLIER/CORS-TEN 2000, S. 115). Lieferantenbeurteilungen sind oft – trotz Fehlens einer professionellen Lieferantenpolitik – weit verbreitet (ARNOLD 1997, S. 175, DOBLER 1998, S. 147f.). Auch wenn sich Umfang und Professionalität der Beurteilungssysteme der Unternehmen stark unterscheiden, bauen sie überwiegend auf den gleichen zentralen Beurteilungskriterien auf: Zeit, Qualität, Technik, Service und Preis (BORNEMANN 1987, S. 16ff., HOFFMANN/LUMBE 2000, S. 96, MONCZKA/TRENT/HAND-FIELD 1998, S. 249ff., ORTHS 1998, S. 566). Daraus lässt sich erkennen, dass bei der

Lieferantenbeurteilung versucht wird, nicht nur Kostengrößen, sondern die gesamte Leistungsfähigkeit des Lieferanten zu bewerten (BÄCK/PIGNITTER 1993, S. 36, BARTELS 1991, S. 31, PIONTEK 1993a, S. 104). Allerdings sollten Umfang und Inhalt der Lieferantenbeurteilung an der Bedeutung des Lieferanten oder des Beschaffungsobjekts ausgerichtet sein, wenngleich nicht für jeden Lieferanten ein eigenes Kriteriensystem ausgearbeitet werden sollte.

Zur Nutzung der Potentiale der Lieferantenbeurteilung ist zumindest bei bedeutenden Lieferanten in einem angemessenen Turnus die Rückkoppelung der Beurteilungsergebnisse evtl. in Verbindung mit Leistungsverbesserungswünschen, Lob oder auch Auszeichnungen notwendig. Einige Unternehmen erstellen aufgrund der Beurteilungen auch Lieferantenrankings oder ordnen die Lieferanten unternehmensweit in Kategorien ein (SARKIS/TALLURI 2002, S. 27). Auf jeden Fall sollten die Maßnahmen der Lieferantenpolitik an den Beurteilungsergebnissen ausgerichtet werden.

Aufgrund der großen Bedeutung der Lieferantenbasis ist die Lieferantenauswahl ein entscheidender Schritt für das Beschaffungsmarketing (ERICKSON/WHITTIER/ OSWALD 1992, S. 130, KOPPELMANN 2000, S. 234, SIMPSON/SIGUAW/WHITE 2002, S. 29). Sie ist daher systematisch und sorgfältig durchzuführen (HARTMANN 1997, S. 204, MONCZKA/TRENT/HANDFIELD 1998, S. 238, SCHEUING 1988, S. 4). Der Erfolg der Auswahl hängt stark von der Güte der durch die Beschaffungsmarktforschung durchgeführten Lieferantensuche ab. Der Lieferantenauswahlprozess ist meist mehrstufig und erfolgt anhand von Auswahlkriterien, die den Kriterien der Lieferantenbeurteilung ähneln (BAILY ET AL. 1994, S. 130f., HARTMANN 1997, S. 446, LARGE 2000, S. 147, MUSCHINSKI 1998, S. 92ff.). Bei der Lieferantenauswahl muss beachtet werden, dass nicht jeder ausgewählte Lieferant das abnehmende Unternehmen beispielsweise aufgrund geschlossener Kooperationen oder bestehender Kapazitätsengpässe auch beliefern will (MEHL 1985, S. 47). Finanzielle Anreize wie Gegengeschäfte, Volumenbündelung, Investitionen in den Lieferanten, höhere Preise und Kapitalbeteiligungen sowie nicht finanzielle Anreize wie Referenzen, Unterstützung beim Qualitätsmanagement und Know-how-Transfer können jedoch die Lieferwilligkeit des Lieferanten erhöhen (HAMMANN/LOHRBERG 1986, S. 159).

Die Maßnahmen der Lieferantenentwicklung fanden in der traditionellen Beschaffung – auch aufgrund der Gefahr, dass auch konkurrierende Unternehmen von den Maßnahmen profitieren können – wenig Unterstützung (LARGE 2000, S. 4). Dies ändert sich mit Einzug des Beschaffungsmarketings jedoch zunehmend. So wird heute im Rahmen der Lieferantenentwicklung in potentielle und bestehende Lieferanten zur Leistungssteigerung investiert, um Qualität und Größe der Lieferantenbasis zu verbessern. Zudem werden bessere Kosten- und Qualitätsniveaus erreicht, der Wettbewerbsdruck kann gesteigert, die Angebotsmenge insgesamt erhöht und somit die Abhängigkeit von einzelnen Lieferanten reduziert werden (ANDERS 1992, S. 89). Eine weitere Motivation für die Lieferantenentwicklung besteht darin, dass die besten Lieferanten des Marktes teilweise entweder nicht zur Verfügung stehen oder die gewünschte Leistungsfähigkeit nicht bieten können (BICHLER/KROHN 2001, S. 45). Es ist demnach abzuwägen, ob die Förderung bestehender Lieferanten oder potentieller Lieferanten vorteilhafter ist. Als Entwicklungsmaßnahmen kommen – wie bei der Lieferantenauswahl und -pflege – mitunter Know-how-Transfer, Unterstützung beim Qualitätsmanagement oder auch finanzielle Unterstützungen in Frage. Diese können vor allem die Strategien der Beschaffungsmarktentwicklung, der Beschaffungsdiversifikation und des Global Sourcings unterstützen.

Allerdings muss damit gerechnet werden, dass – obwohl die Lieferantenentwicklung regelmäßig ein großer Anreiz ist – einzelne Anbieter diese Maßnahmen ablehnen. Ein weiteres Hindernis besteht darin, dass einige Unternehmen nicht das notwendige Know-how und ausreichend Ressourcen für die oft erst langfristig wirksamen Maßnahmen der Lieferantenförderung besitzen (ARNOLD 1997, S. 77f., ARNOLDS/HEEGE/ TUSSING 2001, S. 312ff.).

Aus den zwei grundsätzliche Erkenntnisse einer guten Lieferantenpolitik – unterschiedlich zu behandelnde Lieferantenbeziehungen, die Veränderungen unterliegen – leitet sich das Ziel der Lieferantenpflege, die Optimierung der Lieferantenbasis und das Verfolgen situationsadäquater Beziehungen ab. Es stehen zwei Hauptstoßrichtungen der Lieferantenpflege zur Auswahl: die Intensivierung oder die Rationalisierung der Beziehungen.

Der Extremfall der Beziehungsrationalisierung ist das Beenden der Beziehung. Wenngleich ein solcher Abbruch bzw. allein dessen Androhung ein wichtiges Mittel zur Optimierung der Lieferantenbasis ist (MONCZKA/TRENT/HANDFIELD 1998, S. 340), wird vor dieser Maßnahme oft aufgrund von vertraglichen Hürden, Imageschäden, Missbehagen der Beschaffer, aber auch aufgrund des entstehenden Aufwands zurückgeschreckt (LARGE 2000, S. 230ff.). Die durchschnittlichen Lieferantenzahlen der Unternehmen sinken in der Praxis aber trotzdem (LARGE 2000, S. 4, LEENDERS/- FEARON 1997, S. 541, GADDE/SNEVOTA 2000, S. 30). Eine mildere Form der Beziehungsrationalisierung besteht im Abbau der Beziehungsintensivierung. Dies stellt häufig eine anspruchsvolle Aufgabe dar, da die Beziehung ja nicht beendet und die Angebotswilligkeit des Lieferanten dennoch erhalten werden soll (BERG 1981, S. 35). Die Mittel der Beziehungsrationalisierungen können die Umsetzung der Transaktions- und Preisfokussierungsstrategie unterstützen.

Im Falle der Beziehungsintensivierung kommen – je nachdem wie hoch der angestrebte Intensitätsgrad der Beziehung ist – unterschiedliche Optionen in Betracht. Grundsätzlich bieten sich im finanziellen Bereich eine große Bandbreite von Maßnahmen an. Diese erstreckt sich von größeren Beschaffungsvolumina, Kapitalbeteiligungen, Vorfinanzierungen, langfristige Abnahmegarantien bis hin zu Werkzeug- und Rohstoffbereitstellungen, Prämien sowie höheren Preisen. Im nicht finanziellen Bereich stehen u. a. technische Beratungen, Schulungen, Konstruktionshilfen, Rationalisierungsvorschläge, Unterstützung beim Qualitätsmanagement, Unterstützung bei Schwachstellenanalysen und Personalentsendungen zur Auswahl (ARNOLDS/HEEGE/

TUSSING 2001, S. 301ff., HAMMANN/LOHRBERG 1986, S. 162+174ff., KERN 1991, S. 125f+201, MENZE 1993, S. 318f., MONCZKA/TRENT/HANDFIELD 1998, S. 318f., STEVENS 1978, S. 154ff.). Eine Maßnahme, die sich für sehr intensive Beziehungen eignet und in der Literatur ausführlich diskutiert wird, ist die Früheinbindung des Lieferanten in den Fertigungs- und Entwicklungsprozess („early supplier involvement") (DOBLER/BURT 1984, S. 149, ESSIG 2001, S. 24, WILLEKE/ALTHAUS 1998, S. 280). Diese ermöglicht durch die sehr frühe Zusammenarbeit eine umfassende Nutzung des Lieferanten-Know-hows zur Wirtschaftlichkeits- und Qualitätsniveausteigerung (ARNOLDS/HEEGE/TUSSING 2001, S. 30, DOBLER/BURT 1984, S. 223, HEINRITZ ET AL. 1991, S. 58). Die Mittel zur Intensivierung bestehender Beziehungen kommen insbesondere beim Verfolgen der Strategien Beschaffungsmarktdurchdringung, Beschaffungsobjektentwicklung und der Kooperationsstrategie in Betracht.

Des Weiteren werden in der Literatur im Rahmen der Lieferantenpolitik häufig zwei Instrumentalstrategien diskutiert (AMMER 1980, S. 415, KOPPELMANN 2000, S. 129, MELZER-RIDINGER 2002, S. 34), die teilweise auch als Sourcing-Konzept bezeichnet werden. Die eine der diskutierten Instrumentalstrategien, die auch unter dem Namen Lieferantenkonzept erörtert wird, stellt auf die Anzahl der Bezugsquellen für ein Beschaffungsobjekt ab und unterscheidet demnach das Single und Multiple Sourcing. Die andere setzt sich mit dem Objektkonzept auseinander, wobei hier die Ausprägungen Unit und Modular bzw. System Sourcing unterschieden werden (ARNOLD 1997, S. 93ff., KAUFMANN 1995, S. 278).

Das Lieferantenkonzept ergibt sich i. d. R. durch die verfolgte Lieferantenbeziehungsstrategie (s. Kap. 4.3.3.2.3) (GADDE/HAKANSSON 1993, S. 46, ZIMMERMANN/GASSER 1999, S. 74), da kooperative Beziehungen eher mit dem Single Sourcing und transaktionale eher mit dem Multiple Sourcing verknüpft werden. Da sich eine optimale Lieferantenzahl für die unterschiedlichen Beschaffungsobjekte meist nicht bestimmen lässt (FREHNER/BODMER 2000, S. 86, LARGE 2000, S. 117), wird die Diskussion anhand der zwei Konzepte Single und Multiple Sourcing diskutiert, die eher als Stoßrichtung zu verstehen sind (HOMBURG 2002, S. 183). Ebenso wie das Multiple Sourcing in der Praxis nicht so ausgelegt wird, dass so viele Lieferanten wie möglich genutzt werden, strebt das Single Sourcing meistens nicht die Versorgung durch einen, sondern durch möglichst wenige Lieferanten an (HOMBURG 2002, S. 186, LARGE 2000, S. 118, PINKERTON 2002, S. 169). Teilweise findet man noch die Sonderformen des Dual Sourcings (zwei Lieferanten) und des Sole Sourcings (ARNOLD 2002, S. 209, BICHLER/KROHN 2001, S. 54, GÜNTER 1993, S. 199). Bei letzterer handelt es sich beim Lieferanten um einen Monopolisten.

Mit der Verbreitung des Beschaffungsmarketings wurden nach und nach auch die Vorteile des Single Sourcings erkannt, das es im traditionellen Beschaffungsmodell noch stets zu vermeiden galt (ELLRAM/BIROU 1995, S. 116). Ablesbar ist dies am Trend der abnehmenden durchschnittlichen Lieferantenanzahlen (BOUTELLIER/

CORSTEN 2000, S. 46f., MONCZKA/TRENT/HANDFIELD 1998, S. 699ff.). Manchmal wird auch heute noch – teilweise zu Recht – dem Single Sourcing aufgrund der möglichen langfristigen Wettbewerbsbeschränkung kritisch begegnet, obwohl diese Beschränkungen – wie die japanische Wirtschaft zeigt – nicht zwangsläufig daraus resultieren müssen (KAUFMANN 1995, S. 287). Zur Aufrechterhaltung des Wettbewerbs bieten sich Quoten an. Zudem kann die Abhängigkeit vom Lieferanten beim Single Sourcing entweder durch Begrenzung des Beschaffungsvolumenanteils des Single-Sourcing-Lieferanten oder des Anteils der Lieferantenkapazität, der vom beziehenden Unternehmen beansprucht wird, beschränkt werden (AMMER 1980, S. 375, ERICKSON/WHITTIER/OSWALD 1992, S. 162, KERN 1991, S. 222, SCHEUING 1988, S. 145).

Die Vorteile des Single Sourcings liegen u. a. in der Möglichkeit zur Erschließung strategischer Beschaffungsmarketingpotentiale. Auch kann es zu Volumenbündelungen, höherer Beschaffungsqualität, niedrigeren Verwaltungskosten sowie vereinfachter Kommunikation und Logistik kommen (DOBLER/BURT 1984, S. 224, HOMBURG 2002, S. 187, PIONTEK 1993a, S. 115, THEISEN 1970, S. 346). Das Verfolgen des Single Sourcings ist bei der Kooperationsstrategie, der Strategie der Beschaffungsmarktdurchdringung und der Qualitätsstrategie förderlich. Beim Multiple Sourcing ist die Abhängigkeit vom einzelnen Lieferanten geringer. Günstigere Preise können durch erhöhten Wettbewerb erzielt werden, und die Versorgungssicherheit kann für operative Bedarfe steigen (AMMER 1980, S. 415f., BAILY ET AL. 1994, S. 135f., BICHLER/KROHN 2001, S. 53f., DOBLER/BURT 1984, S. 223f.). Das Multiple Sourcing kommt z. B. beim Verfolgen der Beschaffungsmarktentwicklung, der Transaktions- und der Preisfokussierungsstrategie in Betracht.

Bei der Instrumentalstrategie des Objektkonzepts wird zwischen dem Unit Sourcing, bei dem nur einzelne nicht-zusammenhängende Beschaffungsobjekte bezogen werden, und dem Modular bzw. System Sourcing unterschieden (ARNOLD 1997, S. 101, VERSTEEG 1999, S. 76). Der Unterschied von Modular und System Sourcing besteht darin, dass beim Modular Sourcing Module eines Systems, die eine physische Einheit darstellen, und beim System Sourcing komplette Funktionen, die eine gedankliche Einheit darstellen, zwischen bezogen werden. Die Optionen des System und Modular Sourcing bieten sich fast ausschließlich im Falle engerer Lieferantenbeziehungen an (BOUTELLIER/CORSTEN 2000, S. 50). Beim Verfolgen dieses Objektkonzepts wird den Lieferanten verstärkt Entwicklungs- und Koordinationsarbeit übertragen (BICHLER/KROHN 2001, S. 59, PINKERTON 2002, S. 170, STRAUBE 1998, S. 444f.). Meist bildet sich dadurch eine Lieferantenpyramide, in der sich First-, Second- und Third-tier-Lieferanten herausbilden (CLEMENS 1995, S. 2, CORSTEN 1996, S. 631f., KAUFMANN 2002, S. 15, PINKERTON 2002, S. 168). Das abnehmende Unternehmen unterhält nur noch direkte Lieferantenbeziehungen zu seinen First-tier-Lieferanten, die wiederum die Beziehungen zu den Second- und Third-tier-Lieferanten übernehmen (ARNOLD 1997, S. 102, BOUTELLIER/CORSTEN 2000, S. 48f., KAUFMANN

1995, S. 282). Second- und Third-tier-Lieferanten unterscheiden sich durch die Komplexität der gelieferten Beschaffungsobjekte (EICHLER 2003, S. 69). In Verbindung mit Lieferantenpyramiden kann es beim System bzw. Modular Sourcing durch die Abnahme der direkten Lieferantenkontakte zu ähnlichen Vorteilen wie beim Single Sourcing in Verbindung mit einer Kooperationsstrategie kommen. Allerdings führt das System und Modular Sourcing durch die sinkende Anzahl an Beschaffungsobjekten zur weiteren Reduzierung des Verwaltungsaufwands und einem Absinken der Fertigungstiefe (BICHLER/KROHN 2001, S. 58, KAUFMANN 1995, S. 282, VERSTEEG 1999, S. 97). Auch wenn das System und Modular Sourcing sehr vorteilhaft zu sein scheint und es sich in der Praxis immer stärker verbreitet (ANDERS 1992, S. 160, KOPPELMANN 2000, S. 126), sprechen auch viele Gründe für das Unit Sourcing, da hier Know-how an Lieferanten nicht verloren wird, die Abhängigkeit vom Lieferanten geringer ist etc. Die Gründe für das Unit Sourcing ähneln denen, die für die Eigenfertigung sprechen (s. Kap. 4.3.1). Während das Modular und System Sourcing insbesondere für die Strategien der Beschaffungsmarktdurchdringung, Beschaffungsobjektentwicklung und der Kooperationsstrategie tragend sind, kann das Unit Sourcing insbesondere bei der Transaktionsstrategie und der Beschaffungsdiversifikation gut genutzt werden.

4.3.4 Die Durchführungsphase

In der Durchführungsphase wird der Beschaffungsmarketingplan durch die Maßnahmen umgesetzt. Dabei gilt es, mitzuteilen – sofern die Mitarbeiter nicht in die Planung integriert waren –, welche Pläne umgesetzt werden sollen, zu organisieren, wie und durch wen die Maßnahmen umgesetzt werden, die Mitarbeiter zu motivieren etc. Die Durchführungsphase kann je nach Plan eine sehr unterschiedliche Gestalt annehmen. Grundsätzlich können jedoch die folgenden Teilphasen unterschieden werden:

- **Beschaffungsanbahnung** (Lieferantensuche, evtl. Ausschreibung, Angebotseinholung, Angebotsanalyse, Lieferantenauswahl, evtl. Vorbereitung für Lieferantenwechsel etc.),
- **Beschaffungsabschluss** (evtl. Vertragsverhandlung, Vertragsschluss)
- und **Beschaffungsrealisation** (u. a. Leistungserbringung des Lieferanten, Raumüberbrückung, Leistungsannahme).

Auch in der Durchführungsphase können die Erkenntnisse, die durch die Beschaffungsmarktforschung gewonnen werden, sehr hilfreich sein, um auf eventuelle Änderungen oder Fehlplanungen reagieren zu können. Eventuell wird deutlich, dass ein erneutes Durchlaufen der Analyse- und Planungsphase notwendig ist.

Da die wesentlichen Beschaffungsmarketingmaßnahmen im Rahmen der Planung erörtert wurden, wird an dieser Stelle auf die Darstellung der Einzelschritte der Durchführungsphase verzichtet. Die bisher nicht erwähnten Maßnahmen sind größtenteils operativ und stark situationsabhängig und werden deshalb nicht weiter beschrieben.

4.3.5 Die Kontrollphase

Die Kontrollphase soll das Erreichen der Beschaffungsziele sicherstellen. Zudem werden Informationen für zukünftige Beschaffungsprozesse gewonnen und festgestellte Abweichungen näher analysiert. Kontrollen können in der Beschaffung eine Ergebnisfeststellungs-, Führungs-, Regel-, Lern- und Motivationsfunktion einnehmen (KOPPELMANN 2000, S. 383f., PFISTERER 1988, S. 45ff.). Bei der Durchführung der Beschaffungskontrolle können mehrere Kontrollarten unterschieden werden: Ergebniskontrollen stellen die Soll- und Ist-Größen einander gegenüber. Planforschrittskontrollen vergleichen während der Umsetzung des Beschaffungsmarketing-Planes Prognose- und Soll-Größen und Prämissenkontrollen überprüfen schon während der Umsetzung des Beschaffungsmarketing-Plans, ob die in der Konzeption angenommenen Prämissen mit dem tatsächlichen Ist-Zustand übereinstimmen (DEMARCHI 1974, S. 231, PIONTEK 1994, S. 68, SCHRÖDER 2000, S. 31). Des Weiteren ist auch während der Planung zu überprüfen, ob die einzelnen Ebenen des Beschaffungsplans miteinander vereinbar sind und der tatsächliche Planungsprozess mit dem angedachten übereinstimmt, um bei Abweichungen möglichst früh Gegenmaßnahmen einleiten zu können (FRIEDL 1990, S. 80f.). Die Einordnung der Kontrollphase am Ende des Beschaffungsmarketingprozesses sollte folglich nicht dahingehend missverstanden werden, dass Kontrollen ausschließlich am Ende des Prozesses stattfinden. Vielmehr ist es notwendig, für die prozessbegleitenden Kontrollen eine unmittelbare Rückkoppelung der Kontrollinformationen sicherzustellen, um möglichst früh Gegenmaßnahmen einleiten zu können und so das Erreichen der Beschaffungsziele dennoch zu ermöglichen (FRIEDL 1990, S. 79, PFISTERER 1988, S. 16f., 28, 80, 116+293, STAEHLE 1969, S. 127).

Zum einen ist folglich zu kontrollieren, ob die tatsächlichen Ergebnisse des Beschaffungsmarketings bzw. auf der tatsächlichen Situation basierenden Prognosen mit den geplanten Ergebnissen übereinstimmen – ob also die Beschaffungsziele letztlich erfüllt werden können oder erfüllt worden sind. Bei Abweichungen sind Kontrollen dahingehend vorzunehmen, ob die Beschaffungsziele mit den Unternehmenszielen und anderen Teilbereichszielen im Einklang stehen, ob passende Strategien aus den Beschaffungszielen abgeleitet, eine vernünftige Segmentierung vorgenommen, die Strategien durch Ableiten angemessener Maßnahmen treffend umgesetzt, passend budgetiert und die Maßnahmen adäquat durchgeführt werden oder wurden.

Kontrollen, die typischerweise gegen Ende des Beschaffungsprozesses erfolgen, sind u. a. die Rechnungskontrolle auf rechnerische und sachliche Richtigkeit (BICH-LER/KROHN 2001, S. 85, GROCHLA/SCHÖNBOHM 1980, S. 169, PFISTERER 1988, S. 99), die Wareneingangskontrolle in qualitativer und quantitativer Hinsicht (BICHLER/KROHN 2001, S. 85, GROCHLA/SCHÖNBOHM 1980, S. 169, PFISTE-RER 1988, S. 99), das Überprüfen des Einhaltens der Beschaffungsmodalitäten in Form der Terminüberwachung und die Kontrolle der Beschaffungskosten bezüglich Beschaffungsobjekt- und -funktionskosten (BICHLER/KROHN 2001, S. 84, HARTMANN 1997, S. 485, KOPPELMANN 1997, S. 113f., PFISTERER 1988, S. 99). Diese Kontrollen sind für jeden Beschaffungsprozess unverzichtbar. Qualitätsmängel, Mengenfehler und auch Falschlieferungen müssen umgehend dem Lieferanten mitgeteilt werden (LARGE 2000, S. 196). Während die Beschaffungskontrolle früher oft vernachlässigt wurde, wird sie heute aufgrund des Anstiegs der Beschaffungstiefe und der Hinwendung zum modernen Beschaffungsmodell häufiger durchgeführt (ARNOLD 1997, S. 220f, ERNST 1996, S. 58, VAN WEELE 1984, S. 10).

Für die Durchführung der Beschaffungskontrolle werden in der Praxis die Nutzung von Kennzahlensystemen, Checklistenverfahren und Benchmarkings vorgeschlagen (ERNST 1996, S. 76, LARGE 2000, S. 202f., KOPPELMANN 1999, S. 207). Auf die Vertiefung dieser Thematik wird angesichts der ausführlichen Diskussion in Kapitel 5 an dieser Stelle verzichtet.

4.4 Die Übertragung des Beschaffungsmarketings auf die öffentliche Beschaffung

Das Konzept des Beschaffungsmarketings kann die bisherige Reform in der Kommunalverwaltung fortführen und nutzen. Neben der Steigerung der Wirtschaftlichkeit der öffentlichen Beschaffung – insbesondere durch Strategie- und Marktbezug –, kann das öffentliche Beschaffungsmarketing zum aktiven Einsatz des Personals, zur Anwendung eines kooperativen Führungsstils, Delegation und zur verstärkten Dezentralisierung respektive Minderung von negativen Dezentralisierungseffekten genutzt werden. Negative Bürokratieeffekte wie die operative Übersteuerung und strategische Untersteuerung, sinkende Prozessgeschwindigkeiten, die Unterforderung der Mitarbeiter und die Intransparenz des Beschaffungsprozesses können so unterbunden werden. Letztlich kann durch Verfolgen des öffentlichen Beschaffungsmarketings das in weiten Teilen in der Kommunalverwaltung vorherrschende traditionelle Beschaffungsmodell durch ein modernes Beschaffungsmodell abgelöst werden.

Ein dem modernen Beschaffungsmarketing entsprechendes Konzept des öffentlichen Beschaffungsmarketings besteht jedoch bisher nicht. Dostal führte als erster den Begriff „öffentliches Beschaffungsmarketing" in der Literatur ein und thematisiert dessen Notwendigkeit, stellt jedoch ansonsten lediglich einige Denkansätze zum öffentlichen Beschaffungsmarketing dar (DOSTAL 1980, S. 328ff., DOSTAL 1983, S. 156ff., DOSTAL 1986, S. 121ff.). In den meisten Literaturquellen, die den Begriff „öffentliches Beschaffungsmarketing" nutzen, wird entweder der Begriff nur erwähnt oder das öffentliche Beschaffungsmarketing meist äußerst knapp beschrieben, so dass auch hier kein umfassendes Konzept entwickelt worden ist (BARTL 2000, S. 45, DAMKOWSKI/PRECHT 1995, S. 198, DOSTAL 1984, S. 4ff., EICHHORN/BUCHHOLZ 1983, HOMANN 1989, Sp. 1693, HOMANN 1995, LEENDERS/BLENKHORN 1989, S. 40, RAFFEE/FRITZ/WIEDMANN 1994, REICHARD 1987, S. 51, SCHWAB 1981, S. 55, SCHMIDT 2001, STEINEBACH 1998, STRUNZ 1993, S. 113ff.).

Berndts „Marketing für öffentliche Aufträge" ist eines der beiden Werke, das sich mit der Konzeption eines öffentlichen Beschaffungsmarketings näher auseinandersetzt (BERNDT 1988). Berndt widmet sich der Entwicklung eines einzelbetrieblichen und kooperativen Angebotsmarketingkonzepts und eines öffentlichen Beschaffungsmarketingkonzepts. Legt man erneut die in Kapitel 4.2 verwendeten Kriterien an, die an die untersuchten privatwirtschaftlichen Beschaffungsmarketingkonzepte gestellt wurden, so können einige dieser Kriterien nicht erfüllt und folglich Berndts Konzept als solches hier nicht verwendet werden. In Berndts Konzept werden weder die Ansprüche des Lieferanten berücksichtigt noch findet eine systematische Planung statt. Da kein Beschaffungsmarketingmix vorgesehen ist, werden die Ziel- und Strategieebene fast gar nicht einbezogen und strategische Gesichtspunkte stark vernachlässigt.

Neben Berndt beschäftigt sich auch Ilius in seiner Dissertation mit der Konzeption des öffentlichen Beschaffungsmarketings (ILIUS 2002). Ilius' Schwerpunkt liegt zwar auf einer empirischen Untersuchung zum öffentlichen Beschaffungsmarketing, jedoch entwickelt er ein auf Koppelmann bzw. dessen Schüler Höveler begründetes Beschaffungsmarketingkonzept. Da das Konzept der Schule Koppelmanns direkt übernommen wurde, weist Ilius' Konzept die gleichen grundsätzlichen Probleme auf. Zwar wurden einige Restriktionen für die Anwendung des Beschaffungsmarketings in der öffentlichen Beschaffung aufgezeigt, jedoch wurden die Restriktionen insbesondere der öffentlichen Verwaltung nicht ausreichend berücksichtigt.

Deshalb wird in Ermangelung eines adäquaten öffentlichen Beschaffungsmarketingkonzepts auf das Übertragen des weiter vorangeschrittenen privatwirtschaftlichen Beschaffungsmarketings in Form des hier erstellten Konzepts auf die öffentliche Beschaffung der Kommunalverwaltung zurückgegriffen (ANDREE 1994, S. 16, BARTL 2000, S. 37, REICHARD 1987, S. 50, STEINEBACH 1998, S. 257). Wenngleich es Unterschiede zwischen privatwirtschaftlicher und öffentlicher Beschaffung gibt (s. Kap. 2+3) (AMMER 1980, S. 147, BOVIS 1998, S. 30, REICHARD 1987, S. 50), sind sie dennoch nicht grundsätzlich verschieden (ANDREE 1994, S. 15, HOMANN 1995, S. 76, HUELMANN 2000, S. 34, SCHMIDT 2001, S. 63). Dies gilt insbesondere, wenn man das tatsächliche Verhalten der öffentlichen Beschaffer betrachtet. Die meisten Entwicklungen, die in der Privatwirtschaft zur Einführung des neuen Beschaffungsmodells geführt haben – wie beispielsweise steigende Beschaffungstiefe, Internationalisierung, Verkürzung der Produktlebenszyklen, Ressourcenknappheit und wachsendes ökologisches Bewusstsein –, gelten auch für öffentlich beschaffende Betriebe. Für die Konzeption eines öffentlichen Beschaffungsmarketings müssen dennoch die spezifischen Rahmenbedingungen beachtet werden (BERNDT 1988, S. 19, RAFFEE/ FRITZ/WIEDMANN 1994, S. 193, SCHMID 1989, Sp. 94, SCHMIDT 2001, S. 63).

Im Folgenden wird das zuvor entwickelte privatwirtschaftliche Beschaffungsmarketingkonzept sukzessive anhand des Beschaffungsmarketingprozesses auf die öffentliche Beschaffung übertragen. Wie Abbildung 23 exemplarisch für den Prozess der öffentlichen Ausschreibung zeigt, lässt sich das privatwirtschaftliche Beschaffungsmarketing auch im öffentlichen Beschaffungsprozess wiederfinden. Im Gegensatz zum privatwirtschaftlichen Beschaffungsmarketing bestehen jedoch – zumindest in Teilen des öffentlichen Beschaffungsprozesses – detaillierte rechtliche Vorgaben, die es nicht erlauben, bestimmte Prozessphasen auszulassen, zu wiederholen oder parallel zu durchlaufen. Anpassungen an schnell auftretende Veränderungen sind oft gar nicht oder nur schwerfällig möglich. Insgesamt ergibt sich für den öffentlichen Beschaffungsprozess die Folge, dass in der Analyse- und Planungsphase ein sehr sorgfältiges Arbeiten notwendig ist, da begangene Fehler oder Unachtsamkeiten später nur schlecht wieder ausgeglichen werden können. Zum Teil führen die rechtlichen Vorgaben auch dazu, dass sich der Beschaffungsprozess – wie man Abbildung 23 entnehmen kann – insbesondere im Bereich der Durchführung aufwendiger gestaltet, als es unter privatwirtschaftlichen Aspekten notwendig erscheint (SCHMIDT 2002b, S. 313).

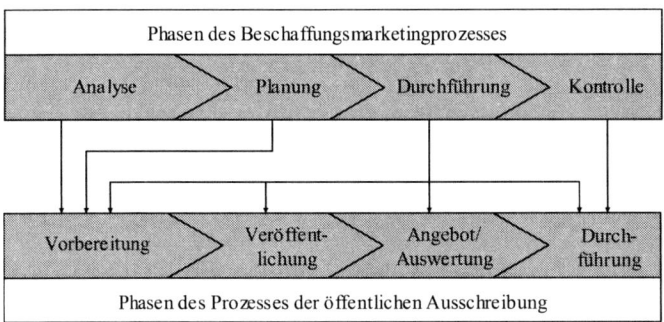

Abb. 23: Gegenüberstellung der Phasen des Beschaffungsmarketingprozesses und des Prozesses der öffentlichen Ausschreibung

Bei der Übertragung wird im Einzelnen überprüft, inwiefern die Rahmenbedingungen der öffentlichen Beschaffung der Kommunalverwaltung Restriktionen oder Unterstützungen für die Übertragung darstellen, wobei allerdings eine Beschränkung auf die wichtigsten Punkte erfolgt. Hierbei wird nicht nur das vom Vergaberecht intendierte, sondern auch das tatsächliche Verhalten der Beschaffer betrachtet. Wirken Rahmenbedingungen neutral auf die Übertragung, werden diese nicht weiter erwähnt. Von besonderer Bedeutung für die Übertragung ist die Maßnahmenebene, da diese entscheidet, ob das Beschaffungsmarketing sich tatsächlich auch in die Praxis umsetzen lässt.

4.4.1 Die vorgelagerte Make-or-buy-Entscheidung

Make-or-buy-Entscheidungen werden sowohl in privatwirtschaftlichen Unternehmen als auch in der Kommunalverwaltung gefällt. Das Vergaberecht berührt diese Entscheidung nur im Falle der Buy-Entscheidung direkt. Ob durch die Existenz des Vergaberechts das Fällen einer Make-Entscheidung gegenüber der Buy-Alternative begünstigt ist, kann – wenn überhaupt – nur vermutet werden.

Wichtige Informationen für das Durchführen strategischer Make-or-buy-Entscheidungen fehlen meistens, da Kernkompetenzen und optimale Leistungstiefe meist nicht bestimmt werden. Auch wenn die Gründe für Eigen- oder Fremdfertigung – insbesondere bei operativen Make-or-buy-Entscheidungen – denen in der Privatwirtschaft ähnlich gelagert sind, werden die strategischen Entscheidungen meist politisch getroffen. Allerdings finden wirtschaftliche Betrachtungen bei politischen Entscheidungen zunehmend Berücksichtigung. Make-or-buy-Entscheidungen sind folglich in der Kommunalverwaltung auch aufgrund der schlechteren Quantifizierbarkeit der benötigten Informationen, dem fehlenden Know-how, der großen Anzahl an Interessengruppen und der komplexen Zielstruktur wesentlich schwieriger als in privaten Unternehmen. Die allgemeine Tendenz in der öffentlichen Verwaltung, einmal übernommene Aufgaben nicht mehr abzugeben bzw. neue Aufgaben zur Absicherung des Verwaltungsfortbestandes zu übernehmen, ist in der Kommunalverwaltung weniger als in der restlichen öffentlichen Verwaltung ausgeprägt. Der hohe Reformdruck, die gespannte Finanzlage und Modeerscheinungen führen dazu, dass Privatisierungen und Outsourcing in vielen Kommunalverwaltungen seit längerem und in letzter Zeit insbesondere Public-Private-Partnerships thematisiert werden (HILSE 1996, S. 81, PAGE 1980, S. 145ff.). Mit dem Abbau des Leistungsangebots der Kommunalverwaltung sinkt zwar das absolute Beschaffungsvolumen, jedoch steigt die Beschaffungstiefe auch in der Kommunalverwaltung an (BURT/PINKERTON 1996, S. 14, HEINRITZ ET AL. 1991, S. 462).

Die Möglichkeit zur Auslagerung der ganzen Beschaffung oder einzelner Beschaffungsaufgaben ist grundsätzlich auch in der Kommunalverwaltung möglich (HOMANN 1995, S. 104). Wenngleich diese Möglichkeit in der Kommunalverwaltung noch selten genutzt wird, gibt es eine Ausnahme. So werden zur Erstellung der Leistungsbeschreibungen oft Ingenieurbüros herangezogen, die als externe Beschaffungsdienstleister aufgefasst werden können. Bei der Auslagerung von Beschaffungsaufgaben ist zu beachten, dass die Beschaffungsdienstleister ebenso an das Befolgen des Vergaberechts gebunden sind (MALMENDIER/MÜLLER 2002, S. 143). Zudem kommt erschwerend hinzu, dass – zumindest wenn es sich bei dem Beschaffungsdienstleister um einen gewerblichen Anbieter handelt – auch das Übertragen der Beschaffungsdienstleistung dem Vergaberecht unterliegt (KGST 1997b, S. 107). Möglich ist jedoch auch, dass die Beschaffung einem anderen öffentlichen Verwaltungsbetrieb übertragen wird (EICHHORN/BUCHHOLZ 1983, S. 214, HILSE 1996, S. 21). Auf Bundesebene beschafft das Beschaffungsamt des Bundesministeriums des Innern für andere öffentliche Verwaltungsbetriebe. Im Jahr 2004 handelte es sich dabei um ein Beschaffungsvolumen in einer in Höhe von über 600 Mio. € (BESCHAFFUNGSAMT DES BUNDESMINISTERIUMS DES INNERN 2006).

Insgesamt bestehen für das Verfolgen von Make-or-buy-Entscheidungen keine direkten Restriktionen. Allerdings gilt zu beachten, dass diese Entscheidungen meist auf politischer Ebene getroffen werden. Die gegenwärtige Situation in der Kommunalverwaltung scheint das Treffen von Make-or-buy-Entscheidungen – insbesondere das Treffen von Buy-Entscheidungen – zu begünstigen.

4.4.2 Die Analysephase

Ebenso wie die Make-or-buy-Entscheidung unterliegt auch die Analysephase nicht direkt dem Vergaberecht. Die Situations- und Bedarfsanalyse wird im Vergaberecht nicht erwähnt. Die Beschaffungsmarktforschung wird nur ansatzweise in späteren Prozessphasen im Vergaberecht thematisiert.

Die Durchführung der Situationsanalyse ist in der Beschaffung der Kommunalverwaltung grundsätzlich ebenso wie in der privatwirtschaftlichen Beschaffung möglich. Bei der Bedarfsanalyse sind generell die Vorschriften der Haushaltsordnungen anzuwenden, so dass bei der Bedarfsanalyse auf Wirtschaftlichkeit und Sparsamkeit zu achten ist (SACHER 1992, S. 30). Auch wenn die Bedarfsanalyse nicht im Vergaberecht erwähnt ist, ergeben sich vom Vergaberecht Rückwirkungen auf die Bedarfsanalyse. Dadurch, dass beispielsweise die Möglichkeit der Aufhebung oder Änderung einer veröffentlichten Ausschreibung wegen fehlerhafter Bedarfsanalyse regelmäßig nicht besteht, muss die Sorgfalt beim Durchführen der Bedarfsanalyse besonders hoch sein. In Rechnungshofberichten werden häufiger Missstände dargestellt, die auf fehlerhafte Bedarfsanalysen zurückgehen (SACHER 1992, S. 30f.). Die Bedeutung der Bedarfsanalyse wird zunehmend noch dadurch gesteigert, dass – zumindest wenn keine Budgetierung angewendet wird oder ein Bedarf nicht eingeplant wurde – die Haushaltsmittelbereitstellung sehr viel Zeit beanspruchen kann, so dass der Zeitraum zwischen Bedarfsanalyse und Beschaffungsdurchführung bis auf zwei Jahre ansteigen kann (FUCHS 2002, S. 126). Hier wird sich in der Praxis teilweise dadurch beholfen, dass parallel zum Beschaffungsprozess die Haushaltsmittel beantragt werden. Allerdings besteht hier – auch wenn das parallele Durchlaufen der Schritte aus betriebswirtschaftlicher Sicht prinzipiell begrüßenswert scheint – die Gefahr, dass auch die Nichtgenehmigung der Gelder keinen Aufhebungsgrund für die Vergabe darstellt (§ 26 VOL/A). Allerdings wird es oft unwahrscheinlich sein, dass ein Lieferant auf die Durchführung des

Auftrags bei Nichtvorhandensein der Mittel oder auf eventuelle weitere Ansprüche im Hinblick auf zukünftige Aufträge besteht.

Bedenkt man, dass in der öffentlichen Beschaffung ein eher traditionelles Beschaffungsmodell insbesondere in Kombination mit einer juristischen Dominanz verfolgt wird, verwundert es wenig, dass Bedarfsplanungen und die aktive Gestaltung des Bedarfs regelmäßig nicht verfolgt werden (BARTL 2000, S. 170ff.), da dieser Schritt vom Vergaberecht nicht vorgeschrieben wird. Zudem muss vermutet werden, dass hierfür teilweise Informations- und Know-how-Probleme sowie Zeitressourcenprobleme bestehen, die zur einfachen Übernahme der Anforderungen der Bedarfsträger führen. Echte Restriktionen und Unterstützungen für die Bedarfsanalyse bestehen nicht.

Eine Bedarfsanalyse im Sinne des privatwirtschaftlichen Beschaffungsmarketings ist von den Rahmenbedingungen her im gleichen Maße wie in der Privatwirtschaft möglich.

Die Übertragbarkeit des Beschaffungsmarketingkonzepts gestaltet sich je nach Prozessphase für die Beschaffungsmarktforschung unterschiedlich. Während in der Analyse-, Planungs- und Kontrollphase das Vergaberecht die Beschaffungsmarktforschung nicht thematisiert und so auch keine Unterstützungen und Restriktionen im Vergaberecht bestehen können, wird die Beschaffungsmarktforschung in der Durchführungsphase im Vergaberecht erwähnt. Während das Vergaberecht immanent davon ausgeht, dass öffentliche Ausschreibungen zur Marktübersicht führen und die öffentliche Ausschreibung als Regelverfahren vorgesehen ist, wird in § 4 Nr. 1 VOL/A gefordert, dass vor „einer Beschränkten Ausschreibung und vor einer Freihändigen Vergabe [...] der Auftraggeber den in Betracht kommenden Bewerberkreis zu erkunden [hat], sofern er keine ausreichende Marktübersicht hat". Dazu ist bei Zweckmäßigkeit im Rahmen der freihändigen Vergabe und beschränkten Ausschreibung ein öffentlicher Teilnahmewettbewerb auszurichten (§ 3 Nr. 1 Abs. 4 VOL/A). Für das nicht offene Verfahren ist der Teilnahmewettbewerb sogar zwingend vorgeschrieben. Zudem sieht das Vergaberecht die Möglichkeit vor, dass öffentliche Auftraggeber bei Auftragswerten von über 5.000 € sich potentielle Lieferanten von den Auftragsberatungsstellen benennen lassen können (§ 4Nr. 2 Abs. 2 VOL/A) (LAMM/LEY/WECKMÜLLER 1991, S. 55). So wird ein Mindestmaß an Beschaffungsmarktforschung regelmäßig vom Vergaberecht gefordert. Allerdings ist die Beschaffungsmarktforschung durch die Grundsätze des Vergaberechts in der Hinsicht eingeschränkt, dass im Vergabeverfahren kein unterschiedlich intensiver und insbesondere kein zu enger Kontakt mit einzelnen Lieferanten eingegangen werden darf (HARLANDER/BLOM 1999, S. 51).

Trotz der Vorgaben des Vergaberechts finden häufiger weder einfache Markterkundungen noch eine systematische Beschaffungsmarktforschung statt (ALTINDAG 2000, S. 7, BARTL 2000, S. 170ff., SACHER 1992, S. 325). Meist werden in Kommunalverwaltungen nur Informationen in Form von Katalogen gesammelt, die regelmäßig nicht systematisch aufbereitet und gepflegt werden (ALTINDAG 2000, S. 7). Aufgrund zu geringer zeitlicher und finanzieller Ressourcen, nicht ausreichender Ausstattung,

aber auch aufgrund von fehlendem Know-how wird oft die Beschaffungsmarktforschung vernachlässigt (SACHER 1992, S. 92). Dennoch gibt es einige Vorreiter wie
die Kommunalverwaltung Hannover, die die Beschaffungsmarktforschung schon seit
Ende der 1960er Jahre durchführt (DOSTAL 1984, S. 5).

Auch wenn der Druck, Beschaffungsmarktforschung durchzuführen, in der
Kommunalverwaltung aufgrund des fehlenden Konkurrenzdrucks sicherlich geringer
ist als in der Privatwirtschaft, ist sie als Basis für das öffentliche Beschaffungsmarketing unverzichtbar (HOMANN 1995, S. 120). Insbesondere vor dem Hintergrund der
zunehmenden Internationalisierung und europaweiter Vergaben ist die Beschaffungsmarktforschung zur Schaffung der Marktübersicht unbedingt erforderlich (ALTINDAG
2000, S. 17, DOSTAL 1983, S. 160, DOSTAL 1986, S. 121). Zudem ist sie auch für
die Erstellung marktgerechter Leistungsbeschreibungen und die Ausgestaltung der Eignungskriterien wichtig.

Während sich für die Durchführungsphase eine Unterstützung für zumindest ein
Mindestmaß an Beschaffungsmarktforschung ergibt, kann ein Nachteil für die Beschaf-
fungsmarkforschung in den anderen Prozessphasen dadurch entstehen, dass aufgrund
der Rahmenbedingungen in der Kommunalverwaltung nur die vom Vergaberecht geforderte Beschaffungsmarktforschung erledigt wird, aufgrund mangelnder Einsicht weitere Beschaffungsmarktforschung aber unterbleibt, ohne dass hierfür eine direkte Restriktion besteht.

4.4.3 Die Planungsphase

Auch wenn die Durchführung systematischer Planungen in der Kommunalverwaltung
sicherlich weniger als in privatwirtschaftlichen Unternehmen verbreitet ist, bestehen
keine grundsätzlichen Restriktionen und Unterstützungen für die Anwendung der Planung. Bestehende spezifische Restriktionen und Unterstützungen in den einzelnen Teil-
schritten, also der Festlegung der Beschaffungsziele/-segmente und -strategien, des Be-
schaffungsbudgets sowie des Beschaffungsmarketingmixes, werden im Folgenden jedoch näher diskutiert. Grundsätzlich ist die Notwendigkeit zur systematischen Planung
aufgrund der bestehenden Probleme in der Kommunalverwaltung gestiegen
(SCHMIDT 2001, S. 211). Allerdings müssen insbesondere für den Bereich der Beschaffung oft Informations-, Instrumente- und Know-how-Probleme sowie Ressourcen-
probleme angenommen werden, die die Planung erschweren.

4.4.3.1 Die Ziele und Segmentierung des öffentlichen Beschaffungsmarketings

Der Ansatz der Beschaffungsmarktsegmentierung dürfte für viele öffentliche Beschaffungsabteilungen neu sein. Auch wenn die Segmentierung im Rahmen der Planungsphase ohne Restriktionen umgesetzt werden kann, darf es im Rahmen der Durchsetzung

des Beschaffungsmarketings nicht aufgrund der vorher vorgenommenen Segmentierung – insbesondere der Bildung von Lieferantensegmenten – zu Diskriminierungen einzelner Bieter kommen. Es muss vermutet werden, dass die Einsicht für die Beschaffungsmarktsegmentierung fehlt, das notwendige Know-how sowie die Informationen in der Kommunalverwaltung derzeit nicht vorzufinden sind.

Bei der Planung der Ziele ist zu beachten, dass – auch wenn genau wie bei der privatwirtschaftlichen das grundsätzliche Sachziel die Sicherstellung einer adäquaten Versorgung darstellt – in der öffentlichen Beschaffung auch politische und insbesondere juristische Ziele wie die Rechtmäßigkeit neben dem Wirtschaftlichkeitsziel von Bedeutung sind (KGST 1997b, S. 13). Die Zielstruktur ist in der Kommunalverwaltung aufgrund der unterschiedlichen Rationalitäten komplexer und stärker mit Interessenkonflikten verbunden.

Die konkretisierten Beschaffungsmarketingziele Beschaffungskosten, -qualität, -flexibilität, -risiko und Gemeinwohl bieten sich aufgrund der gleichen grundsätzlichen Aufgabe an, auch wenn Konflikte mit den Zielen anderer Rationalitäten nicht ausgeschlossen werden können. Die Grundprinzipien des Vergaberechts (Wirtschaftlichkeits-, Transparenz-, Wettbewerbs- und Fairnessgebot sowie Diskriminierungsverbot und Mittelstandsförderung) harmonieren allgemein mit den Beschaffungsmarketingzielen. Politische Ziele können über das Zielfeld „Gemeinwohl" direkt einfließen. Juristische Ziele werden jedoch nicht in einem eigenständigen Zielfeld betrachtet, da sie vielmehr als grundlegende Bedingung für das Beschaffungsmarketing zu verstehen sind.

Problematisch für die Zielplanung ist jedoch, dass in der Kommunalverwaltung eine Tendenz zu vagen Zielen besteht (s. Kap. 2.2). Die Ziele des Beschaffungsmarketings können so nur schwer aus den Verwaltungszielen abgeleitet und für die Beschaffungsmarktsegmente formuliert werden. Auch Koordinierungen der Pläne mit anderen Bereichen der Kommunalverwaltung werden hierdurch erschwert. Mit zunehmender Einführung betriebswirtschaftlicher Instrumente ist jedoch mit einer Operationalisierung der Ziele und mit der Verbreitung des hierfür notwendigen Know-hows und der adäquaten Instrumente zu rechnen.

Allerdings gilt es, einige Punkte bei den einzelnen Zielfeldern zu betrachten. So wird aufgrund der Wirtschaftlichkeitsforderung an die Kommunalverwaltung, dem bestehenden Legitimationsdruck, der Finanzlage sowie einiger Vorschriften im Vergaberecht (z. B. im Preisrecht) das Zielfeld „Beschaffungskosten" in vielen Kommunalverwaltungen eine besonders hohe Bedeutung einnehmen. Das Verfolgen von Risiko-, Flexibilitäts- und Qualitätszielen ist im Vergaberecht prinzipiell nicht eingeschränkt, auch wenn aufgrund der Rahmenbedingungen teilweise nicht die gleichen Möglichkeiten zur Zielerreichung zur Verfügung stehen. Die Bedeutung der Gemeinwohlorientierung ist je nach Kommunalverwaltung und Region unterschiedlich groß (KOSILEK/UHR 2002, S. 48). Gemeinwohlorientierte Ziele können auch im Vergaberecht prinzipiell verfolgt werden.

Ebenso wie für das Zielfeld „Gemeinwohlorientierung" Restriktionen von der Maßnahmenebene rückwirken, ergeben sich auch für die anderen Zielfelder rückwirkende Einschränkungen und Unterstützungen auf der Maßnahmen- und Strategieebene. Diese Effekte werden jedoch auf den jeweiligen Ebenen detailliert betrachtet und sollen hier nicht summarisch dargestellt werden, da die Bedeutung der einzelnen Effekte auch stark situativ bedingt ist.

4.4.3.2 Die öffentlichen Beschaffungsmarketingstrategien

Die Kommunalverwaltung ist durch ein Strategiedefizit gekennzeichnet (BRAND-STÄTT 2000, S. 102, SCHERER 2002, S. 11). Für die Beschaffung kann dieses Defizit anhand der Beschaffungsmarketingstrategien geschlossen werden. Das genannte Defizit besteht jedoch bisher nicht dadurch, dass die Rahmenbedingungen grundsätzlich restriktiv auf die Planung von Strategien wirken. Vielmehr ist das Arbeiten mit Strategien ungewohnt, und es fehlen das notwendige Know-how, die benötigten Informationen und Instrumente zur Ableitung von Strategien. Es kommt jedoch noch hinzu, dass aufgrund der Existenz vager Ziele das Ableiten von Strategien erschwert wird.

Das oben erarbeitete Strategiekonzept des privatwirtschaftlichen Beschaffungsmarketings mit seinen vier Beschaffungsstrategien und der Wettbewerbsstrategie lässt sich auch im Rahmen der öffentlichen Beschaffung der Kommunalverwaltung anwenden. Bei den einzelnen Optionen der Beschaffungsmarketingstrategien können jedoch Restriktionen und Unterstützungen aufgrund der bestehenden Rahmenbedingungen festgestellt werden. Zudem ergeben sich erneut Restriktionen und Unterstützungen durch Rückwirkungen von der Maßnahmenebene und der Durchführungsphase des Beschaffungsmarketingprozesses.

4.4.3.2.1 Die Strategien der Beschaffungsmarktfelder

Auch im öffentlichen Beschaffungsmarketing können die vier Strategieoptionen der Beschaffungsmarktfelder unterschieden werden. Grundsätzlich ist anzumerken, dass bei allen vier Strategieoptionen zwei Probleme bestehen. Zunächst ist der öffentliche Beschaffer in der Möglichkeit, die Beschaffungsobjektkomponenten des Beschaffungsmarktfelds gezielt zu gestalten, gegenüber der Privatwirtschaft eingeschränkt, da die Leistungsbeschreibung nicht so ausgestaltet werden darf, dass der Wettbewerb unnötig beschränkt wird. Des Weiteren ist die Möglichkeit zur Gestaltung des Beschaffungsmarktfeldes – zumindest bei der öffentlichen Ausschreibung – noch stärker eingeschränkt. So dürfen Leistungsbeschreibungen nicht auf einzelne Lieferanten zugeschnitten werden oder einzelne Bieter bevorzugt behandelt werden. Der Markt darf räumlich nicht einfach eingegrenzt werden. Das heißt, dass bei Verfahren oberhalb der Schwellenwerte nicht nur national und bei Verfahren unterhalb der Schwellenwerte nicht nur regional oder lokal ausgeschrieben werden darf. Auch wenn bei der freihändigen Vergabe und der beschränkten Ausschreibung der Bewerberkreis regelmäßig gewechselt werden soll und hier ebenfalls einzelne Bieter nicht diskriminiert werden dürfen, ist der öffentliche Auftraggeber bei der Wahl des Bieterkreises im Gegensatz zur öffentlichen Ausschreibung relativ frei.

Für das Verfolgen der Strategieoption der Beschaffungsmarktdurchdringung bestehen nur wenige weitere Restriktionen, da die adäquaten Maßnahmen größtenteils durchgeführt werden können (mitunter langfristige oder kurzfristige Verträge, Single Sourcing, gemeinsames Qualitätsmanagement, Modular Sourcing und Standardisierung). Lediglich einige Maßnahmen im Bereich der Lieferantenpflege sind nicht möglich, und im Bereich der Standardisierungsmaßnahmen ergeben sich leichte Einschränkungen. Die angeführten Maßnahmen werden in Kapitel 4.4.3.4.1 und 4.4.3.4.4 eingehender thematisiert. Zudem bestehen bei einigen Maßnahmen wie beispielsweise des gemeinsamen Qualitätsmanagements Know-how-Probleme auf Seite der öffentlichen Beschaffer. Eine Möglichkeit, die häufig in der Praxis genutzt wird, um nach einem abgelaufenen Vertrag nicht die Potentiale der Beschaffungsmarktdurchdringung zu gefährden und neu auszuschreiben zu müssen, ist die erneute Vergabe des identischen Auftrags an den bestehenden Lieferanten. Dieses Verhalten kann jedoch mit dem Vergaberecht kollidieren. Der Hang zum Hoflieferantentum im Zusammenhang mit geringer Innovationsbereitschaft im Bereich der Beschaffungsobjekte zeigt, dass die Beschaffungsmarktdurchdringung im Rahmen der Beschaffungsmarktfeldstrategien oft den Vorzug vor den anderen Strategieoptionen erhält.

Die Strategie der Beschaffungsmarktentwicklung wird generell dadurch unterstützt, dass die Möglichkeit zur Eingrenzung der Lieferantenkomponente beschränkt ist. Ein zielgerichtetes Vorgehen bei der Lieferantenkomponente wird jedoch – zumindest bei der öffentlichen Ausschreibung – durch das Verbot der Diskriminierung erschwert. Wird – wie es in vielen Kommunalverwaltungen der Fall ist – auf eine Beschaffungsmarktforschung verzichtet, kann die Beschaffungsmarktentwicklung nicht ihr Potential entfalten. Während die meisten Maßnahmen, die die Beschaffungsmarktentwicklung umsetzen würden, verfolgt werden können, stehen einige Maßnahmen jedoch auch nicht zur Verfügung. So ist das Durchführen der Lieferantenentwicklung praktisch unmöglich. Zudem können einige Maßnahmen der Lieferantenpflege nicht genutzt werden. Diese Maßnahmen werden jedoch in Kapitel 4.4.3.4.4 besprochen.

Für die Option der Beschaffungsobjektentwicklung ergeben sich erhebliche Restriktionen. Auch wenn die Beschaffungsobjekte relativ frei gewählt werden können, ist die Kopplung neuer Beschaffungsobjekte an bestehende Lieferanten aufgrund des Diskriminierungsverbots nach dem Vergaberecht nicht vorgesehen, da stets neu ausgeschrieben werden müsste. Die bestehenden Lieferanten würden den Auftrag nur dann erhalten, wenn sie sich im erneuten Vergabeverfahren mit dem wirtschaftlichsten Angebot durchsetzen würden. Dies würde zur Folge haben, dass – wenn ein bestehender Lieferant im Rahmen eines bestehenden Auftrags innovative Vorschläge unterbreitet, die zur Substitution oder maßgeblichen Veränderung des Beschaffungsobjektes führen – die Gefahr besteht, den Auftrag zu verlieren. Während bei der freihändigen Vergabe und beschränkten Ausschreibung diese Schwierigkeit aufgrund der Möglichkeit, die Auswahl der Bieter gut steuern zu können, wenig ausgeprägt ist, besteht diese Problematik insbesondere bei der öffentlichen Ausschreibung. Jedoch wird versucht, diese Problematik in der Praxis zu umgehen, indem die Bedingungen für eine beschränkte Ausschreibung oder freihändige Vergabe von den Beschaffern weit ausgelegt werden. Erneut können einige Maßnahmen nicht genutzt werden. So ist die Früheinbindung des Lieferanten oder das Simultaneous Engineering nur beschränkt möglich. Letzteres besitzt für die Kommunalverwaltung aber ohnehin nur eine geringe Bedeutung. Auch stehen erneut Maßnahmen im Bereich der Lieferantenpflege nicht zur Verfügung. Zudem existieren teilweise Know-how-Probleme bei der Durchführung der Maßnahmen wie der Wertanalyse. Diese Maßnahmen werden detailliert in Kapitel 4.4.3.4.4 thematisiert. Die Möglichkeit des Planungswettbewerbs, die funktionale Ausschreibung und die Möglichkeit zu Nebenangeboten und Änderungsvorschlägen unterstützen die Möglichkeit der Beschaffungsobjektentwicklung.

Die radikalste und risikoreichste Beschaffungsmarktfeldstrategie, die Beschaffungsdiversifikation, wird – insbesondere bei Nutzung der öffentlichen Ausschreibung – durch die Notwendigkeit der Neuausschreibung bei neuen oder deutlich abgeänderten Beschaffungsobjekten, die europaweite oder nationale Ausschreibung sowie die Möglichkeit zur Abgabe von Nebenangeboten unterstützt. Allerdings kollidiert dies mit dem tatsächlichen Beschaffungsverhalten, das durch den Hang zur Risikoaversion und dem Festhalten an bestehenden Lieferanten und Beschaffungsobjekten gekennzeichnet ist (BURKHARDT ET AL. 1981, S. 22). Durch den geringen Grad an Beschaffungsmarktforschung steigt das Risiko zusätzlich an. Der häufige Verzicht auf das Verfolgen der Beschaffungsdiversifikation durch Anwendung der beschränkten Ausschreibung und freihändigen Vergabe scheint in vielen Fällen auch aus Beschaffungsmarketingsicht angebracht zu sein.

4.4.3.2.2 Die Strategien der Beschaffungsmarktstimulierung

Sowohl die Qualitäts- als auch die Preisfokussierungsstrategie können im Rahmen des Vergaberechts verfolgt werden.

Da bei Verfolgen der Qualitätsstrategie das Risiko reduziert werden kann, kommt diese Option der Risikoaversion der Beschaffer entgegen. Auch die wachsende Bedeutung umweltpolitischer Ziele stellt eine Unterstützung dieser Strategieoption dar. Allerdings ist das alleinige Fokussieren der Qualität ohne Beachtung des Preises durch die Vorgaben des Preisrechts ausgeschlossen. Die Preisfokussierungsstrategie wird durch die Rahmenbedingungen so stark unterstützt, dass es zu einer Benachteiligung der Qualitätsstrategie kommt. Hochqualitative Produkte sind meist mit sehr hohen Prei-

sen verbunden, wobei die finanziellen Mittel ebenso wie das Verständnis bei den Stake-
holdern der Kommunalverwaltung fehlen. In Anbetracht der finanziellen Lage scheint
die Preisfokussierungsstrategie – auch wenn die langfristigen Kosten vernachlässigt
werden – derzeit oft die einzig mögliche Strategieoption zu sein; auch wenn das Vergaberecht selbst weder die Qualitäts- noch die Preisfokussierungsstrategie bevor- oder
benachteiligt.

4.4.3.2.3 Die Lieferantenbeziehungsstrategien

Weder das Verfolgen der Kooperations- noch der Transaktionsstrategie wird durch das
Vergaberecht ausgeschlossen. Jedoch ist das derzeitige deutsche Vergaberecht eher
durch das traditionelle Beschaffungsmodell geprägt, so dass transaktionale Beziehungen eher bevorzugt werden. Ausdruck dessen ist die Forderung, den Bieterkreis bei beschränkten Ausschreibungen und freihändigen Vergaben zu wechseln sowie die Unzulässigkeit des Bevorzugens bestehender Lieferanten gegenüber unbekannten potentiellen Lieferanten. Dass kooperative Beziehungen enorme Potentiale besitzen können,
wird in der öffentlichen Beschaffung häufig nicht erkannt. Es gilt auch zu vermuten,
dass aufgrund der bestehenden Verwaltungskultur und der Gefahr des Korruptionsvor-
wurfs Vorbehalte gegenüber der Kooperationsstrategie bestehen können. Zudem ist die
Kooperationsstrategie mit kurzfristig höheren Kosten verbunden, die mit der Finanzlage kollidieren. Allerdings ergibt sich durch den erfolgreichen Einsatz kooperativer
Lieferantenbeziehungen in der Privatwirtschaft zumindest ein gewisser Druck auf die
Kommunalverwaltung, diese auch in der öffentlichen Beschaffung anzuwenden (PAR-
KER/HARTLEY 2002, S. 203, WILLIAMS/SMELLIE 1985, S. 26). Während das
Verfolgen der Kooperationsstrategie im Bereich der öffentlichen Ausschreibung bei
reglementierter Lieferantenauswahl nur partiell möglich ist, besteht im Bereich der beschränkten Ausschreibung und freihändigen Vergabe ausreichend Spielraum zum Verfolgen dieser Strategie. Auch wenn nicht alle Maßnahmen des privatwirtschaftlichen
Beschaffungsmarketings – insbesondere im Bereich der Lieferantenpolitik (s. Kap.
4.4.3.4.4) – für die Kooperationsstrategie genutzt werden können, sieht selbst das Preisrecht vor, dass Lieferanten Gewinne zugestanden werden können. Beim Verfolgen der
Kooperationsstrategie dürfte es weiterhin – besonders im Bereich der Maßnahmen –
häufiger zu Know-how-Problemen kommen, da die Kooperationsstrategie anspruchsvollere Maßnahmen als die Transaktionsstrategie vorsehen kann.

4.4.3.2.4 Die Strategien der Beschaffungsmarktareale

Im Bereich der Beschaffungsmarktarealstrategien bestehen starke Restriktionen und
Unterstützungen durch das Vergaberecht. Lokale und regionale Beschaffungsstrategien
sind aufgrund des Verbots der Bevorzugung lokaler und regionaler Lieferanten stark er-

schwert. Inwiefern dies in der Praxis bei beschränkten Ausschreibungen und freihändigen Vergaben berücksichtigt wird, ist fraglich, da ein Großteil der VOL-Aufträge von der Kommunalverwaltung lokal oder regional vergeben wird. Kosilek und Uhr sprechen – basierend auf einer empirischen Untersuchung – von teilweise über 80% des Beschaffungsvolumens (KOSILEK/UHR 2002, S. 43). Neben politischen sind für diese Entscheidung oftmals auch praktische Gründe wie die schnelle Verfügbarkeit des Lieferanten ausschlaggebend. Ferner muss für den Fall, dass die Schwellenwerte der VgV überschritten werden, europaweit ausgeschrieben werden, so dass auch eine auf den nationalen Markt gerichtete Beschaffungsmarktarealstrategie schwer zu realisieren ist. Folglich wird die Mindestgröße des zu bearbeitenden Beschaffungsmarktareals immer durch das Vergaberecht vorgegeben, auch wenn sich die volle Wirkung nur bei der öffentlichen Ausschreibung entwickelt. Es ist jedoch möglich, über die Publizitätspflichten hinausgehend Beschaffungswerbung zu betreiben, um den Anteil erwünschter Bieter zu steigern.

Des Weiteren besteht die Möglichkeit, eine Beschaffungsmarktarealstrategie zu verfolgen, die sich auf ein größeres Marktareal, als das Vergaberecht vorschreibt, bezieht. Die praktische Relevanz scheint aufgrund der relativ niedrigen Höhe der Schwellenwerte selten gegeben zu sein. Die Vorteile dieser Möglichkeit werden – anders als z. B. in einzelnen Bereichen der öffentlichen Beschaffung der USA – in der deutschen öffentlichen Beschaffung jedoch kaum erkannt (ALTINDAG 2000, S. 28, CALIK 2001, S. 40, HEINRITZ ET AL. 1991, S. 463). In Deutschland wird häufig die europaweite Ausschreibung als unnötige Belastung empfunden, was sich auch daran zeigt, dass teilweise der Versuch unternommen wird, die europaweite Ausschreibung und die Publizitätspflicht zu umgehen (STERNER 1996, S. 102). Auch wenn es partiell dazu kommen kann, dass der erhöhte Aufwand des europaweiten Verfahrens nicht angemessen ist, bietet sich häufig ein größeres Beschaffungsmarktareal auch aus Beschaffungsmarketingsicht an. Allerdings bestehen in der öffentlichen Beschaffung der Kommunalverwaltung regelmäßig Know-how- und Informationsdefizite bei der Nutzung der Potentiale einer europaweiten Ausschreibung, die nur teilweise durch die Vorgaben des Vergaberechts abgemildert werden können. Das Verfolgen der einzelnen Strategieoption ist im Vergleich zum privatwirtschaftlichen Beschaffungsmarketing deutlich erschwert.

4.4.3.2.5 Die Wettbewerbsstrategien und der Strategiestil

Wettbewerbsstrategien können prinzipiell auch in der Kommunalverwaltung verfolgt werden. Jedoch ist fraglich, ob dies in Bezug auf die anderen Kommunalverwaltungen notwendig ist, da sie in keinem direkten Wettbewerb stehen. Eher selten stellen privatwirtschaftliche Unternehmen eine direkte Abnehmerkonkurrenz für die öffentliche Verwaltung dar. So dürfte sich für die Kommunalverwaltung meist ein defensiver Strategiestil empfehlen. Sollte aber um eine sehr knappe Ressource gekämpft werden, kann auch die Kommunalverwaltung zu offensiven Handlungsmustern übergehen. Sicherlich sind ihre Möglichkeit des Beschaffungsmarketings gegenüber privatwirtschaftlichen Unternehmen eingeschränkt, jedoch kann auch sie Beschaffungsvolumina bündeln, höhere Preise bieten etc.. Die Kommunalverwaltung kann auch im Bereich der Referenzpolitik und der PR für den Lieferanten von Bedeutung sein. Zudem ist es sicher, dass – wenn auch nicht immer pünktlich – die Aufträge bezahlt werden.

4.4.3.3 Die Budgetierung des öffentlichen Beschaffungsmarketings

Die Budgetierung ist in der Kommunalverwaltung aufgrund der Verwaltungsreform weitgehend eingeführt und kann für das Beschaffungsmarketing genutzt werden. Problematisch ist jedoch, dass die für eine aussagekräftige Budgetierung notwendige Kosten- und Leistungsrechnung – insbesondere im Bereich der Beschaffung – bedeutend weniger verbreitet ist. Restriktionen für den Einsatz der Budgetierung bestehen nicht. Die anhaltend prekäre Finanzlage stellt eine Unterstützung für die Einführung der Budgetierung im Bereich der Beschaffung dar.

4.4.3.4 Der öffentliche Beschaffungsmarketingmix

Kern des Beschaffungsmarketings ist auch in der öffentlichen Beschaffung der Beschaffungsmarketingmix. Die Maßnahmen des öffentlichen und privatwirtschaftlichen Beschaffungsmarketings unterscheiden sich nicht grundsätzlich, so dass im Folgenden beim Überprüfen der Übertragbarkeit der Einzelmaßnahmen die Unterscheidung der vier Teilpolitiken des privatwirtschaftlichen Beschaffungsmarketingmixes genutzt wird. Abbildung 24 zeigt, dass die Übereinstimmung der in der Literatur angeführten Teilpolitiken – bis auf die Bezugspolitik – sogar höher als im privatwirtschaftlichen Beschaffungsmarketing ist. Bis auf Strunz, der die Programmpolitik und die Preispolitik in zwei Teilkomponenten unterteilt, verfolgen alle aufgeführten Autoren ein vierteiliges Beschaffungsmarketingmix (STRUNZ 1993). Die integrierte Planung des Beschaffungsmarketingmixes wird allerdings nur von Strunz berücksichtigt (STRUNZ 1993). Deshalb wird im Folgenden der Aufbau des privatwirtschaftlichen Beschaffungsmarketingmixes auch für die öffentliche Verwaltung verwendet. Die Darstellung der einzelnen Restriktionen und Unterstützungen, die für die verschiedenen Maßnahmen bestehen, werden im Rahmen der Teilpolitiken diskutiert. Dabei werden die Restriktionen und Unterstützungen, die eigentlich in der Durchführungsphase vorkommen, schon im Rahmen der Planung diskutiert, da sie unmittelbar auf diese zurückwirken.

Teilpolitik \ Autoren		Eichhorn/Buchholz 1983	Strunz 1993	Raffée, Fritz, Wiedmann 1994	Steinebach 1998	Schmidt 2001
Programm	Produkt-/Programmpolitik	+		+	+	+
	Qualitätspolitik		+			
	Quantitätspolitik		+			
Preis	Preis-/Entgelt-/Gegenleistungspolitik	+	+	+	+	
	Preis- und Konditionenpolitik					+
	Konditionenpolitik		+			
Kommunikation	Kommunikationspolitik	+	+	+	+	+
Bezug	Bezugspolitik					+
	Beschaffungsmethodenpolitik			+		
	Beschaffungswegepolitik	+			+	
	Lieferantenauswahl		+			
	Integrierte Planung des Beschaffungsmarketingmixes		+			

Abb. 24: Übersicht über den Aufbau von öffentlichen Beschaffungsmarketingmixen verschiedener Autoren

4.4.3.4.1 Die Beschaffungsprogrammpolitik

Grundsätzlich ist die Planung der Beschaffungsprogrammpolitik im Rahmen der öffentlichen Beschaffung möglich, wenn auch für einzelne Maßnahmen Restriktionen bestehen. Zudem ist bei der Gestaltung des Beschaffungsprogramms zu berücksichtigen, dass in der öffentlichen Beschaffung der Kommunalverwaltung ein starker Hang zum Bezug bekannter Beschaffungsobjekte besteht.

Beispielsweise sind Beschaffungsobjekte zwar prinzipiell frei wählbar. Anforderungen an die Leistungsbeschreibung wie die Nicht-Nennung von Markennamen schränken eine freie Wahl des Beschaffungsobjektes ein. Weiterhin ist bei Vergabeverfahren oberhalb der Schwellenwerte die vergaberechtlich vorgegebene Reihenfolge der Standards und Normen einzuhalten. Die folgenden Maßnahmen sind zur Gestaltung der Qualitätskomponente wie Standardisierungs-, Simplifizierungs- und Substitutionsmaßnahmen anwendbar, ebenso wie bei Ausformung der Quantitätskomponente zur Bündelung des Volumens. Zu letzteren gehören die Standardisierung, Nutzung von Rahmenverträgen und organisatorische Änderungen. Auch die Wertanalyse kann in der Kommunalverwaltung genutzt werden. Als problematisch erweist sich jedoch, dass ebenso wie bei der Wertanalyse beispielsweise für Standardisierungs- und Substituierungsmaßnahmen das Know-how, Instrumente und die Marktübersicht oft fehlen. Bei den Instrumenten des Electronic Procurement kommt noch hinzu, dass die Nutzung für die Kommunalverwaltung möglicherweise mit zu hohen Kosten verbunden sein wird. Die Maßnahmen der Beschaffungsobjektdifferenzierung sind zwar möglich, bieten sich jedoch für die Kommunalverwaltung auch wegen der finanziellen Lage eher nicht an.

4.4.3.4.2 Die Preispolitik

Die Preispolitik nimmt durch das im Vergaberecht verfolgte traditionelle Beschaffungsmodell, das Preisrecht und die finanzielle Lage in der öffentlichen Beschaffung eine zentrale Stellung ein. Die Anwendung unterschiedlicher Maßnahmen und das Verfolgen von Instrumentalstrategien verhalten sich jedoch antiproportional zur Bedeutung des Preises (NOCH 2002, S. 195f., RIEGER 1991, S. 318, SCHENK 2001, S. 43). Trotz der gesonderten Regulierung des Preises durch das Preisrecht, die auch im Falle der freihändigen Vergabe zu beachten ist, besteht ein ausreichend großer Freiraum für eine aktive Preispolitik.

So muss der Zuschlag bei öffentlichen Aufträgen nicht auf das Angebot mit dem niedrigsten, sondern mit dem wirtschaftlichsten Preis erteilt werden. Die im Preisrecht vorgesehene Preistreppe schreibt zwar vor, welche Preisart zu verwenden ist, jedoch wird kein exakter Preis vorgeschrieben, da auch Marktpreise regelmäßig Preiskorridore darstellen. Zudem besteht die Möglichkeit, bei besonderen Verhältnissen von den Marktpreisen abzuweichen (§ 4 Abs. 4 VO PR 30/53).

Des Weiteren verlangt das Preisrecht die Vereinbarung von Festpreisen, schließt jedoch nicht aus, dass flexible Preisbestandteile wie Preisgleitklauseln zur Anwendung kommen können. Das Verfolgen von Preisdynamikstrategien ist daher möglich.

Die Instrumentalstrategie des Preiskämpfers kann in der öffentlichen Beschaffung nur bei der freihändigen Vergabe verfolgt werden.

Die Preisabfolgestrategien können in der öffentlichen Beschaffung der Kommunalverwaltung angewandt werden. Allerdings ist dies nur möglich, wenn sichergestellt wird, dass der Lieferant im Rahmen der freihändigen Vergabe erneut den Zuschlag erhält oder sehr langfristige Verträge geschlossen werden.

Trotz des Grundsatzes des Höchstpreises im Preisrecht bleibt ausreichend Raum für das Verfolgen einer Hoch-, Mittel- und Niedrigpreisstrategie in der öffentlichen Beschaffung. Allerdings ist der Raum in einem formellen Vergabeverfahren geringer ausgeprägt als in einem formlosen. Die Hochpreisstrategie dürfte aufgrund der prekären Haushaltssituation häufig relativ unbedeutend sein.

Die Preis- und Kostenanalysen können auch in der öffentlichen Beschaffung genutzt werden, insbesondere in der freihändigen Vergabe. Betrachtet man den Umstand, dass es auch im Falle der öffentlichen und beschränkten Ausschreibung häufiger zu Nachverhandlungen des Preises nach Zuschlag kommt, können die Analysen auch hier eingesetzt werden (BARTL 2000, S. 267). Allerdings sind diese Nachverhandlungen nicht vergaberechtskonform. Während bei den formellen Vergabeverfahren die kosten- und konkurrenzorientierte Preisfindung dominiert, kann bei einem formlosen Verhandlungsverfahren auch die abnehmerorientierte Preisbildung verfolgt werden.

Im Bereich der Preisnachlässe und -zuschläge sind den öffentlichen Auftraggebern die gleichen Rabatte, Skonti etc. wie privatwirtschaftlichen Unternehmen zu gewähren (§ 4 Abs. 3 VO PR 30/53). Sonderrabatte für öffentliche Auftraggeber – wie sie z. T. in den USA zu finden sind („most favored customer clause" der GSA) (ELLERMANN 1993, S. 16ff.) – sind nicht erlaubt (SULIMMA 1991, S. 32).

4.4.3.4.3 Die Kommunikationspolitik

Innerhalb der Rahmenbedingungen der öffentlichen Beschaffung kann sowohl einer internen als auch externen Kommunikationspolitik nachgegangen werden, allerdings ist zu vermuten, dass die Möglichkeit und die Notwendigkeit einer aktiven Kommunikationspolitik weitgehend unbekannt ist (EICHHORN/BUCHHOLZ 1983, S. 221). Die interne Kommunikationspolitik ist ohne Einschränkungen möglich, wird aber derzeit – insbesondere im Hinblick auf die Bedarfsträger – stark vernachlässigt (O. V. 2000, S. 93f., SACHER 1992, S. 32). Im Bereich der externen Kommunikationspolitik gibt es je nach Maßnahme unterschiedliche Einschränkungen und Unterstützungen.

In der Beschaffungswerbung gibt das Vergaberecht durch die Vorschrift zur öffentlichen Bekanntmachung ein Minimum an Kommunikationspolitik vor. Allerdings ist diese Form der Werbung in der Flexibilität und Qualität in Bezug auf Form, Inhalt und Termin insbesondere bei Vergabeverfahren oberhalb der Schwellenwerte stark eingeschränkt, wenngleich die Kosten im Vergleich zu klassischer Beschaffungswerbung sehr gering ausfallen. Es muss bei der Nutzung von Beschaffungswerbung darauf geachtet werden, dass zusätzliche Beschaffungswerbung – zumindest wenn sie konkret auf einen Auftrag bezogen ist – aus Diskriminierungsgründen nicht vor der offiziellen Bekanntmachung erfolgt. Nach der empirischen Studie Kosileks und Uhrs werden öffentliche Vergabeverfahren insbesondere in den regionalen Zeitungen, gefolgt von den lokalen Amtsblättern, ausgeschrieben (KOSILEK/UHR 2002, S. 43). Die in der VOL erwähnte EU-Datenbank für öffentliche Ausschreibungen und bundesweite Zeitungen besitzen laut der Studie eher geringe Bedeutung. Der eigentliche Zweck, mehr Bieter für die Ausschreibung zu generieren, wird dadurch konterkariert. Es macht häufig den Eindruck, dass die Publizitätspflichten nicht als Chance, sondern nur als Pflicht wahrgenommen werden. Die Bekanntmachungsvorschrift kann letztlich dazu führen, dass die Beschaffungswerbung in der öffentlichen Beschaffung ausgeprägter als bei einigen privatwirtschaftlichen Unternehmen ausfällt.

Auch die Möglichkeiten der Public Relations, Lieferantentage, Referenzpolitik, Messen und Beschaffungshomepages stehen dem öffentlichen Auftraggeber ohne Einschränkung offen. Insbesondere Beschaffungshomepages verbreiten sich auch in der Kommunalverwaltung immer mehr.

Ebenso wie in vielen anderen Teilbereichen des Beschaffungsmarketings bestehen häufig Know-how- und Informationsdefizite, um die Maßnahmen der Kommunikationspolitik zu nutzen.

4.4.3.4.4 Die Bezugspolitik

Auch in der öffentlichen Beschaffung der Kommunalverwaltung kann die Bezugspolitik umgesetzt werden. Die Restriktionen und Unterstützungen für die einzelnen Maßnahmen werden im Rahmen der Teilentscheidungen Beschaffungsweg, -organ, -modalität und Lieferantenpolitik dargestellt.

Die Beschaffungswege

Während sich die Rahmenbedingungen der Beschaffung in der Kommunalverwaltung auf die Entscheidung hinsichtlich eines direkten oder indirekten Beschaffungswegs nicht auswirken, schränken die Rahmenbedingungen die Wahl des Beschaffungsverfahrens stark ein. Regelverfahren für die öffentliche Beschaffung ist die öffentliche Ausschreibung. Beschränkte Ausschreibungen oder freihändige Vergaben dürfen nur bei Vorliegen bestimmter Bedingungen genutzt werden. Dabei kann das Vergaberecht ein aus Beschaffungsmarketingsicht nicht adäquates Beschaffungsverfahren intendieren. Beschaffungen ohne Verhandlungen sind in allen vom Vergaberecht vorgesehenen Vergabeverfahren möglich. Direkte Bestellungen sind im Rahmen von Rahmenverträgen oder bei freihändigen Vergaben möglich. Verhandlungen sind eigentlich nur bei freihändigen Vergaben vorgesehen, wenngleich es zu vermuten gilt, dass sich in der Praxis nicht immer an diese Vorgabe gehalten wird. Ohnehin wird die öffentliche Ausschreibung, die vom Vergaberecht als Regelverfahren vorgesehen ist, bei Beschaffungsverfahren im Bereich der VOL deutlich weniger als die beschränkte Ausschreibung und freihändige Vergabe eingesetzt (DIEDZOLEIT 2000, S. 122, PIETZCKER 1998, S. 431f., SACHER 1992, S. 23, WITTE 1998, S. 1684). Auch wenn der vom Vergaberecht vorgesehene Spielraum deutlich hinter dem Spielraum im privatwirtschaftlichen Beschaffungsmarketing zurückbleibt, wird dies zumindest teilweise durch das tatsächliche – teils auch nicht vergaberechtskonforme –Verhalten der öffentlichen Beschaffer abgemildert.

Die Möglichkeiten des Electronic Procurement können auch in der öffentlichen Beschaffung genutzt werden. Allerdings müssen die Vergaberechtsvorgaben beachtet werden, die die Komplexität der benötigten Software oftmals erhöht. Desktop Purchasing Systeme in Verbindung mit elektronischen Katalogen sowie Online Shops können insbesondere bei freihändigen Vergaben oder Rahmenverträgen genutzt werden. Elektronische Auktionen und Ausschreibungen sind für die öffentliche Beschaffung mit einem relativ hohen Aufwand verbunden und bieten sich daher für die Kommunalverwaltung meist nicht an. Insgesamt besteht beim Einsatz der Instrumente ohnehin ein nicht zu unterschätzendes Know-how-Problem.

Die Beschaffungsorgane

Der (De-)Zentralisierungsgrad der öffentlichen Beschaffung wird nicht durch Vorgaben des Vergaberechts direkt geregelt. Jedoch ist aufgrund der Komplexität des Vergaberechts ein gewisser Grad an Zentralisierung unumgänglich. In der Praxis findet sich ebenso wie in der privatwirtschaftlichen Beschaffung zumeist eine Kombination aus zentraler und dezentraler Beschaffung, wobei die Beschaffung in letzter Zeit immer stärker dezentralisiert wurde (ALTINDAG 2000, S. 24f.).

Auch Beschaffungskooperationen sind für die öffentliche Beschaffung grundsätzlich möglich. Allerdings sind sie im Vergleich zur öffentlichen Beschaffung in anderen Ländern wie den USA viel weniger verbreitet (HILSE 1996, S. 217, SCHMIDT 2002b, S. 318). Die Beschaffungskooperationen der Kommunalverwaltungen unterliegen einer Anzeigepflicht bei der Kartellbehörde (BUNTE 1998, S. 1038, MALMENDIER/MÜLLER 2002, S. 137), sind aber im Falle kleinerer und mittlerer Kommunalverwaltungen unproblematisch. Bei Beschaffungskooperationen ist darauf zu achten, dass für die Kooperierenden die Möglichkeit besteht, den Bedarf auch außerhalb der Kooperation decken zu können und dass der Wettbewerb nicht beschränkt wird (BUNTE 1998, S. 1042, GEHRMANN/SCHINZER 2002, S. 19f., MALMENDIER/MÜLLER 2002, S. 133ff.). Die Wahrscheinlichkeit einer Wettbewerbsbeschränkung ergibt sich durch das gesamte Beschaffungsvolumen der Kooperation im Verhältnis zum Angebotsvolumen des relevanten Marktes und der Kooperationstiefe. Bei Spezialbedarf, wie Feuerlöschfahrzeugen oder Uniformen, ist folglich eher mit Wettbewerbsbeschränkungen zu rechnen als bei Büroartikeln (BUNTE 1998, S. 1040, HABBEL 2002, S. 266, MALMENDIER/MÜLLER 2002, S. 136). Insgesamt ist der Wunsch nach Beschaffungskooperationen in deutschen Kommunalverwaltungen groß (GEHRMANN/ SCHINZER 2002, S. 19, MALMENDIER/MÜLLER 2002, S. 132). Nachdem Lörrach und andere Kommunen Vorreiter bei kommunalen Beschaffungskooperationen waren, führen Gehrmann und Schinzer für das Jahr 2002 über 30 solcher Kooperationen an (GEHRMANN/SCHINZER 2002, S. 21, HABBEL 2002, S. 266).

Die Beschaffungsmodalitäten

Auch in der öffentlichen Beschaffung können kurz- und langfristige Verträge ohne Einschränkung verfolgt werden. Dazu zählen Rahmen-, Sukzessivliefer- und Abrufverträgen, die schon in mehreren Kommunalverwaltungen und insbesondere vom Beschaffungsamt des Bundesministeriums des Innern genutzt werden.

Während die bisherige vergaberechtliche Beurteilung von Rahmenverträgen ziemlich unterschiedlich ausfiel (HAILBRONNER 2000b, S. 138, HILSE 1996, S. 323f., JESTAEDT ET AL. 1999, S. 51f.), schaffen die neuen europäischen Richtlinien Klarheit. Hiernach ist der Rahmenvertrag bis zur Zuschlagserteilung entsprechend dem Vergaberecht auszuschreiben. Der Zuschlag der Einzellieferung wird nach den Bedingungen des Rahmenvertrags entsprechend bzw. nach Vorbild des in der Richtlinie aufgezählten vereinfachten Verfahrens durchgeführt (Art. 32 RL 2004/18/EG). Die Laufzeit von Rahmenverträgen ist nach der Richtlinie grundsätzlich auf maximal vier Jahre beschränkt.

Die Lieferantenpolitik

Das Verfolgen einer Lieferantenpolitik ist zwar innerhalb der Rahmenbedingungen der öffentlichen Beschaffung der Kommunalverwaltung prinzipiell möglich, jedoch bestehen gegenüber der Situation in der Privatwirtschaft starke Einschränkungen. Zudem fehlen häufig erneut Know-how, eine adäquate Informationsbasis sowie Instrumente zur Durchführung der Maßnahmen. Zudem wird eine aktive Lieferantenpolitik dadurch gehemmt, dass teilweise die Ansicht und Tradition zu bestehen scheint, dass alle Lieferanten grundsätzlich gleich zu behandeln sind. Dabei muss eine aktive Lieferantenpolitik nicht dem Gleichbehandlungsgrundsatz des Vergaberechts widersprechen. Aus dem Diskriminierungsverbot folgt nicht, dass Lieferanten in unterschiedlichen Beziehungen gleich behandelt werden müssen, sondern dass potentiellen Lieferanten innerhalb eines Vergabeverfahrens die gleichen Chancen zur Erlangung des Auftrags gewährt werden muss.

Basis einer aktiven Lieferantenpolitik muss auch in der öffentlichen Beschaffung die Lieferantenbeurteilung sein. Die Durchführung systematischer Lieferantenbeurteilungen vor Vertragsschluss wird durch die vom Vergaberecht vorgeschriebene Eignungsprüfung stark unterstützt. Allerdings sind die Beurteilungskriterien nicht frei wählbar, da die Eignungskriterien und auch teilweise die zugehörigen Nachweise abschließend im Vergaberecht aufgezählt sind. Zudem können die in der Ausschreibung angekündigten Kriterien im Nachhinein noch nicht einmal in ihrer Bedeutungsreihenfolge geändert werden, so dass auf evtl. geänderte Anforderungen schwer eingegangen werden kann. Des Weiteren sind alle Lieferanten an den gleichen Kriterien und Nachweisen zu messen. Die Lieferantenbeurteilung ist laut Vergaberecht immer vollständig durchzuführen, was insbesondere bei C-Bedarfen wie Büromaterial zu relativ hohen Beschaffungsfunktionskosten führt (HILSE 1996, S. 268). Besonders problematisch bei der Lieferantenbeurteilung ist, dass nur das Erfüllen bestimmter Mindestkriterien zur Berücksichtigung in der weiteren Angebotswertung notwendig ist – also ein mehr an Eignung nicht berücksichtigt werden darf. Die Lieferantenauswahl ist bei den formellen Vergabeverfahren durch das Vergaberecht vorgegeben und kann nur bei der freihändigen Vergabe relativ frei gestaltet werden.

Ganz anders als die Situation der Lieferantenbeurteilung vor Vertragsschluss gestaltet sich die Möglichkeit zur Lieferantenbeurteilung nach Vertragsschluss, da diese vom Vergaberecht nicht berührt ist. Jeder Lieferant darf in dem Maße und den Mitteln beurteilt werden, die aus wirtschaftlicher Sicht sinnvoll erscheinen. Allerdings muss vermutet werden, dass die Lieferantenbeurteilung nach Vertragsschluss in der Kommunalverwaltung aufgrund der Tendenz, lediglich die Vorgaben der VOL abzuarbeiten, wenig verbreitet ist. Zusätzlich besteht keine Option, Lieferanten für gute Leistungen in der Vergangenheit in zukünftigen Vergabeverfahren – zumindest nicht bei einer öffentlichen Ausschreibung – zu belohnen. Zieht man jedoch in Betracht, dass die öffentliche Ausschreibung nicht das Regelverfahren darstellt, können gute Leistungen insbesondere bei der freihändigen Vergabe honoriert werden.

Die Möglichkeit zur Entwicklung potentieller Lieferanten besteht für die öffentliche Beschaffung praktisch nicht, weil einerseits aus Gleichbehandlungsgründen allen Anbietern, die potentielle Lieferanten werden wollen, die gleichen Leistungen anzubieten sind und dies äußerst unwirtschaftlich ist, und andererseits auch die finanziellen Ressourcen sowie das notwendige Know-how oft nicht vorhanden ist

Die Lieferantenpflege wird in der öffentlichen Beschaffung häufig vernachlässigt, da Beziehungen oft statisch wahrgenommen werden. Dies zeigt sich beispielsweise daran, dass Lieferanten trotz erhaltenen Zuschlags die Auftragsausführung verweigern (AX/SCHNEIDER/NETTE 2002, S. 239). Die möglichen Maßnahmen zur Intensivierung der Lieferantenbeziehung sind gegenüber dem privatwirtschaftlichen Beschaffungsmarketing aber eingeschränkt. So sind Volumenbündelungen nicht so flexibel realisierbar, Investitionen in den Lieferanten sind aufgrund der Finanzlage selten möglich – zudem muss mit Klagen der Konkurrenz gerechnet werden –, das Gewähren höherer Preise ist insbesondere in der öffentlichen Ausschreibung nur begrenzt möglich, Kapitalbeteiligungen am Lieferanten sind selten gewünscht etc.. Zudem sind die nicht finanziellen Maßnahmen wie Beratungen, Schulungen, Konstruktionshilfen, Unterstützung im Qualitätsmanagement etc. aufgrund oft mangelnden Know-hows nur eingeschränkt realisierbar. Auch Personalentsendungen und die Früheinbindung des Lieferanten sind fast nicht durchführbar. Ohnehin sind strategische Partnerschaften in der öffentlichen Beschaffung der Kommunalverwaltung nicht weit verbreitet (ALTIN-DAG 2000, S. 27). Durch die Maßnahmenbeschränkungen wird der Aufbau kooperativer Beziehungen zusätzlich zu den bestehenden Restriktionen noch erschwert. Die Beziehungsrationalisierung wird hingegen durch das im Vergaberecht dominante traditionelle Beschaffungsmodell gefördert. Die Maßnahmen der Beziehungsrationalisierung können unproblematisch eingesetzt werden, jedoch ist darauf zu achten, dass bei öffentlichen Ausschreibungen Bieter nur bei schweren Verfehlungen und selbst dann nicht dauerhaft ausgeschlossen werden.

Das Verfolgen der Objekt- und Lieferantenkonzepte ist auch in der öffentlichen Beschaffung der Kommunalverwaltung möglich. Beide Konzepte werden vom Vergaberecht nicht reguliert.

4.4.4 Die Durchführungsphase

Die Durchführungsphase ist besonders detailliert durch das Vergaberecht geregelt. Sie kann aber ebenso wie im privatwirtschaftlichen Beschaffungsmarketing in die Teilphasen Beschaffungsanbahnung, -abschluss und -realisation unterschieden werden. Während die Vorgaben der VOL/A die Phasen der Anbahnung und des Abschlusses detailliert regeln, findet für die Realisation insbesondere die VOL/B Anwendung. Die sich für das Beschaffungsmarketing ergebenden Restriktionen und Unterstützungen wurden schon zuvor im Rahmen der Planungsphase berücksichtigt, da die Durchführbarkeit sich unmittelbar auf die Planung auswirkt. Auf ein erneutes Aufgreifen dieser Punkte wird deshalb hier verzichtet. Es kann insgesamt festgehalten werden, dass der Freiraum für die Umsetzung des Beschaffungsmarketings insbesondere mit der Förmlichkeit des Verfahrens zusammenhängt. Je weniger formell ein Vergabeverfahren ist, umso mehr Freiräume bestehen für das Beschaffungsmarketing.

4.4.5 Die Kontrollphase

In der öffentlichen Beschaffung werden interne und insbesondere auch externe Kontrollmöglichkeiten genutzt. Externe Kontrollmöglichkeiten wie Rechnungshöfe, Bürger, die kommunale Rechnungsprüfung etc. eignen sich jedoch – auch wenn sie zur rechtmäßigen Anwendung des Vergaberechts beitragen – nicht zur Kontrolle des Beschaffungsmarketingprozesses (BECKER 1989, S. 892f., SACHER 1992, S. 38+341ff., SCHMIDBERGER 1994, S. 226, STEINEBACH 1998, S. 194). Hier wird die Kontrolle aber im Wesentlichen als Rechtmäßigkeitskontrolle verfolgt und die Wirtschaftlichkeitskontrolle eher nicht im Sinne einer Rechnungs- oder Sparsamkeitskontrolle durchgeführt (BECKER 1989, S. 879, REICHARD 1987, S. 72, SCHMIDBERGER 1994, S. 227). Interne Kontrollen wie die Rechnungs-, Wareneingangskontrolle, die Kontrolle der Beschaffungsmodalitäten und die Kontrolle der Beschaffungsobjektkosten werden – wenn auch nicht intensiv genug – in der Kommunalverwaltung genutzt und dokumentiert. Die VOL/B verlangt die Wareneingangskontrolle sogar (FUCHS 2002, S. 153).

Bisher dominieren in der Kommunalverwaltung Ergebniskontrollen – wenngleich sich dies mit zunehmender Verbreitung des Controllings ändert. Bisher scheinen Planfortschritts- und Prämissenkontrollen ebenso wie die Kompatibilitätskontrolle des Beschaffungsplans in der Kommunalverwaltung nicht weit verbreitet zu sein. Die genannten Kontrollen sind aber alle ohne Einschränkung durch das Vergaberecht durchführbar. Probleme ergeben sich jedoch im Bereich des Know-hows, der Informationen, der Instrumente und Ressourcen.

Die für die Kontrolle einsetzbaren Instrumente wie Kennzahlen und Kennzahlensysteme können auch in der öffentlichen Beschaffung verwendet werden. Dies wird jedoch eingehend in Kapitel 5 behandelt.

4.5 Hauptprobleme des öffentlichen Beschaffungsmarketings

Fasst man die vorherigen Betrachtungen zur Übertragung des privatwirtschaftlichen Beschaffungsmarketings auf die öffentliche Beschaffung der Kommunalverwaltung zusammen, wird deutlich, dass auch innerhalb der bestehenden Rahmenbedingungen ein öffentliches Beschaffungsmarketing möglich ist. Das Vergaberecht führt nicht zur Unwirtschaftlichkeit der Beschaffung. Vielmehr bestehen Probleme im Bereich des Knowhows, der Informationen, der Instrumente und der Ressourcen, die eine wirtschaftliche Beschaffung oft verhindern. Um nicht den häufigen in der Reformgeschichte der öffentlichen Verwaltung begangenen Fehler – das Vernachlässigen der Implementierung des Konzeptes – zu wiederholen (JANN 1994, S. 11, REICHARD 1994, S. 11, SCHMIDT 2001, S. 182), bedarf es neben eines Implementierungsplans auch möglichst ressourcenschonender Instrumente, die sowohl den Beschaffern selbst als auch der Führungsebene adäquate Informationen bereitstellen. Der Ansatz, dass ein Konzept nur entworfen werden muss und die Implementierung sich dann einfach durch Weiterbildungsmaßnahmen erreichen lässt, ist ein Irrtum. Auch wenn Weiterbildungsmaßnahmen für jeden Reformprozess notwendig sind, muss beachtet werden, dass die Ressourcen hierfür beschränkt sind. Ohne Instrumente zum Management des Beschaffungsmarketings können insbesondere die betriebswirtschaftlich nicht vorgebildeten Beschaffer keine Erfolge erzielen. Außerdem vermindert die Weiterbildung das Informationsproblem und den Mangel an Instrumenten nicht. Gleiches gilt für den Ansatz, durch Neueinstellungen die Personalqualität zu steigern. Allerdings steht diese Möglichkeit angesichts der Haushaltslage und des Mangels an gutem Beschaffungspersonal meist ohnehin nicht zur Verfügung. Es sind also stets Instrumente für das Management des Beschaffungsmarketings notwendig. Besonders gut erfüllt werden die genannten Anforderungen von Kennzahlen und Kennzahlensystemen, die deshalb im weiteren Verlauf für das Management des öffentlichen Beschaffungsmarketings genutzt werden sollen. Kennzahlen und Kennzahlensysteme ermöglichen eine Effizienz- und Effektivitätsbewertung des Einsatzes des Beschaffungsmarketings und ermöglichen so eine Aussage über die Güte der Beschaffungsleistung. Zudem liefern sie eine Informationsbasis, die eine Planung des Beschaffungsmarketings auch im strategischen Bereich stark verbessern kann. Des Weiteren können sie in der alltäglichen Arbeit dem einzelnen Beschaffer als operationalisierter Handlungsleitfaden dienen. Die weiteren Vorteile von Kennzahlen- und Kennzahlensystemen werden im nachfolgenden Kapitel ausführlich dargestellt.

5 Kennzahlen und Kennzahlensysteme im Management des öffentlichen Beschaffungsmarketings

Kennzahlen und Kennzahlensysteme sind in der betriebswirtschaftlichen Praxis schon lange und weit verbreitet (MERKLE 1982, S. 325, PROBST 2001, S. 50, WEBER/ SCHÄFFER 1998, S. 347). In letzter Zeit hat ihre Bedeutung im Rahmen des Qualitätsmanagements und des Performance Measurements – mit seinem bekanntesten Vertreter der Balanced Scorecard – wieder zugenomen (GEISS 1986, S. 13, WEBER 2002, S. 186). Die Vorteile dieser beiden Instrumente sind sehr weitreichend und werden daher häufig in der Beschaffung eingesetzt (ARNOLDS/HEEGE/TUSSING 2001, S. 453, ARNOLD 1997, S. 228ff., NÜCHTER 1999, S. 692, REINSCHMIDT 1989, S. 6+170). Kennzahlen und Kennzahlensysteme können komprimiert über komplexe Sachverhalte informieren und große Datenmengen übersichtlich zusammenfassen, um ihren Adressaten einen schnellen aussagekräftigen Überblick zu vermitteln (BOTTA 1997, S. 16, GLADEN 2001, S. 12f., MARLEAUX 1997, S. 15). Sie können prägnante, schnell interpretierbare und verständliche Informationen bereitstellen und Transparenz schaffen (KERN 1991, S. 44f., PREISSNER 2002, S. 45f., WEBER 2002, S. 213). Dabei können sie adressatengerecht ausgestaltet werden, so dass sie sich sowohl für den Informationsbedarf von Vorgesetzten als auch von öffentlichen Beschaffern eignen. Sie können durch die vermittelten Informationen ausgeprägteres Wirtschaftlichkeitsdenken fördern. Ferner beeinflussen Kennzahlen und Kennzahlensysteme das Verhalten ihrer Anwender und eignen sich dadurch zur Steuerung des öffentlichen Beschaffungsmarketings ("What gets measured is what gets managed and improved) (BOGAN/ENGLISH 1994, S. 44, GENTNER 1994, S. 80, KRAHE 1999, S. 116). Durch Gewähren eines größeren Handlungsspielsraums bei einem kooperativen Führungsstil können Kennzahlen und Kennzahlensysteme zur Steuerung genutzt und letztlich die Mitarbeiter durch den größeren Freiraum motiviert werden (GLADEN 2001, S. 26, PIONTEK 2003, S. 352). Zudem können Ziele in Form von Kennzahlen operationalisiert und so ihr Erreichen besser kontrolliert werden. Kennzahlen und Kennzahlensysteme können alle Teilphasen des Beschaffungsmarketingprozesses erfassen und somit als Analyse-, Planungs-, Umsetzungs- und Kontrollinstrument dienen. Weiterhin können Kennzahlensysteme sukzessive aufgebaut werden, so dass sich geringere Eintrittsbarrieren ergeben und das System mit dem Know-how-Stand mitwachsen kann. So wäre es auch kleinen oder im Reformprozess noch nicht weit vorangeschrittenen Kommunalverwaltungen möglich, dieses Instrument zu nutzen. Zudem lassen sich Kennzahlen und Kennzahlensysteme in bestehende Arbeitsprozeduren integrieren. Kennzahlen können die Kommunikation verbessern und Übermittlungszeiten und -kosten stark vermindern (GEISS 1986, S. 71, GROLL 1991, S. 19, STAEHLE 1973, S. 223). Vorteilhaft bei der Einführung von Kennzahlen und Kennzahlensystemen in die Kommunalverwaltung ist die deutschsprachige Begrifflichkeit, der Praxisbezug und die leichte Verständlichkeit der Anwendung und Funktionsweise. Auch wenn der Arbeitsaufwand für ihre Einführung umfangreich sein kann, sind zumindest die notwendigen Investitionen verhältnismäßig gering.

Nachdem in den nachfolgenden Teilkapiteln zunächst die Theorie der Kennzahlen und Kennzahlensysteme dargestellt sowie auf die praktischen Anwendungen und einige Problembereiche der Anwendung eingegangen wird, dient Kapitel 5.3, da – wie in Kapitel 5.2 gezeigt wird – kein adäquates Kennzahlensystem für das Management des öffentlichen Beschaffungsmarketings besteht, dem Aufbau eines solchen. Beim Aufbau des Kennzahlensystems werden die Literatur und Erfahrungen der öffentlichen Verwaltung und der privatwirtschaftlichen Beschaffung im Umgang mit Kennzahlen und Kennzahlensystemen genutzt. Da die Anwendung von Einzelkennzahlen mit Unzulänglichkeiten behaftet ist, wird dem Einsatz eines Kennzahlensystems der Vorzug gegeben.

5.1   Kennzahlen und Kennzahlensysteme im Allgemeinen

5.1.1   Definition und Systematisierung von Kennzahlen

Die Kennzahlentheorie ist im Vergleich zur Anwendung in der Praxis stark vernachlässigt (GEISS 1986, S. 18, MERKLE 1982, S. 325). Bis heute existiert keine umfassende Kennzahlentheorie. Dies liegt auch daran, dass Kennzahlenmonographien bis heute sowohl in der deutsch- als auch in der englischsprachigen Literatur rar sind, obwohl Kennzahlen schon um 1900 Eingang in die englischsprachige und in den 1930er Jahren Eingang in die deutschsprachige Literatur fanden (REICHMANN/LACHNIT 1976, S. 708ff., STAEHLE 1969, S. 46). Während sich früher viele der Kennzahl sinnverwandte Begriffe wie „Kenn-/Richt-/Kontroll-/Mess-/Schlüssel-/Standard-/Betriebsziffer", „Faust-/Mess-/Schlüssel-/Kontroll-/Plan-/Standardzahl", „Erfahrungs-/Orientierungs-/Richtwert", „Kenndaten", „Kennquote", „Werteverhältnis" und „Ratio" fanden (AICHELE 1997, S. 74, MEYER 1994, S. 1, STAEHLE 1969, S. 50, WEBER 1999, S. 12), hat sich der Begriff „Kennzahl" mittlerweile durchgesetzt (KRAUS 1993, S. 235). Mit der Zeit hat sich der Inhalt des Kennzahlenbegriffs und damit zusammenhängend auch das Kennzahlenverständnis stark gewandelt. Ausdruck dessen ist auch die hohe Anzahl unterschiedlicher Kennzahlendefinitionen. Eine allgemein akzeptierte Definition hat sich bisher nicht herausgebildet, wenngleich aber viele Definitionen in mehreren Punkten übereinstimmen (REICHMANN 2001, S. 19). Auf eine Darstellung der unterschiedlichen Definitionsansätze wird hier für die Entwicklung einer Arbeitsdefinition verzichtet. Stattdessen wird die Arbeitsdefinition aus den in der Literatur hauptsächlich genannten Charakteristika entwickelt (GROLL 1991, S. 11, REICHMANN/ LACHNIT 1976, S. 706, STAEHLE 1973, S. 222f., AICHELE 1997, S. 74, MÄRZ 1983, S. 8, RUDOLPH 1993, S. 97, MEYER 1994, S. 1, REICHMANN 2001, S. 20). Bei einer Kennzahl handelt es sich folglich um:

1. eine Zahl – also eine Größe, die quantitativ Sachverhalte erfasst –,
2. die in konzentrierter Form vorliegt,
3. wesentliche betriebswirtschaftliche Daten liefert und somit Informationscharakter besitzt.

Während die Merkmale 2. und 3. wenig Uneinigkeit auslösen, bestehen bezüglich des ersten Merkmals divergierende Ansichten. Zwar sind sich fast alle Autoren dahingehend einig, dass es sich bei Kennzahlen prinzipiell um Zahlen handelt, jedoch ist unklar, ob nur Relativzahlen oder auch absolute Zahlen Kennzahlenqualität aufweisen können (GROLL 1991, S. 11, STAEHLE 1969, S. 49, STAUDT ET AL. 1985, S. 22). Diese Frage ist jedoch in erster Linie eine Besonderheit für die deutschsprachige Literatur. In der englisch- und französischsprachigen, aber auch in der älteren deutschsprachigen Literatur dominiert die Auffassung, dass nur Relativzahlen Kennzahlen darstellen können (CADUFF 1981, S. 15, GEISS 1986, S. 29ff., STAUDT ET AL. 1985, S. 23). In diesem Fall spricht man vom engen Kennzahlenbegriff. Seit den 80er Jahren hat sich in der deutschsprachigen Literatur mehr und mehr ein weiterer Kennzahlenbegriff durchgesetzt, der auch absoluten Zahlen Kennzahlenqualität zuspricht (FISCHBACH 2002, S. 28, GEISS 1986, S. 35, PREISSNER 2002, S. 46, ZIEGENBEIN 2002, S. 580f.). Dieser Ansicht wird auch hier gefolgt, da es nicht sinnvoll erscheint, aussagekräftigen Kennzahlen, wie z. B. dem Cash Flow, Kennzahlenqualität nicht zuzuschreiben (STAUDT ET AL. 1985, S. 23). Allerdings dominieren in der Praxis Relativzahlen, da absolute Zahlen oft einen zu geringen Informationswert besitzen (GROLL 1991, S. 11, MERKLE 1982, S. 325, WEBER 1999, S. 16).

Der Begriff „Kennzahl" wird in der Literatur meist noch vom Begriff „Indikator" abgegrenzt. Indikatoren bewerten einen nicht direkt quantifizierbaren Sachverhalt und stellen somit eine „Ersatzgröße" dar (GLADEN 2001, S. 13ff., HEISS 2000, S. 190). Der Hauptunterschied zu Kennzahlen besteht darin, dass sie sich nicht der Komprimierung bedienen (GLADEN 2001, S. 15, WEBER 1997b, S. 172).

Aufgrund der vielfältigen Anwendungsmöglichkeiten von Kennzahlen bestehen sehr viele unterschiedliche Arten von Kennzahlen. Zur Übersichtlichkeit werden diese systematisiert, jedoch existieren auch sehr viele unterschiedliche Systematisierungsmöglichkeiten (GEISS 1986, S. 20f., GROLL 1991, S. 12, MERKLE 1982, S. 325, MEYER 1994, S. 1). Die in der Literatur am häufigsten verwendete Unterteilung ist die statistisch-mathematische, die absolute und relative Kennzahlen unterscheidet (Kennzahlentyp) (AICHELE 1997, S. 116f., GEISS 1986, S. 20ff., GLADEN 2001, S. 16f.). Üblicherweise werden die Relativzahlen in Gliederungs-, Beziehungs- und Indexzahlen unterschieden, wohingegen Einzelzahlen, Summen, Differenzen, Mittelwerte etc. absolute Zahlen darstellen können (BOTTA 1997, S. 16, STAEHLE 1969, S. 52, WEBER 1999, S. 17). Häufig wird noch nach dem Ort der Entstehung oder der Quelle der Kennzahlen, der Zielorientierung der Kennzahl (auch Kennzahlenfunktion genannt), dem Kennzahleninhalt (etwa monetäre und nicht-monetäre bzw. strategische oder operative

Kennzahlen) und dem Bezugsobjekt unterschieden (gesamtes Unternehmen oder nur bestimmte Teile oder Funktionen eines Unternehmens) (AICHELE 1997, S. 110ff.+ 117f., GEISS 1986, S. 20f., 49+313, MATZENBACHER 1978, S. 32ff., STAUDT ET AL. 1985, S. 28ff.).

5.1.2 Die Anwendung von Kennzahlen

Die Anwendungsmöglichkeiten von Kennzahlen sind sehr zahlreich und haben sich mit der Zeit sogar noch erweitert (STAUDT ET AL. 1985, S. 83). Kennzahlen können in allen Teilbereichen des Unternehmens eingesetzt werden und finden sich mitunter in der Bilanzanalyse, im Marketing, Controlling und Rechnungswesen sowie in der Beschaffung, Materialwirtschaft, Finanzierung und Statistik (REICHMANN/LACHNIT 1976, S. 708ff.). Wurden Kennzahlen zunächst insbesondere im externen Bereich zur Bilanzanalyse und als Ex-post-Kontrollgröße eingesetzt, wurde schon in den 50er Jahren erkannt, dass Kennzahlen sich nicht nur im Bereich der Analyse und Kontrolle, sondern auch zur Planung und Steuerung einsetzen lassen (GEISS 1986, S. 150, SCHOTT 1991, S. 19, WOLF 1977, S. 16). Weber unterscheidet deshalb fünf Kennzahlenfunktionen: die Anregungs-, Operationalisierungs-, Vorgabe-, Steuerungs- und Kontrollfunktion (WEBER 1997b, S. 172). Da Kennzahlen zudem in jedem Unternehmensbereich gebildet werden können, werden sie zunehmend auch im unternehmensinternen Bereich genutzt (GEISS 1986, S. 129, MÄRZ 1983, S. 55f., MARLEAUX 1997, S. 17).

In der Analysephase können Kennzahlen zum Beobachten von Trends und zum Erkennen von Chancen und Risiken sowie Stärken und Schwächen genutzt werden (HIRSCHSTEINER 2002a, S. 324, SCHOTT 1991, S. 215f., VOLLMUTH 2002, S. 7). Fehlentwicklungen können durch sie z. B. im Rahmen von Frühwarnsystemen frühzeitig erkannt, Abhängigkeiten und Interdependenzen aufgezeigt und Gegenmaßnahmen eingeleitet werden (AICHELE 1997, S. 4+72f., GEISS 1986, S. 318, VOLLMUTH 2002, S. 17). Kennzahlen können also als Orientierungshilfe und der Bestimmung der Position des eigenen Unternehmens dienen (GEISS 1986, S. 374, KERN 1991, S. 44f., MARLEAUX 1997, S. 15).

In der Planungsphase lassen sich Kennzahlen zur Entscheidungsunterstützung nutzen (SCHOTT 1991, S. 21+215, STAEHLE 1973, S. 223, VOLLMUTH 2002, S. 18). Sie können zur Alternativensuche und zur Absicherung der Entscheidung durch Unsicherheitsreduktion und der Entscheidungsobjektivierung dienen (EILENBERGER/ SACHENBACHER 1992, S. 6, WISSENBACH 1967, S. 123). Zudem können Pläne durch Kennzahlen koordiniert werden (GEISS 1986, S. 70, GLADEN 2001, S. 25, STAEHLE 1969, S. 59).

Des Weiteren lassen sich Pläne in Kennzahlen fassen, so dass sie in der Umsetzungsphase direkt zur Steuerung angewendet werden können (GLADEN 2001, S. 25,

SCHOTT 1991, S. 215f.). So erhalten sie durch die Vorgabe und Kontrolle von Planwerten Steuerungsqualität (BOTTA 1997, S. 11, GLADEN 2001, S. 18ff., WOLF 1977, S. 18f.). Kennzahlen können zur Verbesserung der Fremd- und Selbststeuerung Verwendung finden.

Auch im Rahmen der Fremd- und Selbstkontrolle und beispielsweise zur Ergebnis-, Prämissen- und Fortschrittskontrolle können sie zielführend eingesetzt werden (ANDREE 1994, S. 169, HIRSCHSTEINER 2002a, S. 324, STAEHLE 1969, S. 60).

Weiterhin können die Vorteile von Kennzahlen bei Vergleichen nutzen. Folglich sind sie häufig zentraler Bestandteil von Benchmarking und Betriebsvergleichen (AICHELE 1997, S. 72f., PREISSNER 2002, S. 45f., ZDROWORRYSLAW/KASCH 2002, S. 70). Auch für die Dokumentation und das Berichtswesen bieten sich Kennzahlen an (AICHELE 1997, S. 5, GEISS 1986, S. 61, 70+308f., GLADEN 2001, S. 23f.).

Damit die genannten Aufgaben jedoch überhaupt erfüllt werden können, müssen Kennzahlen bestimmten Anforderungen entsprechen, die sich nach der zu erfüllenden Aufgabe unterscheiden. Generell müssen alle Kennzahlen aber folgenden Kriterien genügen:

- Verständlichkeit,
- Prägnanz,
- Benutzerfreundlichkeit und Übersichtlichkeit,
- Adressatengerechtheit,
- Aktualität,
- Quantifizier- bzw. Messbarkeit,
- Praktikabilität,
- Adäquatheit,
- Wichtigkeit für das Unternehmen
- und Wirtschaftlichkeit in Bezug auf Aufwand und Ertrag der Kennzahlenerhebung (BROWN 1997, S. 186, EHRMANN 2002, S. 49, MATZENBACHER 1978, S. 200ff., PLHAK 1985, S. 17f., VOLLMUTH 2002, S. 23f., WEBER 1999, S. 23).

Für den Fall, dass Kennzahlen für Steuerungszwecke eingesetzt werden, sollte weiterhin beachtet werden, dass der Grad der Beeinflussungsmöglichkeit der Kennzahl durch das Steuerungsobjekt möglichst hoch sein sollte. Dies heißt, dass – wenn beispielsweise aufgrund externer Determiniertheit keinen Einfluss auf den Kennzahlenwert genommen werden kann – die Kennzahl für keine Steuerungsqualität entwickeln kann.

Weiterhin sind für den zweckmäßigen Einsatz von Kennzahlen nicht nur Ansprüche an die Kennzahlen selbst, sondern auch an den Kennzahleneinsatz zu stellen. So muss vor dem Aufbau einer Kennzahl der Informationsbedarf der Kennzahlennutzer bezüglich des gewünschten Inhalts, der Detailliertheit der Information und der benötigten Aktualität erforscht werden (HORVATH 1983, S. 353, KGST 2001a, S. 10). Deshalb bietet es sich an, den zukünftigen Nutzer beim Aufbau der Kennzahl einzubinden (KGST 2001a, S. 8). Ferner ist für die Ermittlung der Kennzahlenwerte ein einheitliches Verständnis der Kennzahlen bei allen Erhebenden notwendig. Zur Sicherstellung dessen, können Kennzahlendefinitionsblätter angelegt werden, die einen Kennzahlenverantwortlichen, den Kennzahlenaufbau, die Erhebungsmethode, die verwendeten Informationsquellen etc. festschreiben (BOTTA 1997, S. 18, STAUDT ET AL. 1985, S. 70). Die Kennzahlenerhebung muss in den täglichen Arbeitsablauf reibungslos integriert werden. Es ist ebenso notwendig, die genutzten Kennzahlen regelmäßig auf ihre Zielerfüllung hin zu überprüfen und gegebenenfalls Änderungen der Kennzahlen vorzunehmen (BROWN 1997, S. 4, MARLEAUX 1997, S. 18, VOLLMUTH 2002, S. 17+ 22). Unerlässlich für die Verwendung von Kennzahlen sind flankierende organisatorische und personelle Maßnahmen (PLHAK 1985, S. 21, STAUDT ET AL. 1985, S. 111). Es ist weiterhin dafür Sorge zu tragen, dass die Kennzahlennutzer allgemein mit dem Instrument und der Interpretation der Kennzahlenwerte vertraut gemacht werden, um Fehlinterpretationen zu vermeiden (SCHLOTTERBECK 1995, S. 28f.).

Gegen die genannten Anforderungen wird in der Praxis beim Einsatz von Kennzahlen sehr häufig verstoßen. So werden inadäquate Kennzahlen ausgewählt (KRALICEK/BÖHMDORFER/KRALICEK 2001, S. 6, VOLLMUTH 2002, S. 19), Kennzahlen fehlkonstruiert (CADUFF 1981, S. 26, MEYER 1994, S. 43), zu viele Kennzahlen genutzt, so dass „Kennzahlenfriedhöfe" entstehen (MERKLE 1982, S. 329f., ZIEGENBEIN 2002, S. 578), veraltete Daten zur Ermittlung der Kennzahlenwerte verwendet (MÄRZ 1983, S. 80, STAEHLE 1969, S. 66f.), Erhebungsmethoden falsch angewendet oder Messprobleme nicht beachtet (FRIEDAG/SCHMIDT 2002, S. 60f., GEISS 1986, S. 206f.), Kennzahlenwerte fehl- oder gar nicht interpretiert (CADUFF 1981, S. 26, GEISS 1986, S. 46), Kennzahlen für Schuldzuweisungen oder zur Machterhaltung missbraucht oder sogar Kennzahlenwerte bewusst manipuliert (HIRSCHSTEINER 2002a, S. 403, PLHAK 1985, S. 21f.). Auch werden teilweise ausschließlich finanzielle Kennzahlen zu Steuerungszwecken herangezogen, obwohl sie oft aufgrund ihrer Vergangenheitsorientierung und ihres eher operativen Charakters wenig Steuerungsqualität besitzen (VOLLMUTH 2001, S. 209, WEBER/SCHÄFFER 2000, S. 2).

Es ist – selbst wenn alle der genannten Anforderungen erfüllt werden – zu berücksichtigen, dass es sich bei Kennzahlen um kein Allheilmittel handelt. Einer übertriebenen Kennzahlengläubigkeit sollte daher unbedingt vorgebeugt werden (GROCHLA ET AL. 1983, S. 60, PIONTEK 1994, S. 193). Deshalb sollte das ausschließliche Beurteilen von Mitarbeitern auf Grundlage von Kennzahlen vermieden werden. Ebenso sollte angestrebt werden, dass Mitarbeiter nicht nur noch versuchen, bestimmte Kennzahlenwerte zu erzielen und die hinter den Kennzahlen stehenden Ziele aus den Augen verlieren (GLADEN 2001, S. 69). Die Hauptproblematik beim Einsatz von Kennzahlen ist, dass einzelne Kennzahlen stets nur in ihrer Aussagekraft beschränkte Aussagen liefern können (KERN 1971, S. 703, MERKLE 1982, S. 325, RUDOLPH 1993, S. 98). Kennzahlen geben die Realität nicht vollständig wieder (KGST 2001b, S. 10+20).

Durch das Erheben einer einzelnen Kennzahl oder mehrerer nicht in Beziehung stehender Kennzahlen können Zusammenhänge, Interdependenzen und Ursachen für Kennzahlenwertänderungen meist nicht erkannt werden (CADUFF 1981, S. 39, LACHNIT 1976, S. 216, MÄRZ 1983, S. 62ff.). Weiterhin können nur quantifizierbare Sachverhalte durch Kennzahlen abgebildet werden (GALLER 1969, S. 273, MATZENBACHER 1978, S. 23, STAUDT ET AL. 1985, S. 69). Daher besteht die Gefahr, dass wichtige Sachverhalte vernachlässigt werden (WISSENBACH 1967, S. 128). Dies gilt beispielsweise für den Bereich der Strategien, die – wenn überhaupt – meist nur schwer und sehr aufwendig in Kennzahlen gefasst werden können (PREISSNER 2002, S. 48, STAUDT ET AL. 1985, S. 67, WISSENBACH 1967, S. 89ff.+186). Das dargestellte Hauptproblem beim Einsatz von Kennzahlen kann man durch das Verwenden von Kennzahlensystemen deutlich vermindern. Deshalb wird im Folgenden der Aufbau eines Kennzahlensystems erläutert.

5.1.3 Definition und Systematisierung von Kennzahlensystemen

Kennzahlensysteme besitzen ebenso wie Kennzahlen eine lange Tradition (WEBER/ SCHÄFFER 1999, S. 333). In der Praxis sind Kennzahlensysteme insbesondere in größeren Unternehmen weit verbreitet (KÜTING 1983, S. 237, ZDROWORRYSLAW/ KASCH 2002, S. 89). Teilweise findet sich in der Praxis sogar eine Überanwendung von Kennzahlensystemen (PREISSNER 2002, S. 49, ZDROWORRYSLAW/KASCH 2002, S. 101). In der Theorie werden meist nur drei später noch zu thematisierende „Standard"-Kennzahlensysteme aufgeführt: das Du Pont-Kennzahlensystem, das ZVEI-Kennzahlensystem und das RL-Kennzahlensystem. Die Kennzahlensystemtheorie ist insgesamt noch weniger ausgeprägt als die Kennzahlentheorie. Nachdem Staehle 1969 die erste grundlegende Veröffentlichung zu Kennzahlensystemen für den deutschsprachigen Raum verfasst hat (STAEHLE 1969), kam es nach einer kleinen Veröffentlichungswelle zu einer Stagnation in der Kennzahlensystemforschung, die erst mit der Verbreitung des Total Quality Managements, des Benchmarkings des Performance Measurements in den 90er Jahren überwunden wurde (LAMLA 1995, S. 85).

Die Definition des Begriffes „Kennzahlensystem" ist uneinheitlich. Allgemein anerkannt ist jedoch, dass Kennzahlensysteme von einer einfachen Ansammlung von mehreren Kennzahlen abzugrenzen sind (KERN 1971, S. 711, MÄRZ 1983, S. 65). Auch hier wird auf die Darstellung der z. T. recht unterschiedlichen Definitionsansätze verzichtet. Stattdessen wird auf eine Arbeitsdefinition zurückgegriffen, die auf den Definitionsversuchen weit verbreiteter Hauptmerkmale aufbaut (GROLL 1991, S. 19, KÜPPER 2001, S. 342, LACHNIT 1976, S. 216, MERKLE 1982, S. 326f., MEYER 1994, S. 9, REICHMANN 2001, S. 22, RUDOLPH 1993, S. 98, WOLF 1977, S. 38). Danach handelt es sich bei Kennzahlensystemen um:

- eine systematische Zusammenstellung mehrerer Kennzahlen,
- die sich einander ergänzen oder erklären
- und in einer sachlich sinnvollen Beziehung stehen.

Durch das Kriterium „systematische Zusammenstellung" können Kennzahlensysteme von Kennzahlensammlungen abgegrenzt werden. Eine größere Gruppe von Autoren konkretisiert dieses Kriterium und hebt dabei den systemtheoretischen Aspekt von Kennzahlensystemen hervor (DRESEN 1997, S. 139). Folglich besteht ein Kennzahlensystem aus Elementen – den Kennzahlen – und Relationen (HUMMEL/KURRAS/NIE-MEYER 1980, S. 94, KRALICEK/BÖHMDORFER/KRALICEK 2001, S. 189, STAUDT ET AL. 1985, S. 30). Dieser Konkretisierung wird hier gefolgt. Merkmale wie die Ausrichtung des Kennzahlensystems auf ein gemeinsames Ziel und hierarchischer Aufbau, die vereinzelt in Definitionsansätzen genannt werden und sich insbesondere bei rechentechnisch verknüpften finanziellen Kennzahlensystemen wiederfinden (REICHMANN 1985, S. 891), werden für die Definition nicht berücksichtigt. Diese Merkmale sind mit dem modernen Verständnis von Kennzahlensystemen – wie es auch dem Performance Measurement zugrunde liegt – nicht vereinbar, da sie die Anwendungsmöglichkeit von Kennzahlensystemen unnötig stark einschränken. So wird beispielsweise die Ausrichtung an einem Ziel in Form einer Spitzenkennzahl der in der Praxis meist vorzufindenden Zielpluralität nicht gerecht (KURRLE 1995, S. 105, STAEHLE 1973, S. 228, ZIMMERMANN/JÖHNK 2001, S. 518). Ein weiteres partiell genanntes Merkmal für Kennzahlensysteme – die Ausgewogenheit eines Systems (AI-CHELE 1997, S. 79f., GEISS 1986, S. 98f., KÜTING 1983, S. 238) – ist zwar eine Anforderung, die ein Kennzahlensystem möglichst erfüllen sollte, aber keineswegs elementares Merkmal eines Kennzahlensystems.

Während bezüglich der meisten der genannten Merkmale eines Kennzahlensystems Einigkeit besteht, kommt es bei der Diskussion der Kennzahlenrelationen regelmäßig zu divergierenden Ansätzen. Eine Hauptgruppe der Autoren vertritt die Ansicht, dass nur rechentechnische Verknüpfungen Relationen eines Kennzahlensystems darstellen können (SCHOTT 1991, S. 19, WISSENBACH 1967, S. 21ff., ZWICKER 1976, S. 226). Eine andere geht jedoch davon aus, dass auch sachlogische Beziehungen als Relationen gelten (MEYER 1994, S. 9, MERKLE 1982, S. 326f., HATIP/STREH-LAU 2000, S. 252). Sachlogische Beziehungen bestehen, wenn die Kennzahlen aufgrund von betriebswirtschaftlichen Zusammenhängen miteinander verknüpft sind, ohne dass jedoch diese Beziehung quantifiziert ist (GLADEN 2001, S. 121ff., KÜTING 1983, S. 238, MÄRZ 1983, S. 68). Die Ansicht, dass auch Ordnungssysteme Kennzahlensysteme sind, hat sich mehr und mehr mit dem Einzug des modernen Kennzahlenverständnisses durchgesetzt und wird auch in dieser Arbeit vertreten. Es ist nämlich nicht erkennbar, weshalb sachlogisch verknüpfte Systeme keinen Systemcharakter besitzen sollen. Auch wenn Rechensysteme Vorteile im Aussagegehalt bieten können (GROLL 1991, S. 31, LACHNIT 1976, S. 221, MÄRZ 1983, S. 66f.), haben sie ein sehr beschränktes Anwendungsgebiet, da in vielen Bereichen rechentechnische Verknüpfungen nicht oder nur schwer ermittelt werden können (GLADEN 2001, S. 121ff., LACHNIT 1976, S. 221, MÄRZ 1983, S. 66f., ZIEGENBEIN 2002, S. 585).

Bei den rechentechnisch verknüpften Kennzahlensystemen spricht man auch von Rechensystemen und bei den sachlogisch strukturierten von Ordnungssystemen, wobei auch Mischformen möglich sind (AICHELE 1997, S. 79, MÄRZ 1983, S. 68f., MEYER 1994, S. 10, PREISSNER 2002, S. 50, WEBER 1999, S. 37). Die bekanntesten Rechensysteme sind das Du Pont-Kennzahlensystem – im Jahr 1919 von der E. I. DuPont de Nemours and Company entwickelt und zugleich auch das älteste Kennzahlensystem im deutschsprachigen Raum – und das ZVEI-Kennzahlensystem des Zentralverbandes der Elektrotechnik- und Elektronik-Industrie ursprünglich aus dem Jahr 1969 (GLADEN 2001, S. 93ff., 101ff.+123, GROLL 1991, S. 32+36ff., MEYER 1994, S. 117ff.+ 132ff., REICHMANN 1993b, S. 164f., REICHMANN 1993c, S. 679ff., ZVEI 1989). Beide Systeme sind pyramidenförmig und hierarchisch aufgebaut und münden in einer Spitzenkennzahl: das Du Pont-System im Return on Investment und das ZVEI-System in der Eigenkapitalrentabilität (GRUN 1985, S. 27ff.). Weitere sehr bekannte Rechensysteme, die jedoch im Aufbau dem Du Pont-System ähneln (CADUFF 1981, S. 4), sind das Managerial Control Concept von Tucker aus dem Jahr 1961, und die „pyramid structure of ratios" vom British Institute of Management (1956) (BOTTA 1997, S. 26, DOENGES/KOEDER 1982, S. 576f., STAEHLE 1969, S. 72ff., STAUDT ET AL. 1985, S. 34ff., TUCKER 1961). Das bekannteste Kennzahlensystem, das weitestgehend Ordnungssystemcharakter besitzt, ist das RL-Kennzahlensystem von Reichmann und Lachnit aus dem Jahr 1977 (GROLL 1991, S. 32+40ff., PIONTEK 2003, S. 358ff., REICHMANN 1993d, S. 566ff., REICHMANN 2001, S. 32ff.). Es besitzt einen allgemeinen unternehmensübergreifenden und einen unternehmensspezifischen Teil. Anstatt einer Spitzenkennzahl besitzt es zwei unabhängige Teilsysteme zur Rentabilität und Liquidität (BOTTA 1997, S. 28). Viele der genannten Systeme sind äußerst umfangreich; so umfasst Tuckers System über 400 und das RL-System über 140 Kennzahlen.

Derzeit weit verbreitet sind Kennzahlensysteme im Rahmen des Performance Measurements. Diese Systeme versuchen, die Steuerungsprobleme traditioneller Kennzahlensysteme zu beheben, indem sie u. a. neben finanziellen, auch nicht finanzielle Kennzahlen berücksichtigen (GLEICH 1997, S. 432, HORVATH & PARTNER 2001, S. 3). Auch wenn die grundsätzlichen Gedanken dieser Systeme – beispielsweise im „tableau de bord", das insbesondere von Lauzel und Cibert ab Ende der 1950er Jahre in Frankreich verbreitet wurde (LAUZEL/CIBERT 1962) – schon länger verbreitet sind, haben sie zur weit verbreiteten Einführung einer neuen Generation von Kennzahlensystemen geführt. Bekanntestes Kennzahlensystem des Performances Measurements ist neben der Performance Pyramid von Lynch und Cross die auf Kaplan und Norton zurückgehende Balanced Scorecard (BISCHOF 2002, S. 132, GILLES 2002, S. 227, HORVATH & PARTNER 2001, S. 2, KAPLAN/NORTON 1997, KLINGEBIEL 1998, S. 10f., LYNCH/CROSS 1991). Auch wenn häufig hervorgehoben wird, dass die

Balanced Scorecard nicht nur ein Kennzahlensystem, sondern ein umfassendes Managementsystem ist (FRIEDAG/SCHMIDT 2002, S. 13, WEBER/SCHÄFFER 1998, S. 344). Besonders gekennzeichnet ist die Balanced Scorecard durch die Ausgewogenheit der finanziellen und nicht finanziellen Ergebnis- und Leistungskennzahlen, die ganzheitliche Betrachtung durch mehrere Perspektiven – im Grundmodell die Kunden-, interne Prozess-, Finanz- sowie Lern- und Wachstumsperspektive – und die Verknüpfung der Kennzahlen über Ursache-Wirkungsbeziehungen miteinander und den finanziellen Zielen (HORVATH/KAUFMANN 1998, 46, KAPLAN/NORTON 1997, S. 8, KRAHE 1999, S. 520).

Da mit den gewachsenen Anwendungsmöglichkeiten von Kennzahlensystemen die unterschiedlichen Arten an Kennzahlensystemen zugenommen haben, ist eine weitergehende Systematisierung der Kennzahlensysteme notwendig. Allerdings ist die Systematisierung weniger weit verbreitet als bei Einzelkennzahlen. Hauptsystematisierungskriterium für Kennzahlensysteme ist die bereits erwähnte Relation des Kennzahlensystems – also die Kennzeichnung, ob es sich um ein Ordnungs- oder Rechensystem handelt (GEISS 1986, S. 83ff., HUMMEL/KURRAS/NIEMEYER 1980, S. 95). Ansonsten können größtenteils die gleichen Systematisierungskriterien wie bei Einzelkennzahlen angewendet werden wie Bezugsobjekt, Zielorientierung/Funktion und Inhalt des Kennzahlensystems (GEISS 1986, S. 83ff., 136+242, HUMMEL/KURRAS/ NIEMEYER 1980, S. 9, KRALICEK/BÖHMDORFER/KRALICEK 2001, S. 189, MEYER 1994, S. 11). Besonderheiten gegenüber Einzelkennzahlen ergeben sich aber bei der Unterscheidung in hierarchische und nicht-hierarchische Kennzahlensysteme und bei der Entwicklung des Systems (KÜPPER 2001, S. 343, PALUPSKI 1998a, S. 121, PALUPSKI 1998b, S. 114). Hierarchische Kennzahlensysteme liegen vor, wenn bei den Kennzahlen Über- und Unterordnungsbeziehungen bestehen (GEISS 1986, S. 135). Bei der Entwicklung des Kennzahlensystems werden die logische Herleitungsmethode, die definitionslogisch oder durch mathematische Umformungen erfolgen kann, und die empirische Herleitungsmethode unterschieden (GEISS 1986, S. 83, PALUPSKI 1998a, S. 121, PALUPSKI 1998b, S. 114). Die modellgestützte Herleitungsmethode Zwickers wird in der Literatur nur vereinzelt angesprochen und ist für diese Arbeit nicht bedeutend (KÜPPER 2001, S. 351). Die definitionslogische Herleitung geht so vor, dass sie beispielsweise eine Kennzahl wie den Gewinn im Du Pont-Kennzahlensystem in andere Kennzahlen zerlegt: Deckungsbeitrag und fixe Kosten. Definitionslogische Beziehungen sind nicht falsifizierbar. Bei der mathematischen Umformung werden Kennzahlen multiplikativ oder adaptiv verknüpft und auch die Kennzahlenrelationen quantifiziert (KÜPPER 2001, S. 351). Küpper unterteilt die empirische Herangehensweise noch in die empirisch-theoretische Fundierung und die empirisch-induktive Bestimmung (PALUPSKI 1998a, S. 121, PALUPSKI 1998b, S. 114, KÜPPER 2001, S. 356ff.). Während bei der empirisch-theoretischen Fundierung gut gesicherte empirische Zusammenhänge durch Überprüfung von Hypothesen genutzt werden, stützt sich die empirisch-induktive Methode auf Expertenbefragungen, Plausibilitätsüberlegungen und Datenauswertungen in Verbindung mit statistischen Methoden. Auf eine Quantifizierung der Relationen muss in diesem Fall verzichtet werden. In einem Kennzahlensystem können mehrere dieser Möglichkeiten kombiniert sein.

5.1.4 Die Anwendung von Kennzahlensystemen

Die Vorteile für Einzelkennzahlen gelten auch für die Nutzung des Kennzahlensystems (BROWN 1997, S. 14, ZDROWORRYSLAW/KASCH 2002, S. 89f.). Darüber hinaus können Kennzahlensysteme noch Zusammenhänge, Interdependenzen, Ursachen für Kennzahlenwertänderungen und Auswirkungen von Maßnahmen erkennen und darstellen (GLADEN 2001, S. 91, KÜPPER 2001, S. 346, WEBER 1999, S. 37). Strategien und Ziele lassen sich durch einzelne Kennzahlen abbilden, und sogar Zielkonflikte können berücksichtigt werden (ARNOLD 1997, S. 237). In einem Kennzahlensystem können finanzielle und nicht finanzielle, lang- und kurzfristig ausgerichtete, strategische und operative sowie vergangenheits-, gegenwarts- und zukunftsbezogene Kennzahlen gemeinsam genutzt werden, so dass die Realität besser abgebildet werden kann (WEBER 1999, S. 37f., ZDROWORRYSLAW/KASCH 2002, S. 89f.). Kennzahlen werden in einem Kennzahlensystem in einen Zusammenhang gestellt, der eine bessere Interpretation und das Treffen adäquater Entscheidungen ermöglicht. Die Aussagekraft eines Kennzahlensystems ist demnach höher als die Summe der Informationen der Einzelkennzahlen (CADUFF 1981, S. 41, WEBER/SANDT 2001, S. 19, REICHMANN 1993a, S. 346f.).

Aus diesen Gründen können Kennzahlensysteme meist die Aufgaben, die von den Einzelkennzahlen wahrgenommen werden (s. Kap. 5.1.2), besser erfüllen. Auch Kennzahlensysteme können deshalb in jeder Prozessphase und in jedem Unternehmensbereich zur Effizienz- und Effektivitätssteigerung genutzt werden (CADUFF 1981, S. 70ff., GEISS 1986, S. 104f.+ 244, KÜTING 1983, S. 237ff., REICHMANN 2001, S. 24ff.). Um diese Aufgaben adäquat zu erfüllen, sind bestimmte Anforderungen nötig. Zunächst müssen die Kennzahlen des Kennzahlensystems die gleichen Anforderungen wie Einzelkennzahlen erfüllen (s. Kap. 5.1.2). Zusätzlich muss das Kennzahlensystem insgesamt diese Anforderungen wie Prägnanz, Benutzerfreundlichkeit, Übersichtlichkeit, Praktikabilität, Adäquatheit und Wirtschaftlichkeit aufweisen (BROWN 1997, S. 50, 174+186, GEISS 1986, S. 37+119, GROLL 1991, S. 168ff., KÜTING 1983, S. 239ff., MATZENBACHER 1978, S. 200ff., VOLLMUTH 2002, S. 23ff.). Besonders hervorzuheben ist, dass das Kennzahlensystem aus möglichst wenig Elementen bestehen, aber dennoch den Sachverhalt vollständig darstellen soll (HUMMEL/KURRAS/NIEMEYER 1980, S. 98f., KÜTING 1983, S. 239ff., VOLLMUTH 2002, S. 20+ 24f.). Dies gilt insbesondere, wenn Steuerungszwecke verfolgt werden (BROWN 1997, S. 4, GLADEN 2001, S. 92, KÜPPER 2001, S. 349, NULLMEIER 2001b, S. 389, WEBER 1999, S. 22+35), da Steuerungskennzahlen den Mitarbeiter besonders stark beanspruchen. Zudem sind Kennzahlensysteme, die zur Steuerung genutzt werden, möglichst stellenspezifisch auszugestalten (CADUFF 1981, S. 47, LACHNIT 1976, S. 220). Des Weiteren sollte das Kennzahlensystem zur Erfassung des Sachverhalts möglichst ausgewogen gestaltet werden (KÜTING 1983, S. 239ff., WEBER 1999, S. 23, WEBER/SANDT 2001, S. 20). Strategische und operative, finanzielle und nicht-finanzielle, vergangenheits-, gegenwarts- und zukunftsbezogene Kennzahlen etc. sollten in ein Kennzahlensystem integriert werden (MARLEAUX 1997, S. 20, VOLL-MUTH 2002, S. 24f., WEBER 1999, S. 23ff.). Ferner sollte das Kennzahlensystem möglichst anpassungsfähig sein, so dass nicht bei jeder Änderung der Rahmenbedingungen das ganze System komplett umgestaltet werden muss (GROLL 1991, S. 168ff.+ 239ff., VOLLMUTH 2002, S. 21+24f.). Die genannten Anforderungen können nicht alle vom Kennzahlensystem gleich gut erfüllt werden, da Konflikte zwischen den Ansprüchen bestehen können.

An den Umgang mit Kennzahlensystemen sind die gleichen Ansprüche wie an Einzelkennzahlen zu stellen, z. B. einheitliche Erhebungsmethoden, Festlegung von Kennzahlenverantwortlichen sowie flankierende organisatorische und personelle Maßnahmen, (s. Kap. 5.1.2). Ebenso wie beim Einsatz von Einzelkennzahlen in der Praxis wird auch beim Einsatz von Kennzahlensystemen gegen die vielfältigen Anforderungen regelmäßig verstoßen. Fehlkonstruktionen des Kennzahlensystems durch Verwendung zu vieler Kennzahlen, mangelnde Orientierung am Informationsbedarf oder Unvollständigkeit sind ebenso verbreitet wie Mängel bei der Erhebung, Anwendung und Interpretation (BROWN 1997, S. 17ff.+30, MÄRZ 1983, S. 79ff., MEYER 1994, S. 43, WEBER/SANDT 2001, S. 12f.).

Ebenso wie für Einzelkennzahlen gilt auch hier, dass selbst bei Erfüllen aller genannten Anforderungen der Einsatz von Kennzahlensystemen immer noch problembehaftet ist. Es darf nicht verkannt werden, dass trotz der vielen Vorteile auch Kennzahlensysteme kein Allheilmittel darstellen. Sie sind nur ein Instrument zur Umsetzung des Beschaffungsmarketings und können letztendlich notwendige Entscheidungen nicht ersetzen, sondern nur unterstützen (AICHELE 1997, S. 255, DOBLER/BURT 1984, S. 689f., WISSENBACH 1967, S. 79). Des Weiteren können Kennzahlensysteme – auch wenn sie den Anspruch der Vollständigkeit erfüllen – immer nur einen Ausschnitt der Realität sowie nur quantifizierbare Sachverhalte erfassen (PAUL 2004, S. 110, STAEHLE 1973, S. 228, WEBER/SANDT 2001, S. 7). Es besteht deshalb stets die Möglichkeit, dass das Kennzahlensystem wichtige Sachverhalte vernachlässigt oder überhaupt nicht abbildet. Insbesondere im Bereich der häufig nur schwer durch Kennzahlen abzubildenden Strategien, aber auch im Rahmen der Situationsanalyse kann dies zu großen Problemen führen.

5.2 Spezifische Anwendungen von Kennzahlen und Kennzahlensystemen

Kennzahlen und Kennzahlensysteme werden zwar in der privatwirtschaftlichen Beschaffung und auch zunehmend in der öffentlichen Verwaltung genutzt. Ein Kennzahlensystem, das sich für das Management des in dieser Arbeit entwickelten öffentlichen Beschaffungsmarketings eignet, konnte allerdings in der Literatur nicht gefunden werden. Kennzahlen scheinen in der deutschen öffentlichen Beschaffung bisher nur wenig und stark vereinzelt eingesetzt zu werden. Für den Aufbau des Kennzahlensystems für das öffentliche Beschaffungsmarketing sollten jedoch die Erfahrungen mit Kennzahlen und Kennzahlensystemen, die in der öffentlichen Verwaltung und der privatwirtschaftlichen Beschaffung gemacht wurden, genutzt werden. So können Rückschlüsse für den Aufbau des zu entwickelnden Kennzahlensystems entstehen. Da empirische Untersuchungen über Kennzahlensysteme äußerst rar sind, die bestehenden empirischen Untersuchungen für den Aufbau des hier zu entwickelnden Kennzahlensystems nur von begrenztem Interesse sind und gesonderte empirische Untersuchungen aufgrund des Umfangs der Arbeit anderen Forschungsvorhaben vorbehalten bleiben müssen, wird in erster Linie auf die in der Literatur beschriebenen Kennzahlensysteme zurückgegriffen. Die in der Privatwirtschaft entworfenen Kennzahlensysteme, die nicht auf die Beschaffung oder das Beschaffungsmarketing ausgerichtet sind, besitzen für diese Arbeit keine Relevanz und werden daher nicht thematisiert.

5.2.1 Kennzahlen und Kennzahlensysteme in der öffentlichen Verwaltung

Durch die Verwaltungsreform werden in der öffentlichen Verwaltung und auch in der Kommunalverwaltung zunehmend Kennzahlen und Kennzahlensysteme eingesetzt und von den Verwaltungsbetrieben als wichtiges Instrument eingestuft (FISCHENBECK 2002, S. 6, GOTTBEHÜT 2002, S. 105, HOPP/GÖBEL 1999, S. 67ff.). So forderten in einer Umfrage der KGSt im Jahr 1996 93% der Kommunalverwaltungen Kennzahlen zur Unterstützung des kommunalen Reformprozesses (SCHMITHALS/TAUSCH/ HAAS 2002, S. 8). Kennzahlen und Kennzahlensysteme werden insbesondere im Zusammenhang mit dem Kontraktmanagement, dezentralem Controlling und der Produktorientierung thematisiert (EGGER 2000, S. 87f., KÜHN 1999, S. 74f., NULLMEIER 2001b, S. 389f.). Grundsätzlich sind Kennzahlen und Kennzahlensysteme für den Einsatz in jedem Bereich der öffentlichen Verwaltung geeignet. Es finden sich daher sehr unterschiedliche Anwendungen z. B. im Bereich von Kindertagesstätten, der Gebäudewirtschaft und des Bürgerservices (BRANDSTÄTT 2000, S. 143, DONGES ET AL. 1991, S. 38, EGGER 2000, S. 99, SCHMITHALS/TAUSCH/HAAS 2002, S. 11ff.). Zudem bestehen mehrere Reformprojekte wie die Indikatorengruppe Bremen „Wegweiser für ein zukunftsfähiges Bremen" (1998), die sich hauptsächlich mit Kennzahlen auseinandersetzen (HEISS 2000, S. 184ff., LÖFFLER 2000, S. 55, KNOBLOCH 2000, S. 111ff.).

Besonders intensiv eingesetzt werden Kennzahlen im Bereich der interkommunalen Leistungsvergleiche – einer Form des Benchmarkings (ADAMASCHEK 2002, S. 1ff., BANNER 1997b, S. 22ff.). Hierbei schließen sich meist vier bis neun in der Größe und Struktur ähnliche Kommunalverwaltungsbetriebe für den Leistungsvergleich innerhalb eines Fachbereichs in einem Vergleichsring zusammen (KGST 2001c, S. 46, RIEDEL 1999, S. 16, SCHMITHALS-FERRARI/TAUSCH/HAAS 1999, S. 237). Besonders weit verbreitet sind Leistungsvergleiche im Rahmen des 1996 durch die KGSt gegründeten IKO-Netzes. Mittlerweile umfasst das IKO-Netz über 160 Vergleichsringe mit insgesamt über 1.700 beteiligten Betrieben und über 50 erprobten Kennzahlensystemen (KUHLMANN 2005, S. 9ff.). Zudem bestehen weitere bundesweite Initiativen wie die Vergleichsprojekte „kik" und „kompass", die verschiedene Kennzahlensysteme bereit stellen, etliche landesweite Initiativen wie die „Arbeitsgemeinschaft Produktkennzahlen" in Baden-Württemberg und weiterhin noch viele vollständig dezentral organisierte Vergleichsprojekte (ADAMASCHEK 2000a, S. 19+43, BÄHR 2002, S. 73, BRANDSTÄTT 2000, S. 76f., KUHLMANN 2005, S. 9ff., REICHARD 2001, S. 27). Ein Kennzahlensystem, das auf den Leistungsvergleich in der Beschaffung ausgerichtet ist, konnte dennoch in Deutschland nicht identifiziert werden. Für den englischsprachigen Raum konnte lediglich eine Kennzahlensammlung für das Beschaffungsbenchmarking gefunden werden, die auch für die öffentliche Beschaffung geeignet ist: die Kennzahlensammlung der amerikanischen Forschungseinrichtung Center for Strategic Supply Research (CAPS, www.capsresearch.org) (DOBLER/BURT 1984, S. 691f., DRESEN 1997, S. 32, FREHNER/BODMER 2000, S. 114, HOMBURG/WERNER/ENGLISCH 1997, S. 61).

Kennzahlen werden in der Literatur auch vermehrt im Rahmen von Balanced Scorecards für die öffentliche Verwaltung thematisiert (BÄHR 2002, S. 90ff., GOTTBEHÜT 2002, S. 100, MUNDHENKE 2000, S. 93, REMBOR 1997, S. 180, SCHERER 2002, S. 19, SCHERER/ALT 2002, S. 1ff.), die – zumindest in größeren öffentlichen Verwaltungsbetrieben – auch zunehmend in der Praxis eingesetzt werden (NULLMEIER 2001b, S. 384). In den USA ist der Einsatz der Balanced Scorecard in der öffentlichen Verwaltung schon wesentlich weiter verbreitet (KAPLAN/NORTON 1997, S. 175f., TÖPFER 2000b, S. 174ff.). Bei Kaplan und Norton sowie Whittaker werden auch Balanced Scorecards für die öffentliche Beschaffung dargestellt (KAPLAN/NORTON 1997, S. 175f., WHITTAKER 2000, S. 191ff.).

Auch wenn der Einsatz und die theoretische Durchdringung von Kennzahlen und Kennzahlensystemen hinter der Privatwirtschaft zurück bleibt, sind sie in der Kommunalverwaltung nicht unbekannt. Obwohl viele Kommunalverwaltungen Kennzahlen derzeit nicht nutzen, kann man davon ausgehen, dass ein gewisses Basis-Know-how für den Umgang mit Kennzahlen besteht oder im Wege interkommunaler Zusammenarbeit erschlossen werden kann. Die erwähnten Kennzahlensammlungen und -systeme eignen sich für das Management des hier entwickelten öffentlichen Beschaffungsmarketings nicht. Im Falle der Kennzahlensammlung für das Beschaffungsbenchmarking kommt die Sammlung nicht in Betracht, da die Kennzahlen nur geringe Steuerungsqualität besitzen. Des Weiteren ist vorwegzunehmen, dass in dieser Arbeit kein Balanced Scorecard-Ansatz verfolgt werden soll (s. Kap. 5.3.1).

5.2.2 Kennzahlen und Kennzahlensysteme in der privatwirtschaftlichen Beschaffung

Gegenstand dieses Teilkapitels ist die Untersuchung, ob ein in der Literatur dargestelltes privatwirtschaftliches Kennzahlensystem besteht, das sich bei Übertragung auf die öffentliche Beschaffung für das Management des öffentlichen Beschaffungsmarketings eignen würde. Die Untersuchung erfolgt anhand von zwei Kriterien. Zunächst ist zu untersuchen, ob es sich bei einer Ansammlung von Kennzahlen überhaupt um ein Kennzahlensystem handelt. Ausschlaggebend für die Unterscheidung von Kennzahlensammlungen und Kennzahlensystemen ist der systematische Zusammenhang der Kennzahlen; es müssen also Relationen rechnerischer oder sachlogischer Art vorliegen (Kriterium 1). Des Weiteren ist – sofern es sich um Kennzahlensysteme handelt – zu überprüfen, inwiefern es die Anforderungen, die prinzipiell an Kennzahlensysteme gestellt werden (s. Kap. 5.1.4), auch erfüllt (Kriterium 2). Da die Anforderungen sehr zahlreich sind, werden in der folgenden Diskussion nur die für die jeweilige Quelle bedeutendsten angesprochen. Insbesondere wird Wert auf die Vollständigkeit des Kennzahlensystems – z. B. Abdeckung des Beschaffungsmarketingmixes – gelegt.

Beschaffungskennzahlen werden in vielen Veröffentlichungen nur exemplarisch aufgeführt. Dies gilt beispielsweise für zahlreiche deutsch- und englischsprachige Beschaffungs-(marketing-)monographien und -sammelwerke, die Kennzahlen häufig im Rahmen der Beschaffungskontrolle oder des Beschaffungscontrollings thematisieren (ARNOLDS/HEEGE/TUSSING 2001, BRETSCHNEIDER 1974, FEARON/DOBLER/KILLEN 1992, HAMMANN/LOHRBERG 1986, HEINRITZ ET AL. 1991, HIRSCHSTEINER 2002a, HOUGH 1992, MONCZKA/TRENT/HANDFIELD 1998, STANLEY 1999, STRUB 1998, WESTING/FINE/ZENS 1976). Aber auch deutsch- und englischsprachige Monographien zur Beschaffungskontrolle und zum Beschaffungscontrolling (BICK 2000, BORNEMANN 1987, KATZMARCYK 1988, MONCZKA/CARTER/HOAGLAND 1979, SCHLOTTERBECK 1995, VAN WEELE 1984) und Controllingmonographien, -sammelwerke und -lexika, die letztere Themen aufgreifen, verfahren so (KRAUS 1993, S. 249, REICHMANN 2001). Benchmarkingveröffentlichungen, die sich nur mitunter dem Beschaffungsbereich widmen, führen vereinzelt und unsystematisch Beschaffungskennzahlen auf (BOGAN/ENGLISH 1994, ZDROWORRYSLAW/KASCH 2002). Aber auch Benchmarkingveröffentlichungen, die ausschließlich das Beschaffungsbenchmarking darstellen, bieten teilweise nur recht unsystematische Aufzählungen (BERNING/WIERDEMANN 1995, S. 35, FREHNER/BODMER 2000, POISCHBEG 1995, S. 33). Auch in Veröffentlichungen, die sich primär mit Kennzahlen und Kennzahlensystemen auseinandersetzen, werden Beschaffungskennzahlen oft nur unsystematisch aufgeführt (ARBEITSGEMEINSCHAFT INTERNE REVISION 1985, GLADEN 2001, GROLL 1991, STAUDT ET AL. 1985, WEBER 1999). Gleiches gilt für betriebswirtschaftliche Kennzahlen- und Formelsammlungen (EILENBERGER/SACHENBACHER 1992, MARLEAUX 1997, RADKE 2001) und einige Veröffentlichungen, die sich beispielsweise der Materialwirtschaft oder der Beschaffungslogistik widmen (BARTELS 1991, BICHLER/KROHN 2001, GEISS 1986, GROCHLA ET AL. 1983, S. 45ff., HARTMANN 1997, S. 494ff., SCHULTE 1991). Über die genannten Quellen hinaus bestehen zahlreiche Zeitschriftenartikel, Sammelbandbeiträge etc., die die gleichen wie die zuvor genannten thematischen Inhalte haben und Beschaffungskennzahlen ebenso nur exemplarisch aufführen. Auf eine gesonderte Darstellung dieser Quellen wird an dieser Stelle verzichtet, da die vorherigen Feststellungen analog gelten.

Des Weiteren finden sich teilweise ausführlichere Darstellungen von Kennzahlensammlungen, die Kennzahlen nicht nur exemplarisch aufzählen, sondern auch Gruppierungen der Kennzahlen vornehmen. Allerdings fehlt den folgenden Sammlungen aufgrund fehlender Relationen der Systemcharakter. So stellt Berg eine Beschaffungskennzahlensammlung vor, die in drei Bereiche unterteilt ist: Kennzahlen zur Effizienz des Beschaffungsbereichs, zur Lieferantenbeurteilung und Logistikkennzahlen (BERG 1982, S. 377ff.). Auch Arnold führt eine Kennzahlensammlung von 53 Kennzahlen an, die den Bereichen Struktur- und Rahmen-, Produktivitäts-, Wirtschaftlichkeits- sowie Qualitätskennzahlen zugeordnet werden (ARNOLD 1997, S. 237ff.). Die Kennzahlensammlung ist stark von Logistik- und Materialwirtschaftskennzahlen geprägt. Des Weiteren greift auch Koppelmann im Rahmen der Beschaffungskontrolle und des Benchmarkings Kennzahlen auf (KOPPELMANN 2000, S. 389ff., KOPPELMANN 1997, S. 140ff.). Koppelmann unterscheidet bedarfsbezogene, funktionszielbezogene und instrumentalzielbezogene Kennzahlen. Katzmarcyk nutzt Kennzahlen zur quantitativen Untersuchung der Kapazität des Beschaffungspersonals, der Einkaufskapazitätsrechnung (KATZMARCYK 1988, S. 150ff.). Dresen sowie Homburg, Werner und Englisch setzen Kennzahlen im Beschaffungsbenchmarking ein (DRESEN 1997, S. 106, HOMBURG/WERNER/ENGLISCH 1997). Homburg, Werner und Englisch führen eine Auswahl von 35 Kennzahlen an, die in Leistungsstandard- und Leistungsschlüsselkennzahlen unterteilt werden. Auch wenn es sich bei Dresens Kennzahlen ebenso nur um eine Kennzahlensammlung handelt, muss positiv hervorgehoben werden, dass sie mit über 80 Kennzahlen eine der umfangreichsten Sammlungen in der Literatur ist. Sie ist den Phasen des auf Koppelmann zurückgehenden Beschaffungsmarketingprozesses entsprechend geordnet.

Ende der 1980er Jahre bis Anfang der 90er Jahre finden sich dann mehrere – mit der Ausnahme der Balanced Scorecards für die Beschaffung –, aber auch die einzigen ausführlichen Veröffentlichungen, deren Beschaffungskennzahlensammlungen auch

Systemqualität aufweisen. Fast alle diese Arbeiten sind Dissertationen zur Beschaffungskontrolle oder zum Beschaffungscontrolling.

Pfisterer stellt ein sachlogisch abgeleitetes Ordnungssystem dar (PFISTERER 1988, S. 120ff.). Das Kennzahlensystem ist anhand der Beschaffungsziele Qualität, Sicherheit, Beschaffungskosten, Flexibilität und Gemeinwohlorientierung unterteilt, die sich jeweils wiederum in eine Versorgungs-, Bereitstellungs- und Entsorgungskomponente aufgliedern. Die Bereitstellungs- und Entsorgungskomponenten beschäftigen sich jedoch nur mit Logistik- und Materialwirtschaftskennzahlen. Insgesamt werden über 40 Kennzahlen aufgeführt und diskutiert. Sehr positiv ist auch, dass Pfisterer explizit den Beschaffungsmarketingbezug seines Systems hervorhebt. Das System bietet sich für das Management des Beschaffungsmarketings jedoch nicht an, da es ausschließlich für die operationale Gestaltung von Soll-Vorgaben als Kontrollverfahren genutzt wird. Des Weiteren wird nur die Zielebene der Beschaffung betrachtet, aber Strategien und der Beschaffungsmarketingmix werden nicht berücksichtigt. Die Anforderung der Vollständigkeit wird nicht erfüllt.

Reinschmidts Kennzahlen sind mit seinen über 272 aufgeführten Kennzahlen das umfangreichste System (REINSCHMIDT 1989, S. 183ff.). Es ist grundsätzlich in drei Teile gegliedert: das „Beschaffungs-Basis-Kennzahlensystem", das „entscheidungsobjektspezifische Beschaffungs-Kennzahlenteilsystem" und das „stellenspezifische Beschaffungs-Kennzahlenteilsystem". Das „Beschaffungs-Basis-Kennzahlensystem" wird permanent genutzt und soll die Beschaffungsführung unterstützen. Es ist wiederum in ein kosten-, lieferbereitschafts- und qualitätsbezogenes Teilsystem unterteilt. Die Kennzahlen der Teilsysteme sind definitionslogisch und mathematisch aus der jeweiligen Spitzenkennzahl des Teilsystems hergeleitet (Beschaffungskostenquote, Servicegrad und Qualitätsgrad) (REINSCHMIDT 1989, S. 183ff.). Das „entscheidungsobjektspezifische Beschaffungs-Kennzahlenteilsystem" richtet sich an einzelne Teilfelder des operativen Planungs- und Kontrollsystems. Es besteht aus den beiden Teilsystemen der „Beschaffungs-Programm-Planung und -Kontrolle", welches in zwei Teilbereichen untergliedert ist, und der „Beschaffungs-Durchführungs-Planung und -Kontrolle", das wiederum in weitere fünf Bereiche unterteilt ist (REINSCHMIDT 1989, 228ff.). Jeder dieser Teilbereiche stellt ein eigenes unabhängiges Kennzahlensystem dar, das meist definitionslogisch abgeleitet wird, jedoch oft auf eine alleinige Spitzenkennzahl verzichtet. Die Beschaffungsentscheidung wird hierdurch in die Teilentscheidungen Planung und Kontrolle des Bedarfs, der Qualität, der Bestellung, des Einsatzes des beschaffungspolitischen Instrumentariums, des Lieferanten, der Bevorratung und des Transports gegliedert. Für das „stellenspezifische Beschaffungs-Kennzahlenteilsystem" werden Kennzahlen nur beispielhaft aufgezählt, da sie einer situationsadäquaten individuellen Auswahl bedürfen. Reinschmidts Kennzahlensystem wird in dieser Arbeit – um nur einige der zahlreichen nicht erfüllten Anforderungen zu nennen – deshalb nicht verwendet, da aufgrund der Verzweigung der Einzelsysteme die Komplexität des Systems so enorm ist, dass die Benutzerfreundlichkeit, die Steuerungsqualität etc. stark leiden.

Die große Anzahl an Kennzahlen ist – auch wenn diese sich häufig sehr ähnlich sind und oft gar keine eigene Kennzahl, sondern nur eine leichte Abwandlung darstellen – mit den Anforderungen der Wirtschaftlichkeit und der Kompaktheit nicht vereinbar. Trotz der vielen Kennzahlen ist das System im Bereich der Maßnahmen unvollständig. Strategien werden zudem nicht thematisiert, und auch die Analyse wird vernachlässigt. Positiv an Reinschmidts System ist die ausführliche Darstellung des Systems, der mehrstufige Aufbau und der Hinweis darauf, dass die entscheidungsobjektspezifische Ebene des Kennzahlensystems aus der Zielebene und die stellenspezifische aus der entscheidungsobjektspezifischen abgeleitet wird. Allerdings bleibt unklar, wie dies geschehen soll.

Stark stellt in seinem Beitrag in der Zeitschrift „Beschaffung aktuell" die Erfolgsmessung in der Materialwirtschaft dar. Auch ein Beschaffungskennzahlensystem wird abgebildet, ohne dass dieses jedoch detailliert besprochen wird (STARK 1990, S. 26). Es handelt sich um ein pyramidenförmiges Ordnungssystem mit vier Ebenen. Die oberen drei beinhalten alle Kennzahlen zur Kontrolle und Vorgabe. Die oberste richtet sich an die Unternehmensleitung und hat die Oberziele der Beschaffung zum Gegenstand, die zweite Ebene bezieht sich auf die Unternehmensleitung und Teilziele in den Teilbereichen. Auf die Bereichsleitung und untergeordneten Teilziele nimmt die dritte Ebene Bezug. Die vierte Ebene enthält Kennzahlen zur Detailanalyse in den Teilbereichen. Von oben nach unten hin nimmt die Kennzahlendichte zu. An der Spitze des Systems stehen die Kennzahlen Return on Investment, Liquiditätsgrad, Lieferbereitschaft und Qualität. Weitere Ebenen werden in drei Stränge unterteilt: den Kosten-, den Beschaffungsvolumen- sowie einen Bestände- und Kapitalbindungsstrang. Insgesamt enthält das System 47 Kennzahlen, von denen die meisten kosten- oder materialwirtschaftsbezogen sind. Dieser Punkt und die Unvollständigkeit des Systems führen dazu, dass es für das Management des Beschaffungsmarketings nicht genutzt werden kann. Das Kennzahlensystem vernachlässigt die Beschaffungsstrategien und den Beschaffungsmarketingmix. Zudem ist es im Bereich der Ziele lückenhaft. Positiv an Starks System ist jedoch der mehrstufige, am Informationsbedarf orientierte Aufbau und die sachlogische Herleitung des Kennzahlensystems.

Piontek nutzt ein Kennzahlensystem im Bereich der Beschaffungsplanung, -kontrolle und -führungsinformationsversorgung (PIONTEK 1993c, PIONTEK 1994, S. 90ff.). Das System ist in vier an den Beschaffungszielen orientierten unabhängige Teilsysteme unterteilt: Teilsystem zur Kostenminimierung, Qualitätssicherung, Versorgungssicherheit und Lieferantensteuerung. Während die Teilsysteme zur Qualitätssicherung, Versorgungssicherheit und Lieferantensteuerung jeweils drei bis sechs gleichberechtigte Kennzahlen enthalten, besteht das Teilsystem zur Kostenminimierung aus 28 auf sechs Ebenen verteilten Kennzahlen. Bei der Spitzenkennzahl des Teilsystems handelt es sich um den Anteil realisierter Beschaffungsobjektkosten am Volumen der gut beeinflussbaren Kostensenkung. Auch dieses Kennzahlensystem wird in dieser Arbeit zum Management des Beschaffungsmarketings nicht genutzt, da zum einen die Unterteilung in unabhängige Teilsysteme nicht praktikabel und der komplexe Aufbau des kostenbezogenen Teilsystems für die praktische Umsetzung ungeeignet ist; ebenso ist das Kennzahlensystem unvollständig und die Aufteilung der Zielebene nicht schlüssig. Außerdem sind im Bereich der Kosten die Kennzahlen äußerst umständlich bezeichnet und in der Praxis fast nicht zu erheben. Positiv an Pionteks System ist die ausführliche Diskussion der Einzelkennzahlen.

Beschaffungskennzahlensysteme werden des Weiteren auch im Rahmen von Balanced Scorecards für die Beschaffung genutzt. Beispielsweise stellen Hackethal und Kaufmann eine Balanced Scorecard für die Beschaffung und Eschenbach eine für die Materialwirtschaft auf (ESCHENBACH 1999, 39ff., HACKETHAL 2003, S. 31, KAUFMANN 2002, S. 21). Auch Engelhardt widmet sich in ihrer Monographie „Balanced Scorecard in der Beschaffung" dieser Thematik (ENGELHARDT 2002). Während Hackethal und Engelhardt die Perspektiven des Grundmodells nutzen, führt Kaufmann zusätzlich die Lieferantenperspektive ein. Auch wenn die Erkenntnisse dieser Ansätze im weiteren Verlauf der Arbeit gut nutzbar sind, sollen sie direkt nicht weiter verfolgt werden, da in dieser Arbeit der Ansatz der Balanced Scorecard nicht verfolgt wird (s. Kap. 5.3.1).

Letztendlich konnte durch die Untersuchung kein Kennzahlensystem identifiziert werden, das sich auch unter Anpassung an die Rahmenbedingungen der öffentlichen Beschaffung für das Management des zuvor erarbeiteten öffentlichen Beschaffungsmarketings eignet.

5.3 Entwicklung eines Kennzahlensystems für das öffentliche Beschaffungsmarketing

Da ein Kennzahlensystem für die öffentliche Beschaffung bisher nicht besteht und auch privatwirtschaftliche Beschaffungskennzahlensysteme selbst bei entsprechender Anpassung an die Rahmenbedingungen für das Management des öffentlichen Beschaffungsmarketings nicht geeignet erschienen, wird in diesem Teilkapitel ein solches Kennzahlensystem entwickelt. Zunächst werden in Kapitel 5.3.1 die grundsätzlichen Anforderungen, die das Kennzahlensystem aufgrund der besonderen Rahmenbedingungen zu erfüllen hat, und der grundsätzliche Aufbau des Systems dargestellt. In den anschließenden Teilkapiteln werden die einzelnen Kennzahlen erörtert, und das Kennzahlensystem sukzessive aufgebaut. Um Missverständnissen vorzubeugen, soll hier schon darauf hingewiesen werden, dass es sich bei dem vorgestellten Kennzahlensystem um eine Auswahl von Möglichkeiten handelt.

5.3.1 Aufbau und Anforderungen des Kennzahlensystems

Grundsätzlich ist bei der Entwicklung des Kennzahlensystems darauf zu achten, dass es die Merkmale eines Kennzahlensystems besitzt und die Anforderungen Vollständigkeit, Kompaktheit, Anpassungsfähigkeit, Ausgewogenheit, Verständlichkeit, Prägnanz, Adressatengerechtheit, Aktualität, Quantifizier- bzw. Messbarkeit, Praktikabilität, Adäquatheit, Wichtigkeit für das Unternehmen sowie Benutzerfreundlichkeit und Übersichtlichkeit erfüllt. Ebenso soll die Wirtschaftlichkeit der Kennzahlenerhebung sowie für Steuerungszwecke der Grad der Beeinflussungsmöglichkeit der Kennzahl durch das Steuerungsobjekt möglichst hoch sein. Außerdem sind beim Einsatz von Kennzahlensystemen die in Kapitel 5.1.4 thematisierten Anforderungen an die Ermittlung, Verwendung und Kontrolle von Kennzahlensystemen zu befolgen. Durch das Beachten dieser Anforderungen kann ein Großteil der in der Praxis entstehenden Probleme mit Kennzahlen und Kennzahlensystemen vermieden werden (KATZMARCYK 1988, S. 151). Allerdings muss angemerkt werden, dass die Anzahl unterschiedlicher Anforderungen sehr hoch und das Erfüllen aller Anforderungen anspruchsvoll ist.

Damit das Kennzahlensystem bestens für das Management des öffentlichen Beschaffungsmarketings geeignet ist, muss der gesamte Beschaffungsmarketingprozess abgedeckt werden. Dabei wird nicht der Ansatz verfolgt, für jede Prozessphase ein eigenes Teilkennzahlensystem vorzusehen, da dies zu unnötig hoher Komplexität und zu enormen Redundanzen führt. Die Benutzerfreundlichkeit und Übersichtlichkeit würden dadurch ebenso wie die Praktikabilität und Wirtschaftlichkeit des Systems stark beeinträchtigt. Durch die Abdeckung aller Prozessphasen wird auch dem Anspruch der Vollständigkeit genügt.

Da auch Steuerungsaufgaben mit dem Kennzahlensystem verfolgt werden sollen, ist es notwendig, ein fachbereichsspezifisches und nicht ein unternehmensbezogenes Kennzahlensystem zu nutzen, um die Steuerungsqualität des Systems zu gewährleisten (GLADEN 2001, S. 129, LACHNIT 1976, S. 216ff.). Für Steuerungszwecke ist ferner zu beachten, dass die Anzahl der Kennzahlen für den einzelnen Mitarbeiter möglichst gering zu halten ist. Dem einzelnen Nutzer des Kennzahlensystems dürfen aufgrund seiner begrenzten Informationsverarbeitungskapazität stets nur die seinen Informationsbedarf deckenden, aber nicht sämtliche Kennzahlen des Systems präsentiert werden. Zudem ist – aufgrund des Umfangs – das Beschaffungsmarketingkonzept so zu unterteilen, dass die Komplexität des Systems für den einzelnen Nutzer gesenkt werden kann.

Grundsätzlich ist vor der Darstellung des Aufbaus des hier zu entwickelnden Kennzahlensystems anzumerken, dass die Erkenntnisse des Performance Measurements und der modernen Kennzahlensysteme wie der Balanced Scorecard genutzt werden sollen, das Kennzahlensystem aber nicht als Balanced Scorecard oder Performance Pyramid ausgestaltet wird. Von diesen Konzepten soll hier abgesehen werden, da zum einen aufgrund der Aufteilung der Perspektiven die ausreichende Berücksichtigung der horizontalen Interdependenzen des Beschaffungsmarketingmixes nicht möglich ist. Zum anderen kann es nur eingeschränkt als Handlungsleitfaden dienen. Des Weiteren könnte das englischsprachige Konzept, das in der deutschen Kommunalverwaltung noch nicht weit verbreitet ist, die öffentlichen Beschaffer und die Kapazitäten der Kommunalverwaltung in Verbindung mit der gleichzeitigen Einführung des öffentlichen Beschaffungsmarketings übersteigen.

Zunächst wird das Kennzahlensystem deshalb in die Ebenen Beschaffungsziele (Ebene I), -strategien (Ebene II) und -maßnahmen (Ebene III) unterteilt (s. Abb. 25). So wird die Abdeckung des Beschaffungsmarketingplans garantiert. Idealtypisch wird im Folgenden die Verwaltungsleitung der Zielebene, die Bereichsleitung der Strategieebene und die Sachbearbeitung der Maßnahmenebene zugewiesen. Die Detailliertheit des Informationsbedarfs nimmt von Ebene I bis III zu. Insgesamt ergibt sich dadurch ein pyramidenförmiger Aufbau des Systems, der im Folgenden als Abstraktion für das Kennzahlensystem genutzt wird.

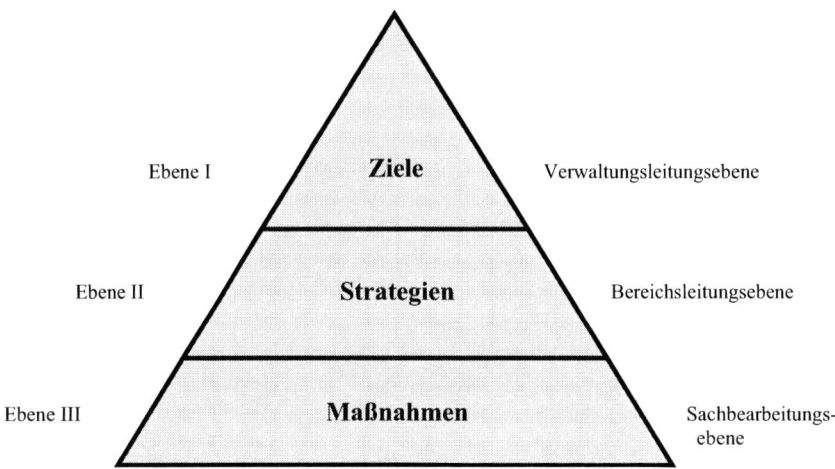

Abb. 25: Zuordnung der Ebenen des Kennzahlensystems

Zur Komplexitätsreduktion und Steigerung der Übersichtlichkeit bieten sich auf den drei Ebenen des Kennzahlensystems weitere am Beschaffungsmarketingkonzept orientierte Unterteilungen an. Die Verwaltungsleitungsebene kann nach den Feldern der Beschaffungsziele (Kosten, Risiko, Flexibilität, Qualität und Gemeinwohl), die Ebene der Bereichsleitung nach den Beschaffungsmarketingstrategien (Strategien der Beschaffungsmarktfelder, Beschaffungsmarktstimulierung, Lieferantenbeziehung und Beschaffungsmarktareale) und die Maßnahmenebene nach den Teilpolitiken des Beschaffungsmarketingmixes differenziert werden (Beschaffungsprogramm-, Preis-, Kommunikations- und Bezugspolitik) (s. Abb. 26).

Zu den Unterteilungen der jeweiligen Ebenen muss der Hinweis erfolgen, dass nicht alle Kennzahlen auf einer Ebene nur einem einzelnen Teilbereich wie z. B. der Programmpolitik zugeordnet werden können, da sie von großer Bedeutung für mehrere Bereiche sind. Dies gilt sowohl für die horizontale als auch für die vertikale Unterteilung, wenngleich beim letzteren Fall die Kennzahl dann meist in einem anderen Detaillierungsgrad genutzt wird.

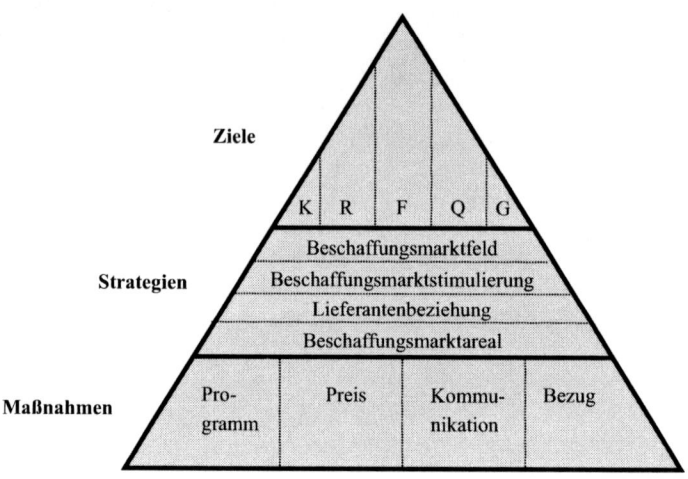

K = Beschaffungskosten, R = Beschaffungsrisiko, F = Beschaffungsflexibilität, Q = Beschaffungsqualität, G = Gemeinwohlorientierung

Abb. 26: Die Unterteilung der Ebenen des Kennzahlensystems

Bei der Zuordnung der Ebenen des Kennzahlensystems wird unterstellt, dass die Verwaltungsleitungsebene (Ebene I) eher an allgemeinen Informationen über Erfolg, Leistung oder Kosten der Beschaffung insgesamt interessiert ist, da die Beschaffung nur einer von vielen Bereichen ist, der durch sie gesteuert wird. Die Verwaltungsleitung analysiert die Situation grundsätzlich, führt Planungen durch, gibt der Bereichsleitung (Ebene II) Ziele für die Beschaffung vor oder vereinbart diese mit ihr zusammen und kontrolliert das Erreichen der Ziele. Kennzahlen sind auf dieser Ebene insbesondere für die Zielvorgabe bzw. -vereinbarung und Kontrolle von Bedeutung. Dazu werden hier die Kennzahlen der Zielfelder Kosten, Risiko, Flexibilität, Qualität und Gemeinwohl vorgesehen, die in Abbildung 27 im oberen Drittel der Kennzahlenpyramide oberhalb der gestrichelten Linie zu finden sind.

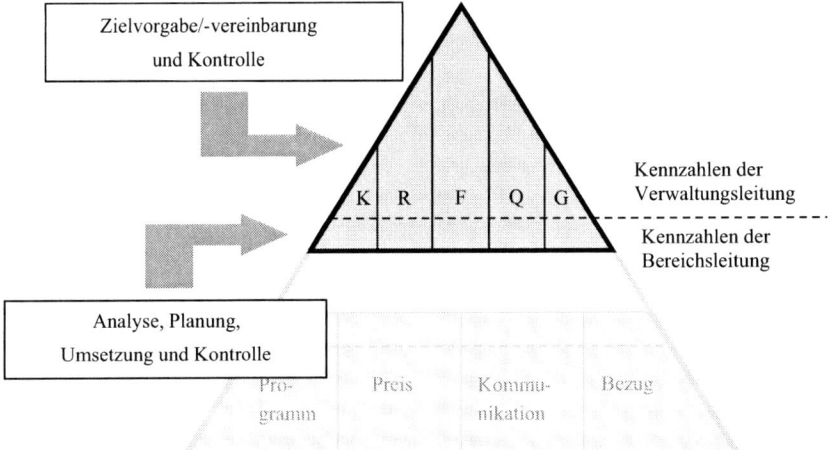

K = Beschaffungskosten, R = Beschaffungsrisiko, F = Beschaffungsflexibilität, Q = Beschaffungsqualität, G = Gemeinwohlorientierung

Abb. 27: Die Kennzahlen der Beschaffungsziele

Im Bereich der Ebene II kommt es bei der Zuordnung der Ebenen zu Überschneidun-
gen, da die Bereichsleitung für das Ableiten der Beschaffungsmarketingstrategien Informationen über die Beschaffungsziele benötigt und sie zudem gewährleisten muss, so
dass die Sachbearbeitung strategiekonform erfüllt werden kann (s. Abb. 28). Die
Bereichsleitung hat für das Management des öffentlichen Beschaffungsmarketings ein
sehr breites Aufgabenspektrum.

Im Bereich der Beschaffungsziele muss – wie in Abbildung 27 gezeigt – die Bereichsleitung die Situation genauer analysieren, um passende Strategien planen, umsetzen und kontrollieren zu können. Deshalb entsteht ein viel detaillierterer Informationsbedarf als auf Ebene I. Daraus ergibt sich, dass andere und detailliertere Kennzahlen
zur Deckung des Informationsbedarfs notwendig sind (s. Kap. 5.3.3.1). Diese finden
sich in der Kennzahlenpyramide in Abbildung 27 unterhalb der angesprochenen gestrichelten Begrenzungslinie.

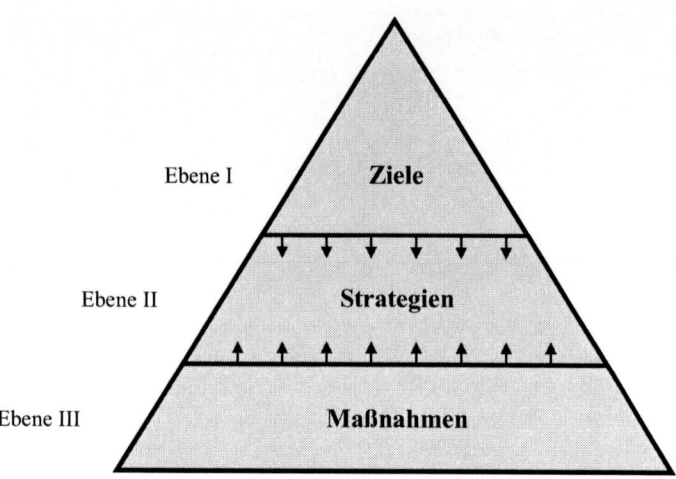

Abb. 28: Die Ebenenüberschneidungen auf der Ebene II

Die genannten Informationen dienen der Strategieplanung und -umsetzung. Kennzahlen, die für die einzelnen Strategieoptionen erhoben werden, bestehen in dem System nicht (dargestellt durch die weiße Fläche in der Mitte der Kennzahlenpyramide in Abbildung 29), da sich Strategien oft nicht oder nur sehr aufwendig quantifizieren lassen und so schwer ausreichend in einem Kennzahlensystem dargestellt werden können. Daher wird – ausgehend von den Kennzahlen der Beschaffungszielfelder – die Strategie geplant, umgesetzt und kontrolliert.

Bei den Beschaffungsmarketingstrategien darf insbesondere nicht übersehen werden, dass auch nicht quantifizierbare Sachverhalte von sehr großer Bedeutung sind. Die Strategieebene des Kennzahlensystems mit den vier Beschaffungsmarketingstrategien und ihren jeweiligen Optionen (s. Abb. 29) nimmt dennoch – auch wenn direkt auf Kennzahlen in diesem Bereich verzichtet wird – einen großen Stellenwert ein. Je nachdem, welche Strategien und Strategieoptionen gewählt werden, kommen unterschiedliche Maßnahmen in Betracht. Der Raum möglicher Maßnahmen wird folglich durch die Strategiewahl beschränkt. Da nur noch ein Teil der Maßnahmen zur Umsetzung in Frage kommt, bietet es sich an, die zu verwendenden Kennzahlen hieran auszurichten. So sinkt der Umfang des Systems, und die Benutzerfreundlichkeit steigt stark an.

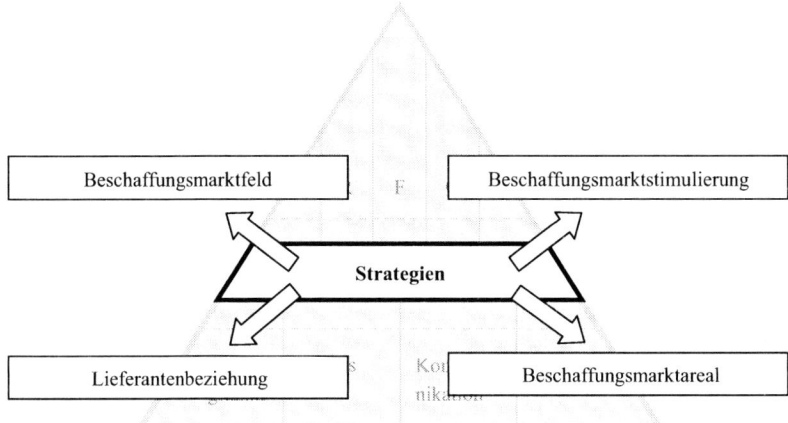

F = Beschaffungsflexibilität

Abb. 29: Die Ebene der Beschaffungsmarketingstrategien

Weiterhin ist die Bereichsleitung dafür verantwortlich, dass die Maßnahmen der Sachbearbeiter (Ebene III) zur Erfüllung der aus den Beschaffungszielen abgeleiteten Strategien beitragen. Die Bereichsleitung analysiert die Situation bezüglich der Maßnahmen grundsätzlich, plant Ziele, gibt diese der Sachbearbeitung vor oder vereinbart diese mit ihnen und kontrolliert letztlich noch die Erfüllung dieser Vorgaben. Kennzahlen sind hier insbesondere für die Zielvorgabe oder -vereinbarung und die Kontrolle von Bedeutung. An diesem Informationsbedarf müssen sich auch die Maßnahmen-Kennzahlen der Bereichsleitung orientieren. Dazu werden Kennzahlen, die sich an der Einteilung des Beschaffungsmarketingmixes orientieren, erhoben (s. Abb. 30).

Der Informationsbedarf bezüglich der Maßnahmen ist wesentlich allgemeiner als der der Sachbearbeiter. Die Sachbearbeitung beschäftigt sich mit der Analyse, Planung und Umsetzung der Maßnahmen sowie deren Kontrolle (s. Abb. 30). Sie wirkt idealerweise auch an den Vorgaben mit, die die Bereichsleitung für die Maßnahmen vorgibt. Von diesen Tätigkeiten ist der Informationsbedarf der Sachbearbeiter bestimmt, an dem sich auch das Kennzahlensystem zu orientieren hat. Die Kennzahlen sind auch hier nach den Teilpolitiken des Beschaffungsmarketingmixes unterteilt, so dass die Komplexität reduziert wird.

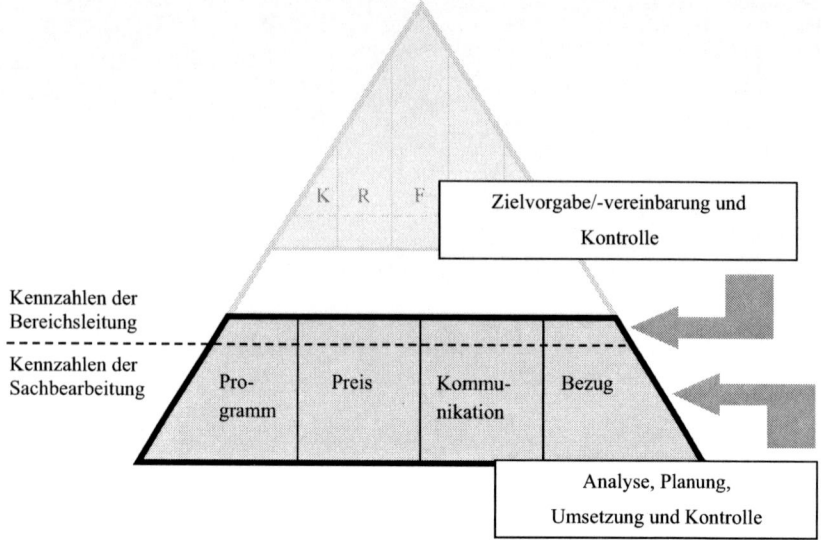

K = Beschaffungskosten, R = Beschaffungsrisiko, F = Beschaffungsflexibilität

Abb. 30: Die Kennzahlen der Maßnahmen des Beschaffungsmarketings

In der Praxis ist diese idealtypische Drei-Ebenen-Zuordnung natürlich nicht immer aufrecht zu erhalten. So besitzt die Kommunalverwaltung häufig im Bereich der öffentlichen Beschaffung nur zwei Hierarchiestufen. Dies führt dazu, dass zwei Ebenen des Kennzahlensystems auf eine Hierarchiestufe entfallen. Es kommt auch vor, dass die Sachbearbeitung sämtliche Aufgaben des Beschaffungsmarketings inklusive der Bestimmung der Beschaffungsziele vornimmt. Viele dieser Möglichkeiten sind denkbar, jedoch ist es unproblematisch möglich, die Ebenen des Kennzahlensystems – sofern überhaupt Ziele gesetzt, Strategien formuliert und Maßnahmen des Beschaffungsmarketings umgesetzt werden sollen – den Hierarchiestufen zuzuordnen. Wird das Beschaffungsmarketing nur unvollständig verfolgt – also Ziele oder Strategien nicht berücksichtigt –, ist die Anwendung des Kennzahlensystems immer noch möglich. Allerdings ist die Leistungsfähigkeit dann eingeschränkt.

Die grundsätzlichen Ansprüche an das Kennzahlensystem und die Abdeckung des gesamten Beschaffungsmarketingprozesses können nur von einem Ordnungssystem erfüllt werden, da nur so Steuerungsqualität, Wirtschaftlichkeit, Flexibilität, Vollständigkeit, Ausgewogenheit etc. möglich sind (GLADEN 2001, S. 121ff.). Die zur Veranschaulichung gewählte Pyramidenform des Kennzahlensystems darf nicht zu der Verwechslung mit klassischen Kennzahlenpyramiden führen, die i. d. R. hierarchische Rechensysteme darstellten. Nachteilig an einem Ordnungssystem ist jedoch, dass die Auswahl der Elemente des Kennzahlensystems immer bis zu einem gewissen Grade willkürlich bleiben muss (GLADEN 2001, S. 121ff., MÄRZ 1983, S. 68f.). Auch sind die unterschiedlichen Wirkungen der einzelnen Kennzahlen nicht über eine Spitzenkennzahl direkt vergleichbar (MÄRZ 1983, S. 68f.). Um die Anzahl grundsätzlich verschiedener Kennzahlen des Systems zu senken und um die Kennzahlen des Systems miteinander zu verknüpfen, bietet sich jedoch auch hier an – soweit wie möglich – ein hierarchisches Kennzahlensystem zu verfolgen. Hierarchische Kennzahlensysteme sind durch Über- und Unterordnungsbeziehungen gekennzeichnet. Während bei einer Überordnungsbeziehung untergeordnete Kennzahlen in eine übergeordnete Kennzahl eingehen, verhält es sich bei Unterordnungsbeziehungen genau umgekehrt.

Da ein Ordnungssystem angestrebt wird, wird das Kennzahlensystem insbesondere empirisch hergeleitet. Dabei wird hier zugunsten der höheren Flexibilität und Praktikabilität die im modernen Kennzahlenverständnis weit verbreitete empirisch-induktive Herangehensweise gegenüber der empirisch-theoretischen Fundierung vorgezogen (KÜPPER 2001, S. 356ff., KURRLE 1995, S. 106). Die Herleitung der Kennzahlen erfolgt insbesondere durch Plausibilitätsüberlegungen und in der Literatur wiedergegebene empirische Erkenntnisse. Eine methodisch anspruchsvollere Fundierung beispielsweise anhand von Expertengesprächen oder statistischen Auswertungen ist ebenso wie die wesentlich aufwendigere empirisch-theoretische Fundierung zwar zu begrüßen, kann in dieser Arbeit aber aufgrund des Umfangs des Kennzahlensystems nicht geleistet werden.

Um die Flexibilität des Kennzahlensystems und die Anpassung des Kennzahlensystems an die unterschiedlichen Situationen in den einzelnen Kommunalverwaltungen zu ermöglichen, die stark durch den Reformfortschritt, die Anzahl der Beschaffer etc. geprägt ist, versteht sich das hier zu entwickelnde Kennzahlensystem als nicht abgeschlossener Kennzahlenkatalog. Die Systemqualität des Kennzahlensystems bleibt durch die Katalogform unberührt, da die Abgeschlossenheit eines Systems keine Systemvoraussetzung ist. Durch die Nichtabgeschlossenheit können die jeweils adäquaten Kennzahlen aus dem Kennzahlensystem gewählt und neue Kennzahlen z. B. aufgrund von Änderungen der Rahmenbedingungen oder neuartiger Beschaffungsmarketingmaßnahmen stets integriert werden. Zudem wird dadurch der sukzessive Aufbau des Kennzahlensystems möglich, der dazu führt, dass die Vorbereitungszeit für den ersten Einsatz des Kennzahlensystems sinkt.

Bei den Inhalten des Kennzahlensystems ist darauf zu achten, dass sie neben der Vollständigkeit und Kompaktheit auch der Ausgewogenheit gerecht werden. So müssen monetäre und nicht monetäre ebenso wie strategische und operative Kennzahlen in einem ausgewogenen Verhältnis vorhanden sein. Dabei sind nicht monetäre Größen oft Vorläufer der monetären Größen. Bei den meisten Kennzahlen wird – auch wenn der eigentliche Kennzahleninhalt nicht monetär ist – die Kennzahl auf das jeweils betroffene Beschaffungsvolumen bezogen, um eine Gewichtung vorzunehmen. Der Anteil operativer Größen nimmt im Kennzahlensystem von oben nach unten zu.

Bei der Entwicklung der Kennzahlen wird darauf geachtet, dass sie möglichst einfach und ähnlich aufgebaut sind, um die Anwendungskomplexität zusätzlich zu senken. Das Kennzahlensystem wird insbesondere von Relativzahlen getragen. Zum Großteil werden sie als Gliederungszahl gestaltet, die folgendermaßen ausgestaltet werden sollen:

$$\frac{\text{Teilmenge} * 100}{\text{Gesamtmenge X}}$$

Bei der dargestellten Form der Gliederungszahl wird eine Teilmenge – beispielsweise das Gesamtbeschaffungsvolumen der Risiko-Beschaffungsobjekte – ins Verhältnis zu der jeweiligen Gesamtgröße – beispielsweise dem Gesamtbeschaffungsvolumen – in Beziehung gesetzt, und dies durch die Multiplikation mit dem Wert "100" in Prozent ausgedrückt. Dies bedeutet für die meisten Kennzahlen des nachfolgend zu entwickelnden Kennzahlensystems, dass Änderungen der Kennzahlenwerte nur aus Änderungen der Teilmenge und/oder der Gesamtmenge resultieren können. Da im Folgenden hauptsächlich verschiedene Arten von Beschaffungsvolumina betrachtet werden, kommen vier Quellen für Kennzahlenwertänderungen in Betracht:

- Preisänderung der Teilmenge,
- Mengenänderung der Teilmenge,
- Preisänderung der Gesamtmenge
- und Mengenänderung der Gesamtmenge.

Sollen die Kennzahlenwerte geändert werden, kann stets an diesen vier Größen angesetzt werden. Um unnötige Redundanzen zu vermeiden, wird im Rahmen der Kennzahlendiskussion auf die Änderungsmöglichkeiten dieser Art Kennzahlen nur zur Hervorhebung besonderer Sachverhalte eingegangen.

Grundsätzlich sollten für die Kennzahlen Vergleiche zur Steigerung der Aussagekraft und der Verbesserung der Interpretation genutzt werden. Während insbesondere für die Kennzahlen, die zur Zielvorgabe/-vereinbarung und zur Kontrolle genutzt werden, Soll-Ist-Vergleiche zum Tragen kommen, sollten für alle Kennzahlen des Systems zeitliche und überbetriebliche Vergleiche in Erwägung gezogen werden. Durch zeitliche Vergleiche können Entwicklungen erkannt und mögliche Ursachen für Kennzahlenwertänderungen aufgedeckt werden. Durch überbetriebliche Vergleiche, die auch im Rahmen von Benchmarkings verfolgt werden können, kann vermieden werden, dass nur „Schlendrian mit Schlendrian" verglichen wird (MÄRZ 1983, S. 50, SCHMALENBACH 1956, S. 434). Zudem können durch diese Vergleiche die Leistungen des eigenen Betriebs besser bewertet werden (MERKLE 1982, S. 329). Gerade für Kommunalverwaltungsbetriebe mit ihrem fehlenden Wettbewerbsdruck können diese Vergleiche als – wenn auch eingeschränktes – Wettbewerbssurrogat dienen (BENDELL/BOUL-

TER/KELLY 1993, S. 8+124, BURR/SEIDLMEIER 1998, S. 57ff.+64ff., HOPP/GÖ-BEL 1999, S. 89, KÖNIG 1995, S. 26). Bei der Darstellung des Kennzahlensystems wird weitgehend darauf verzichtet, die Notwendigkeit zum Vergleich für jede einzelne Kennzahl anzusprechen, da sich der Kennzahlenvergleich für jede Kennzahl anbietet.

Zuletzt ist zu beachten, dass bei der Entwicklung des Kennzahlensystems unbedingt darauf zu achten ist, dass die Besonderheiten, die das öffentliche vom privatwirtschaftlichen Beschaffungsmarketing unterscheiden, zur Geltung kommen.

5.3.2 Die Verwaltungsleitungsebene des Kennzahlensystems (Ebene I)

Gegenstand der folgenden Teilkapitel ist der sukzessive Aufbau des Kennzahlensystems. Das Kennzahlensystem wird von den Zielen ausgehend entlang der Untergruppen der jeweiligen Ebenen des Kennzahlensystems entwickelt. Dabei wird der Inhalt und die Funktion jeder Kennzahl dargestellt sowie Handlungsmöglichkeiten und insbesondere die Probleme thematisiert. Die ausführliche Darstellung der Probleme erfolgt, um möglichen Fehlanwendungen und -interpretationen vorzubeugen. Zum Ende eines jeden Teilkapitels findet sich eine Übersicht zu den vorgestellten Kennzahlen. Wird eine zuvor schon beschriebene Kennzahl nur in einem höheren Detaillierungsgrad dargestellt, wird auf eine erneute ausführliche Diskussion verzichtet. Neben der Bezeichnung der Kennzahl findet sich in der Übersicht die Einheit der Kennzahl, der Kennzahlentyp – ob es sich also um eine absolute oder Relativzahl handelt –, der Kennzahleninhalt und der anhand einer Formel gezeigte Kennzahlenaufbau. Ebenso werden – sofern sie in der Literatur gefunden wurden – ähnliche Kennzahlen exemplarisch aufgeführt und anschließend Nachweise dieser und der vorgestellten Kennzahlen aufgezeigt. Anmerkungen zur Implementierung des Kennzahlensystems finden sich in Kapitel 6.

Der Verwaltungsleitung wird in dieser Arbeit idealtypisch die Zielebene des Beschaffungsmarketings zugeordnet. Die Beschaffungsziele werden aus den Gesamtzielen und -strategien der Kommunalverwaltung abgeleitet. Die Verwaltungsleitungsebene formuliert idealerweise mit der Bereichsleitung zusammen die Beschaffungsziele. So kann das Know-how der Bereichsleitung mit eingebunden werden. Die Verwaltungsleitungsebene muss dabei sicherstellen, dass die Beschaffungsziele zur Erfüllung der Verwaltungsziele beitragen. Die Kennzahlen können der Verwaltungsleitung zur Steuerung der Bereichsleitung dienen. Von besonderer Bedeutung sind daher Informationen, ob die vereinbarten Ziele erfüllt werden oder inwiefern von ihnen abgewichen wird. Da die Beschaffung nur einen von vielen Bereichen der Kommunalverwaltung darstellt, mit der sich die Verwaltungsleitung auseinandersetzt, kann von der Bereichsleitung nur eine sehr geringe Anzahl an Beschaffungskennzahlen genutzt werden, die deshalb aber umso aussagekräftiger sein müssen. Kennzahlenberichte sollten der Verwaltungsleitung zwar regelmäßig, aber nur in zeitlich etwas größeren Abständen – etwa monatlich – zur Verfügung gestellt werden. Bei Bedarf sollte es der Verwaltungsleitungsebene möglich sein, auf die detaillierteren Kennzahlen – insbesondere der Zielebene der Bereichsleitung – zugreifen zu können.

In der vorliegenden Arbeit wird die Beschaffungsleistung dann als effektiv und effizient bezeichnet, wenn die Ziele, die für das Beschaffungsmarketing formuliert werden, wirtschaftlich erreicht werden. Dabei ist unbedingt zu beachten, dass die Wirtschaftlichkeit sich nicht nur auf die Kostendimension der Beschaffung beschränkt. Eine Beurteilung der Beschaffung – wie sie früher häufig genutzt wurde – anhand sogenannter „workload measures" (STEVENS 1978, S. 116, VAN WEELE 1984, S. 136+174, WESTING/FINE/ZENS 1976, S. 449), die aus operativen Kennzahlen wie Anzahl der Angebote insgesamt, pro Mitarbeiter oder pro Stunde bestehen und bestenfalls die Arbeitsbelastung der Mitarbeiter wiedergeben können, wird hier nicht verfolgt. Auch soll die Beschaffungsleistung nicht anhand von Kostensenkungen (cost reductions) und Ausgabevermeidungen (cost avoidances) bewertet werden (ACKERMAN 1992, S. 334f., MONCZKA/CARTER/HOAGLAND 1979, S. 84ff., REICHMANN 2001, S. 359), da solche Kennzahlen teilweise sehr schwer zu erheben und wenig aussagekräftig sind. Entscheidend für die Leistung des Beschaffungsmarketings ist die Erfüllung der vorgegebenen Kennzahlenwerte der fünf Zielfelder Beschaffungskosten, -risiko, -flexibilität, -qualität und Gemeinwohl.

Weichen die realisierten von den vorgegebenen Kennzahlenwerten ab, ist dies darauf zurückzuführen, dass falsche Strategien und/oder Maßnahmen ergriffen oder auf diesen Ebenen nicht passende Kennzahlenwerte abgeleitet worden sind. Die nähere Untersuchung der Abweichung durch die Bereichsleitung ist hierbei erforderlich.

Gegenstand der nächsten Teilkapitel ist die sukzessive Darstellung der Verwaltungsleitungsebene des Kennzahlensystems anhand der Unterteilung nach den Zielfeldern des öffentlichen Beschaffungsmarketings (s. Abb. 31).

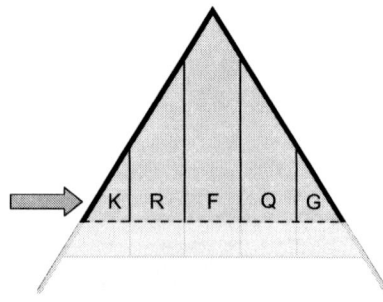

K = Beschaffungskosten, R = Beschaffungsrisiko, F = Beschaffungsflexibilität, Q = Beschaffungsqualität, G = Gemeinwohlorientierung

Abb. 31: Die Verwaltungsleitungsebene (Ebene I)

5.3.2.1 Kennzahlen des Zielfelds Kosten

Grundsätzlich muss bei dem Zielfeld Kosten beachtet werden, dass – auch wenn es in der Kommunalverwaltung ein äußerst dominantes Zielfeld ist – es oft nur der Nachläufer der anderen Zielfelder ist und daher stark durch diese vorherbestimmt wird. Aufgrund der großen Bedeutung, die Kosten in der Beschaffung häufig einnehmen, wird dieses Zielfeld allerdings zuerst behandelt.

Die Kosten der Beschaffung verdeutlichen den Umfang und die Bedeutung der Beschaffung für den Betrieb und in Bezug zu den anderen Teilbereichen. Die Kosten der Beschaffung können anhand absoluter Zahlen erhoben werden. Der Aussagegehalt ist jedoch gering (ARNOLDS/HEEGE/TUSSING 2001, S. 454, HIRSCHSTEINER 2000, S. 95, HIRSCHSTEINER 2002a, S. 450). Dennoch werden die Beschaffungsobjektkosten – oft auch als Beschaffungsvolumen oder Materialeinkaufsvolumen bezeichnet – in der Praxis häufig als Kennzahl genutzt (ARNOLD 1997, S. 239, SCHULTE 1991, S. 33).

Um den Aussagegehalt der kostenbezogenen Kennzahlen zu erhöhen, werden Relativzahlen gebildet. In der Privatwirtschaft weit verbreitet ist die Kennzahl, die den Anteil der Beschaffungs-(objekt-)kosten am Umsatz des Unternehmens beinhaltet (DOBLER/BURT 1984, S. 691f., DRESEN 1997, S. 108ff., GROCHLA ET AL. 1983, S. 70). Allerdings bietet sich die Kennzahl in dieser Form für die Kommunalverwaltung aufgrund fehlender Umsatzgrößen nicht an. Stattdessen als Äquivalent die Beschaffungs-(objekt-)kosten zum Output bzw. Outcome der Kommunalverwaltung in Beziehung zu setzen, ist enorm aufwendig und derzeit regelmäßig für Kommunalverwaltungen nicht möglich.

Zur Darstellung des Umfangs der Beschaffung kann jedoch die **Kennzahl „Anteil Beschaffungs-(objekt-)kosten an den Betriebsgesamtkosten"** genutzt werden (s. Abb. 32). Es wird also der Anteil der Beschaffungs-(objekt-)kosten an den Kosten ausgewiesen, die dem Betrieb in allen Bereichen insgesamt entstehen. Diese Kennzahl kann für die Beschaffungsobjektkosten – exklusive Beschaffungsfunktionskosten – oder die Beschaffungskosten – inklusive Beschaffungsfunktionskosten – erhoben werden. Es bietet sich jedoch an, die Beschaffungsfunktionskosten – auch wenn sie im Verhältnis zu den Beschaffungsobjektkosten relativ gering sind – mit einzubeziehen, da sie ohnehin an anderen Stellen des Kennzahlensystems ermittelt werden sollten. Allerdings kann es bei den Beschaffungsobjekt- und –funktionskosten zu Kompensierungen und Überkompensierungen kommen. Dies ist jedoch Gegenstand auf tieferen Ebenen des Kennzahlensystems.

Durch Zeitvergleiche lässt sich die Entwicklung der Beschaffungstiefe darstellen. Zeitliche Vergleiche können durch Abwandlung der vorgestellten Kennzahl auch in einer Kennzahl direkt integriert werden – z. B. unter Bezug auf das Vorjahresbeschaffungsvolumen (Kostensenkungsquote) (KOPPELMANN 2000, S. 394, PIONTEK 1993c, S. 121, ROSENWALD 1998, S. 422). Die Kennzahl „Anteil Beschaffungs-(objekt-)kosten an den Betriebsgesamtkosten" lässt sich dazu nutzen, den Beschaffern vorzugeben, welchen Umfang die Beschaffung laut Vorgabe haben darf und ob sie diese Vorgabe erfüllt. Aufgrund der hohen externen Abhängigkeit des Kennzahlenwerts besteht insbesondere beim isolierten Betrachten der Kennzahl die Gefahr von Fehlinterpretationen. Bei dieser Kennzahl ist ferner zu beachten, dass sie mit vielen Kennzahlen des Systems in einem starken Wirkungszusammenhang steht, da alle sich in Kosten niederschlagende Effekte in dieser Kennzahl zusammenlaufen.

Die sehr einfache und in der Praxis häufig genutzte Möglichkeit, den Umfang der Beschaffung anhand des Anteils der Mitarbeiter in der Beschaffung an der Gesamtmitarbeiterzahl auszudrücken (DOBLER/BURT 1984, S. 691f., FREHNER/BODMER 2000, S. 114), kann für die Kommunalverwaltung eher nicht empfohlen werden. Die häufig personell schlecht ausgestatteten Beschaffungsabteilungen der Kommunalverwaltung – sofern eine solche überhaupt existiert – kann dazu führen, dass die tatsächliche Bedeutung der Beschaffung nicht adäquat wiedergegeben wird. Zudem sind viele Beschaffer nur partiell mit der Beschaffung betraut. Zudem reagiert der Personalbestand aufgrund der Regulierung nur stark verzögert auf Änderungen der Beschaffungskosten.

Besonders aussagekräftig und gut einsetzbar zur Steuerung und Kontrolle der Beschaffungskosten einzusetzen ist die **Kennzahl der Beschaffungsbudgettreue** (s. Abb. 32) (MARLEAUX 1997, S. 374f., PIONTEK 1993c, S. 121, VAN WEELE 1984, S. 136). Sie gibt die Budgetabweichung der Beschaffungs-(objekt-)kosten wieder. Es können dabei allein die Beschaffungsobjektkosten oder die Beschaffungsobjektkosten und Beschaffungsfunktionskosten einbezogen werden. Die Kennzahl ist noch aussagekräftiger als die Kennzahl „Anteil Beschaffungs-(objekt-)kosten an den Betriebsgesamtkosten", da hier versucht wird, zukünftige Entwicklungen in der Planung zu antizipieren. Auch wenn die Planung zukünftige Entwicklungen vorhersehen möchte, kann es allerdings auch bei guten Planungen in Einzelfällen zu Abweichungen in der Praxis kommen. Die Planungen müssen daher regelmäßig überprüft werden. Zudem ermöglicht die Budgetierung u. a. ein größeres Maß an Freiheit und Eigeninitiative für die Bereichsleitung und die bessere Nutzung ihres Know-hows. Auch bei dieser Kennzahl können Änderungen der Kennzahlenwerte durch viele unterschiedliche Umstände begründet sein. Beispielsweise können die realisierten Preise und Mengen aufgrund der Beschaffungsleistung oder aufgrund von externen Einflüssen im inner- und außerbetrieblichen Umfeld von den geplanten Preisen und Mengen abweichen (BORNEMANN 1987, S. 67). Auch die Beschaffungsfunktionskosten können intern z. B. durch eine effizientere Abwicklung oder extern bedingt – etwa durch Lieferprobleme – anders als erwartet ausfallen. Zuletzt kann auch eine inadäquate Planung für Abweichungen verantwortlich sein. Aufgrund der hohen Aggregierung kann die vorgestellte Kennzahl keine Aussage treffen, weshalb das vorgegebene Soll erreicht oder von ihm abgewichen wurde bzw. wer oder was dies verursacht hat (MARLEAUX 1997, S. 374f.). Eine detailliertere Betrachtung dessen erfolgt aufgrund der begrenzten Informationsverarbeitungskapazität auf tieferen Ebenen des Kennzahlensystems. Es gilt, bei dieser Kennzahl weiterhin zu beachten, dass – ebenso wie bei der Kennzahl „Anteil Beschaffungs-(objekt-) kosten an den Betriebsgesamtkosten" – alle kostenwirksamen Effekte in dieser Kennzahl Berücksichtigung finden, und daher Wirkungszusammenhänge mit vielen Kennzahlen des Systems bestehen. Je mehr der erzielte Preis bei diesen Kennzahlen den budgetierten Preis übersteigt, umso größer kann die Überschreitung des Budgets ausfallen. Meist wird für die Kennzahl der Beschaffungsbudgettreue die Einhaltung des Budgets (Kennzahlenwert: 100%) oder sogar das nicht vollständige Ausnutzen des Budgets angestrebt (Kennzahlenwerte < 100%).

Bezeichnung:	**Anteil Beschaffungs-(objekt-)kosten an Betriebsgesamtkosten**
Einheit:	Prozent
Typ:	Relativzahl
Inhalt:	monetär
Formel:	$\dfrac{(\text{Beschaffungsobjektkosten} + \text{Beschaffungsfunktionskosten}) * 100}{\text{Betriebsgesamtkosten}}$ oder $\dfrac{\text{Beschaffungsobjektkosten} * 100}{\text{Betriebsgesamtkosten}}$
Kennzahlen ähnlichen Inhalts:	Anteil Beschaffungs-(objekt-)kosten am Umsatz/Einkaufsvolumenquote/Materialkostenanteil, Beschaffungs-/(Material-)Einkaufsvolumen, Beschaffungs-(objekt-)kosten bezogen auf die Betriebsgesamtleistung/Beschaffungsquote/Materialeinsatzquote, Fremdbezugsanteil/Wertschöpfungsquote/Beschaffungstiefe, Beschaffungskostenquote/-rate
Nachweise ähnlicher Kennzahlen:	(AICHELE 1997, S. 330ff., ARNOLD 1997, S. 239, ARNOLDS/HEEGE/TUSSING 2001 S. 454, BERNING/WIERDEMANN 1995, S. 35, BORNEMANN 1987, S. 42, DRESEN 1997, S. 108ff., EILENBERGER/SACHENBACHER 1992, S. 24ff., GEISS 1986, S. 337, GOLLE 1993, S. 15ff., HIRSCHSTEINER 2002a, S. 450+461, KOPPELMANN 1999, S. 207, KOPPELMANN 2000, S. 394, KRAUS 1993, S. 249, PIONTEK 1994, 192, RADKE 2001, S. 276ff., STARK 1990, S. 26, VAN WEELE 1984, S. 136, WEBER 1999, S. 195f.)

Bezeichnung:	**Beschaffungsbudgettreue**
Einheit:	Prozent
Typ:	Relativzahl
Inhalt:	monetär
Formel:	$\dfrac{\text{tatsächliche Beschaffungs-(objekt-)kosten} * 100}{\text{budgetierte Beschaffungs-(objekt-)kosten}}$
Kennzahlen ähnlichen Inhalts:	Budgeteinhaltungsquote Anteil, Minder-/Mehraufwendungen
Nachweise ähnlicher Kennzahlen:	(GOLLE 1993, S. 57, KRAUS 1993, S. 249, MARLEAUX 1997, S. 374f., PFISTERER 1988, S. 149, RADKE 2001, S. 276ff., VAN WEELE 1984, S. 172ff.)

Abb. 32: Kostenbezogene Kennzahlen der Verwaltungsleitungsebene (Ebene I)

5.3.2.2 Kennzahlen des Zielfelds Risiko

Die Kennzahlen der Zielfelder Risiko, Qualität und Flexibilität hängen inhaltlich stark zusammen, so dass auch auf der gleichen Ebene des Kennzahlensystems starke Wirkungszusammenhänge bestehen. Beispielsweise können hohe Flexibilitäten hohe Risikograde in ihrer Wirkung ausgleichen, höhere Qualitäten führen zu niedrigerem Risiko etc.. Weiterhin sind die Kennzahlen dieser Zielfelder als Vorläufer für das Feld Kosten zu betrachten. Im Bereich der Risiken können Risiken interner (Organisation, Lager etc.) oder externer Herkunft (Beschaffungsmarkt und Umfeld) unterschieden werden. Besonders bedeutend für die Höhe des Beschaffungsrisikos sind die Lieferanten und Beschaffungsobjekte. Daher sollte der Anteil des Beschaffungsvolumens erhoben werden, der auf besonders risikogefährdete Beschaffungsobjekte und Lieferanten entfällt. Für die Risiko-Lieferanten bietet sich die **Kennzahl „Beschaffungsvolumenanteil der Risiko-Lieferanten"** an, die den Anteil des gesamten Beschaffungsvolumens, das bei Risiko-Lieferanten bezogen wird, am gesamten Beschaffungsvolumen wiedergibt (s. Abb. 33). Soll das Beschaffungsrisiko gesenkt werden, können anhand dieser Kennzahl im Vergleich zur Vergangenheit geringere Kennzahlenwerte für die Zukunft vorgegeben und diese dann kontrolliert werden. Zeitvergleiche können ferner den Erfolg über mehrere Perioden zeigen. Die Einordnung eines Lieferanten als Risiko-Lieferant kann in einzelnen Betrieben unterschiedlich ausgestaltet sein. Zur Einordnung ist auf die Kenntnisse der Beschaffer, insbesondere auch auf die Ergebnisse der Lieferantenbeurteilungen zurückzugreifen (z. B. Liefertreue). So können Lieferanten etwa als Risiko-Lieferant eingeordnet werden, wenn mehr als 5% des Beschaffungsvolumens nicht korrekt geliefert wurde (ROSENWALD 1998, S. 422). Da die Kennzahl den Beschaffungsvolumenanteil des Risiko-Lieferanten ausweist, gibt sie nicht zwangsläufig Auskunft über die Wichtigkeit des Beschaffungsobjektes oder des Lieferanten; wenngleich sie aufgrund der begrenzten Informationsverarbeitungskapazität häufig eine adäquate Näherungsgröße ist. Es gilt jedoch zu beachten, dass die Einordnung eines Lieferanten als Risiko-Lieferant ungewichtet vorgenommen wird, und es so nicht möglich ist, unterschiedliche Grade an bestehendem Risiko zu unterscheiden.

Bei den Beschaffungsobjekten kann die **Kennzahl „Beschaffungsvolumenanteil von Risiko-Beschaffungsobjekten"** erhoben werden, die den Anteil des Beschaffungsvolumens am Gesamtbeschaffungsvolumen erfasst, der auf Risiko-Beschaffungsobjekte entfällt (s. Abb. 33). Die Qualifizierung als Risiko-Beschaffungsobjekt kann auf das Nichteinhalten der Qualität, schwere Beschaffbarkeit am Markt – mitunter durch Missverhältnis zwischen Angebot und Nachfrage, gesetzliche Auflagen, keine Möglichkeit zur Eigenfertigung, Lieferanten- oder Beschaffungsobjektsubstitution etc. – und/oder niedrige Materialeindeckung und Lagerfähigkeit zurückgehen (ARNOLD 1982, S. 209, PIONTEK 1993b, S. 23, LINDNER 1983, S. 250). Die Kennzahl kann ebenfalls zur Steuerung und Kontrolle des Beschaffungsrisikos genutzt werden. Je kleiner der Kennzahlenwert, umso geringer ist das Beschaffungsrisiko. Auch hier muss festgelegt werden, wann ein Beschaffungsobjekt als Risiko-Beschaffungsobjekt eingeordnet werden soll. Dabei bietet sich erneut die Unterstützung der Sachbearbeitung und Bereichsleitung an. Aus der Kennzahl geht nicht hervor, ob es sich bei dem betroffenen Beschaffungsvolumen tatsächlich um bedeutende oder weniger bedeutende Beschaffungsobjekte handelt. Nachteilig ist auch, dass keine graduelle Unterscheidung des Risikos vorgenommen wird und nicht ersichtlich ist, welche Risiken konkret zur Einordnung als „Risiko-Beschaffungsobjekt" geführt haben. Es wird lediglich die Höhe des jeweiligen Beschaffungsvolumens als Näherungsgröße genutzt. Veränderungen der Kennzahlenwerte können sich durch Änderungen der Beschaffungsvolumina der Risiko-Beschaffungsobjekte – beispielsweise durch Substitution oder verringerte Nachfrage – und des Gesamtbeschaffungsvolumens ergeben.

Besondere Prioritäten sollten in der Beschaffung auf das Risiko-Beschaffungsvolumen gelegt werden, das bei Risiko-Lieferanten bezogen wird. Dies soll jedoch nicht gesondert in Kennzahlenform geschehen.

Bezeichnung:	**Beschaffungsvolumenanteil der Risiko-Lieferanten**
Einheit:	Prozent
Typ:	Relativzahl
Inhalt:	nicht monetär
Formel:	$\dfrac{\text{Gesamtbeschaffungsvolumen der Risiko-Lieferanten} * 100}{\text{Gesamtbeschaffungsvolumen}}$
Kennzahlen ähnlichen Inhalts:	Lieferantenanteil pro Beschaffungsobjektgruppe, Lieferantenrisikostruktur, Lieferantensicherheitsstruktur(-quote), Risikostreuung
Nachweise ähnlicher Kennzahlen:	(DRESEN 1997, S. 119ff., PFISTERER 1988, S. 121ff., RADKE 2001, S. 276ff., REICHMANN 2001, S. 359)

Bezeichnung:	**Beschaffungsvolumenanteil von Risiko-Beschaffungsobjekten**
Einheit:	Prozent
Typ:	Relativzahl
Inhalt:	nicht monetär
Formel:	$\dfrac{\text{Gesamtbeschaffungsvolumen der Risiko-Beschaffungsobjekte} * 100}{\text{Gesamtbeschaffungsvolumen}}$
Kennzahlen ähnlichen Inhalts:	Sensibilitätsquote, Versorgungsrisiko, Substitutionsgrad
Nachweise ähnlicher Kennzahlen:	(DRESEN 1997, S. 128ff., GOLLE 1993, S. 23f., KOPPELMANN 1997, S. 146, KOPPELMANN 2000, S. 395, PFISTERER 1988, S. 121ff., PIONTEK 1993b, S. 22, PIONTEK 1994, S. 194)

Abb. 33: Risikobezogene Kennzahlen der Verwaltungsleitungsebene (Ebene I)

5.3.2.3 Kennzahlen des Zielfelds Flexibilität

Wie erwähnt, steht das Zielfeld Flexibilität in starkem Zusammenhang zu den Zielfeldern Risiko und Qualität, so dass auch hier erneut starke horizontale Wirkungszusammenhänge zu beachten sind. Grundsätzlich ist bei der Flexibilität zu beachten, dass sie je nach Art des betrachteten Beschaffungsobjekts unterschiedlich erreicht werden kann. So entsteht sie beim eher operativen Bedarf, wenn die Lieferantenbasis unproblematisch gewechselt und der Wettbewerb genutzt werden kann. Beim strategischen Bedarf sind für das Entwickeln von Flexibilität gute, kooperative Lieferantenbeziehungen von großer Bedeutung. In der Praxis häufig verwendete Kennzahlen wie die Lieferantenflexibilitätsstruktur, die den Anteil flexibler Lieferanten an der Gesamtzahl an Lieferanten wiedergibt, berücksichtigen dies jedoch meist nicht (DRESEN 1997, S. 117ff.).

Daher wird im Folgenden die **Kennzahl „Beschaffungsvolumenanteil adäquater Lieferantenbeziehungen"** genutzt (s. Abb. 34). Mit dieser Kennzahl kann betrachtet werden, ob die zur Art des Beschaffungsobjekts und der jeweiligen Situation passende Lieferantenbeziehung unterhalten wird, die überhaupt das Entstehen von Flexibilität erst ermöglicht. Der Kennzahl wird die Annahme zu Grunde gelegt, dass sich für strategische Beschaffungsobjekte meist eine eher kooperative Lieferantenbeziehung und für operative meist eine eher transaktionale Beziehung anbieten. Die Kennzahl weist folglich den Gesamtanteil des Beschaffungsvolumens der operativen Beschaffungsobjekte, die über eher transaktionale Beziehungen bezogen werden, und der strategischen Beschaffungsobjekte, für die eher kooperative Beziehungen genutzt werden, am Gesamtbeschaffungsvolumen aus. Wenn auch prinzipiell ein hoher Kennzahlenwert für das Erreichen von Flexibilität angestrebt werden sollte, ist ein Kennzahlenwert von 100% nicht unbedingt erstrebenswert, da mitunter auch operative Beschaffungsobjekte über partnerschaftliche Beziehungen mitbezogen werden. Die Einteilung der Lieferantenbeziehung in kooperative und transaktionale Beziehungen sowie des Bedarfs in strategischen und operativen Bedarf muss individuell geschehen. Auch hier ist die Mithilfe der Bereichsleitung und Sachbearbeitung notwendig. Allerdings darf nicht verkannt werden, dass die Zuordnung gerade im mittleren Bereich des Kontinuums zwischen „strategisch" und „operational" sowie „kooperativ" und „transaktional" schwierig ist; zumal die Kennzahl in dieser Form keine graduellen Unterscheidungen ermöglicht. Allerdings kann die Kennzahl dahingehend abgeändert werden, dass graduelle Unterschiede möglich sind und auch Portfolio-Ansätze berücksichtigt werden können. So könnten beispielsweise auch solche Beschaffungsobjekte adäquat berücksichtigt werden, die zwar ein geringes Beschaffungsvolumen besitzen, aber dennoch eine große Bedeutung für den Betrieb besitzen und vielleicht sogar kooperative Beziehungen rechtfertigen. Des Weiteren ist zu beachten, dass die Kennzahl keine Aussage darüber trifft, welcher Bedarf genau über eine adäquate Beziehung gedeckt wird. Zudem zeigt die Kennzahl nicht, ob eine unterhaltene Beziehung tatsächlich flexibel ist. Weitere Aufschlüsselungen müssen aufgrund der Informationsverarbeitungskapazität jedoch weitestgehend auf tieferen Ebenen des Kennzahlensystems erfolgen. Veränderungen des Kennzahlenwertes können Ausdruck verschiedener Entwicklungen sein: Änderungen des Beschaffungsvolumenanteils strategischer oder operativer Beschaffungsobjekte – z. B. durch Wechsel des Beschaffungsprogramms –, Veränderung des Beschaffungsvolumenanteils kooperativer oder transaktionaler Lieferantenbeziehungen – etwa durch neue Lieferantenbeziehungen oder Änderungen der bestehenden Volumina – oder Beziehungsveränderungen.

Weiterhin soll auf dieser Ebene auch die Flexibilität der Beschaffungsobjekte selbst Beachtung finden. Besonders bedeutend hierfür ist der Anteil der standardisierten Beschaffungsobjekte, da sie aufgrund geringerer Lieferantenabhängigkeiten und größerer Angebotsmengen meist leichter beschafft werden können und größere Anwendungsmöglichkeiten bieten. Die **Kennzahl „Beschaffungsvolumenanteil standardisierter Beschaffungsobjekte"** kann den Informationsbedarf gut decken, da durch sie der Anteil des Beschaffungsvolumens standardisierter Beschaffungsobjekte am Gesamtbeschaffungsvolumen betrachtet werden kann (s. Abb. 34). Je größer der Kennzahlenwert ausfällt, umso größer ist aufgrund der Standardisierung der Beschaffungsobjekte die Flexibilität, da mitunter die Zahl potentieller Lieferanten wächst. Auch bei dieser Kennzahl ist es notwendig, dass jeder Betrieb selbst bestimmt, wann ein Beschaffungsobjekt als standardisiert gilt, da sich unterschiedliche Bezugsgrößen wie Standardisierung der Größen, Formen, Farben, Bezeichnungen, Qualität etc. anbieten (KATZMARCYK 1988, S. 69, PIONTEK 1993a, S. 124). Dabei gilt es, die Kenntnisse der Bereichsleitung und Sachbearbeitung zu nutzen. Bei überbetrieblichen Vergleichen ist deshalb auf das Vorliegen unterschiedlicher Standardisierungsbegriffe zu achten. Die bei den Vergabeverfahren oberhalb der Schwellenwerte zu beachtende Reihenfolge der Standards und Normen hat keine Auswirkung auf die Kennzahl. Bei der Vorgabe von Sollwerten ist zu beachten, dass nicht alle Beschaffungsobjekte standardisiert werden können oder aus Gründen der Beschaffungsobjektdifferenzierung nicht standardisiert werden sollen. Informationen über graduelle Unterschiede bei der Standardisierung, die Bedeutung der standardisierten Beschaffungsobjekte und die unterschiedlich große Notwendigkeit zur Standardisierung gibt die Kennzahl nicht preis. Des Weiteren wird die Kennzahl auch in Kapitel 5.3.3.3.1 im Rahmen der Programmpolitik erneut verwendet.

Ein weiterer positiver Effekt auf die Flexibilität ist z. B. die Reaktions- und Planungsfähigkeit der Beschaffung, die – wenn sie hier auch nicht in Kennzahlenform aufgenommen wird – zu berücksichtigen ist.

Bezeichnung:	**Beschaffungsvolumenanteil adäquater Lieferantenbeziehungen**
Einheit:	Prozent
Typ:	Relativzahl
Inhalt:	nicht monetär
Formel:	Beschaffungsvolumen strategischer Beschaffungsobjekte über kooperative Beziehungen und operativer Beschaffungsobjekte über transaktionale Lieferantenbeziehungen * 100
	───────────────────────────────────
	Gesamtbeschaffungsvolumen
Kennzahlen ähnlichen Inhalts:	-
Nachweise ähnlicher Kennzahlen:	-

Bezeichnung:	**Beschaffungsvolumenanteil standardisierter Beschaffungsobjekte**
Einheit:	Prozent
Typ:	Relativzahl
Inhalt:	nicht monetär
Formel:	Beschaffungsvolumen standardisierter Beschaffungsobjekte * 100
	───────────────────────────────────
	Gesamtbeschaffungsvolumen
Kennzahlen ähnlichen Inhalts:	Standardisierungsquote (bezogen auf Wert oder Anzahl), Artikel-Standardisierung, Einsatzvariabilität
Nachweise ähnlicher Kennzahlen:	(DRESEN 1997, S. 112ff., HIRSCHSTEINER 2002a, S. 450, HOMBURG/WERNER/ENGLISCH 1997, S. 55, KOPPELMANN 1997, S. 140f., KOPPELMANN 1999, S. 207, KOPPELMANN 2000, S. 391ff.+400, MONCZKA/TRENT/HANDFIELD 1998, S. 681, PFISTERER 1988, S. 163ff., PIONTEK 1994, S. 194)

Abb. 34: Flexibilitätsbezogene Kennzahlen der Verwaltungsleitungsebene (Ebene I)

5.3.2.4 Kennzahlen des Zielfelds Qualität

Die bedeutendste Information für die Verwaltungsleitung ist im Bereich des Zielfeldes Qualität, ob die geforderte Qualität erreicht worden ist. Die **Kennzahl „Vorgabekonformer Beschaffungsvolumenanteil"** kann deshalb gut zur Vorgabe und Kontrolle des Qualitätsziels genutzt werden, da sie den Anteil des Beschaffungsvolumens, dessen zugehörige Beschaffungsobjekte die zuvor getätigten Vorgaben des Bedarfsträgers sowie des Beschaffers hinsichtlich Qualität, Quantität und Zeit erfüllen, am Gesamtbeschaffungsvolumen wiedergibt. Je höher der Kennzahlenwert ausfällt, umso größer ist auch die Beschaffungsqualität. In der Kennzahl werden sowohl Abweichungen betrachtet, die auf die Tätigkeit der Lieferanten als auch der Beschaffer zurückzuführen sind. Es werden mitunter sowohl fehlerhafte Bedarfsanalysen und Bestellungen als auch Beschaffungsobjektmängel und Lieferverzögerungen betrachtet. Folglich handelt es sich um eine sehr aggregierte Kennzahl, die zahlreiche Überordnungsbeziehungen zu anderen Kennzahlen des Systems – beispielsweise zu den Kennzahlen „Bedarfskonformer Beschaffungsvolumenanteil" (s. Kap. 5.3.3.1.4) und „Beschaffungsvolumenanteil mangelfreier Lieferungen" (s. Kap. 5.3.3.3.4) – aufweist. Wenn ein Anteil des Beschaffungsvolumens mit mehreren Abweichungen belastet ist, sind Doppelzählungen dennoch unbedingt zu vermeiden. Für den Umgang mit der Kennzahl sollte beachtet werden, dass die Kennzahl nicht anzeigen kann, ob für das nicht vorgabekonforme Beschaffungsvolumen schwerwiegende oder weniger bedeutende Abweichungen von den Vorgaben der Beschaffung bestehen oder gleichzeitig mehrere unterschiedliche Abweichungen vorliegen (MARLEAUX 1997, S. 359). Auch ist nicht ersichtlich, um welche Art an Vorgabeabweichung es sich konkret handelt. Zudem bleibt verborgen, ob mehr oder weniger bedeutende Beschaffungsobjekte die Vorgaben erfüllen. Eine genauere Betrachtung der Mängel erfolgt auf tieferen Ebenen des Kennzahlensystems.

Bezeichnung:	**Vorgabekonformer Beschaffungsvolumenanteil**
Einheit:	Prozent
Typ:	Relativzahl
Inhalt:	nicht monetär
Formel:	Beschaffungsvolumen vorgabekonformer Beschaffungsobjekte * 100
	Gesamtbeschaffungsvolumen
Kennzahlen ähnlichen Inhalts:	Kundenbeschwerden, interne Kundenzufriedenheit
Nachweise ähnlicher Kennzahlen:	(BRANDSTÄTT 2000, S. 143, HACKETHAL 2003, S. 31)

Abb. 35: Qualitätsbezogene Kennzahl der Verwaltungsleitungsebene (Ebene I)

5.3.2.5 Kennzahlen des Zielfelds Gemeinwohl

Zur Vorgabe und Kontrolle der gemeinwohlbezogenen Ziele bietet sich die **Kennzahl „Gemeinwohlbezogener Beschaffungsvolumenanteil"** an (s. Abb. 36). Sie weist den Anteil des Beschaffungsvolumens aus, der für einen gemeinwohlorientierten Zweck verwendet wird. Je höher der Kennzahlenwert ausfällt, umso stärker ist die Gemeinwohlbezogenheit der Beschaffung. Als gemeinwohlorientierte Zwecke sind u. a. wirtschafts-, sozial- und umweltpolitische Ziele denkbar. Dabei bedeutet dies nicht, dass das erhobene Volumen ausschließlich einem gemeinwohlorientierten Zweck dient. Da die einzelnen gemeinwohlorientierten Zwecke in der Kennzahl aufgehen, sind Doppelzählungen – wenn ein Beschaffungsvolumenanteil mehr als nur *einen* gemeinwohlorientierten Zweck erfüllt – zu vermeiden. Auch für diese Kennzahl muss festgelegt werden, wann die Verfolgung eines gemeinwohlorientierten Zweckes vorliegt. Dabei stehen zwei Möglichkeiten zur Verfügung: zum einen kann der gemeinwohlorientierte Zweck durch das Beschaffungsobjekt selbst – etwa Umweltschutz – erfüllt werden und zum anderen wird es durch den Lieferanten erfüllt (beispielsweise Frauenförderung). Im letzteren Fall kann die Informationsbeschaffung, ob der Lieferant tatsächlich den gemeinwohlorientierten Zweck verfolgt, mit größeren Problemen verbunden sein, da starke Informationsasymmetrien bestehen. Die Kennzahl liefert zudem keine Information darüber, welcher gemeinwohlorientierte Zweck genau verfolgt wird, und ob es sich um einen mehr oder weniger bedeutenden gemeinwohlorientierten Zweck für die Kommunalverwaltung handelt. Ob dieser Zweck vom Beschaffungsobjekt selbst oder vom Lieferanten erfüllt wird, bleibt ebenso unklar. Zudem wird die Intensität gemeinwohlorientierter Maßnahmen nicht gewichtet. Bei der Vorgabe der Kennzahlenwerte ist zu beachten, dass das Verfolgen vergabefremder Kriterien, die meist unter die Gemeinwohlorientierung fallen, nicht rechtskonform sein kann. Da die Rechtmäßigkeit der Vergabe stets gegeben sein muss, besitzt die Kennzahl – insbesondere wenn öffentliche Ausschreibungen stark genutzt werden – nur eine beschränkte Steuerungsqualität. Änderungen des Kennzahlenwerts können sich durch Änderung des gemeinwohlorientierten Beschaffungsvolumens – so z. B. durch Änderung der Nachfrage bei gemeinwohlorientierten Lieferanten oder von gemeinwohlorientierten Beschaffungsobjekten sowie Verfolgen neuer gemeinwohlorientierter Ziele – oder Änderungen des Gesamtbeschaffungsvolumens ergeben.

Bezeichnung:	**Gemeinwohlbezogener Beschaffungsvolumenanteil**
Einheit:	Prozent
Typ:	Relativzahl
Inhalt:	nicht monetär
Formel:	$\dfrac{\text{gemeinwohlbezogenes Beschaffungsvolumen} * 100}{\text{Gesamtbeschaffungsvolumen}}$
Kennzahlen ähnlichen Inhalts:	Lieferantenquote strukturschwacher Regionen, Recyclingpotentialnutzung, Recyclequote
Nachweise ähnlicher Kennzahlen:	(DRESEN 1997, S. 108ff.+123ff., ORTHS 1998, S. 427)

Abb. 36: Gemeinwohlbezogene Kennzahl der Verwaltungsleitungsebene (Ebene I)

5.3.3 Die Bereichsleitungsebene des Kennzahlensystems (Ebene II)

Die Bereichsleitung ist im hier dargestellten idealtypischen Modell auf der Ziel-, Strategie- und Maßnahmenebene des Beschaffungsmarketings involviert. Idealerweise wirkt sie bei der Zielfindung mit, leitet auf Basis der Beschaffungsziele Strategien ab, macht – mit oder ohne Einbindung der Sachbearbeitung – Zielvorgaben für den Maßnahmenbereich und kontrolliert deren Erfüllung. Diesen unterschiedlichen Aufgaben wird durch die Dreiteilung der Bereichsleitungsebene des Kennzahlensystems der Ziel-, Strategie- und Maßnahmenebene entsprochen (Ebene II) (s. Abb. 37).

Die Bereichsleitung ist – im Gegensatz zur Verwaltungsleitung – ausschließlich in der Beschaffung tätig, daher ist die Informationsverarbeitungskapazität und der Informationsbedarf bezüglich der Beschaffung hier deutlich höher, so dass mehr und detailliertere Kennzahlen genutzt werden können.

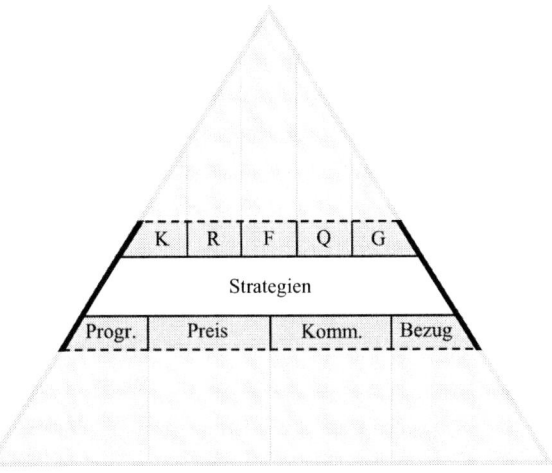

K = Beschaffungskosten, R = Beschaffungsrisiko, F = Beschaffungsflexibilität, Q = Beschaffungsqualität, G = Gemeinwohlorientierung, Progr. = Programm, Komm. = Kommunikation

Abb. 37: Die Bereichsleitungsebene (Ebene II)

5.3.3.1 Die Zielebene der Bereichsleitung (Ebene II)

Die Bereichsleitung muss die Situation in Bezug auf die Zielvorgaben der fünf Beschaffungszielfelder näher analysieren, um adäquate Strategien zur Zielerfüllung ableiten zu können. Den daraus entstehenden Informationsbedarf müssen die Kennzahlen dieser Ebene decken. Besteht ein tiefergehender Informationsbedarf, kann die Bereichsleitung auch auf die Kennzahlen der Maßnahmenebene zurückgreifen. Zur Vorbeugung von Missverständnissen wird an dieser Stelle erneut darauf hingewiesen, dass insbesondere für die Planung von Strategien auch Informationen, die sich nicht oder nur schlecht in Kennzahlenform abbilden lassen, von großer Bedeutung sind.

Ob von der Bereichsleitung eine zielführende Strategie verfolgt wird, lässt sich an der Erfüllung der vorgegebenen Kennzahlenwerte der Verwaltungsleitungsebene erkennen. Weichen die Kennzahlenwerte ab, können jedoch nicht nur eine falsche Strategie, sondern auch falsche Maßnahmen und/oder schlecht durchgeführte Maßnahmen ursächlich sein. Dies ist unter Hinzuziehung des Know-hows der Beschaffer näher zu analysieren. Für die Kennzahlenberichte ist zu beachten, dass der Bereichsleitung die entsprechenden Kennzahlen mindestens monatlich zur Verfügung gestellt werden.

Primärer Betrachtungsgegenstand dieser Ebene sind aufgrund der Unterschiedlichkeit der Beschaffungsobjekte und des dazugehörigen Beschaffungsmarktes Beschaffungsmarketingsegmente oder Gruppen von Beschaffungsobjekten. Gegenstand der nachfolgenden Teilkapitel ist die sukzessive Darstellung der Kennzahlen der Beschaffungszielebene der Bereichsleitung anhand der Zielfelder Kosten, Risiko, Flexibilität, Qualität und Gemeinwohl (s. Abb. 38).

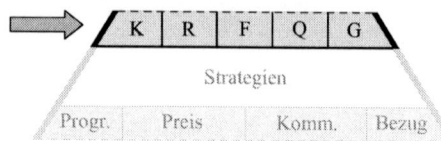

K = Beschaffungskosten, R = Beschaffungsrisiko, F = Beschaffungsflexibilität, Q = Beschaffungsqualität, G = Gemeinwohlorientierung, Progr. = Programm, Komm. = Kommunikation

Abb. 38: Die Beschaffungszielebene der Bereichsleitung

5.3.3.1.1 Kennzahlen des Zielfelds Kosten

Die auf der Verwaltungsleitungsebene erhobenen Kostenkennzahlen sind aufgrund ihres Detaillierungsgrades, der keine Informationen für die einzelnen Beschaffungsobjektgruppen zur Verfügung stellt und somit die Unterschiede der Beschaffungsobjektgruppen nicht beachtet werden können, für das Ableiten adäquater Strategien nicht geeignet. Gleiches gilt für die in der Praxis häufig erhobenen absoluten Beschaffungsobjekt- und Beschaffungsfunktionskosten oder den Anteil dieser an den Beschaffungskosten insgesamt als „Beschaffungskostenquote", „Einkaufsgemeinkostenquote" oder „Beschaffungsleistung" (BRACHMANN 1986, S. 44ff., FISCHBACH 2002, S. 94f., HOMBURG/WERNER/ENGLISCH 1997, S. 55, KATZMARCYK 1988, S. 151+ 155f.).

Die Zusammensetzung der Beschaffungskosten muss deshalb weiter aufgeschlüsselt werden. Zunächst sollte anhand der **Kennzahl „Beschaffungsvolumenanteil der Beschaffungsobjektgruppe X"** ermittelt werden, wie groß die Beschaffungsvolumina der jeweiligen Beschaffungsobjektgruppen bzw. Beschaffungsmarktsegmente sind. Die Aussagekraft dieser Größe sollte unbedingt durch die Anwendung der ABC-Analyse auf die ermittelten Kennzahlenwerte erhöht werden. So ist das Identifizieren der – bezogen auf das Beschaffungsvolumen – bedeutendsten Beschaffungsobjektgruppen möglich. Die insbesondere zur Gruppe „A" aber auch zur Gruppe „B" gehörenden Beschaffungsobjekte sind allein schon aufgrund ihres Volumens für das Erreichen der Kostenziele von enormer Bedeutung. Allerdings muss der Hinweis erfolgen, dass die Höhe der Beschaffungsvolumina und der Einsparpotentiale sich nicht zwangsläufig proportional verhalten müssen. Je nach Umfang des Beschaffungsvolumenanteils der Beschaffungsobjektgruppen bieten sich unterschiedliche Strategien an. Während sich beispielsweise bei C-Beschaffungsobjekten – also bei einem relativ niedrigen Kennzahlenwert – eher eine Transaktionsstrategie anbietet, sollte eine Kooperationsstrategie eher bei hohen Kennzahlenwerten genutzt werden. Problematisch ist an dieser Kennzahl, dass der Kennzahlenwert nicht unbedingt die strategische Bedeutung der Beschaffungsobjektgruppe wiedergeben muss.

Kennzahlen können des Weiteren im Bereich der Beschaffungsfunktionskosten genutzt werden, die – auch wenn sie bei A- und B-Beschaffungsobjekten verhältnismäßig gering ausfallen – dennoch Beachtung finden sollten. Ohnehin gilt zu vermuten, dass aufgrund der Regulierung des Vergaberechts die Beschaffungsfunktionskosten in der Kommunalverwaltung höher als in der Privatwirtschaft ausfallen. So erwähnen Christmann, Huland und Meissner für die Kommunalverwaltung Prozesskosten in Höhe von 94 € bei einer freihändigen Vergabe bis 5.000 €, bei einer beschränkten Ausschreibung bis 25.000 € in Höhe von 1.125 € sowie bei einer öffentlichen Ausschreibung von 3.000 € und bei einem offenen Verfahren von 4.500 € (CHRISTMANN/HULAND/MEISSNER 2004, S. 80f.). Insbesondere bei den C-Beschaffungsobjekten nehmen die Beschaffungsfunktionskosten einen relativ hohen Anteil an den Beschaffungskosten ein. Schon in der Privatwirtschaft wird von durchschnittlichen Kosten eines Beschaffungsvorgangs von etwa 50 bis 200 € ausgegangen (AUST ET AL. 2001, S. 12, DOLMETSCH 2000, S. 12, EINSPORN 2000, S. 8, HIRSCHSTEINER 2002b, S. 78f.).

In der Praxis werden im Bereich der Beschaffungsfunktionskosten Kennzahlen verwendet, die die durchschnittlichen Bestell- und Bezugskosten zum Inhalt haben (ARNOLDS/HEEGE/TUSSING 2001, S. 457, GROCHLA ET AL. 1983, S. 73+205, SCHULTE 1991, S. 31ff.). Auch wenn diese Kennzahlen früher oft als Leistungsmaßstab verwendet worden sind (DRESEN 1997, S. 128ff., HEINRITZ ET AL. 1991, S. 399, ORTHS 1998, S. 546), können sie die für eine adäquate Strategieplanung notwendigen Unterschiede der Beschaffungsobjektgruppen bezüglich der Beschaffungsfunktionskosten nicht darstellen. Deshalb wird hier die **Kennzahl „Gewichtete Durchschnittsabweichung der Beschaffungsfunktionskosten der Beschaffungsobjektgruppe X"** verfolgt, die die Abweichung der durchschnittlichen Beschaffungsfunktionskosten der jeweiligen Beschaffungsobjektgruppe von den durchschnittlichen Beschaffungsfunktionskosten der A-, B- oder C-Gruppe der Beschaffungsobjekte anzeigt (s. Abb. 39). Dabei ist wichtig, dass die durchschnittlichen Beschaffungsfunktionskosten der jeweiligen Gruppe – also der A-, B- oder C-Gruppe – herangezogen werden. Sofern eine Abweichung der durchschnittlichen Beschaffungsfunktionskosten besteht, wird diese mit den absoluten Beschaffungsfunktionskosten der Objektgruppe gewichtet, um die Bedeutung für die Beschaffungsfunktionskosten insgesamt hervorzuheben. Kennzahlenwerte von über 100% zeigen bei dieser Kennzahl an, dass die Beschaffungsfunktionskosten für die betrachtete Beschaffungsobjektgruppe höher als beim

Durchschnitt sind. Beim strategischen Bedarf bietet sich in diesem Fall beispielsweise die Strategie der Beschaffungsmarktdurchdringung oder des Local Sourcings an. Auch beim operativen Bedarf können bei dieser Situation die genannten Strategien Verwendung finden und – sofern diese nicht ohnehin schon verfolgt wird – die Transaktionsstrategie genutzt werden. Wertänderungen der thematisierten Kennzahl können sich durch das Ansteigen oder Absinken der Beschaffungsfunktionskosten der jeweils betrachteten Beschaffungsobjektgruppe ergeben, so z. B. durch ein schlankeres oder aufwendigeres Vergabeverfahren, den Wechsel der Art der Lieferantenbeziehung oder die unwirtschaftliche Arbeit der Beschaffung. Aber auch durch die veränderte Nachfrage nach den betrachteten Beschaffungsobjekten und das Verschieben der Grenzen der A-, B- oder C-Gruppen durch mögliche Umgestaltung des Beschaffungsprogramms können zu Kennzahlenwertänderungen führen. Problematisch ist an der genannten Kennzahl, dass es einer ausgebauten Kostenrechnung bzw. einer arbeitsintensiven Selbsterfassung bedarf, um die Beschaffungsfunktionskosten den einzelnen Beschaffungsobjekten auch zuordnen zu können. Deshalb kann sie bei vielen Kommunalverwaltungen nicht oder nur auf einige Beschaffungsobjekte beschränkt erhoben werden. Als vereinfachte Näherungsgröße für die Beschaffungsfunktionskosten können auch die Abwicklungszeiten genutzt werden (KATZMARCYK 1988, S. 154f.).

Auch auf der Verwaltungsleitungsebene wurde schon eine Budgetierungskennzahl diskutiert. Die Aussagekraft dieser Kennzahl ist für das Ableiten von Strategien aber zu gering. Eine Kennzahl mit einem höheren Aussagegehalt könnte die durchschnittliche Budgetabweichung der einzelnen Beschaffungsobjektgruppen ausweisen. Sie würde sowohl den Mengen- als auch den Preiseffekt der Budgetierung enthalten. Da der Mengeneffekt besonders stark durch andere Bereiche der Kommunalverwaltung vorherbestimmt wird, soll hier in erster Linie auf den stärker von der Beschaffung beeinflussten Preiseffekt abgestellt werden. Als **Kennzahl** bietet sich die „**Gewichtete Abweichung des erzielten vom budgetierten Preis der Beschaffungsobjektgruppe X**" an, die für die jeweilige Beschaffungsobjektgruppe die Abweichung des erzielten Preises – bezogen auf den budgetierten Durchschnittspreis – darstellt und diese Abweichung mit dem jeweiligen Beschaffungsvolumen gewichtet (s. Abb. 39). So kann die Bedeutung der Abweichung für die Kommunalverwaltung gleich erschlossen werden. Allerdings sollte der ermittelte Kennzahlenwert nicht mit der Budgetabweichung verwechselt werden, da die Preisabweichung wesentlich stärker gewichtet wird. Der in der Kennzahl betrachtete Durchschnittspreis sollte sich aus den Preisen der Beschaffungsobjekte der Beschaffungsobjektgruppe zusammensetzen. Dabei empfiehlt es sich, das Gewicht, mit dem jeder Preis in den Durchschnittspreis eingeht, dem jeweiligen Beschaffungsvolumen entsprechend festzulegen. Werden für die Kennzahl relativ hohe positive Kennzahlenwerte festgestellt, kommen vielfältige Strategieoptionen in Betracht. Je nach Situation können der Einsatz der Strategie der Beschaffungsmarktdurchdringung, der Preisfokussierungsstrategie, der Transaktionsstrategie und das Global Sourcing erfolgreich sein. Werden für die Beschaffungsobjektgruppe negative Kennzahlenwerte festgestellt, ist der erzielte Preis kleiner als der budgetierte. Es ist aber zu beachten, dass es zu den jeweiligen Kennzahlenwerten auch aufgrund schlechter Planungen kommen kann, die sich in der Budgetierung niederschlagen. Kennzahlenwertänderungen können jedoch auch Resultat von externen Effekten wie Marktveränderungen oder aber schlechter oder besonders guter Beschaffungsarbeit sein, die preislich überhöhte oder günstige Vertragsabschlüsse zur Folge haben können. Des Weiteren können Änderungen des Beschaffungsvolumens der Beschaffungsobjektgruppe dafür verantwortlich sein. Die Kennzahl erneut im Rahmen der Preispolitik in Kapitel 5.3.3.3.2 aufgegriffen.

Um die Güte des erzielten Preises über den Soll-Ist-Vergleich hinaus besser einschätzen zu können, wird in der Literatur empfohlen, den erzielten Preis mit Preisen der Vorperiode, Marktindizes und -preisen, Standardpreisen oder erzielten Beschaffungspreisen anderer Betriebe zu vergleichen (ARNOLDS/HEEGE/TUSSING 2001, S. 454ff., MONCZKA/CARTER/HOAGLAND 1979, S. 48ff., TANEW 1979, S. 219ff., VAN WEELE 1984, S. 89f.). Allerdings ist der Vergleich mit Marktindizes und -preisen insbesondere für den häufiger in der öffentlichen Beschaffung bestehenden Fall, in dem kein funktionierender Markt für die Beschaffungsobjekte besteht, schwierig. Der Vergleich mit Preisen der Vergangenheit – beispielsweise in Form einer Preisveränderungsrate oder Preisersparnis – und Standardpreisen ist oft nur bei stabilen Marktbedingungen aussagekräftig (EILENBERGER/SACHENBACHER 1992, S. 24ff., KOPPELMANN 2000, S. 394, LARGE 2000, S. 214). Vergleiche mit Preisen, die andere Kommunalverwaltungen erzielt haben, besitzen ein gutes Vergleichspotential, da die erzielten Preise anders als in der Privatwirtschaft kein zu hütendes Geschäftsgeheimnis darstellen. Allerdings bedarf dies der Koordinierung und Pflege der gewonnenen Informationen. Preisvergleiche sollten in einer der genannten Formen – insbesondere für die bedeutenden Beschaffungsobjekte – von der Kommunalverwaltung angestrebt werden. Näheres zu den Preisvergleichen findet sich in Kapitel 5.3.3.3.2 und 5.3.4.2.

Bezeichnung:	**Beschaffungsvolumenanteil der Beschaffungsobjektgruppe X**
Einheit:	Prozent
Typ:	Relativzahl
Inhalt:	monetär
Formel:	$\dfrac{\text{Beschaffungsvolumen Beschaffungsobjektgruppe X} * 100}{\text{Gesamtbeschaffungsvolumen}}$
Kennzahlen ähnlichen Inhalts:	Jahreseinkaufsvolumen/Einkaufsstruktur nach Material-/Warengruppen, Beschaffungsstruktur, Beschaffungsvolumenstruktur
Nachweise ähnlicher Kennzahlen:	(AICHELE 1997, S. 330ff., EILENBERGER/SACHENBACHER 1992, S. 24ff., GROLL 1991, S. 65ff., KRAUS 1993, S. 249, MARLEAUX 1997, S. 370f., PIONTEK 1994, S. 192, POISCHBEG 1995, S. 3, RADKE 2001, S. 276ff., SCHLOTTERBECK 1995, S. 28, STARK 1990, S. 26)

Bezeichnung:	Gewichtete Durchschnittsabweichung der Beschaffungsfunktionskosten der Beschaffungsobjektgruppe X
Einheit:	Euro
Typ:	Relativzahl
Inhalt:	monetär
Formel:	durchschnittliche Beschaffungsfunktionskosten der Beschaffungsobjektgruppe X * Gesamt-beschaffungsfunktionskosten der Beschaffungsobjektgruppe X <hr> durchschnittliche Beschaffungsfunktionskosten der A-, B- oder C-Beschaffungsobjekte
Kennzahlen ähnlichen Inhalts:	Relativer Anteil der Beschaffungsfunktionskosten an Beschaffungs-(objekt-)kosten oder Umsatz/Gesamtkosten/Gesamtgemeinkosten, Beschaffungsleistung, Beschaffungs-(funktions-)kostenquote, Höhe der Beschaffungsfunktionskosten/Materialgemeinkosten/ Kosten des Einkaufs, Beschaffungsfunktionskosten pro Bestellung/Beschaffer/Bestellposition etc.
Nachweise: ähnlicher Kennzahlen:	(ARNOLD 1997 S. 239f., BAILY ET AL. 1994, S. 294, BERNING/WIERDEMANN 1995, S. 35, BORNEMANN 1987, S. 42, DRESEN 1997, S. 108ff., GOLLE 1993, S. 36ff., HARTMANN 1997, S. 494ff., KATZMARCYK 1988, S. 154ff., KERN 1991, S. 46f., KOPPELMANN 1999, S. 207, KRAUS 1993, S. 249, PIONTEK 1994, S. 192, RADKE 2001, S. 276ff., STARK 1990, S. 26, STARK 1994, S. 62)

Bezeichnung:	Gewichtete Abweichung des budgetierten vom erzielten Preis der Beschaffungsobjektgruppe X
Einheit:	Euro
Typ:	Relativzahl
Inhalt:	monetär
Formel:	(erzielter Durchschnittspreis der BOG X – budgetierter Durchschnittspreis der BOG X) * Beschaffungsvolumen der BOG X <hr> budgetierter Durchschnittspreis der BOG X (BOG = Beschaffungsobjektgruppe)
Kennzahlen ähnlichen Inhalts:	Kostensteigerungsquote, Budgettreue, price effectiveness, Einkaufszielpreise
Nachweise ähnlicher Kennzahlen:	(ARNOLDS/HEEGE/TUSSING 2001, S. 454ff., BAILY ET AL. 1994, S. 294, BARTELS 1991, S. 31, DOBLER/BURT 1984, S. 677ff., GRUNDWALD 1993, S. 60, MARLEAUX 1997, S. 374ff., MONCZKA/CARTER/HOAGLAND 1979, S. 48)

Abb. 39: Kostenbezogene Kennzahlen der Bereichsleitungsebene (Ebene II)

5.3.3.1.2 Kennzahlen des Zielfelds Risiko

Auch auf dieser Kennzahlenebene gilt, dass die Zielfelder „Risiko", „Flexibilität" und „Qualität" in einem starken Zusammenhang stehen, ohne dass dies bei jedem der folgenden Teilkapitel erneut hervorgehoben werden soll. Wichtig bei der Auswahl der Kennzahlen für das Zielfeld Risiko ist, dass Abhängigkeit von einem Lieferanten nicht per se ein Risiko darstellen muss. Beispielsweise müssen Partnerschaften – auch wenn sie stets mit Abhängigkeit verbunden sind – dennoch nicht immer riskant sein. Risiko entsteht jedoch, wenn die Bedeutung, die der Beziehung zugemessen wird, bei Lieferant und Abnehmer unterschiedlich ausfällt. Ein besonders großes Risiko für den beschaffenden Betrieb ergibt sich, wenn er selbst die Beziehung als strategisch, der Lieferant sie jedoch als deutlich weniger bedeutend einschätzt.

Als quantitative Grundlage für die Bedeutung des Lieferanten für den eigenen Betrieb wird hier die **Kennzahl „Beschaffungsvolumenanteil Lieferant X"** herangezogen, die den Anteil der einzelnen Lieferanten am Beschaffungsvolumen ausweist (s. Abb. 40). Auch hier muss erneut darauf hingewiesen werden, dass der Anteil am Beschaffungsvolumen – insbesondere unter strategischen Gesichtspunkten – nicht unbedingt die tatsächliche Bedeutung des Lieferanten wiedergeben muss; so gibt es auch bedeutende Lieferanten, deren Anteil am Beschaffungsvolumen nur gering ist. Bei einem ausgebauten Beschaffungsmarketing kann die vorgeschlagene Kennzahl jedoch dahingehend abgeändert werden, dass die strategische Bedeutung des einzelnen Lieferanten beispielsweise auf einer Skala von eins bis zehn bewertet wird und dies als Basis für die Kennzahl dient. Allerdings ist hierfür die Mithilfe der Sachbearbeitung notwendig, und das Verfahren ist deutlich aufwendiger.

Bei einem hohen Wert der Kennzahl „Beschaffungsvolumenanteil Lieferant X" empfiehlt sich eher eine Kooperationsstrategie und bei niedrigen Kennzahlen eher eine Transaktionsstrategie. Die Kennzahl sollte dazu herangezogen werden, um die Kennzahlenwerte des einzelnen Lieferanten mit der vermuteten Bedeutung, die der Lieferant dem eigenen Betrieb beimisst, abzugleichen. Der Vergleich der Kennzahl mit dem Anteil des eigenen Beschaffungsvolumens am Umsatz des Lieferanten ohne Vergleichsgröße ist oft wenig aussagekräftig. Eher geeignet ist es, den Anteil, den das eigene Beschaffungsvolumen beim Lieferanten X ausmacht, mit den durchschnittlichen Beschaffungsvolumina anderer Abnehmer beim Lieferanten X zu vergleichen. Allerdings sind diese Informationen meist nicht zugänglich, so dass man sich mit Einschätzungen der eigenen Bedeutung begnügen und von einem Erheben in Kennzahlenform besser absehen sollte. Auf die Werte der dargestellten Kennzahl sollte des Weiteren die ABC-Analyse angewendet werden, um Prioritäten hinsichtlich der Lieferanten zur Ausgestaltung des Beschaffungsmarketings zu bilden. Die Kennzahl kann daher auch gut für die Planung des Beschaffungsmarketingmixes eingesetzt werden.

Während auf der Verwaltungsleitungsebene nur der Anteil des Beschaffungsvolumens bei Risiko-Lieferanten insgesamt betrachtet wurde, ist für die Analyse und Planung von Strategien entscheidend, dass ersichtlich wird, inwiefern die einzelne Beschaffungsobjektgruppe von Risiko-Lieferanten betroffen ist. Daher wird die Kennzahl „Beschaffungsvolumenanteil von Risiko-Lieferanten" modifiziert (s. Kap. 5.3.2.2). Die modifizierte **Kennzahl „Beschaffungsvolumenanteil von Risiko-Lieferanten an Beschaffungsobjektgruppe X"** gibt den Anteil des Beschaffungsvolumens einer Beschaffungsobjektgruppe wieder, der bei Risiko-Lieferanten bezogen wird. Besonderer Handlungsbedarf besteht für Beschaffungsobjektgruppen mit hohen Kennzahlenwerten, da hier das Risiko besonders hoch ist. Hier bieten sich beispielsweise die Strategie der Beschaffungsmarktentwicklung, der Beschaffungsdiversifikation oder der Übergang zum Global Sourcing an. Bei der Planung der Strategie ist zu beachten, aus welchen

Gründen der einzelne Lieferant als Risiko-Lieferant eingeordnet wurde, da dies für die Strategiewahl entscheidend sein kann. Die Kennzahl gibt keine Auskunft darüber, ob einer oder mehrere Risiko-Lieferanten das entsprechende Beschaffungsvolumen liefern, wie hoch das Risiko ist, um welches Risiko es sich handelt, und ob die Beschaffungsobjektgruppe eine große Bedeutung für den Betrieb besitzt. Da es sich bei der vorgestellten Kennzahl nur um eine Modifikation handelt, können weitere Erläuterungen sowie die Abbildung der Darstellung der Kennzahl „Beschaffungsvolumenanteil von Risiko-Lieferanten" entnommen werden (s. Kap. 5.3.2.2).

Analog zu den Risiko-Lieferanten gilt zu beachten, welche Beschaffungsobjektgruppen besonders stark von Risiko-Beschaffungsobjekten besetzt sind. Auch ist empfehlenswert, die Kennzahl „Beschaffungsvolumenanteil Risiko-Beschaffungsobjekte" der Verwaltungsleitungsebene für die Bereichsleitungsebene abzuändern (s. Kap. 5.3.2.2), um den Anteil des Beschaffungsvolumens einer bestimmten Beschaffungsobjektgruppe darzustellen, deren Grundlage Beschaffungsobjekte sind, die als riskant eingestuft wurden. Dies bringt die **Kennzahl „Beschaffungsvolumenanteil Risiko-Beschaffungsobjekte an Beschaffungsobjektgruppe X"** zum Ausdruck. Bestehen für Beschaffungsobjektgruppen relativ hohe Kennzahlenwerte und somit ein großes Beschaffungsrisiko, können insbesondere die Qualitätsstrategie oder die Strategien der Beschaffungsobjektentwicklung und Beschaffungsdiversifikation verfolgt werden. Es müssen bei der Strategieplanung jedoch die ausschlaggebenden Gründe für die Eingruppierung als Risiko-Beschaffungsobjekt Berücksichtigung finden. Die Kennzahl liefert keine Informationen darüber, ob die jeweils betrachtete Beschaffungsobjektgruppe eine große Bedeutung für den Betrieb besitzt, wie hoch das Risiko konkret ist etc.. Weitere Ausführungen und die Abbildung der Kennzahl finden sich bei den Erläuterungen zur Kennzahl „Beschaffungsvolumenanteil von Risiko-Beschaffungsobjekten" in Kapitel 5.3.2.2.

Weiterhin besteht für die Beschaffung die Gefahr externer Risiken beispielsweise im Bereich der Politik oder Natur. Allerdings sind Ereignisse in diesen Bereichen oft nur schwer vorhersagbar oder deren Prognose bedeutet einen enormen Aufwand. Das Erheben dieser Risiken in Kennzahlenform bietet sich deshalb nicht an. Jedoch empfiehlt sich, die räumliche Verteilung des Beschaffungsvolumens zu betrachten, die indirekt mehrere externe Risiken abdeckt. Auch wenn der Großteil des Beschaffungsvolumens der Kommunalverwaltung derzeit im eigenen Land und häufig auch in der eigenen Kommune beschafft wird, kann die Erhebung der Kennzahl sinnvoll sein, um den Anteil internationaler Beschaffung zukünftig zu steigern. Die internationale Beschaffung ist auch für die Kommunalverwaltung als Strategie aus Beschaffungsmarketingsicht von Interesse. Die **Kennzahl „Beschaffungsvolumenanteil internationaler Beschaffung bei Beschaffungsobjektgruppe X"** gibt den Anteil des Beschaffungsvolumens international beschaffter Beschaffungsobjekte einer Beschaffungsobjektgruppe am Gesamtbeschaffungsvolumen der Beschaffungsobjektgruppe an (s. Abb. 40). Je höher der Kennzahlenwert ist, umso höher ist auch der Anteil des international beschafften Beschaffungsvolumens. Bei der thematisierten Kennzahl muss von jedem einzelnen Betrieb festgelegt werden, wann Beschaffungsvolumina als international beschafft gelten. Die Abgrenzung ist aufgrund der Möglichkeiten zur Einschaltung von Tochterunternehmen, Joint Ventures etc. nicht immer eindeutig. Zur Steigerung des Kennzahlenwertes bietet sich insbesondere das Global Sourcing an. Aber auch die Strategien der Beschaffungsmarktentwicklung und Beschaffungsdiversifikation können zu einem höheren Kennzahlenwert führen. Da der Großteil der Beschaffungsobjektgruppen ohne Grenzüberschreitung bezogen wird, sollten im Kennzahlenbericht für die betrachtete Kennzahl nur die Beschaffungsobjektgruppen mit internationalem Beschaffungsanteil aufgeführt werden. Nachteilig an der aufgeführten Kennzahl ist, dass sie keine graduellen Unterschiede bezüglich der Entfernung des Lieferanten zulässt. Auch eine Unterscheidung der Risikograde der einzelnen Länder ist mit dieser Kennzahl nicht möglich. Die Annahme, dass eine Lieferung innerhalb der EU weitaus risikoärmer als eine Lieferung aus China ist, kann daher nicht erfolgen. Zudem ist die Kennzahl in ihrer Steuerungswirkung eingeschränkt, da – wenn ein möglichst niedriger Kennzahlenwert angestrebt werden sollte – die Vorschriften des Vergaberechts bezüglich der europaweiten Verfahren anzuwenden sind. Die Kennzahl steht in einem starken Zusammenhang zu den Kennzahlen „Beschaffungsvolumenanteil regionaler Lieferanten" (s. Kap. 5.3.3.3.4) und „Beschaffungsvolumenanteil regionaler Lieferanten der Beschaffungsobjektgruppe X" (s. Kap. 5.3.4.4). Je höher der Anteil des regional vergebenen Beschaffungsvolumens nämlich ausfällt, umso weniger Beschaffungsvolumen kann international beschafft werden.

Bezeichnung:	**Beschaffungsvolumenanteil Lieferant X**
Einheit:	Prozent
Typ:	Relativzahl
Inhalt:	nicht monetär
Formel:	$\dfrac{\text{Beschaffungsvolumen Lieferant X} * 100}{\text{Gesamtbeschaffungsvolumen}}$
Kennzahlen ähnlichen Inhalts:	durchschnittliches Beschaffungs-/Liefervolumen je (aktivem) Lieferant, Risikostreuung der Lieferanten, Mengenanteil je Lieferant, Lieferantenumsatzquote, Lieferanten-/Einkaufsstruktur, Lieferantenkonzentration, Lieferanten mit
Nachweise ähnlicher Kennzahlen:	(AICHELE 1997, S. 330ff., BERNING/WIERDEMANN 1995, S. 35, DOBLER/BURT 1984, S. 691f., DRESEN 1997, S. 108ff.+119ff., FREHNER/BODMER 2000, S. 114, GEISS 1986, S. 337, GROLL 1991, 65ff., GRUNDWALD 1993, S. 119ff., HIRSCHSTEINER 2002a, S. 324, HOMBURG/WERNER/ENGLISCH 1997, S. 55, MARLEAUX 1997, S. 371f., MEYER 1994, S. 68f., PIONTEK 1994, S. 192, RADKE 2001, S. 276ff., ROSENWALD 1998, S. 422, SCHLOTTERBECK 1995, S. 28, STARK 1990, S. 26, TANEW 1979, S. 219ff., WEBER 1999, S. 195f.)

Bezeichnung:	**Beschaffungsvolumenanteil internationaler Beschaffung bei Beschaffungsobjektgruppe X**
Einheit:	Prozent
Typ:	Relativzahl
Inhalt:	nicht monetär
Formel:	$\dfrac{\text{Beschaffungsvolumen internationaler Beschaffung der Beschaffungsobjektgruppe X} * 100}{\text{Gesamtbeschaffungsvolumen der Beschaffungsobjektgruppe X}}$
Kennzahlen ähnlichen Inhalts:	Anteil Global Sourcing, Bezugsquote Ausland, regionale Einkaufsvolumenstruktur, Beschaffungsradius, Importvolumen, Schornsteinmarktquote
Nachweise ähnlicher Kennzahlen:	(ACKERMAN 1992, S. 351, DRESEN 1997, S. 108ff.+123ff., KAUFMANN 2002, S. 21, KOPPELMANN 2000, S. 395, MONCZKA/CARTER/HOAGLAND 1979, S. 239, ORTHS 1998, S. 548ff., POISCHBEG 1995, S. 33, RADKE 2001, S. 276ff., ROSENWALD 1998, S. 422, TANEW 1979, S. 219ff.)

Abb. 40: Risikobezogene Kennzahlen der Bereichsleitungsebene (Ebene II)

5.3.3.1.3 Kennzahlen des Zielfelds Flexibilität

Auf der Verwaltungsleitungsebene wurde im Rahmen der Flexibilität betrachtet, wie hoch der Anteil der für die jeweiligen Beschaffungsobjekte adäquaten Lieferantenbeziehungen ist. Was jedoch bisher fehlt, ist ein sichtbares Maß für die Flexibilität im Einzelfall. Zu beachten ist dabei, dass Flexibilität bei operativen und strategischen Bedarfen auf unterschiedliche Weise erreicht werden kann.

Besonders ausschlaggebend für die Beschaffungsflexibilität ist die Flexibilität des Lieferanten. Insbesondere für den strategischen Bedarf, aber auch für den operativen Bedarf ist die Bereitschaft des Lieferanten Änderungswünsche zu erfüllen. Die **Kennzahl „Flexibilität Lieferant X"** bringt zum Ausdruck, wie hoch der Anteil der erfüllten Änderungswünsche an der Gesamtzahl an einen bestimmten Lieferanten herangetragenen Änderungswünsche ist (s. Abb. 41). In der Kennzahl wird jede Art von Änderungswunsch – egal ob Quantität, Qualität oder Modalität des Beschaffungsprogramms betroffen ist – berücksichtigt. Je höher der Kennzahlenwert ausfällt, desto mehr Änderungswünschen hat der Lieferant entsprochen und umso höher ist die Beschaffungsflexibilität. Soll der Kennzahlenwert gesteigert werden und handelt es sich um strategische Beschaffungsobjekte, bietet es sich an, entweder das Verhältnis zum bestehenden Lieferanten zu verbessern – beispielsweise durch eine Kooperations-, Qualitätsstrategie oder die Strategie der Beschaffungsmarktdurchdringung – oder einen neuen Lieferanten im Rahmen der Strategie der Beschaffungsmarktentwicklung oder des Global Sourcings zu suchen. Für den operativen Bedarf kann auch die Transaktionsstrategie mit der Möglichkeit zum Lieferantenwechsel verfolgt werden. Zu beachten ist aber, dass ein hoher Kennzahlenwert nicht nur Ausdruck von Flexibilität, sondern auch einer schlechten Planung des Lieferanten oder eigenen Betriebs sein kann, die häufige Änderungswünsche überhaupt erst notwendig machen. Weiterhin ist es möglich, dass die Kennzahl den Wert „0%" annimmt. Dies bedeutet nicht, dass der Lieferant inflexibel ist, sondern dass keine Änderungswünsche bestanden. Im Umgang mit der dargestellten Kennzahl darf nicht vergessen werden, dass in der Kennzahl beispielsweise nicht zum Ausdruck kommt, ob die Änderungen unbürokratisch oder in großen Notsituationen erfolgt sind. Bedeutende oder eher lapidare Änderungen fließen gleichermaßen in die Kennzahl ein. Des Weiteren bestehen Schwierigkeiten bei der Erhebung der Kennzahl, da es möglich ist, dass Änderungen auch dezentral direkt vom Bedarfsträger vorgenommen werden und dadurch die Vollständigkeit der Erhebung und damit die Aussagekraft der Kennzahl gefährdet ist. Änderungen der Kennzahlenwerte können sich sowohl durch einen verbesserten Service des Lieferanten, die vermehrte Umsetzung der Änderungen, die vermehrte Vernachlässigung der Kundenwünsche als auch die Veränderung der Anzahl der Wünsche ergeben.

Eine weitere Kennzahl, die sich der Flexibilität widmet, ist die **Kennzahl „Lieferantenbesetzungsquote der Beschaffungsobjektgruppe X"** (s. Abb. 41). Sie gibt das Verhältnis aus genutzten zu insgesamt verfügbaren Lieferanten der jeweiligen Beschaffungsobjektgruppe wieder. Auch wenn die Kennzahl aufgrund leichter durchzuführender Lieferantenwechsel für den operativen Bedarf einen größeren Stellenwert als für den strategischen Bedarf besitzt, ist sie auch für den strategischen Bedarf nicht unbedeutend, da es auch hier zu Lieferantenwechseln kommen kann oder mit diesen zumindest gedroht werden kann. Wichtig für die Aussagekraft der Kennzahl ist, dass nur tatsächlich verfügbare und potentielle Lieferanten – die also sowohl die qualitativen als auch quantitativen Anforderungen des Abnehmers erfüllen können – als verfügbare Lieferanten in die Kennzahl eingehen. Fällt die Besetzungsquote hoch aus, ist die Möglichkeit zum Ausnutzen des Wettbewerbs und zum Lieferantenwechsel gering. Handelt es sich in diesem Fall um operativen Bedarf – was eher selten der Fall sein wird –, bieten sich Strategien wie die Beschaffungsobjekt- und Beschaffungsmarktentwicklung oder aber auch die Beschaffungsdiversifikation an. Für den strategischen Bedarf werden hohe Kennzahlenwerte jedoch häufiger bestehen. Sofern hohe Kennzahlenwerte überhaupt abgesenkt werden sollen, können die gleichen Strategien wie beim operativen Bedarf verfolgt werden. Besteht für die Kennzahl ein Wert von „100%" kommen nur die bereits genutzten Lieferanten in Frage. Kritisch ist an der Kennzahl zu werten, dass nur die Lieferantenanzahl und nicht das zur Verfügung stehende Volumen der Lieferanten betrachtet wird. Die Flexibilität für Situationen, in denen ein Multiple Sourcing möglich ist, wird deshalb stets unterbewertet. Zudem erfasst die Kennzahl keine qualitativen Unterschiede, Entfernungen von Lieferanten sowie bestimmte Lieferantenpräferenzen. Änderungen des Kennzahlenwerts ergeben sich durch die Veränderung der Anzahl der genutzten oder potentiellen Lieferanten. Dieses kann durch vielfältige Ursachen bedingt sein. So sind beispielsweise Maßnahmen der Lieferantenentwicklung, Neugründungen oder Schließungen von Lieferantenunternehmen, Auf- oder Abbau von Kapazitäten des Lieferanten, langfristige Bindung der Lieferanten durch konkurrierende Abnehmer oder auch die Lieferunwilligkeit des Lieferanten möglich.

Betrachtet man das Beschaffungsobjekt selbst als Ausgangspunkt von Flexibilität, bietet die **Kennzahl „Beschaffungsvolumenanteil standardisierter Beschaffungsobjekte der Beschaffungsobjektgruppe X"** einen guten Anhaltspunkt für die Beschaffungsflexibilität (s. Abb. 41), da mit zunehmender Standardisierung der Beschaffungsobjekte die Flexibilität ansteigt. Die Kennzahl hat den Anteil des Beschaffungsvolumens einer Beschaffungsobjektgruppe zum Inhalt, der auf standardisierte Beschaffungsobjekte entfällt. Nimmt die Kennzahl kleine Werte an, ist die Flexibilität gering. Der Grad der Standardisierung kann innerhalb jeder Beschaffungsstrategie gesteigert werden. Besonders bedeutend sind hohe Standardisierungsgrade für die Preisfokussierungs- und Transaktionsstrategie sowie die Strategie der Beschaffungsmarktentwicklung. Die Kennzahl ist eine Modifizierung der Kennzahl „Beschaffungsvolumenanteil standardisierter Beschaffungsobjekte" der Verwaltungsleitungsebene (s. Kap. 5.3.2.3). Die Abbildung der Kennzahl sowie weitere Erörterungen finden sich dort.

Bezeichnung:	Flexibilität Lieferant X
Einheit:	Prozent
Typ:	Relativzahl
Inhalt:	nicht monetär
Formel:	$\dfrac{\text{Anzahl vom Lieferanten X erfüllte Änderungswünsche} * 100}{\text{Anzahl der dem Lieferanten X mitgeteilten Änderungswünsche}}$
Kennzahlen ähnlichen Inhalts:	Lieferflexibilität, Lieferantenflexibilitätsstruktur, Mengenflexibilität, Bestelländerungsflexibilität, Reagibilität aus Kundensicht
Nachweise ähnlicher Kennzahlen	(AICHELE 1997, S. 330ff., DRESEN 1997, S. 119ff., HIRSCHSTEINER 2002a, S. 462, KAPLAN/NORTON 1997, S. 176, KOPPELMANN 1997, S. 147, KOPPELMANN 2000, S. 391ff., PFISTERER 1988, S. 163ff.)
Bezeichnung:	Lieferantenbesetzungsquote der Beschaffungsobjektgruppe X
Einheit:	Prozent
Typ:	Relativzahl
Inhalt:	nicht monetär
Formel:	$\dfrac{\text{Anzahl genutzte Lieferanten für die Beschaffungsobjektgruppe X} * 100}{\text{Gesamtanzahl verfügbarer Lieferanten für die Beschaffungsobjektgruppe X}}$
Kennzahlen ähnlichen Inhalts:	Beschaffungsmarkt-Durchdringungsfaktor, Besetzungsfaktor, Anzahl aktive und passive Lieferanten
Nachweise ähnlicher Kennzahlen:	(HIRSCHSTEINER 2002a, S. 324, PIONTEK 1994, S. 194+204ff., SCHLOTTERBECK 1995, S. 28)

Abb. 41: Flexibilitätsbezogene Kennzahlen der Bereichsleitungsebene (Ebene II)

5.3.3.1.4 Kennzahlen des Zielfelds Qualität

Während auf der Ebene der Verwaltungsleitung nur der Anteil des vorgabekonformen Beschaffungsvolumens insgesamt betrachtet wurde, ist es zur Ableitung der Strategien zunächst notwendig, dies für die einzelnen Beschaffungsobjektgruppen abzubilden. Daher wird auch die Modifizierung einer Kennzahl der Verwaltungsleitungsebene genutzt. Die **Kennzahl „Vorgabekonformer Beschaffungsvolumenanteil der Beschaffungsobjektgruppe X"** stellt den Anteil des Beschaffungsvolumens an der betrachteten Beschaffungsobjektgruppe dar, der von den vorgenommenen Vorgaben der Beschaffung und des Bedarfsträgers abweicht. Dabei werden auch hier die Abweichungen nicht weiter aufgeschlüsselt, da dies eher den Informationsbedarf im Bereich der Maßnahmen deckt. Je niedriger der Kennzahlenwert ausfällt, umso geringer ist die Beschaffungsqualität. Zur Steigerung des Kennzahlenwertes bietet sich unter Beibehaltung der Lieferantenbeziehung und des Beschaffungsobjektes die Beschaffungsmarktdurchdringung oder der Wechsel zur Qualitätsstrategie an. Scheinen die bestehenden Mängel jedoch unüberwindbar, ist der Wechsel des Beschaffungsobjekts oder des Lieferanten beispielsweise im Rahmen der Beschaffungsobjekt- oder Marktentwicklung, der Beschaffungsdiversifikation oder des Global Sourcings in Erwägung zu ziehen. Die Abbildung der Kennzahl sowie weitere Details enthält die Darstellung der Kennzahl „**Vorgabekonformer Beschaffungsvolumenanteil"** des Kapitels 5.3.2.4.

Eine weitere bedeutende Größe zur Analyse, Planung und Kontrolle des Qualitätsziels ist die Kennzahl „**Beschaffungsvolumenanteil der Beschaffungsobjektgruppe X nach Lieferantengüte"** (s. Abb. 42). Die Kennzahl stellt den Anteil am Beschaffungsvolumen der Beschaffungsobjektgruppe X dar, der von Lieferanten einer bestimmten Güteklasse geliefert wird. Es bedarf also einer Kategorisierung der Lieferanten ihrer Güte nach. Am Einfachsten ist die Einteilung in die Kategorien „gut", „mittel" und „schlecht". Name und Anzahl der Kategorien sowie die Kategorisierungskriterien können sich je nach Betrieb unterscheiden. Die Einteilung sollte auf der Lieferantenbewertung aufbauen und von der Sachbearbeitung vorgenommen werden. Fällt der Anteil des Beschaffungsvolumens groß aus, der von den als „schlecht" eingeordneten Lieferanten bezogen wird, bieten sich Lieferantenwechsel – beispielsweise im Rahmen der Strategie der Beschaffungsmarktentwicklung oder der Diversifikation – oder, wenn der Lieferant nicht gewechselt werden soll, der Wechsel der Strategie der Beschaffungsmarktstimulierung oder der Lieferantenbeziehungsstrategie an. Die hier betrachtete Kennzahl erlaubt nur eine recht schematische Beurteilung der Lieferanten, zudem wird nicht ersichtlich, wie hoch die Bedeutung der entsprechenden Beschaffungsobjektgruppe für den Betrieb ist. Die Kennzahl trifft auch keine Aussage darüber, ob vom Lieferant möglicherweise auch noch nicht der betrachteten Beschaffungsobjektgruppe zugehörige Beschaffungsobjekte bezogen werden. Zudem ist die Aussagekraft der vorgestellten Kennzahl stark abhängig von der Qualität der Lieferantenbewertungen. Ursache von Kennzahlenwertveränderungen können Änderungen der Lieferantenzahl der Beschaffungsobjektgruppe, eine andere Lieferantenbewertung, Mengen- und/oder Preisänderungen des zugehörigen Beschaffungsvolumens oder des Gesamtbeschaffungsvolumens der Beschaffungsobjektgruppe sein.

Bezeichnung:	**Beschaffungsvolumenanteil der Beschaffungsobjektgruppe X nach Lieferantengüte**
Einheit:	Prozent
Typ:	Relativzahl
Inhalt:	nicht monetär
Formel:	$$\frac{\text{Beschaffungsvolumenanteil der als gut/mittel/schlecht bewerteten Lieferanten der Beschaffungsobjektgruppe X} * 100}{\text{Gesamtbeschaffungsvolumen der Beschaffungsobjektgruppe X}}$$
Kennzahlen ähnlichen Inhalts:	Liefervolumenanteil „best performer"
Nachweise ähnlicher Kennzahlen:	(MONCZKA/TRENT/HANDFIELD 1998, S. 681)

Abb. 42: Qualitätsbezogene Kennzahlen der Bereichsleitungsebene (Ebene II)

5.3.3.1.5 Kennzahlen des Zielfelds Gemeinwohl

Gemeinwohlorientierte Ziele werden meist nicht nur für einzelne Beschaffungsobjektgruppen, sondern eher für die Beschaffung insgesamt verfolgt. Die Darstellung des gemeinwohlorientierten Beschaffungsvolumens für die einzelnen Beschaffungsobjektgruppen ist daher – mit Ausnahme der Umweltfreundlichkeit – nicht unbedingt notwendig. Sofern unterschiedliche gemeinwohlorientierte Ziele verfolgt werden, bietet sich aber eine Aufschlüsselung dieser an. Dies kann durch die **Kennzahl „Beschaffungsvolumenanteil gemeinwohlorientiertes Ziel X"** vorgenommen werden, die den Anteil des Beschaffungsvolumens darstellt, der einen bestimmten gemeinwohlorientierten Zweck verfolgt (s. Abb. 43). Es handelt sich um eine Aufsplittung der Kennzahl „Gemeinwohlbezogener Beschaffungsvolumenanteil" der Verwaltungsleitungsebene, so dass für die Abbildung der Kennzahl und die weitere Diskussion auf diese Kennzahl in Kapitel 5.3.2.5 verwiesen wird. Die Gemeinwohlorientierung kann am Besten im Rahmen der Qualitäts- und Kooperationsstrategie sowie beim Local Sourcing angestrebt werden.

Bei der Umweltfreundlichkeit bietet sich die Aufschlüsselung des gemeinwohlorientierten Beschaffungsvolumens nach den Beschaffungsobjektgruppen allerdings an. Die **Kennzahl „Beschaffungsvolumenanteil umweltfreundlicher Beschaffungsobjekte der Beschaffungsobjektgruppe X"** gibt den Anteil des Beschaffungsvolumens umweltfreundlicher Beschaffungsobjekte am Gesamtbeschaffungsvolumen der Beschaffungsobjektgruppe wieder. Unverzichtbar ist, dass jeder Betrieb festlegen muss, wann ein Beschaffungsobjekt als umweltfreundlich gilt. So können sowohl Beschaffungsobjekte in die Kennzahlen einfließen, die selbst umweltfreundlich sind, als auch Objekte, die umweltfreundlich hergestellt wurden. Anhaltspunkte für die Umweltfreundlichkeit können etwa der Recyclinganteil, Lieferanten-Zertifizierungen oder auch

Umweltsiegel liefern. Hohe Werte dieser Kennzahl bedeuten, dass eine Beschaffungs-objektgruppe überwiegend aus umweltfreundlichen Beschaffungsobjekten zusammen-gesetzt ist. Soll der Kennzahlenwert gesteigert werden, kann dies besonders gut im Rahmen der Qualitäts- und die Kooperationsstrategie verfolgt werden. Problematisch an dieser Kennzahl ist, dass unterschiedliche Grade an Umweltfreundlichkeit und die Größe der Beschaffungsobjektgruppe keine Berücksichtigung finden. Die hier erörterte Kennzahl wird auch in Kapitel 5.3.4.1 im Rahmen der Programmpolitik genutzt.

Bezeichnung:	**Beschaffungsvolumenanteil umweltfreundlicher Beschaffungsobjekte der Beschaffungsobjektgruppe X**
Einheit:	Prozent
Typ:	Relativzahl
Inhalt:	nicht monetär
Formel:	$\dfrac{\text{Beschaffungsvolumen umweltfreundlicher Beschaffungsobjekte der Beschaffungsobjektgruppe X} * 100}{\text{Gesamtbeschaffungsvolumen der Beschaffungsobjektgruppe X}}$
Kennzahlen ähnlichen Inhalts:	Recyclingpotentialnutzung, Recyclequote
Nachweise ähnlicher Kennzahlen:	(DRESEN 1997, S. 108ff.+128ff., KOPPELMANN 2000, S. 391, ORTHS 1998, S. 427)

Abb. 43: Gemeinwohlbezogene Kennzahlen der Bereichsleitungsebene (Ebene II)

5.3.3.2　Die Strategieebene der Bereichsleitung (Ebene II)

Die Strategieebene des Kennzahlensystems verzichtet wegen der schlechten Quantifi-zierbarkeit strategischer Belange auf Kennzahlen. Die Beschaffungsstrategien und der Strategiestil werden u. a. auf Basis der Zielebene – der Ebene II – geplant und kontrol-liert. Allerdings darf nicht vergessen werden, dass bei der Ableitung der Strategien und des Strategiestils auch nicht quantifizierbare Sachverhalte enorme Bedeutung besitzen können.

Die Strategieebene nimmt eine notwendige Mittelposition zwischen Beschaf-fungsziel und Beschaffungsmarketingmaßnahme ein (s. Abb. 44). Dabei bleibt zu be-rücksichtigen, dass die Beschaffungsstrategien durch die Maßnahmen umgesetzt wer-den und die Strategien den Rahmen für das Ableiten der Maßnahmen des Beschaf-fungsmarketingmixes darstellen. Je nachdem welche Strategie und welcher Strategiestil für eine Beschaffungsobjektgruppe gewählt wird, kommen jeweils andere Maßnahmen zur Umsetzung der Strategien in Betracht. Folglich besteht für jede Beschaffungsob-jektgruppe ein unterschiedlicher Informationsbedarf, der sich auch in der Ausgestaltung des Kennzahlensystems und der Kennzahlenberichte widerspiegeln sollte. Deshalb soll-ten nicht für jede Beschaffungsobjektgruppe alle Kennzahlen des Kennzahlensystems, sondern nur die für sie bedeutenden Kennzahlen erhoben werden. Der Umfang der Kennzahlenerhebung, -verarbeitung und -aufbereitung kann so stark vermindert werden.

Wenn die Zielvorgaben der Verwaltungsleitungsebene in Form der Kennzahlenwerte durch die Bereichsleitung erfüllt, kann davon ausgegangen werden, dass eine zielführende Strategie verfolgt wird. Weichen die Kennzahlenwerte ab, kann es jedoch sein, dass eine falsche Strategie, falsche Maßnahmen oder schlecht durchgeführte Maßnahmen für die Abweichungen ursächlich sind. Dies ist unter Nutzung des Know-hows der Beschaffer näher zu analysieren.

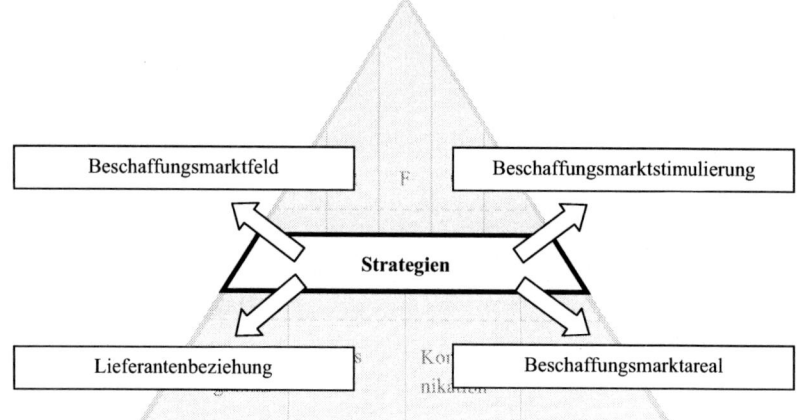

F = Beschaffungsflexibilität

Abb. 44: Die Strategieebene der Bereichsleitung

In den vorherigen Teilkapiteln wurde bereits thematisiert, bei welchen Ausprägungen der Kennzahlenwerte sich bestimmte Beschaffungsstrategien anbieten, so dass dies hier nicht erneut aufgeführt werden soll. Den folgenden Abbildungen kann entnommen werden, welche Kennzahleninhalte bei Verfolgung einer bestimmten Strategie sich vorrangig zur Erhebung anbieten. Die Aufzählung der Kennzahleninhalte ist exemplarischer Natur und daher nicht vollständig. Kennzahlen, die sich für alle Strategieoptionen gleichermaßen anbieten, sind nicht gesondert aufgeführt. Bei der Auswahl der Kennzahlen sollte beachtet werden, dass die einzelnen Strategieoptionen zu einer Gesamtstrategie für die Beschaffungsobjektgruppe zusammengefasst werden können.

Für das Verfolgen der Strategien der Beschaffungsmarktfelder bieten sich besonders folgende Kennzahleninhalte an (s. Abb. 45):

Kennzahleninhalte für die Beschaffungsmarktdurchdringung

→ Programm: Anteil standardisierter Beschaffungsobjekte

→ Preis: Bewertung des erzielten Preises (TCO)

→ Kommunikation: Anteil bekannter Bewerber

→ Bezug: Bündelung des Beschaffungsvolumens, Beschaffungsweg (Nutzung freihändige Vergabe, Zentralisierung der Beschaffung), Beschaffungsorganisation (Nutzung Beschaffungskooperation), Lieferantenpolitik (Nutzung Lieferantenpflege, Art der Lieferantenbeziehung, Zufriedenheit mit Lieferanten)

Kennzahleninhalte für die Beschaffungsmarktentwicklung

→ Programm: Anteil standardisierter Beschaffungsobjekte

→ Preis: -

→ Kommunikation: Nutzung Beschaffungswerbung, Anteil unbekannter Bewerber

→ Bezug: Lieferantenpolitik (Anteil neuer Lieferanten, Nutzung Lieferantenentwicklung, Unzufriedenheit mit Lieferanten)

Kennzahleninhalte für die Beschaffungsobjektentwicklung

→ Programm: Anteil unerwünschter Beschaffungsobjekte, Anteil neuer Beschaffungsobjekte

→ Preis: -

→ Kommunikation: Nutzung Beschaffungswerbung, Anteil bekannte geeignete Bewerber

→ Bezug: Lieferantenpolitik (Art der Lieferantenbeziehung, Nutzung Lieferantenpflege, Zufriedenheit mit Lieferanten)

Kennzahleninhalte für die Beschaffungsdiversifikation

→ Programm: Anteil unerwünschter Beschaffungsobjekte, Anteil neuer Beschaffungsobjekte

→ Preis: -

→ Kommunikation: Nutzung Beschaffungswerbung, Anteil unbekannter Bewerber

→ Bezug: Lieferantenpolitik (Anteil neuer Lieferanten, Nutzung Lieferantenentwicklung, Unzufriedenheit mit Lieferanten)

Abb. 45: Mögliche Kennzahleninhalte der Maßnahmenebene für das Verfolgen der Strategien der
Beschaffungsmarktfelder

Bei der Verfolgung der Strategien der Beschaffungsmarktstimulierung können insbesondere folgende Inhalte genutzt werden (s. Abb. 46):

Kennzahleninhalte für die Qualitätsstrategie

➤ Programm: Übereinstimmung Bedarf und Beschaffungsobjekt, Anteil unerwünschter Beschaffungs-
                     objekte, Anteil umweltfreundlicher Beschaffungsobjekte

➤ Preis: -

➤ Kommunikation: Nutzung Beschaffungswerbung, Anteil bekannter Bewerber

➤ Bezug: Beschaffungsweg (Nutzung Beschaffungsverfahren), Lieferantenpolitik (Anteil gemein-
                     nütziger Lieferanten, Nutzung Lieferantenpflege/-entwicklung, Zufriedenheit mit Liefe-
                     ranten, Art der Lieferantenbeziehung)

Kennzahleninhalte für die Preisfokussierungsstrategie

➤ Programm: Anteil standardisierter/unerwünschter Beschaffungsobjekte

➤ Preis: Bewertung des erzielten Preises

➤ Kommunikation: Nutzung Beschaffungswerbung

➤ Bezug: Bündelung des Beschaffungsvolumens, Beschaffungsweg (Nutzung öffentliche Aus-
                     schreibung), Beschaffungsorganisation (Dezentralisierung Beschaffung, Nutzung Be-
                     schaffungskooperation), Lieferantenpolitik (Nutzung Beziehungsrationalisierung, Anteil
                     internationaler Lieferanten)

Abb. 46: Mögliche Kennzahleninhalte der Maßnahmenebene für das Verfolgen der Strategien der
          Beschaffungsmarktstimulierung

Im Bereich der Lieferantenbeziehungsstrategien können auf der Maßnahmenebene
beispielsweise die folgenden Kennzahleninhalte den Informationsbedarf decken (s.
Abb. 47):

Kennzahleninhalte für die Kooperationsstrategie

➤ Programm: Übereinstimmung Bedarf und Beschaffungsobjekt

➤ Preis: Bewertung des erzielten Preises

➤ Kommunikation: Anteil bekannte geeignete Bewerber, Anteil bekannter Bewerber

➤ Bezug: Beschaffungsweg (Nutzung freihändige Vergabe), Lieferantenpolitik (Nutzung Lieferan-
                     tenpflege, Anteil regionaler Lieferanten, Zufriedenheit mit Lieferanten, Art der Lieferan-
                     tenbeziehung)

Kennzahleninhalte für die Transaktionsstrategie
➡ Programm: Anteil standardisierter Beschaffungsobjekte
➡ Preis: Bewertung des erzielten Preises (TCO)
➡ Kommunikation: Nutzung Beschaffungswerbung, Anteil neuer Bewerber
➡ Bezug: Beschaffungsweg (Nutzung öffentliche Ausschreibung), Lieferantenpolitik (Nutzung Beziehungsrationalisierung, Anteil internationaler Lieferanten, Art der Lieferantenbeziehung)

Abb. 47: Mögliche Kennzahleninhalte der Maßnahmenebene für das Verfolgen der Lieferantenbeziehungsstrategien

Für das Verfolgen der Strategien der Beschaffungsmarktareale bieten sich die anschließend aufgeführten Kennzahleninhalte an (s. Abb. 48):

Kennzahleninhalte für das Global Sourcing
➡ Programm: Anteil standardisierter Beschaffungsobjekte
➡ Preis: Bewertung des erzielten Preises (TCO)
➡ Kommunikation: Nutzung Beschaffungswerbung
➡ Bezug: Beschaffungsweg (Nutzung öffentliche Ausschreibung, Zentralisierung der Beschaffung), Lieferantenpolitik (Nutzung Beziehungsrationalisierung, Anteil internationaler Lieferanten, Art der Lieferantenbeziehung, Unzufriedenheit mit Lieferanten)

Kennzahleninhalte für das Local Sourcing
➡ Programm: Übereinstimmung Bedarf und Beschaffungsobjekt
➡ Preis: Bewertung des erzielten Preises (TCO)
➡ Kommunikation: Nutzung Beschaffungswerbung, Anteil neuer Bewerber
➡ Bezug: Beschaffungsweg (Nutzung freihändige Vergabe), Lieferantenpolitik (Nutzung Beziehungsrationalisierung, Anteil internationaler Lieferanten, Art der Lieferantenbeziehung, Zufriedenheit mit Lieferanten, Anteil gemeinwohlbezogener Lieferanten)

Abb. 48: Mögliche Kennzahleninhalte der Maßnahmenebene für das Verfolgen der Strategien der Beschaffungsmarktareale

5.3.3.3 Die Maßnahmenebene der Bereichsleitung (Ebene II)

In Bezug auf die Maßnahmen besteht die Aufgabe der Bereichsleitung darin, dafür Sorge zu tragen, dass die Strategien so in Vorgaben auf der Maßnahmenebene umgesetzt werden, dass durch den Beschaffungsmarketingmix die Beschaffungsstrategien und letztendlich auch die Beschaffungsziele erfüllt werden. Hierzu gibt die Bereichsleitung der Sachbearbeitung Zielvorgaben – die idealerweise mit der Sachbearbeitung gemeinsam erarbeitet worden sind – und kontrolliert, ob diese Vorgaben auch eingehalten werden. Es besteht jedoch auch die Möglichkeit, dass die Bereichsleitung der Sachbearbeitung detailliert Maßnahmen vorgibt, so dass diese die Mittel zur Zielerreichung nicht mehr frei wählen kann. Diesem Sachverhalt sollte beim Aufbau des Kennzahlensystems entsprochen werden. Hier wird allerdings von einem relativ großen Freiraum für die Sachbearbeiter ausgegangen, so dass die Aufschlüsselung der einzelnen Kennzahlen nicht auf der Maßnahmenebene der Bereichsleitung, sondern erst auf der Ebene der Sachbearbeitung erfolgt.

Dass je nach verfolgter Strategie unterschiedliche Kennzahleninhalte für die einzelnen Beschaffungsobjektgruppen von Interesse sind, wurde bereits im vorherigen Kapitel dargestellt. Es gilt für das Erarbeiten der Kennzahlen zu beachten, dass der Informationsbedarf der Bereichsleitung bezüglich der Maßnahmen viel allgemeiner ist als der der Sachbearbeitung. Die Häufigkeit der Rückkoppelung der Kennzahlenwerte muss von der Ziel- zur Maßnahmenebene zunehmen, um eine zeitnahe Kontrolle sowie das möglichst frühzeitige Einleiten von Gegenmaßnahmen und Korrekturen zu ermöglichen. Kennzahlenberichte sollten daher je nach Bedarf im wöchentlichen bis monatlichen Turnus erfolgen.

Ob die Sachbearbeitung adäquate Maßnahmen zur Erfüllung der Maßnahmenvorgaben einsetzt und die Umsetzung der Maßnahmen zielführend erfolgt, können die Kennzahlen nur beschränkt anzeigen. Bestehen Abweichungen von den Vorgaben, wurden entweder nicht adäquate Maßnahmen angewendet und/oder die Maßnahmen schlecht umgesetzt. Auch wenn die Ursache nicht direkt durch die Kennzahlen angezeigt wird, ist die Ursachensuche anhand der Kennzahlenwerte möglich. Ob die von der Bereichsleitung abgeleiteten Maßnahmenvorgaben auch zur Strategieerfüllung beitragen, ist nur über die Zielebene des Kennzahlensystems zu überprüfen, da auf Kennzahlen auf der Strategieebene verzichtet wurde. Allerdings ist zu beachten, dass das Kennzahlensystem nicht direkt anzeigen kann, ob die falschen Maßnahmenvorgaben aus einer adäquaten Strategie abgeleitet wurden oder eine nicht zielführende Strategie geplant worden ist.

Die Maßnahmenebene des Kennzahlensystems ist nach den vier Politiken des Beschaffungsmarketingmixes gegliedert (s. Abb. 49). Erneut wird darauf hingewiesen, dass nicht alle der genannten Kennzahlen in jedem Fall von der Kommunalverwaltung erhoben werden müssen.

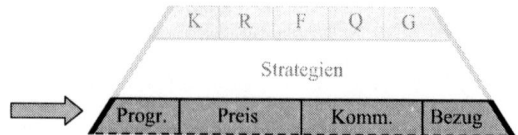

K = Beschaffungskosten, R = Beschaffungsrisiko, F = Beschaffungsflexibilität, Q = Beschaffungsqualität, G = Gemeinwohlorientierung, Progr. = Programm, Komm. = Kommunikation

Abb. 49: Die Maßnahmenebene der Bereichsleitung (Ebene II)

5.3.3.3.1 Kennzahlen der Programmpolitik

Im Rahmen der Beschaffungsprogrammpolitik bietet es sich zunächst an, näher zu betrachten, ob das Beschaffungsprogramm insbesondere in qualitativer Hinsicht geeignet ist, die Vorstellungen des Bedarfsträgers zu erfüllen. Allerdings zeigt sich meist erst bei der Nutzung des Beschaffungsobjektes, ob das Objekt die vom Bedarfsträger gewünschte Qualität tatsächlich auch besitzt. Prinzipiell sollten nicht nur die vom Bedarfsträger selbständig vorgetragenen Reklamationen betrachtet werden, sondern die Zufriedenheit des Bedarfsträgers – sie ist insbesondere bei den strategischen Beschaffungsobjekten – mit dem Beschaffungsobjekt aktiv erfasst werden. Dies kann beispielsweise durch direktes Nachfragen oder zumindest durch den Aufruf zur Reklamation bei Qualitätsabweichungen geschehen. In der **Kennzahl „Bedarfskonformer Beschaffungsvolumenanteil"** kann dann der Anteil des Beschaffungsvolumens am Gesamtbeschaffungsvolumen aufgeführt werden, der den Ansprüchen des Bedarfsträgers in qualitativer Hinsicht genügt (s. Abb. 50). Je höher der Kennzahlwert ausfällt, umso höher ist die Übereinstimmung zwischen Anspruch an das Objekt und dessen tatsächlicher Beschaffenheit. Der Inhalt der Kennzahl sollte nicht mit der Lieferqualität verwechselt werden, da diese nur betrachtet, ob die von der Beschaffung geforderte und die tatsächliche Lieferqualität übereinstimmen (s. Kennzahl „Lieferqualitätstreue Lieferant X" in Kap. 5.3.4.4). Abweichungen dieser Art sind hier nicht zu berücksichtigen. Beachtet werden muss bei der vorgestellten Kennzahl, dass die Abweichung von Anspruch und Beschaffenheit auch darauf zurückgeführt werden kann, dass der Bedarfsträger seinen Bedarf nicht richtig erkannt hat oder den Beschaffern nicht richtig mitteilen konnte. Allerdings sollten diese Probleme schon durch die aktive Bedarfsanalyse der Beschaffung ausgeräumt sein. Von der Kennzahl wird nicht angezeigt, welche Beschaffungsobjektgruppen zum qualitätskonformen Beschaffungsvolumen gehören, was der Grund für die Abweichung ist, und bei welchen Objekten, Bedarfsträgern und Lieferanten sich die Abweichungen häufen.

Eine weitere bedeutende Kennzahl der Programmpolitik ist die **Kennzahl „Beschaffungsvolumenanteil standardisierter Beschaffungsobjekte"**. Sie kann u. a. für die Darstellung des qualitativen Bündelungspotentials des Beschaffungsvolumens genutzt werden. Je höher der Anteil standardisierter Beschaffungsobjekte ist, umso wahrscheinlicher ist es, dass das Beschaffungsvolumen auf eine geringere Anzahl an Beschaffungsobjekten verteilt ist und ein höheres Bündelungspotential genutzt werden kann. Es gilt für die Standardisierung zu beachten, dass die Anzahl möglicher Standards möglichst gering gehalten werden sollte, um das Bündelungspotential zu steigern. Die tatsächliche Nutzung des bestehenden Bündelungspotentials soll hier aufgrund der erschwerten Quantifizierbarkeit nicht in Kennzahlenform verfolgt werden. Da die angesprochene Kennzahl bereits für die Verwaltungsleitungsebene verwendet wurde, wird für die Abbildung der Kennzahl sowie eine weitergehende Diskussion auf Kapitel 5.3.2.3 verwiesen.

Weiterhin ist für die Beschaffungsprogrammpolitik bedeutend, inwiefern das Beschaffungsprogramm aus risikobehafteten oder überteuerten Beschaffungsobjekten zusammengesetzt ist bzw. inwiefern der Anteil dieser gesenkt werden kann. Durch die **Kennzahl „Beschaffungsvolumenanteil zu substituierender Beschaffungsobjekte"** wird der Beschaffungsvolumenanteil der Beschaffungsobjekte am Gesamtbeschaffungsvolumen erfasst, der aus Kosten-, Risiko-, Flexibilitäts- oder Qualitätsgründen ersetzt werden sollte (s. Abb. 50). Für diese Kennzahl muss jede Beschaffungsabteilung selbst festlegen, wann und bei welchen Beschaffungsobjekten Substitutionsbedarf besteht. Hierfür bedarf es des Know-hows der Sachbearbeitung. Der Wert der Kennzahl ist möglichst klein zu halten. Änderungen des Kennzahlenwertes können durch Ersetzen der unerwünschten Beschaffungsobjekte, durch Preis- oder Mengenänderungen dieser Objekte sowie Preis- oder Mengenänderungen der Beschaffungsobjektgruppe erfolgen. Bei der Zielvorgabe ist zu beachten, dass es Beschaffungsobjekte gibt, die aus strategischen Gründen – obwohl sie die Kriterien der Substitutionsnotwendigkeit erfüllen – nicht substituiert werden sollten. Problematisch an der vorgestellten Kennzahl ist, dass sie keine Information über die unterschiedliche Ausprägung der Substitutionsnotwendigkeit und den Substitutionsgrund bietet. Auch bleibt unklar, ob die Substitution aufgrund des Engagements der Beschaffung erfolgt ist.

Es bietet sich ferner an, mit der **Kennzahl „Beschaffungsvolumenanteil neuer Beschaffungsobjekte"** den Beschaffungsvolumenanteil neuer Beschaffungsobjekte am Gesamtbeschaffungsvolumen zu erheben (s. Abb. 50). Als „neu" sollen Beschaffungsobjekte bezeichnet werden, die das erste Mal überhaupt vom Betrieb bezogen werden. Es ist jeweils festzulegen, ob nur vollständig neue Beschaffungsobjekte oder auch Variationen als „neu" gelten sollen. Die „neuen" Beschaffungsobjekte können beispielsweise für ein Jahr lang als solche geführt werden. Ob ein hoher oder niedriger Anteil an neuen Beschaffungsobjekten wünschenswert ist, hängt stark von der Strategie der Beschaffungsmarktfelder ab. Es gilt jedoch zu beachten, dass aufgrund der Vorsicht gegenüber neuen Produkten in der öffentlichen Beschaffung oft mit niedrigen Kennzahlenwerten zu rechnen ist. Ebenso wie die zuvor thematisierten Kennzahlen besitzt auch diese Kennzahl Nachteile. Beispielsweise bleiben graduellen Unterschiede bezüglich der Innovativität der Objekte unberücksichtigt. Auch bleibt die Bedeutung der erfassten Beschaffungsobjekte für den Betrieb verborgen. Änderungen des Kennzahlenwertes können sich dadurch ergeben, dass neue Beschaffungsobjekte in das Beschaffungsprogramm aufgenommen werden, die Bezugsmengen oder -preise sich im Zeitraum – so lange die Objekte noch als „neu" gelten – verändern oder das Gesamtbeschaffungsvolumen der Beschaffungsobjektgruppe variiert.

Sofern das gemeinwohlorientierte Ziel des Umweltschutzes verfolgt wird, kann erneut die Kennzahl „**Beschaffungsvolumenanteil umweltfreundlicher Beschaffungsobjekte"** Verwendung finden. Zur Steigerung des Kennzahlenwertes kommt insbesondere die entsprechende Ausgestaltung der Leistungsbeschreibung in Betracht. Die

Kennzahl wurde bereits in Kapitel 5.3.3.1.5 im Rahmen des Zielfeldes Gemeinwohlorientierung ausführlich dargestellt.

Von einer Einzelerhebung von Maßnahmen wie der Wertanalyse oder die Früheinbindung des Lieferanten, die für das Beschaffungsprogramm weitreichende Folgen besitzen, wird an dieser Stelle abgesehen, weil die Effekte dieser Maßnahmen nur schwer direkt zurechen- und erfassbar sind, und deshalb oft nur auf die Inputseite abgestellt werden kann. Die Aussagekraft der entsprechenden inputbezogenen Kennzahlen ist aber oft gering. Zudem soll es hier der Sachbearbeitung vorbehalten bleiben zu entscheiden, wann es zum Einsatz einer konkreten Maßnahme kommen soll.

Bezeichnung:	**Bedarfskonformer Beschaffungsvolumenanteil**
Einheit:	Prozent
Typ:	Relativzahl
Inhalt:	nicht monetär
Formel:	$\dfrac{\text{Bedarfskonformes Beschaffungsvolumen} * 100}{\text{Gesamtbeschaffungsvolumen}}$
Kennzahlen ähnlichen Inhalts:	Qualitätskostenquote/-rate, interne Kundenzufriedenheit, Anzahl Reklamationen interner Kunden, Fehlbestellungsquote
Nachweise ähnlicher Kennzahlen:	(AICHELE 1997, S. 330ff., EILENBERGER/SACHENBACHER 1992, S. 24ff., ESCHEN BACH 1999, 39ff., HACKETHAL 2003, S. 31)

Bezeichnung:	**Beschaffungsvolumenanteil zu substituierender Beschaffungsobjekte**
Einheit:	Prozent
Typ:	Relativzahl
Inhalt:	nicht monetär
Formel:	$\dfrac{\text{Beschaffungsvolumen zu substituierenden Beschaffungsobjekte} * 100}{\text{Gesamtbeschaffungsvolumen}}$
Kennzahlen ähnlichen Inhalts:	Substitutionsgrad, Einzigartigkeit des Produkts, Sensibilitätsquote
Nachweise ähnlicher Kennzahlen:	(DRESEN 1997, S. 128ff., GOLLE 1993, S. 23f., KOPPELMANN 1997, S. 146, KOPPELMANN 2000, S. 395, PFISTERER 1988, S. 121ff., PIONTEK 1993b, S. 22, PIONTEK 1994, S. 194)

Bezeichnung:	**Beschaffungsvolumenanteil neuer Beschaffungsobjekte**
Einheit:	Prozent
Typ:	Relativzahl
Inhalt:	nicht monetär
Formel:	Beschaffungsvolumen neuer Beschaffungsobjekte der Beschaffungsobjektgruppe X * 100
	Gesamtbeschaffungsvolumen der Beschaffungsobjektgruppe X
Kennzahlen ähnlichen Inhalts:	Anteil Produkte jünger als 2 Jahre am Einkaufsvolumen
Nachweise ähnlicher Kennzahlen:	(KAUFMANN 2002, S. 21)

Abb. 50: Kennzahlen der Programmpolitik der Bereichsleitungsebene (Ebene II)

5.3.3.3.2 Kennzahlen der Preispolitik

Auf dieser Ebene des Kennzahlensystems ist zu beachten, dass die Aufschlüsselung der Preispolitik nach ihren Bestandteilen – also den Preisen, Zuschlägen etc. – erst auf der Sachbearbeitungsebene angestrebt wird. Deshalb sollen bei den folgenden Kennzahlen – soweit dies ohne großen Aufwand möglich ist – die weiteren Konditionen wie Zuschläge und Rabatte in die jeweiligen Preisen mit eingerechnet werden.

Zur Deckung des Informationsbedarfs im Rahmen der Preispolitik soll hier die **Kennzahl „Summierte Abweichung des erzielten vom budgetierten Preis"** verfolgt werden. Dabei handelt es sich um die Aufsummierung der Kennzahlenwerte sämtlicher Beschaffungsobjektgruppen der Kennzahl „Gewichtete Abweichung des erzielten vom budgetierten Preis der Beschaffungsobjektgruppe X" aus Kapitel 5.3.3.1.1. Positive und negative Abweichungen werden folglich miteinander verrechnet. Handelt es sich um einen positiven Kennzahlenwert, übersteigen die erzielten die budgetierten Preise insgesamt. Bei einem negativen Kennzahlenwert sind die erzielten Preise insgesamt kleiner als die budgetierten. Handlungsbedarf besteht insbesondere bei großen positiven Kennzahlenwerten. Weitere Anmerkungen zu der Kennzahl finden sich in Kapitel 5.3.3.1.1.

Für die in der Kostenrechnung und im Beschaffungsmarketing besonders weit fortgeschrittenen Kommunalverwaltungen besteht die Möglichkeit, die Kennzahl dahingehend zu modifizieren, dass auch die Abweichung der anfallenden Beschaffungsfunktionskosten mit in die Kennzahl aufgenommen wird. So können mögliche Wechselwirkungen zwischen Preis und Beschaffungsfunktionskosten – insbesondere im Bereich der C-Bedarfe – direkt berücksichtigt werden.

Die folgenden Kennzahlen bieten sich speziell für die einzelfallbezogene Kontrolle des Preises an. Es wird empfohlen, die Angemessenheit der Preise auch an anderen Maßstäben als am budgetierten Preis zu überprüfen (BAILY ET AL. 1994, S. 294, MEYER 1994, S. 69f., MONCZKA/CARTER/HOAGLAND 1979, S. 48ff.). Je nachdem, um welche Beschaffungsobjektgruppe es sich handelt und mit welcher Beschaffungsmarktsituation sie konfrontiert ist, bieten sich die **Kennzahl „Jährliche Preisver-änderung der Beschaffungsobjektgruppe X"** zum Vergleich mit den Preisen vergangener Perioden an, die **Kennzahl „Abweichung vom Marktpreis der Beschaffungsobjektgruppe X"** zum Vergleich mit Marktpreisen oder die **Kennzahl „Abweichung von Standardpreisen der Beschaffungsobjektgruppe X"** zum Vergleich mit Standardpreisen an (s. Abb. 51). Es besteht auch die Möglichkeit, die erzielten Preise überbetrieblich zu vergleichen. Dies kann insbesondere Gegenstand des Benchmarkings sein und soll hier als Kennzahl nicht weiter verfolgt werden. Wann sich welcher Vergleichsmaßstab anbietet, wurde bereits in Kapitel 5.3.3.1 erläutert. Die drei Kennzahlen stellen dem erzielten Durchschnittspreis einer Beschaffungsobjektgruppe – je nach Fokus – den durchschnittlichen Marktpreis, den ermittelten Standardpreis oder den Vergleichspreis des letzten Jahres gegenüber. Bei Kennzahlenwerten über 100% fällt der tatsächliche Preis größer als der Vergleichspreis aus, bei Werten unter 100% kleiner als der Vergleichspreis. Auch wenn besonders hohe Kennzahlenwerte nicht unbedingt auf eine schlecht durchgeführte Preispolitik hinweisen müssen, sollten diese Beschaffungsobjektgruppen besonders beobachtet werden. Für alle drei Kennzahlen ist genau festzulegen, wie sich der erzielte Durchschnittspreis und der Vergleichspreis zusammensetzen. So können beim Marktpreis u. a. ausschließlich der niedrigste Preis oder der Preisdurchschnitt beachtet werden. Es bietet sich sowohl für den erzielten Preis als auch den Vergleichspreis an, einen Durchschnittspreis für die Beschaffungsobjektgruppe so zu bilden, dass der Preis der jeweiligen Beschaffungsobjekte proportional zum jeweiligen Beschaffungsvolumenanteil in den Durchschnittspreis eingeht. Nachteilig an den drei vorgestellten Kennzahlen ist, dass sie nicht anzeigen können, ob die Preisabweichung für den Betrieb überhaupt von größerer Bedeutung und warum es zu einer Preisabweichung gekommen ist. Zudem ist nicht direkt ersichtlich, welches Beschaffungsobjekt konkret die Abweichung verursacht hat. Weiterhin sind die Kennzahlen nur bei Bedarfen geeignet, deren Bezugshäufigkeit nicht allzu langen Intervallen unterliegt. Die drei vorgestellten Kennzahlen werden ebenfalls auf der Ebene der Sachbearbeitung im Rahmen der Preispolitik aufgegriffen (s. Kap. 5.3.4.2).

Von großer Bedeutung für die Preispolitik ist auch das jeweils angewendete Beschaffungsverfahren, da es starke Auswirkungen auf die Preise besitzt. Allerdings werden die Beschaffungsverfahren im Rahmen der Bezugspolitik thematisiert.

Bezeichnung:	**Jährliche Preisveränderung der Beschaffungsobjektgruppe X**
Einheit:	Prozent
Typ:	Relativzahl
Inhalt:	monetär
Formel:	$\dfrac{\text{erzielter Durchschnittspreis der Beschaffungsobjektgruppe X} * 100}{\text{letztjähriger Durchschnittspreis der Beschaffungsobjektgruppe X}}$
Kennzahlen ähnlichen Inhalts:	(Material-)Preisveränderungsquote/-rate, durchschnittliche jährliche Teilepreisreduzierung, prozentuale Beschaffungskostensenkung, Preis-/Kostenveränderung je Einkaufsteil
Nachweise ähnlicher Kennzahlen:	(AICHELE 1997, S. 330ff., ARNOLDS/HEEGE/TUSSING 2001, S. 454ff., BERG 1982, S. 377f., DRESEN 1997, S. 108ff., EILENBERGER/SACHENBACHER 1992, S. 24ff., GRUNDWALD 1993, S. 119ff., KOPPELMANN 2000, S. 394, LARGE 2000, S. 214, ORTHS 1998, S. 548ff., POISCHBEG 1995, S. 33)

Bezeichnung:	**Abweichung vom Marktpreis der Beschaffungsobjektgruppe X**
Einheit:	Prozent
Typ:	Relativzahl
Inhalt:	monetär
Formel:	$\dfrac{\text{erzielter Durchschnittspreis der Beschaffungsobjektgruppe X} * 100}{\text{Durchschnittsmarktpreis der Beschaffungsobjektgruppe X}}$
Kennzahlen ähnlichen Inhalts:	Marktpreisabweichungsquote, Preisnachlassquote, Preissenkungsquote, price competitiveness
Nachweise ähnlicher Kennzahlen	(ARNOLDS/HEEGE/TUSSING 2001, S. 454ff., BAILY ET AL. 1994, S. 294, DRESEN 1997, S. 108ff., GROCHLA ET AL. 1983, S. 207, GRUNDWALD 1993, S. 60, KOPPELMANN 1997, S. 142, KOPPELMANN 1999, S. 208, KOPPELMANN 2000,S. 396, MONCZKA/CARTER/HOAGLAND 1979, S. 48, RADKE 2001, S. 276ff.)

Bezeichnung:	**Abweichung von Standardpreisen der Beschaffungsobjektgruppe X**
Einheit:	Prozent
Typ:	Relativzahl
Inhalt:	monetär
Formel:	$\dfrac{\text{erzielter Durchschnittspreis der Beschaffungsobjektgruppe X} * 100}{\text{Durchschnittsstandardpreis der Beschaffungsobjektgruppe X}}$
Kennzahlen ähnlichen Inhalts:	Einkaufsstandardwerte
Nachweise ähnlicher Kennzahlen:	(ARNOLDS/HEEGE/TUSSING 2001, S. 454)

Abb. 51: Kennzahlen der Preispolitik der Bereichsleitungsebene (Ebene II)

5.3.3.3.3 Kennzahlen der Kommunikationspolitik

Im Rahmen der Kommunikationspolitik soll der Umfang der zentralen Maßnahmen der Kommunikationspolitik – die Beschaffungswerbung – anhand der **Kennzahl „Beworbener Beschaffungsvolumenanteil"** erhoben werden. Die Möglichkeit, durch das

Werbebudgets den Umfang der Beschaffungswerbung zu erfassen, ist zu verwerfen, da die Kosten für öffentliche Bekanntmachungen im Vergleich zu anderer Beschaffungswerbung viel preisgünstiger sind und so zu einer stark verzerrten Analyse führen würde. Die Kennzahl „Beworbener Beschaffungsvolumenanteil" stellt Informationen darüber bereit, wie groß der Anteil des beworbenen Beschaffungsvolumens in Bezug zum Gesamtbeschaffungsvolumen ist (s. Abb. 52). Ergibt die Erhebung der Kennzahl einen relativ hohen Wert, so wird die Beschaffungswerbung intensiv genutzt. Im Umgang mit der Kennzahl ist jedoch zu beachten, dass nicht alle Beschaffungsobjekte der Beschaffungswerbung bedürfen. Zudem sind die Bekanntmachungsvorschriften des Vergaberechts von der Kommunikationspolitik zu befolgen, so dass ein größerer Anteil des Beschaffungsvolumens bei regelkonformem Verhalten ohnehin beworben wird. Auch wenn die Kennzahl sich gut zur Vorgabe und Kontrolle im Bereich der Kommunikationspolitik eignet, liegt ihre Schwäche darin begründet, dass sie die Qualität, die Intensität und den Erfolg der vorgenommenen Beschaffungswerbung nicht zum Ausdruck bringen kann.

Auch für die anderen Maßnahmen der Kommunikationspolitik sind Kennzahlen möglich, die beispielsweise die Anzahl der durchgeführten Lieferantentage, die Anzahl der Besuche von Einkaufsmessen etc. zum Inhalt haben. Da die Maßnahmen meist nur vereinzelt auftreten, kann eine Erhebung in Kennzahlenform meist unterbleiben. Es bietet sich aber an, – da die weiteren Maßnahmen ohnehin nur schlecht einzelnen Beschaffungsobjektgruppen zugerechnet werden können – statt beim Input der Maßnahmen beim Output der Maßnahmen der Kommunikationspolitik anzusetzen.

Um den Erfolg der Kommunikationspolitik zu betrachten, wäre die naheliegendste Kennzahl die durchschnittliche Anzahl der Bewerber pro Auftrag. Allerdings ist die Aussagekraft dieser Größe recht gering, nur die Teilnahme tatsächlich geeigneter Bewerber an dem Beschaffungsverfahren als Erfolg gewertet werden kann. Die geeigneten Bewerber können in einer Kennzahl oder differenziert nach neuen Bewerbern und bekannten Bewerbern in zwei Kennzahlen erhoben werden.

Die **Kennzahl „Anteil neuer geeigneter Bewerber"** zeigt den Anteil Bewerber an der Gesamtanzahl der Bewerber an, der sich neu auf Aufträge bewirbt und als geeignet eingestuft wird (s. Abb. 52). Der Erfolg der Kommunikationspolitik ist als hoch zu bewerten, wenn der Anteil neuer geeigneter Bewerber hoch ist – also die Kennzahl relativ große Werte annimmt. Allerdings kann die Kennzahl nicht beschreiben, ob die Anzahl neuer geeigneter Bewerber auf die Kommunikationspolitik zurückzuführen ist. So sind insbesondere auch die wirtschaftliche Lage und die Attraktivität des Auftrags ausschlaggebend für die Auftragsbewerbung. Des Weiteren veranschaulicht die Kennzahl nicht, ob für eine konkrete Beschaffungsobjektgruppe ausreichend neue Bewerber zur Verfügung stehen. Für die Verwendung der Kennzahl ist wichtig, dass festgelegt wird, wann ein Bewerber überhaupt als „neuer" Bewerber gilt. Von einem „neuen" Bewerber kann dann gesprochen werden, wenn er sich zuvor noch auf keinen ähnlichen Auftrag beim jeweiligen Betrieb beworben hat. Bewerber können also auch dann als

„neu" gewertet werden, wenn sich zuvor auf Aufträge beworben haben, die sich inhaltlich stark dem nun fokussierten Auftrag unterscheiden. Als geeignet soll ein Bewerber dann gelten, wenn er die im Vergaberecht vorgesehene Eignungsprüfung besteht. Es gilt zu beachten, dass die Eignung des Bieters i. d. R. nur auftragsbezogen zu ermitteln ist.

Mit der **Kennzahl „Anteil bekannter, positiv bewerteter Bewerber"** kann erhoben werden, ob bisher für gut befundene Lieferanten sich auch erneut auf neue Aufträge bewerben. Die Kennzahl führt den Anteil an der Gesamtanzahl der Bewerber an, die schon Lieferantenbeziehungen zum Betrieb unterhalten und in der Lieferantenbewertung positiv beurteilt worden sind (s. Abb. 52). Für die Lieferantenbewertung ist auf die Arbeit der Sachbearbeitung zurückzugreifen. Je höher der Kennzahlenwert ausgeprägt ist, umso wahrscheinlicher ist eine gute Arbeit in der Kommunikationspolitik. Wenngleich auch hier nicht nur die Kommunikationspolitik für ein erneutes Bewerben der Lieferanten von Bedeutung ist. Beim Einsatz der Kennzahl ist das Vergaberecht insbesondere dahingehend zu berücksichtigen, dass Bewerber – auch wenn sie sich als Lieferant bewährt haben – anderen Bewerbern aus Gründen der Gleichbehandlung nicht vorgezogen werden dürfen. Bemängelt muss an der Kennzahl, dass graduelle Unterschiede der Bewerber – beispielsweise hinsichtlich der Bedeutung für den Betrieb oder ob der Bewerber auch tatsächlich Aufträge erhalten hat – nicht zum Ausdruck kommen. Die dargestellte Kennzahl wird – wenn auch modifiziert – in Kapitel 5.3.4.3 aufgegriffen.

Bezeichnung:	**Beworbener Beschaffungsvolumenanteil**
Einheit:	Prozent
Typ:	Relativzahl
Inhalt:	nicht monetär
Formel:	$\dfrac{\text{beworbenes Beschaffungsvolumen} * 100}{\text{Gesamtbeschaffungsvolumen}}$
Kennzahlen ähnlichen Inhalts:	-
Nachweise ähnlicher Kennzahlen:	-

Bezeichnung:	Anteil neuer geeigneter Bewerber
Einheit:	Prozent
Typ:	Relativzahl
Inhalt:	nicht monetär
Formel:	Gesamtanzahl neuer geeigneter Bewerber * 100 / Gesamtanzahl Bewerber
Kennzahlen ähnlichen Inhalts:	-
Nachweise ähnlicher Kennzahlen:	-

$$\frac{\text{Gesamtanzahl neuer geeigneter Bewerber} * 100}{\text{Gesamtanzahl Bewerber}}$$

Bezeichnung:	Anteil bekannter, positiv bewerteter Bewerber
Einheit:	Prozent
Typ:	Relativzahl
Inhalt:	nicht monetär
Formel:	Anzahl bekannter und positiv bewerteter Bewerber * 100 / Gesamtanzahl Bewerber
Kennzahlen ähnlichen Inhalts:	-
Nachweise ähnlicher Kennzahlen:	-

$$\frac{\text{Anzahl bekannter und positiv bewerteter Bewerber} * 100}{\text{Gesamtanzahl Bewerber}}$$

Abb. 52: Kennzahlen der Kommunikationspolitik der Bereichsleitungsebene (Ebene II)

5.3.3.3.4 Kennzahlen der Bezugspolitik

Da die Bezugspolitik sehr umfangreiche ist, bedarf es im Vergleich zu den anderen Teilpolitiken einer größeren Menge Kennzahlen. Allerdings ist zu beachten, dass nicht jede dieser Kennzahl von jeder Kommunalverwaltung umgesetzt werden muss. Die Anzahl der tatsächlich erhobenen Kennzahlen wird meist geringer sein, als es die nachfolgende Darstellung suggerieren könnte.

Auch wenn bei der Festlegung des Beschaffungswegs aufgrund des Vergaberechts die Art des Beschaffungsverfahrens eigentlich nicht frei gewählt werden kann, zeigt die Praxis, dass dennoch häufig relativ frei entschieden wird. In jedem Fall bietet sich die **Kennzahl „Beschaffungsvolumenanteil der Beschaffungsverfahren"** zur Zielvorgabe und Kontrolle im Bereich des Beschaffungswegs an (s. Abb. 53). Obwohl die Auswahl des Vergabeverfahrens eigentlich eine recht operative Entscheidung ist, bietet sich die Kennzahl auch auf der Ebene der Bereichsleitung an, da der Spielraum für die Umsetzung des Beschaffungsmarketings stark von der Art des Beschaffungsverfahrens abhängt. Je höher die Anteile der freihändigen Vergabe und der beschränkten Ausschreibung ist, umso besser können die Möglichkeiten des Beschaffungsmarketings genutzt werden. Zusätzlich kann noch die Trennung in Vergabeverfahren ober- und unterhalb der Schwellenwerte erfolgen. Sollten andere Verfahren wie Auktionen genutzt werden, kann auch ihr entsprechender Anteil erhoben werden. Die Kennzahl ist für das jeweilige Beschaffungsverfahren zu erheben und stellt den Anteil des Beschaffungsvolumens am Gesamtbeschaffungsvolumen dar, der über das entsprechende Beschaffungsverfahren bezogen worden ist. Problematisch für den Einsatz der Kennzahl ist, dass die Wahl eines Beschaffungsverfahrens mit der Begründung, eine bestimmte Strategie zu verfolgen, nicht rechtens ist. Weiterhin ist nachteilig, dass die Kennzahl nicht auf die Anzahl der Beschaffungsverfahren eingeht und auch nicht zeigt, ob das jeweils für die Beschaffungsobjekte adäquate Verfahren genutzt wird.

Zur Vorgabe und Kontrolle des Grades der Beschaffungszentralisierung bietet sich – in erster Linie jedoch für größere Kommunalverwaltungen – die **Kennzahl „Dezentralisierungsgrad der Beschaffung"** an (s. Abb. 53). Sie stellt nicht auf die Verteilung der Kompetenzen dezentraler und zentraler Beschaffungsstellen ab, sondern hat den Anteil des Beschaffungsvolumens am Gesamtbeschaffungsvolumen zum Gegenstand, der nicht über den „Zentraleinkauf" bezogen wird. Da zwischen den Extrempunkten der Beschaffung durch die zentrale Beschaffungsstelle und der dezentralen Beschaffung durch den Bedarfsträger selbst ein Kontinuum besteht, muss jede Kommunalverwaltung festlegen, bei welchen Organisationsformen die Beschaffungsvolumina in die Kennzahl als dezentrales Beschaffungsvolumen einfließen sollen. Es gilt auch zu beachten, dass in der Kennzahl auch das meist unerwünschte „maverick buying" enthalten ist – also der Anteil des Beschaffungsvolumens, der aus Sicht des „Zentraleinkaufs" ungewollt nicht über diesen bezogen wird. Des Weiteren bestehen Abgrenzungsschwierigkeiten, wenn dezentrale und zentrale Einheiten an einem bestimmten Beschaffungsverfahren mitgewirkt haben. Nachteilig an der erörterten Kennzahl ist, dass nicht berücksichtigt wird, ob das Beschaffungsvolumen, das eher zentral oder dezentral bezogen werden sollte, auch tatsächlich auf diesem Weg in den Betrieb gelangt. Die Kennzahl kann wie alle folgenden in diesem Teilkapitel dargestellten Kennzahlen im Rahmen der Bezugspolitik der Sachbearbeitung Verwendung finden. Allerdings ist zu beachten, dass die Kennzahlen dahingehend zu modifizieren sind, dass sie für die einzelnen Beschaffungsobjektgruppen ausgewiesen werden.

Ferner sollte im Bereich des Beschaffungswegs über die **Kennzahl „Beschaffungsvolumenanteil von Beschaffungskooperationen"** erhoben werden, wie hoch der Anteil des Beschaffungsvolumens ist, der über Beschaffungskooperation bezogen wird (s. Abb. 53). Allerdings bietet sich diese Kennzahl nur an, wenn auch tatsächlich Kooperationen verfolgt oder angestrebt werden. In vielen Kommunalverwaltungen wird die Möglichkeit der Beschaffungskooperation jedoch zu wenig beachtet. Je höher der Kennzahlenwert ausfällt, umso stärker werden Beschaffungskooperationen genutzt. Es gilt auch hier, bei der Zielvorgabe und Kontrolle zu beachten, dass die Beschaffungsobjektgruppen unterschiedlich gut und teilweise auch gar nicht für Beschaffungskooperationen geeignet sind. Ebenso sind die kartellrechtlichen Vorgaben einzuhalten. Nachteilig an dieser Kennzahl ist, dass sie nicht ausdrückt, ob der Beschaffungsvolumenanteil über mehrere Beschaffungskooperationen bezogen wird, ob die Kooperation erfolgreich ist bzw. zu welchen Resultaten sie führt, und welche Intensität die jeweilige Kooperation besitzt.

Für den Entscheidungsbereich der Lieferantenpolitik sollte die **Kennzahl „Beschaffungsvolumenanteil kooperativer Lieferantenbeziehungen"** und die **Kennzahl „Anteil kooperativer Lieferantenbeziehungen"** festgestellt werden (s. Abb. 53). Andererseits könnten natürlich auch die Kennzahlen für transaktionale Lieferantenbeziehungen ausgewiesen werden. Die erste Kennzahl gibt den Anteil des Beschaffungsvolumens am Gesamtbeschaffungsvolumen wieder, der über kooperative Lieferantenbeziehungen bezogen wird. Die Kennzahl „Anteil kooperativer Lieferantenbeziehungen" weist den Anteil der unterhaltenen kooperativen Lieferantenbeziehungen an der Gesamtanzahl unterhaltener Lieferantenbeziehungen aus. Die Kennzahl, die sich auf den Beschaffungsvolumenanteil bezieht, bedarf der Ergänzung der zweiten Kennzahl, da hohe Kennzahlenwerte bei ihr entweder auf die – bezogen auf das Beschaffungsvolumen – adäquate Nutzung der kooperativen Lieferantenbeziehungen hinweisen können oder aber auf die überhöhte Anzahl kooperativer Beziehungen. Mit Hilfe der Kennzahl „Anteil kooperativer Lieferantenbeziehungen" kann dieses Problem allerdings gelöst werden. Bei beiden Kennzahlen ist kritisch zu bewerten, dass die bestehenden Lieferantenbeziehungen in transaktionale und kooperative eingeteilt werden müssen und der Übergang von kooperativer zu transaktionaler Beziehung fließend ist. Zudem lassen sie beide keine Aussage darüber zu, ob es sich um mehr oder weniger kooperative Lieferantenbeziehungen handelt.

Des Weiteren sollte – gerade im Zusammenhang mit der zuvor dargestellten und der nachfolgend zu thematisierenden Kennzahl – erhoben werden, wie hoch der Anteil des mangelfreien Liefervolumens am Gesamtbeschaffungsvolumen ausfällt. Die **Kennzahl „Beschaffungsvolumenanteil mangelfreier Lieferungen"** weist den Anteil des Beschaffungsvolumens aus, der korrekt geliefert wurde und somit in qualitativer, quantitativer und zeitlicher Hinsicht mit den gestellten Forderungen der Beschaffung übereinstimmt (s. Abb. 53). Die Kennzahl sollte nicht mit der Kennzahl „Bedarfskonformer Beschaffungsvolumenanteil" der Programmpolitik verwechselt werden, da sich diese Kennzahl auf die Übereinstimmung von Bedarfsanforderung und Beschaffungsobjekt bezieht. In den Zähler der hier verwendeten Kennzahl fließt jegliches Liefervolumen ein, das nicht direkt mit einem auf die Lieferung bezogenen Mangel behaftet ist. Weichen vereinzelt Beschaffungsobjekte einer Lieferung qualitativ ab, wird nicht die ganze Lieferung, sondern nur das Volumen dieser Objekte nicht in den Kennzahlenwert mit aufgenommen. Kommt es jedoch zur verspäteten Lieferung, fließt das komplette Volumen der Lieferungen nicht in den Kennzahlenwert ein. Generell ist bei dieser Kennzahl eher ein großer Kennzahlenwert anzustreben, der aussagt, dass der Anteil des mangelfreien Liefervolumens hoch ist. Die Kennzahl besitzt zahlreiche Überordnungsbeziehungen zu Kennzahlen wie Liefermengen-, Lieferqualitäts- und Liefertermintreue, die auf der Sachbearbeitungsebene genutzt werden. Zu beachten ist, dass diese Kennzahlen praktisch mit gegenteiligem Vorzeichen Berücksichtigung finden. Angezeigt werden kann jedoch nicht, welche und wie viele Mängel für bestimmte Liefervolumina vorliegen. Zudem fehlen Informationen darüber, ob die Mängel für bedeutende oder eher unbedeutende Beschaffungsobjekte bestehen.

Weiterhin ist für die Lieferantenpolitik die **Kennzahl „Beschaffungsvolumenanteil unerwünschter Lieferanten"** von Interesse, da sie angibt, wie hoch der Beschaffungsvolumenanteil derjenigen Lieferanten am Gesamtbeschaffungsvolumen ist, die als „schlechte" Lieferanten gelten (s. Abb. 53). Bei dieser Kennzahl sind die Ergebnisse der Lieferantenbeurteilung, die von der Sachbearbeitung durchgeführt wird, zu verwenden. Als unerwünscht können Lieferanten beispielsweise dann gelten, wenn ein bestimmter Prozentsatz des gelieferten Volumens nicht mangelfrei ist, sie nicht zertifiziert sind etc.. Der Beschaffungsvolumenanteil unerwünschter Lieferanten ist möglichst gering zu halten, so dass ein kleiner Kennzahlenwert anzustreben ist. Soll der Beschaffungsvolumenanteil der unerwünschten Lieferanten gemindert werden, besteht die Möglichkeit, ihr Beschaffungsvolumen durch ein geringeres Auftragsvolumen und weniger Aufträge zu mindern, die Beziehung zum Lieferanten zu beenden oder durch andere Maßnahmen der Lieferantenpflege die Qualität des Lieferanten zu steigern. Kennzahlenwertänderungen können sich aber auch durch die Änderung des Gesamtbeschaffungsvolumens oder durch Preisänderungen der unerwünschten Lieferanten ergeben. Es muss zuletzt aber noch darauf hingewiesen werden, dass die Kennzahl beispielsweise keine Auskunft darüber gibt, welche Lieferanten unerwünscht sind, wie hoch die Anzahl dieser Lieferanten ist oder ob überhaupt auf den Lieferanten verzichtet werden kann.

Wie der Anteil der unerwünschten Lieferanten sollte auch der Anteil der erwünschten Lieferanten erhoben werden. Die Kennzahl, die hierfür eingesetzt werden kann, gleicht der zuvor vorgestellten so stark, dass sie nicht extra dargestellt wird. Aufbauend auf der hier in der Lieferantenbeurteilung verfolgten Kategorisierung der Lieferanten in drei Gruppen unterschiedlicher Güte, addiert sich die Kennzahl mit der vorherigen zu einem Wert von 100%. Anzumerken ist, dass in die Kennzahl auch die Resultate der Maßnahmen der Lieferantenpflege und der Lieferantenentwicklung eingehen.

Für die Beziehungsrationalisierung soll hier, um die Verkleinerung des häufig recht großen Lieferantenstamms in der Kommunalverwaltung zu unterstützen, die Maßnahme der Beziehungsbeendigung in Kennzahlenform betrachtet werden. Die Kennzahl **„Änderung Lieferantenanzahl"** beschreibt den Anteil an Lieferanten, um den der Lieferantenstamm des letzten Jahres im Vergleich zum aktuellen Jahr gesenkt oder gesteigert worden ist (s. Abb. 53). Da neue Lieferantenbeziehungen ebenfalls in die Kennzahl mit eingehen und – bezogen auf den Kennzahlenwert – kompensierend auf die Anzahl der Beziehungsbeendigungen wirken, sollte versucht werden, die Anzahl der Lieferanten – allein schon aus Kostengründen – zu verkleinern oder zumindest nicht zu vergrößern. Die Kennzahl sagt allerdings nichts über den Erfolg der gemäßigteren Maßnahmen der Beziehungsrationalisierung aus. Zudem fehlt, ob die Beziehungsbeendigung auf Initiative des Beschaffers oder des Lieferanten hin erfolgt ist. Auch bleibt verborgen, ob es sich um gewünschte oder unerwünschte Beziehungsbeendigungen handelt.

Wenngleich in der zuvor thematisierten Kennzahl die Anzahl neuer Lieferanten indirekt Eingang findet, sollte aber der Beschaffungsvolumenanteil der neuen Lieferanten am Gesamtbeschaffungsvolumen explizit betrachtet werden. Dieser kann mit Hilfe der **Kennzahl „Beschaffungsvolumenanteil neuer Lieferanten"** vorgegeben und kontrolliert werden (s. Abb. 53). Jedem Betrieb legt selbst fest, wann und wie lange ein Lieferant als „neu" gilt. Es bietet sich an, – ähnlich wie bei der Kennzahl „Beschaffungsvolumenanteil neuer Beschaffungsobjekte" – den Lieferanten, wenn er das erste Mal eine direkte Lieferantenbeziehung mit der Kommunalverwaltung eingeht, für ein Jahr lang als „neu" zu führen. Je höher der Kennzahlenwert ausfällt, umso höher ist auch der Beschaffungsvolumenanteil der „neuen" Lieferanten. Ob aber ein hoher oder niedriger Anteil an neuen Lieferanten wünschenswert ist, hängt stark von der Strategie der Beschaffungsmarktfelder ab. Allerdings ist in der Kommunalverwaltung wegen der Zurückhaltung gegenüber neuen Lieferanten oft mit einem relativ niedrigen Kennzahlenwert zu rechnen. Nachteilig an der vorgestellten Kennzahl ist, dass sie keine Anhaltspunkte dafür liefert, wie hoch die Anzahl der neuen Lieferanten ist und ob es sich um mehr oder weniger bedeutende Lieferanten für den Betrieb handelt.

Des Weiteren soll hier die räumliche Verteilung des Beschaffungsvolumens in Kennzahlenform betrachtet werden. Je nach Situation bietet sich hierzu die bereits in Kapitel 5.3.3.1.2 ausführlich dargestellte **Kennzahl „Beschaffungsvolumenanteil internationaler Beschaffung bei Beschaffungsobjektgruppe X"** – die hier nicht erneut bearbeitet werden soll – oder die **Kennzahl „Beschaffungsvolumenanteil regionaler Lieferanten"** an (s. Abb. 53). Letztere erfasst den Anteil des lokal und regional bezogenen Beschaffungsvolumens am Gesamtbeschaffungsvolumen. Es muss damit gerechnet werden, dass die Kennzahl aufdeckt, dass in vielen Kommunalverwaltungen ein sehr hoher Anteil des Beschaffungsvolumens regional bezogen wird. Dies muss nicht, kann aber Ausdruck einer gemeinwohlorientierten und nicht vergaberechtskonformen Strategie sein. Die Kennzahl ist nicht in der Lage zu berücksichtigen, ob das für das jeweilige Beschaffungsobjekt adäquate Beschaffungsmarktareal gewählt wird.

Werden von der Beschaffung noch andere gemeinwohlorientierte Ziele wie der Umweltschutz und die Förderung der lokalen und regionalen Wirtschaft verfolgt, kann hier erneut die **Kennzahl „Gemeinwohlbezogener Beschaffungsvolumenanteil"** herangezogen werden, die zum Ausdruck bringt, wie hoch der Anteil des Beschaffungsvolumens gemeinwohlorientierter Lieferanten insgesamt ist. Auf eine erneute Darstellung der Kennzahl wird an dieser Stelle verzichtet, da sie bereits ausführlich in Kapitel 5.3.2.5 beschrieben wurde.

Bezeichnung:	**Beschaffungsvolumenanteil der Beschaffungsverfahren**
Einheit:	Prozent
Typ:	Relativzahl
Inhalt:	nicht monetär
Formel:	$$\frac{\text{Gesamtbeschaffungsvolumen aller öffentlichen Ausschreibungen/}}{\text{beschränkten Ausschreibungen oder freihändigen Vergaben} * 100}$$ $$\text{Gesamtbeschaffungsvolumen}$$
Kennzahlen ähnlichen Inhalts:	Anteil competitive bids, competitive awards percentage
Nachweise ähnlicher Kennzahlen:	(ACKERMAN 1992, S. 351, MONCZKA/CARTER/HOAGLAND 1979, S. 239, WHITTAKER 2000, S. 191ff.)

Bezeichnung:	**Dezentralisierungsgrad der Beschaffung**
Einheit:	Prozent
Typ:	Relativzahl
Inhalt:	nicht monetär
Formel:	$$\frac{\text{dezentral bezogenes Beschaffungsvolumen} * 100}{\text{Gesamtbeschaffungsvolumen}}$$
Kennzahlen ähnlichen Inhalts:	Einkaufsstruktur/Einkaufsvolumen nach Beschaffungswegen
Nachweise ähnlicher Kennzahlen:	(MARLEAUX 1997, S. 368ff., RADKE 2001, S. 276ff.)

Bezeichnung:	**Beschaffungsvolumenanteil von Beschaffungskooperationen**
Einheit:	Prozent
Typ:	Relativzahl
Inhalt:	nicht monetär
Formel:	$$\frac{\text{Beschaffungsvolumen über Beschaffungskooperationen} * 100}{\text{Gesamtbeschaffungsvolumen}}$$
Kennzahlen ähnlichen Inhalts:	Bezugsquote Einkaufsgemeinschaften, Anteil realisierter an möglichen Einkaufskooperationen
Nachweise ähnlicher Kennzahlen:	(KOPPELMANN 1997, S. 142, KOPPELMANN 1999, S. 208, KOPPELMANN 2000, S. 396)

Bezeichnung:	**Beschaffungsvolumenanteil kooperativer Lieferantenbeziehungen**
Einheit:	Prozent
Typ:	Relativzahl
Inhalt:	nicht monetär
Formel:	$\dfrac{\text{Gesamtbeschaffungsvolumen kooperativer Lieferantenbeziehungen} * 100}{\text{Gesamtbeschaffungsvolumen}}$
Kennzahlen ähnlichen Inhalts:	Anzahl Lieferanten mit langfristigem Partnerschaftsvertrag, Anzahl partnering arrangements, Stammlieferantenquote
Nachweise ähnlicher Kennzahlen:	(ARNOLDS/HEEGE/TUSSING 2001, S. 458f., DOBLER/BURT 1984, S. 677ff., DRESEN 1997, S. 123ff., KOPPELMANN 2000, S. 395)

Bezeichnung:	**Anteil kooperativer Lieferantenbeziehungen**
Einheit:	Prozent
Typ:	Relativzahl
Inhalt:	nicht monetär
Formel:	$\dfrac{\text{Anzahl kooperativer Lieferantenbeziehungen} * 100}{\text{Gesamtanzahl Lieferantenbeziehungen}}$
Kennzahlen ähnlichen Inhalts:	Anzahl Lieferanten mit langfristigem Partnerschaftsvertrag, Anzahl partnering arrangements, Stammlieferantenquote
Nachweise ähnlicher Kennzahlen:	(ARNOLDS/HEEGE/TUSSING 2001, S. 458f., DOBLER/BURT 1984, S. 677ff., DRESEN 1997, S. 123ff., KOPPELMANN 2000, S. 395)

Bezeichnung:	**Beschaffungsvolumenanteil mangelfreier Lieferungen**
Einheit:	Prozent
Typ:	Relativzahl
Inhalt:	nicht monetär
Formel:	$\dfrac{\text{Beschaffungsvolumen mangelfreier Lieferungen} * 100}{\text{Gesamtbeschaffungsvolumen}}$
Kennzahlen ähnlichen Inhalts:	s. Kennzahlen „Liefermengentreue Lieferant X", „Lieferqualitätstreue Lieferant X" und „Liefertermintreue Lieferant X" (Kap. 5.3.4.4)
Nachweise ähnlicher Kennzahlen:	s. Kennzahlen „Liefermengentreue Lieferant X", „Lieferqualitätstreue Lieferant X" und „Liefertermintreue Lieferant X" (Kap. 5.3.4.4)

Bezeichnung:	**Beschaffungsvolumenanteil unerwünschter Lieferanten**
Einheit:	Prozent
Typ:	Relativzahl
Inhalt:	nicht monetär
Formel:	$$\frac{\text{Gesamtbeschaffungsvolumen unerwünschter Lieferanten} * 100}{\text{Gesamtbeschaffungsvolumen}}$$
Kennzahlen ähnlichen Inhalts:	Anzahl/Anteil zertifizierter Lieferanten, Anzahl/Anteil Lieferanten mit weniger als 5% Beanstandungen/mehr als 95% Liefertreue, supply-base optimation indicators, Beschaffungsvolumen der „best performer"
Nachweise ähnlicher Kennzahlen:	(ACKERMAN 1992, S. 351, DOBLER/BURT 1984, S. 679f., HOMBURG/WERNER/ ENGLISCH 1997, S. 55, MARLEAUX 1997, S. 410f., MONCZKA/TRENT/HANDFIELD 1998, S. 681, ROSENWALD 1998, S. 422)

Bezeichnung:	**Änderung Lieferantenanzahl**
Einheit:	Prozent
Typ:	Relativzahl
Inhalt:	nicht monetär
Formel:	$$\frac{(\text{Gesamtanzahl Lieferanten letztes Jahr} - \text{Gesamtanzahl Lieferanten dieses Jahr}) * 100}{\text{Gesamtanzahl Lieferanten letztes Jahr}}$$
Kennzahlen ähnlichen Inhalts:	Lieferantenreduzierungsquote, Veränderung aktiver Lieferanten zum Vorjahr, supply-base optimation indicators
Nachweise ähnlicher Kennzahlen:	(BERNING/WIERDEMANN 1995, S. 35, DRESEN 1997, S. 119ff., FREHNER/BODMER 2000, S.114, MONCZKA/TRENT/HANDFIELD 1998, S. 681, HOMBURG/WERNER/ENGLISCH 1997, S. 55)

Bezeichnung:	**Beschaffungsvolumenanteil neuer Lieferanten**
Einheit:	Prozent
Typ:	Relativzahl
Inhalt:	nicht monetär
Formel:	$$\frac{\text{Beschaffungsvolumen der neuen Lieferanten} * 100}{\text{Gesamtbeschaffungsvolumen}}$$
Kennzahlen ähnlichen Inhalts:	Aufbau neuer Lieferanten, Beschaffungsobjektkostensenkung durch neue Lieferanten
Nachweise ähnlicher Kennzahlen:	(ESCHENBACH 1999, 39ff., PIONTEK 1994, S. 194)

Bezeichnung:	Beschaffungsvolumenanteil regionaler Lieferanten
Einheit:	Prozent
Typ:	Relativzahl
Inhalt:	nicht monetär
Formel:	Gesamtbeschaffungsvolumen regionaler Lieferanten * 100
	Gesamtbeschaffungsvolumen
Kennzahlen ähnlichen Inhalts:	Anteil Global Sourcing, Bezugsquote Ausland, regionale Einkaufsvolumenstruktur, Beschaffungsradius, Importvolumen, Schornsteinmarktquote
Nachweise ähnlicher Kennzahlen:	(ACKERMAN 1992, S. 351, DRESEN 1997, S. 108ff.+123ff., KAUFMANN 2002, S. 21, KOPPELMANN 2000, S. 395, MONCZKA/CARTER/HOAGLAND 1979, S. 239, ORTHS 1998, S. 548ff., POISCHBEG 1995, S. 33, RADKE 2001, S. 276ff., ROSENWALD 1998, S. 422, TANEW 1979, S. 219ff.)

Abb. 53: Kennzahlen der Bezugspolitik der Bereichsleitungsebene (Ebene II)

5.3.4 Die Sachbearbeitungsebene des Kennzahlensystems (Ebene III)

Gegenstand der Sachbearbeiterebene sind ausschließlich die Maßnahmen des Beschaffungsmarketings, so dass sich die Kennzahlen nur auf diese beziehen sollten. Dabei sollten die Kennzahlen am Informationsbedarf der Beschaffer ausgerichtet sein. Der Informationsbedarf resultiert aus den Tätigkeiten der Beschaffer, die hier die Analyse, Planung, Umsetzung und Kontrolle der Maßnahmen des Beschaffungsmarketings umfassen. Hierbei muss die Sachbearbeitung versuchen, die Vorgaben der Bereichsleitung zu erfüllen, um ein zielorientiertes Beschaffungsmarketing zu ermöglichen. Sofern die richtigen Maßnahmen aufgrund der Vorgaben der Bereichsleitung ergriffen und adäquat ausgeführt werden, kommt es zu deren Erfüllung. Werden die Vorgaben der Bereichsleitung nicht erfüllt, ist näher zu analysieren, ob inadäquate Maßnahmen und/oder die Maßnahmen nicht zielführend umgesetzt worden sind.

Da die Sachbearbeiter ausschließlich mit der Beschaffung und hier wiederum „nur" mit den Maßnahmen beschäftigt sind, kann die Anzahl der Kennzahlen höher als auf der Maßnahmenebene der Bereichsleitung ausfallen. Für die Bereitstellung der Kennzahlen ist zu beachten, dass diese dem Mitarbeiter unmittelbar zur Verfügung stehen sollten. Hierfür ist die Unterstützung durch die EDV unbedingt notwendig. Im besten Fall besteht für den Beschaffer die Möglichkeit, Entscheidungsalternativen so in das EDV-System eingeben zu können, dass die Entwicklung – bezogen auf die Kennzahlenwerte – dargestellt werden kann. So ist eine interaktive Nutzung der Kennzahlen möglich. Die nachfolgend dargestellten Kennzahlen werden i. d. R. so gestaltet, dass sie sich in ihrer Detailliertheit auf Beschaffungsobjektgruppen beziehen. Bei Bedarf sollte es dem Mitarbeiter auf der Sachbearbeitungsebene jedoch stets möglich sein, sich vom EDV-System die entsprechenden Kennzahlen – bezogen auf das einzelne Beschaffungsobjekt – ausführen zu lassen, die ja ohnehin die Basis für die Errechnung der aggregierten Kennzahlen darstellen. Zudem ist anzustreben, dass auch die Kennzahlen der höheren Ebenen des Kennzahlensystems zugänglich sind. Zusätzlich zum direkten Zugriff auf die Kennzahlen sollte ein wöchentlicher Kennzahlenbericht vorgesehen werden.

Auch auf der Sachbearbeitungsebene ist die Maßnahmenebene den vier Politiken des Beschaffungsmarketingmixes entsprechend gegliedert (s. Abb. 54). Bei den nachfolgend aufgeführten Kennzahlen ist erneut zu bedenken, dass es sich lediglich um eine Auswahl handelt.

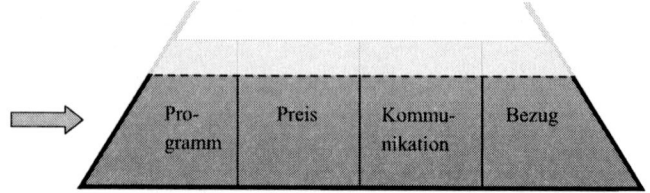

Abb. 54: Die Sachbearbeitungsebene (Ebene III)

5.3.4.1 Kennzahlen der Programmpolitik

Für die Sachbearbeitungsebene ist die Beschaffungsprogrammpolitik in ihre Komponenten zu zerlegen, um eine adäquate Analyse, Planung, Durchführung und Kontrolle der Maßnahmen zu ermöglichen. Während die zeitliche Komponente des Beschaffungsprogramms im Rahmen der Bezugspolitik betrachtet wird, sind hier die quantitativen und qualitativen Aspekte durch Kennzahlen zu erfassen.

Zunächst ist für die Ausgestaltung der Maßnahmen die qualitative Komponente zu beachten. Hierzu kann die **Kennzahl „Bedarfskonformer Beschaffungsvolumenanteil der Beschaffungsobjektgruppe X"** dienen, die eine Modifikation mit höherem Detaillierungsgrad der entsprechenden Kennzahl der Maßnahmenebene der Bereichsleitung ist (s. Kap. 5.3.3.3.1). Mit ihr kann für die einzelnen Beschaffungsobjektgruppen dargestellt werden, wie gut jede Gruppe die Anforderungen des Bedarfsträgers deckt. Wichtig ist, dass die Bedarfskonformität immer nur für das einzelne Beschaffungsobjekt festgestellt wird, so dass der bedarfskonforme Beschaffungsvolumenanteil der Beschaffungsobjektgruppe eine additive Größe ist. Je höher der Kennzahlenwert ausfällt, desto höher ist die Bedarfskonformität und umso geringer ist somit der Handlungsbedarf. Die Kennzahl sollte für alle, zumindest aber für die strategisch bedeutenden Beschaffungsobjektgruppen genutzt werden. Weitere Erläuterungen hierzu finden sich bei der Kennzahl „„Bedarfskonformer Beschaffungsvolumenanteil" (s. Kap. 5.3.3.3.1). Zu den dort dargestellten Problemen kommt hinzu, dass die hier thematisierte Kennzahl die Bedeutung der jeweils fokussierten Beschaffungsobjektgruppe für den Betrieb nicht zum Ausdruck bringen kann.

Auch die qualitätsbezogene **Kennzahl „Beschaffungsvolumenanteil umwelt-freundlicher Beschaffungsobjekte der Beschaffungsobjektgruppe X"** findet auf dieser Ebene erneut Verwendung. Sie wurde aber in gleicher Form bereits in Kapitel 5.3.3.1.5 erläutert, so dass auf eine erneute Diskussion verzichtet wird. Die Kennzahl empfiehlt sich insbesondere für Beschaffungsobjektgruppen, deren Beschaffungsobjekte besonders negative Effekte auf die Umwelt besitzen.

Die folgenden beiden Kennzahlen sind ebenfalls Modifikationen von Kennzahlen und besitzen sowohl Auswirkungen auf die qualitative als auch die quantitative Komponente der Programmpolitik. Die **Kennzahl „Beschaffungsvolumenanteil standardisierter Beschaffungsobjekte der Beschaffungsobjektgruppe X"** wurde bereits in Kapitel 5.3.3.1.3 diskutiert und wird nicht erneut dargestellt. Die **Kennzahl „Beschaffungsvolumenanteil zu substituierender Beschaffungsobjekte der Beschaffungsobjektgruppe X"** weist den Anteil des Beschaffungsvolumens am Gesamtbeschaffungsvolumen einer Beschaffungsobjektgruppe der Beschaffungsobjekte aus, die ersetzt werden sollen. Das Ersetzen der Beschaffungsobjekte kann aus verschiedenen Gründen – wie Kosten-, Risiko-, Flexibilitäts- oder Qualitätsgrün- den – empfehlenswert sein. Je höher der Kennzahlenwert ausfällt, umso höher ist der Anteil der unerwünschten Beschaffungsobjekte an einer Beschaffungsobjektgruppe und der bestehende Handlungsbedarf. Allerdings kann die Kennzahl nicht anzeigen, wie hoch die Bedeutung der jeweiligen Beschaffungsobjektgruppe ausfällt, so dass der Handlungsbedarf durch weitere Informationen relativiert werden sollte. Weitere Erörterungen können der Darstellung der Kennzahl „Beschaffungsvolumenanteil zu substituierender Beschaffungsobjekte" in Kapitel 5.3.3.1.5 entnommen werden.

Mit der quantitativen Komponente setzt sich die **Kennzahl „Beschaffungsvolumenanteil der Beschaffungsobjektgruppe X"** auseinander (s. Kap. 5.3.3.1.1.), die insbesondere in Kombination mit der ABC-Analyse genutzt werden sollte, um die bedeutenden von den eher unbedeutenden Beschaffungsobjektgruppen zu trennen. Zeitvergleiche können eventuelle Bedeutungszu- oder -abnahmen verdeutlichen. Die Kennzahl sollte für alle Beschaffungsobjektgruppen erhoben werden und wurde bereits auf der Zielebene der Bereichsleitung diskutiert, so dass sich weitere Erläuterungen und die Abbildung der Kennzahl in Kapitel 5.3.3.1.1 befinden.

Die letzte Kennzahl im Rahmen der Programmpolitik, die hier angeführt werden soll, ist die **Kennzahl „Beschaffungsvolumenanteil neuer Beschaffungsobjekte der Beschaffungsobjektgruppe X"**. Sie sollte insbesondere für strategisch bedeutende Beschaffungsobjektgruppen und auch für solche Gruppen eingesetzt werden, deren technologische Entwicklung schnell voranschreitet. Sie ist ebenfalls eine Modifikation einer auf der Maßnahmenebene der Bereichsleitungsebene schon dargestellten Kennzahl, die ausführlich in Kapitel 5.3.3.3.1 erläutert wird. Beschaffungsobjekte können dann als „neu" bezeichnet werden, wenn der Betrieb keine Beschaffungsobjekte dieser Art zuvor bezogen hat. Angemerkt sei noch, dass je höher der Kennzahlenwert ausfällt, desto größer ist der Anteil neuer Beschaffungsobjekte. Für den Kennzahlenbericht gilt, dass –

da einige Beschaffungsobjektgruppen sicherlich keine neuen Beschaffungsobjekte beinhalten werden – nur Kennzahlenwerte von über 0% auszuweisen sind.

Auf eine erneute Abbildung der Kennzahlen wird verzichtet, da alle thematisierten Kennzahlen – zumindest in einer modifizierten Form – zuvor schon dargestellt worden sind.

5.3.4.2 Kennzahlen der Preispolitik

Zur Analyse, Planung, Umsetzung und Kontrolle der Maßnahmen im Bereich der Preispolitik sollte zunächst die Betrachtung der Abweichungen der realisierten von den budgetierten Preisen den Beschaffungsobjektgruppen nach erfolgen. Hierzu kann die **Kennzahl „Beschaffungsvolumenanteil der Abweichung des erzielten vom budgetierten Preis der Beschaffungsobjektgruppe X"** herangezogen werden. Sie ist ebenfalls eine Modifikation einer bereits verwendeten Kennzahl – nämlich „Beschaffungsvolumenanteil der Abweichung des erzielten vom budgetierten Preis" des Kapitels 5.3.3.3.2. Auch wenn die Kennzahl nicht veranschaulichen kann, wie hoch die Bedeutung der einzelnen Preisabweichung insgesamt ist, deutet sie bei besonders großen und kleinen Kennzahlenwerten auf einen Handlungsbedarf hin, da hier die Preisabweichungen am Größten sind. Während relativ kleine Kennzahlenwerte darauf hinweisen, dass die geplanten Preise unterschritten werden, zeigen hohe Kennzahlenwerte einen höheren als den eingeplanten Preis an. Auch hier gilt, dass – sofern die kostenrechnerischen Voraussetzungen bestehen und die Kommunalverwaltung mit den bestehenden Kennzahlen vertraut ist – die jeweiligen Beschaffungskosten mit in den Preis einbezogen werden sollten, um auch mögliche Wechselwirkungen zwischen Preis und Beschaffungsfunktionskosten zu berücksichtigen. Für die weiterführende Diskussion der Kennzahl soll hier nur auf Kapitel 5.3.3.3.2 verwiesen werden.

Die bereits in Kapitel 5.3.3.3.2 dargestellten Maßstäbe zur weiteren Beurteilung der Preise – Markt-, Vergangenheits- und Standardpreis – besitzen für die Sachbearbeitung eine große Bedeutung. Dies gilt insbesondere für Verfahren der freihändigen Vergabe, da Preisvergleiche auch im Rahmen der Verhandlung angeführt werden. Zudem liefern die Maßstäbe eine wichtige informatorische Grundlage für die Verfolgung der Instrumentalstrategien der Preispolitik wie beispielsweise der Preiswettbewerbs- oder Preisabfolgestrategie. Auch wenn auf eine erneute Diskussion der entsprechenden Kennzahlen aufgrund der zuvor erfolgten ausführlichen Darstellung verzichtet werden kann, gilt für die auf dieser Ebene modifizierten **Kennzahlen „Jährliche Preisveränderung der Beschaffungsobjektgruppe X", „Abweichung vom Marktpreis der Beschaffungsobjektgruppe X"** und **„Abweichung von Standardpreisen der Beschaffungsobjektgruppe X"** ebenfalls, dass sie nicht generell, sondern nur für die Beschaffungsobjektgruppen erhoben werden, für die der jeweilige Preismaßstab passend ist.

Weiterhin sollten die Bestandteile der Preispolitik auf dieser Ebene näher betrachtet werden. Mit der **Kennzahl „Preisnachlassquote der Beschaffungsobjektgruppe X"** soll der Preisnachlass einer Beschaffungsobjektgruppe prozentual erfasst werden (s. Abb. 55). Skonti und Boni können ebenso wie Zugaben zwar auch gesondert ausgewiesen werden, sollen hier aber – soweit möglich – mit in die Kennzahl eingeschlossen werden (EILENBERGER/SACHENBACHER 1992, S. 24ff., GROCHLA ET AL. 1983, S. 73, MARLEAUX 1997, S. 382ff.). Sofern Zugaben genutzt werden, müssten sie – damit sie in die Kennzahl einzubeziehen sind – preislich bewertet werden. Zuschläge können als negativer Preisnachlass in die Kennzahl integriert werden. Während es bei der beschränkten und öffentlichen Ausschreibung neben den üblich gewährten Preisnachlässen eigentlich aufgrund des Nachverhandlungsverbots regelmäßig zu keinen weiteren Preisreduktionen kommen sollte – was teilweise aber der Fall ist –, sind Preisverhandlungen zentraler Bestandteil der freihändigen Vergabe. Folglich sollte die Kennzahl insbesondere für Beschaffungsobjekte, die freihändig vergeben werden, verbindlich sein. Sie sollte aber auf keinen Fall – wie im traditionellen Beschaffungsmodell – isoliert als Erfolgskennzahl für die Beschaffungstätigkeit genutzt werden, da sonst die Gefahr besteht, dass lediglich „Pflichtprozente" gewährt werden, die schon vorher vom Lieferanten einkalkuliert worden sind. Hohe Ausprägungen dieser Kennzahl können, müssen aber nicht für besonders gutes Beschaffungshandeln stehen. Nachteilig an der dargestellten Kennzahl ist, dass sie nicht anzeigt, welche Bedeutung die jeweilige Quote für den Betrieb hat, da die absolute Höhe des Preisnachlasses nicht ausgewiesen wird. Zudem bleibt verborgen, aus welchen Gründen der Preisnachlass gewährt wurde – ob es sich also um Pflichtprozente handelt – oder wie er sich zusammensetzt. Es ist außerdem zu beachten, dass die Preisnachlässe der einzelnen Beschaffungsobjekte anhand ihres Beschaffungsvolumenanteils an der jeweiligen Beschaffungsobjektgruppe umzurechnen sind. Als letztes gilt zu berücksichtigen, dass der Nenner der dargestellten Kennzahl – „gewährter Preisnachlass Beschaffungsobjektgruppe X * 100" – auf die Höhe des Preisnachlasses in Euro und nicht auf den Prozentsatz abstellt.

Eine weitere wichtige Größe der Preispolitik, die für die Zufriedenheit des Lieferanten mit dem Abnehmer bedeutend ist, stellt die Pünktlichkeit der Zahlung dar. Die **Kennzahl „Zahlungspünktlichkeit"** beinhaltet den Anteil der pünktlich gezahlten Rechnungen an der Gesamtzahl an Rechnungen (s. Abb. 55). Das Ausweisen für die einzelnen Lieferanten bzw. Beschaffungsobjektgruppen ist nicht notwendig, da die Zahlungspünktlichkeit bei allen gleichermaßen angestrebt werden sollte. Auch wird eine Gewichtung bewusst vermieden – obwohl eine verzögerte Bezahlung bei Rechnungen großen Umfangs für den Lieferanten schwerer ins Gewicht fällt –, damit auch Rechnungen kleinen Umfangs pünktlich bezahlt werden.

Bezeichnung:	**Preisnachlassquote der Beschaffungsobjektgruppe X**
Einheit:	Prozent
Typ:	Relativzahl
Inhalt:	monetär
Formel:	gewährter Preisnachlass Beschaffungsobjektgruppe X * 100 / Preis Beschaffungsobjektgruppe X
Kennzahlen ähnlichen Inhalts:	Preisnachlass-/Rabattquote, Rabattstruktur, Lieferantenrabattierung, erzielter Gesamtrabatt, ähnlichen Durchschnittsrabatt, Skontoausnutzungsquote Lieferantenskontierung, Skontostruktur
Nachweise ähnlicher Kennzahlen:	(EILENBERGER/SACHENBACHER 1992, S. 24ff., GEISS 1986, S. 337, GROCHLA ET AL. 1983, S. 73+207ff., GRUNDWALD 1993, S. 60, HAMMANN/LOHRBERG 1986, S. 197, HARTMANN 1997, S. 494ff., KATZMARCYK 1988, S. 157ff., MARLEAUX 1997, S. 380ff., MEYER 1994, S. 69f., POISCHBEG 1995, S. 33, RADKE 2001, S. 276ff., STARK 1990, S. 26)

Bezeichnung:	**Zahlungspünktlichkeit**
Einheit:	Prozent
Typ:	Relativzahl
Inhalt:	monetär
Formel:	Anzahl pünktlich gezahlter Rechnungen * 100 / Gesamtanzahl Rechnungen
Kennzahlen ähnlichen Inhalts:	Anteil prompter Bezahlung
Nachweise ähnlicher Kennzahlen:	(KAPLAN/NORTON 1997, S. 176, WHITTAKER 2000, S. 191ff.)

Abb. 55: Kennzahlen der Preispolitik der Sachbearbeitungsebene (Ebene III)

5.3.4.3 Kennzahlen der Kommunikationspolitik

Es werden für die Kommunikationspolitik insbesondere Kennzahlen bearbeitet, die sich für alle Maßnahmen der Kommunikationspolitik eignen und sowohl den Input – in Form des Budgets – als auch die Ergebnisse beinhalten. Auf die Darstellung der teilweise recht speziellen Kennzahlen, die sich für die Analyse, Planung, Umsetzung und Kontrolle einzelner kommunikationspolitischer Maßnahmen eignen, muss an dieser Stelle schon aus Gründen des Umfangs der Arbeit verzichtet werden. Beispielsweise sei jedoch aufgeführt, dass im Rahmen der Beschaffungswerbung Kontaktmaßzahlen, bei Messebesuchen die Anzahl neu hergestellter Kontakte, im Bereich der Public Relations die Anzahl positiver Stellungnahmen in den Medien, für Beschaffungshomepages die Anzahl der „Hits" und für Lieferantentage die Anzahl der Teilnehmer ausgewiesen werden könnten (HARTMANN 1997a, S. 494ff., HOMBURG/WERNER/ENGLISCH 1997, S. 55, KATZMARCYK 1988, S. 157ff., MONCZKA/TRENT/HANDFIELD 1998, S. 681, ORTHS 1998, S. 548ff.).

Hier sollen jedoch zunächst die zuvor im Rahmen der Kommunikationspolitik der Bereichsleitung thematisierten Kennzahlen dahingehend modifiziert werden, dass ihre Bezugsgröße statt des Gesamtbeschaffungsvolumens und der Gesamtanzahl der Bewerber die jeweiligen Beschaffungsobjektgruppen sind. Die **Kennzahlen „Beworbener Beschaffungsvolumenanteil der Beschaffungsobjektgruppe X"** kann prinzipiell verfolgt werden, ist aber nur sinnvoll, wenn auch tatsächliche einzelne Beschaffungsobjektgruppen – was im Fall der öffentlichen Bekanntmachung gegeben ist – und nicht der ganze Betrieb als Abnehmer beworben wird. Ein hoher Anteil an Beschaffungswerbung – also ein hoher Kennzahlenwert der zuerst genannten Kennzahl – ist insbesondere für Beschaffungsobjektgruppen angeraten, für die bisher keine Lieferanten mit der gewünschten Leistung existieren. Ebenso bietet sich für diese Beschaffungsobjektgruppen die **Kennzahl „Anteil neuer geeigneter Bewerber der Beschaffungsobjektgruppe X"** an. Der Einsatz der **Kennzahl „Anteil bekannter, positiv bewerteter Bewerber der Beschaffungsobjektgruppe X"** ist jedoch eher zu empfehlen, wenn leistungsfähige Lieferanten bereits gefunden wurden und die Lieferantenbeziehung zu diesen verfestigt werden soll. Alle drei Kennzahlen sind in Kapitel 5.3.3.3.3 – wenn auch in einem geringeren Detaillierungsgrad – ausführlich diskutiert worden. Den dortigen Ausführungen ist hinzuzufügen, dass sie alle drei die Bedeutung der jeweiligen Beschaffungsobjektgruppen für den Betrieb nicht berücksichtigen. Für den Kennzahlenbericht ist wichtig, dass nur Kennzahlenwerte über 0% aufgeführt werden sollten.

Die Abbildung der zuvor aufgeführten Kennzahlen entfällt, da alle thematisierten Kennzahlen – zumindest in einer modifizierten Form – zuvor schon dargestellt worden sind.

5.3.4.4 Kennzahlen der Bezugspolitik

Die Kennzahlen der Bezugspolitik werden zur größeren Übersicht anhand der Teilbereiche Beschaffungsweg, Beschaffungsorganisation, Beschaffungsmodalität und Lieferantenpolitik diskutiert. Mehrere der bereits im Rahmen der Bezugspolitik der Bereichsleitungsebene verwendeten Kennzahlen kommen auch hier – wenn auch im höheren Detaillierungsgrad – in Betracht. Eine erneute ausführliche Darstellung kann unterbleiben, da dies bereits in Kapitel 5.3.3.3.4 erfolgt ist.

Kennzahlen des Beschaffungswegs

Für den Beschaffungsweg bietet sich zunächst die **Kennzahl „Beschaffungsvolumenanteil Direktbezug der Beschaffungsobjektgruppe X"** an, die den Anteil des Beschaffungsvolumens am Gesamtbeschaffungsvolumen einer Beschaffungsobjektgruppe beinhaltet, der direkt bezogen wird (s. Abb. 56). Gleichermaßen kann – wenn dies vorgezogen wird – die Kennzahl auch für den indirekten Bezug umgeformt werden. In den Zähler der Kennzahlen gehen nur die Beschaffungsvolumina der Objekte ein, die direkt beim Hersteller und nicht über zwischengeschaltete Beschaffungsmittler wie Kommissionäre, Einkaufsbüros oder Importeure bezogen werden. Je höhere Werte die Kennzahl einnimmt, umso größer ist der Anteil der direkt beim Hersteller bezogenen Ware. Da es häufig vorkommt, dass Beschaffungsobjektgruppen entweder vollständig indirekt oder direkt bezogen werden, bietet sich für den Kennzahlenbericht eine Beschränkung auf die Beschaffungsobjektgruppen an, deren Kennzahlenwert 0% übersteigt. Zum Direktbezug eignen sich beispielsweise vor allem großvolumige, finanzintensive oder strategisch besonders relevante Beschaffungsobjekte. Es gilt jedoch, die in Kapitel 4.3.3.4.4 aufgeführten Vor- und Nachteile des direkten bzw. indirekten Bezugs für die einzelnen Beschaffungsobjektgruppen abzuwägen. Nachteilig an der vorgestellten Kennzahl ist, dass sie nicht anzeigen kann, ob für die jeweilige Beschaffungsobjektgruppe der direkte oder indirekte Bezug verfolgt werden sollte.

Des Weiteren kann die **Kennzahl „Beschaffungsvolumenanteil der Beschaffungsverfahren der Beschaffungsobjektgruppe X"** eingesetzt werden, die den Beschaffungsvolumenanteil der unterschiedlichen Arten von Beschaffungsverfahren – i. d. R. öffentliche Ausschreibung, beschränkte Ausschreibung oder freihändige Vergabe – am Beschaffungsvolumen der einzelnen Beschaffungsobjektgruppen darstellt. Bei welchen Situationen sich welches Beschaffungsverfahren eignet, wurde bereits in Kapitel 4.3.3.4.4 dargestellt. Für den Kennzahlenbericht ist wichtig, dass es je nach Beschaffungsobjektgruppe dazu kommen kann, dass nur eine Art des Beschaffungsverfahrens genutzt wird. Es sollten aber nur die Kennzahlenwerte aufgeführt werden, die nicht den Wert „0%" einnehmen. Weiterführende Erläuterungen können der Beschreibung der Kennzahl „Beschaffungsvolumenanteil der Beschaffungsverfahren" in Kapitel 5.3.3.3.4 entnommen werden.

Sofern in der betrachteten Kommunalverwaltung die Instrumente des Electronic Procurement genutzt werden, sollte der Anteil des elektronisch abgewickelten Beschaffungsvolumens der Beschaffungsobjektgruppen mit der **Kennzahl „Beschaffungsvolumenanteil des Electronic Procurement der Beschaffungsobjektgruppe X"** erfasst werden (s. Abb. 56). Auch hier ist zu berücksichtigen, dass im Kennzahlenbericht nur die Kennzahlen mit Werten größer als 0% ausgewiesen werden. In den Zähler der Kennzahlen gehen nur Beschaffungsvolumina ein, die über Desktop Purchasing Systeme, elektronische Marktplätze und Plattformen, Online-Kataloge, elektronische Auktionen und Ausschreibungen sowie Online Shops bezogen werden. Je höher die Werte der Kennzahl sind, desto höher ist der Electronic Procurement-Anteil. Die Kennzahl kann allerdings – außer wenn die Kommunalverwaltung nur eines der genannten Instrumente verwendet – die jeweilige Nutzungsintensität der verschiedenen Instrumente nicht veranschaulichen. Nutzt die Kommunalverwaltung die Instrumente des Electronic Procurements besonders stark, kann eine Aufschlüsselung der Kennzahl nach den einzelnen Instrumenten sinnvoll sein. Es ist zu beachten, dass die Kennzahl keine Informationen darüber enthält, wie hoch der Anteil des Electronic Procurements insgesamt ist, und wie viele unterschiedliche Beschaffungsobjekte dieser Anteil umfasst.

Kennzahlen der Beschaffungsorganisation

Die beiden Kennzahlen, die hier im Rahmen der Beschaffungsorganisation vorgeschlagen werden, wurden bereits auf der Bereichsleitungsebene – wo sich auch weitergehende Anmerkungen finden – in einem geringeren Detaillierungsgrad betrachtet: die **Kennzahl „Dezentralisierungsgrad der Beschaffung der Beschaffungsobjektgruppe X"** und die **Kennzahl „Beschaffungsvolumenanteil von Beschaffungskooperationen der Beschaffungsobjektgruppe X"** (s. Kap. 5.3.3.3.4). Bei der ersten gilt, dass sich ein hoher Dezentralisierungsgrad – also ein hoher Wert der Kennzahl – nur für Beschaffungsobjektgruppen anbietet, für die kein direkter Kontakt zwischen Lieferant und Bedarfsträger notwendig ist. Auch im Umgang mit der zweiten Kennzahl sollte berücksichtigt werden, dass ein hoher Anteil am Beschaffungsvolumen der Beschaffungskooperationen nur bei Beschaffungsobjektgruppen angestrebt werden sollte, deren Beschaffungsobjekte wenig komplex sind, für die keine Geheimhaltungsanforderungen bestehen, und für die die Flexibilitätsanforderungen der Kommunalverwaltungen nicht besonders groß sind.

Kennzahlen der Beschaffungsmodalität

Im Rahmen der Beschaffungsmodalität bietet sich insbesondere die Erhebung der Vertragsdauer anhand der **Kennzahl „Beschaffungsvolumenanteil langfristiger Verträge der Beschaffungsobjektgruppe X"** an (s. Abb. 56). Sie bringt zum Ausdruck, wie hoch der Anteil des Beschaffungsvolumens, das über langfristige Verträge bezogen wird, am Gesamtbeschaffungsvolumen einer bestimmten Beschaffungsobjektgruppe ist. Auch Rahmen-, Sukzessivliefer- und Abrufverträge können unter der Kennzeichnung „langfristige Verträge" subsumiert werden, da sie ähnliche Vorteile wie diese besitzen. Auch in der öffentlichen Beschaffung ist es jedoch nicht ungewöhnlich, den Anteil der Rahmenverträge gesondert in einer Kennzahl auszuweisen. Jeder Betrieb muss selbst festlegen, wann ein Vertrag als langfristig angesehen wird. In dieser Arbeit wird von einem langfristigen Vertrag gesprochen, wenn die Vertragslaufzeit über ein Jahr beträgt. Es sollte nicht übersehen werden, dass nicht für alle Beschaffungsobjektgruppen langfristige Verträge förderlich sind. Insbesondere sollten strategische Bedarfe oder Bedarfe, für die eine große Abnehmerkonkurrenz besteht, durch langfristige Verträge abgesichert werden. Aber auch für operative Beschaffungsobjekte können Rahmenverträge zur Absenkung der Beschaffungsobjekt- und -funktionskosten in Frage kommen. Die Kennzahl verdeutlicht nicht, wie lang die einzelne Vertragslaufzeit ist, ob die Rahmenverträge auch tatsächlich ausgenutzt werden, und ob sich für die jeweilige Beschaffungsobjektgruppe überhaupt ein langfristiger Vertrag anbietet.

Kennzahlen der Lieferantenpolitik

Im Rahmen der Beurteilung der aktuellen und potentiellen Lieferanten, die wiederum grundlegend für die Lieferantenauswahl ist, können Kennzahlen zum Einsatz kommen. Die Anzahl möglicher Kennzahlen, die in der Lieferantenbeurteilung genutzt werden können, ist sehr groß. Deshalb werden Im Folgenden nur besonders bedeutende Kennzahlen dargestellt. Bis auf die Beurteilung der Technik und des Know-hows des Lieferanten, die hier aufgrund der erschwerten Quantifizierbarkeit nicht in Kennzahlenform ausgewertet werden sollen, werden die zentralen Kriterien der meisten Lieferantenbeurteilungssysteme erfasst. Eine gleichzeitige Betrachtung der nachfolgend dargestellten Kennzahl kann zur Einordnung der Lieferanten in Gütekategorien führen, die wiederum Grundlage der Kennzahl „Beschaffungsvolumenanteil der Beschaffungsobjektgruppe X nach Lieferantengüte" des Kapitels 5.3.3.1.4 sind. Auch wenn die folgenden Kennzahlen am Besten für jeden Lieferanten erhoben werden sollten, sind sie insbesondere für strategische Lieferanten und Lieferanten mit großen Beschaffungsvolumina in Betracht zu ziehen.

Zunächst sollen drei – oft im Zusammenhang diskutierte – Kennzahlen analysiert werden, die die Beurteilung des Lieferanten hinsichtlich des Einhaltens der Liefermenge (**Kennzahl „Liefermengentreue Lieferant X"**), der Lieferqualität (**Kennzahl „Lieferqualitätstreue Lieferant X"**) und des Liefertermins ermöglichen (**Kennzahl „Liefertermintreue Lieferant X"**) (s. Abb. 56). Die drei Kennzahlen zeigen den Anteil des Liefervolumens eines bestimmten Lieferanten, der – je nach Kennzahl – in der geforderten Menge, Qualität oder Lieferzeit entspricht. Je höher die Kennzahlenwerte ausfallen, umso höher ist die Güte des Lieferanten einzuschätzen. Nachteilig ist, dass nicht angezeigt wird, wie häufig die Abweichungen beim einzelnen Lieferanten auftreten, wie groß die Abweichungen ausfallen, wie kritisch sie für den Betrieb sind, und ob überhaupt die geforderte Menge, Qualität und der gewünschte Liefertermin vom Lieferanten erfüllt werden. Letzteres wird im Rahmen der anschließend diskutierten Kennzahl „Lieferbereitschaft Lieferant X" noch thematisiert. Jeder Betrieb muss bei ihnen zudem festlegen, ob auch geringe Abweichungen in die Zähler der Kennzahl einfließen oder aber Grenzen – beispielsweise im Falle des Liefertermins eine bestimmte Frist – festgelegt werden, ab deren Überschreiten die Abweichung auch als solche gewertet wird. Es ist auch möglich, die Abweichungen zu gewichten, so dass ein Nachteil der vorgestellten Kennzahlen ausgeräumt wird. Im Falle des Liefertermins ist dies beispielsweise durch die Gewichtung mit den bis zur verspäteten Lieferung verstrichenen Tagen möglich. Allerdings müssten dann die drei vorgestellten Kennzahlen entgegengesetzt ausgestaltet werden – also aus der Kennzahl „Liefermengentreue" die Kennzahl „Liefermengenabweichung" werden. Dies würde auch bedeuten, dass meist mit zunehmender Abweichung die resultierenden Probleme für den Betrieb zunehmen.

Erwähnt werden soll auch die Kennzahl „Lieferausfallquote", die Lieferungen zum Inhalt hat, die komplett nicht geliefert wurden (DRESEN 1997, S. 128ff., PFISTE-

RER 1988, S. 121ff.). Sie soll hier aber nicht intensiv bearbeitet werden, da sie im Rahmen der Kennzahlen zur Liefermengentreue als Liefermengenabweichung oder aber der Liefertermintreue als unendlicher Lieferverzug berücksichtigt werden kann. Manchmal wird noch die Kennzahl „Servicebeanstandungsquote" zur Servicequalität des Lieferanten erhoben (DRESEN 1997, S. 128ff., ESCHENBACH 1999, 39fff., KOPPELMANN 1997, S. 143, KOPPELMANN 1999, S. 207, KOPPELMANN 2000, S. 395, PFISTERER 1988, S. 116). Dies soll hier jedoch nicht geschehen, da der Service eigentlich Bestandteil der Leistung des Lieferanten ist und somit in der Kennzahl zur Lieferqualitätstreue berücksichtigt werden kann.

Bei den letztgenannten Kennzahlen ist kritisch zu bewerten, dass sie nicht anzeigen, ob der jeweilige Lieferant überhaupt in der Lage ist, die entsprechende Leistung in der gewünschten Menge und Qualität sowie zum bevorzugten Termin zu liefern. Dies ist für die Beurteilung der Güte des Lieferanten aber äußerst wichtig. Ansonsten könnte es dazu kommen, dass beispielsweise der Lieferant am Besten bewertet wird, der ein besonders niedriges Qualitätsniveau, keinen Service und nur lange Lieferzeiten bietet, da er dieses niedrige Niveau fehlerfrei anbieten kann. Mit der Kennzahl **„Lieferbereitschaft Lieferant X"** soll deshalb erhoben werden, wie hoch – unter Beachtung der Menge, der Qualität und des Termins – der Anteil der vom Lieferanten erfüllten Lieferwünsche ist (s Abb. 56). Eine Gewichtung der Lieferwünsche mit dem zugehörigen Beschaffungsvolumen soll hier nicht erfolgen, da der Preis möglichst nicht mit in die Betrachtung eingeschlossen werden soll. Er wird hier nur insoweit berücksichtigt, dass – wenn ein Lieferanten einem Lieferwunsch eigentlich nicht nachkommen will – zur Signalisierung der prinzipiellen Lieferbereitschaft einen exorbitant hohen Preis für die gewünschte fordert. Dies stellt aber im eigentlichen Sinne keine Lieferbereitschaft dar, so dass diese, nicht mit in den Zähler der Kennzahl aufgenommen werden sollten.

Weiterhin könnte im Rahmen der Lieferantenbeurteilung zur Bewertung der Flexibilität des Lieferanten die **Kennzahl „Flexibilität Lieferant X"** verwendet werden. Die Kennzahl wurde in gleicher Form in Kapitel 5.3.3.1.3 bereits ausführlich diskutiert, so dass an dieser Stelle darauf verzichtet wird.

Der letzte Bereich, der für die Lieferantenbeurteilung hier explizit ausgeführt werden soll, beschäftigt sich mit dem Preisniveau des Lieferanten – also wie günstig die Preise des betrachteten Lieferanten im Vergleich zur Anbieterkonkurrenz ausfallen. Bester Maßstab für eine solche Gegenüberstellung ist – wenn er existiert – der Marktpreis. Da hier nicht – wie im Rahmen der Preispolitik – die Güte des einzelnen erzielten Preises interessiert, sondern das Preisniveau des Lieferanten insgesamt, bietet es sich an – sofern vom Lieferanten mehrere Beschaffungsobjekte bezogen werden – die durch das jeweilige Beschaffungsvolumen gewichteten Abweichungen des Preises für den jeweiligen Lieferanten aufzusummieren. Positive und negative Abweichungen heben sich dabei auf. Die zuvor genannten Inhalte bringt die **Kennzahl „Preisniveau Lieferant X"** zum Ausdruck (s. Abb. 56). Je höher der Wert ausfällt, umso stärker übersteigen die Preise des Lieferanten den Vergleichspreis, und umso höher ist folglich auch das Preisniveau des Lieferanten. Dabei ist zu berücksichtigen, dass die Preisniveau des Lieferanten nur in Bezug zu den einzelnen Beschaffungsobjektgruppen und nicht losgelöst von ihnen erfolgen kann. Die Erläuterungen der Preisvergleichskennzahlen des Kapitels 5.3.3.3.2 geben Aufschluss darüber, wie die Preisvergleiche im Einzelnen zu nutzen sind. Nachteilig ist, dass sie nur das frühere bzw. derzeitige Preisniveau des Lieferanten darstellt, welches mit dem zukünftigen Preisniveau nicht übereinstimmen muss. Deshalb darf beispielsweise das Know-how und die Wettbewerbsposition des Lieferanten nicht vernachlässigt werden, auch wenn sie hier in Kennzahlenform nicht weiter bearbeitet werden.

Eine für die Bezugspolitik im Allgemeinen und speziell auch für den Bereich der Lieferantenpflege grundlegende Kennzahl ist die bereits im Rahmen des Risiko-Zielfeldes thematisierte **Kennzahl „Beschaffungsvolumenanteil Lieferant X"** (s. Kap. 5.3.3.3.1.2). Auch wenn sie die Bedeutung des Lieferanten nicht unbedingt unter strategischen Gesichtspunkten wiedergeben muss, zeigt sie doch den derzeitigen Anteil des Lieferanten am Beschaffungsvolumen. Je nach Bedeutung des Lieferanten können die Maßnahmen der Lieferantenpflege unterschiedlich sein. Durch die Anwendung der ABC-Analyse auf die erhobenen Kennzahlen-werte kann noch besser erkannt werden, welche Lieferanten – bezogen auf das Beschaffungsvolumen – von großer oder eher geringer Bedeutung sind.

Weiterhin sind für die Lieferantenpolitik mehrere Kennzahlen relevant, die schon auf der Maßnahmenebene der Bereichsleitung in modifizierter Form diskutiert worden sind. Auf eine erneute, ausführliche Diskussion dieser Kennzahlen wird verzichtet und auf die bereits getätigten Ausführungen in Kapitel 5.3.3.3.4 verwiesen. Die erste dieser Kennzahlen ist die **Kennzahl „Beschaffungsvolumenanteil kooperativer Lieferantenbeziehungen der Beschaffungsobjektgruppe X".** Sie stellt den Anteil des Beschaffungsvolumens einer Beschaffungsobjektgruppe dar, der auf kooperative Lieferantenbeziehungen entfällt. Die Erhebung dieser Kennzahl bietet sich insbesondere für den strategischen Bedarf an. Inhalt der **Kennzahl „Beschaffungsvolumenanteil unerwünschter Lieferanten der Beschaffungsobjektgruppe X"** ist der Beschaffungsvolumenanteil einer Beschaffungsobjektgruppe von unerwünschten Lieferanten. Handlungsbedarf besteht insbesondere bei hohen Kennzahlenwertausprägungen, da hier die Gefahr negativer Wirkungen am größten ist. Sie sollte für alle Beschaffungsobjektgruppen erhoben werden und insbesondere für die Maßnahmen der Beziehungsrationalisierung von Interesse. Auch die daraus abgeleitete Kennzahl – „Beschaffungsvolumenanteil unerwünschter Lieferanten der Beschaffungsobjektgruppe X", die jedoch nicht ausführlich dargestellt wurde – bietet sich an. Zudem enthält sie indirekt die Ergebnisse der Maßnahmen der Beziehungsrationalisierung und Lieferantenentwicklung für die einzelnen Beschaffungsobjektgruppen. Die **Kennzahl „Beschaffungsvolumenanteil neuer Lieferanten der Beschaffungsobjektgruppe X"** kann zur Identifizierung des Beschaffungsvolumenanteils einer Beschaffungsobjektgruppe genutzt werden, der von als „neu" kategorisierten Lieferanten stammt. Diese Kennzahl sollte bevorzugt zur Erhöhung des Anteils neuer Lieferanten genutzt werden, falls Unzufriedenheit mit den aktuellen Lieferanten besteht. Mit der **Kennzahl „Beschaffungsvolumenanteil regionaler Lieferanten der Beschaffungsobjektgruppe X"** aber auch mit der gleichen Kennzahl – bezogen auf den Anteil internationaler Lieferanten – ist der Beschaffungsvolumenanteil der Beschaffungsobjektgruppe regionaler oder internationaler Lieferanten zu ermitteln. Die Erhebung für die regionalen Lieferanten empfiehlt sich für Beschaffungsobjektgruppen, die einen hohen Abstimmungsbedarf zwischen Lieferant und Abnehmer besitzen, die schnelle Anwesenheiten des Lieferanten erfordern oder deren Lieferung mit solchen Kosten verbunden ist, dass weite Lieferwege beispielsweise durch Preisvorteile nicht aufgewogen werden können. Der Anteil internationaler Lieferanten ist für Beschaffungsobjektgruppen ausschlaggebend, für die mitunter besonders niedrige Preise oder besondere Qualitäten anzustreben sind. Abschließend ist hier zu erwähnen, auch sie sind mit dem Problem behaftet, dass sie die Bedeutung der jeweiligen Beschaffungsobjektgruppe für den Betrieb nicht zum Ausdruck bringen und somit die Kennzahlenwerte einer Relativierung bedürfen.

Auch die Einzelmaßnahmen der Lieferantenpflege und Lieferantenentwicklung können in Kennzahlenform erhoben werden. Jedoch sind sie und somit auch die Kennzahlen sehr zahlreich, so dass von einer ausführlichen Darstellung abgesehen werden soll. Zudem ist der Aussagengehalt vieler in diesem Bereich verwendeter Kennzahlen gering.

Zuletzt soll mit der **Kennzahl „Anzahl aktiver Lieferanten der Beschaffungsobjektgruppe X"** die Anzahl der genutzten Lieferanten pro Beschaffungsobjektgruppe erhoben werden (s. Abb. 56). Hierdurch kann das angestrebte Lieferantenkonzept des Multiple oder Single Sourcings zum Ausdruck kommen. Wann das Multiple oder Single Sourcing verfolgt werden sollte, wurde bereits in Kapitel 4.3.3.4 besprochen. Ein hoher Kennzahlenwert ist demnach nicht per se anzustreben, sondern immer situationsbezogen zu beurteilen. Einschränkend muss auch hier angemerkt werden, dass die Kennzahl keine Aussage zulässt, wie hoch der Anteil des jeweiligen Lieferanten am Beschaffungsvolumen der Beschaffungsobjektgruppe ist, ob die für die jeweilige Beschaffungsobjektgruppe adäquate Anzahl an Lieferanten genutzt wird, und ob die Leistungsfähigkeit der Lieferanten ausreichend ist.

Bezeichnung:	**Beschaffungsvolumenanteil Direktbezug der Beschaffungsobjektgruppe X**
Einheit:	Prozent
Typ:	Relativzahl
Inhalt:	nicht monetär
Formel:	Direkt bezogenes Beschaffungsvolumen der Beschaffungsobjektgruppe X $*$ 100
	Gesamtbeschaffungsvolumen der Beschaffungsobjektgruppe X
Kennzahlen ähnlichen Inhalts:	Einkaufsstruktur nach Beschaffungswegen/Beschaffungsmittlern
Nachweise ähnlicher Kennzahlen:	(EILENBERGER/SACHENBACHER 1992, S. 24ff., MARLEAUX 1997, S. 368f., RADKE 2001, S. 276ff.)

Bezeichnung:	**Beschaffungsvolumenanteil des Electronic Procurement der Beschaffungsobjektgruppe X**
Einheit:	Prozent
Typ:	Relativzahl
Inhalt:	nicht monetär
Formel:	Beschaffungsvolumen des Electronic Procurement der Beschaffungsobjektgruppe X $*$ 100
	Gesamtbeschaffungsvolumen der Beschaffungsobjektgruppe X
Kennzahlen ähnlichen Inhalts:	Anteil E-Commerce, Anteil Einkaufsvolumen über elektronische Medien, EDI-Quote, Hits auf der Einkaufshomepage, "amount of cost avoidance by using purchasing cards"
Nachweise ähnlicher Kennzahlen:	(BERNING/WIERDEMANN 1995, S. 35, DOBLER/BURT 1984, S. 691f., DRESEN 1997, S. 128ff., FREHNER/BODMER 2000, S. 114, HOMBURG/WERNER/ENGLISCH 1997, S. 55, KAUFMANN 2002, S. 21, MONCZKA/TRENT/HANDFIELD 1998, S. 681, WHITTAKER 2000, S. 191ff.)

Bezeichnung:	**Beschaffungsvolumenanteil langfristiger Verträge der Beschaffungsobjektgruppe X**
Einheit:	Prozent
Typ:	Relativzahl
Inhalt:	nicht monetär
Formel:	Beschaffungsvolumen langfristiger Verträge der Beschaffungsobjektgruppe X $*$ 100
	Gesamtbeschaffungsvolumen der Beschaffungsobjektgruppe X
Kennzahlen ähnlichen Inhalts:	Anzahl/Anteil langfristiger Verträge, Quote Normal-/Langfristverträge, Rahmenvertragsquote, Rahmenvertragsvolumen, Quote Abrufverträge, Quote Sukzessivlieferverträge, Kosteneinsparung durch langfristige Lieferverträge, Anteil jährlicher Verträge
Nachweise ähnlicher Kennzahlen:	(ACKERMAN 1992, S. 351, AICHELE 1997, S. 330ff., ARNOLD 1997, S. 239, BICK 2000, S. 72, DOBLER/BURT 1984, S. 677ff., DRESEN 1997, S. 123ff., GROCHLA ET AL. 1983, S. 72+197, HARTMANN 1997, S. 495, HIRSCHSTEINER 2002a, S. 450, HOMBURG/WERNER/ENGLISCH 1997, S. 55, KOPPELMANN 1997, S. 143, KOPPELMANN 2000, S. 395, ORTHS 1998, S. 548ff., MONCZKA/TRENT/HANDFIELD 1998, S. 681, PFISTERER 1988, S. 121ff., RADKE 2001, S. 276ff., SCHULTE 1991, S. 33)

Bezeichnung:	**Liefermengentreue Lieferant X**
Einheit:	Prozent
Typ:	Relativzahl
Inhalt:	nicht monetär
Formel:	$$\frac{\text{Liefervolumen ohne Mengenabweichungen des Lieferanten X} * 100}{\text{Gesamtliefervolumen des Lieferanten X}}$$
Kennzahlen ähnlichen Inhalts:	Mengenkonstanz, Mengenabweichungsquote, Liefermengentreue, Zuverlässigkeit der Lieferanten, Anzahl Über- und Unterlieferungen, Teillieferungen, Teillieferungsquote, Rückstandsquote, Rückstandsmenge
Nachweise ähnlicher Kennzahlen:	(DOBLER/BURT 1984, S. 680, DRESEN 1997, S. 112ff., HIRSCHSTEINER 2002a, S. 324f.+461, KOPPELMANN 2000, S. 391+400, PIONTEK 1993, S. 23+42, PIONTEK 1994, S. 108, RADKE 2001, S. 276ff., SCHLOTTERBECK 1995, S. 28)
Bezeichnung:	**Lieferqualitätstreue Lieferant X**
Einheit:	Prozent
Typ:	Relativzahl
Inhalt:	nicht monetär
Formel:	$$\frac{\text{Liefervolumen ohne Qualitätsabweichungen des Lieferanten X} * 100}{\text{Gesamtliefervolumen des Lieferanten X}}$$
Kennzahlen ähnlichen Inhalts:	Erfüllungsgrad der Bestellungen, Lieferzuverlässigkeit, Qualitätsgrad, Produkt-/Liefer-/Lieferanten-/Einkaufsqualität, Beschaffungsobjektmängel-/Leistungsabweichungsquote, Fehlervolumenquote, (Liefer-/Qualitäts-)Zurückverweisungsquote, (Qualitäts-)Beanstandungsquote, Reklamationsquote/-rate, Lieferungsmängelquote, Rücksendungsquote, Anteil Retouren, Mängelrügen, Qualitäts-Kostenquote, „defective parts per million"
Nachweise ähnlicher Kennzahlen:	(AICHELE 1997, S. 330ff., ARNOLD 1997, S. 240, ARNOLDS/HEEGE/TUSSING 2001, S. 458f., BAILY ET AL. 1994, S. 294, BERG 1982, S. 378, BOECKER 2001, S. 58, DRESEN 1997, S. 112ff.+128ff., GEISS 1986, S. 337, GOLLE 1993, S. 60, GROLL 1991, S. 65ff., GRUNWALD 1993, 119ff., HARTMANN 1997, S. 494ff., HIRSCHSTEINER 2002a, S. 324f., 450+461f., HOMBURG/WERNER/ENGLISCH 1997, S. 55, KATZMARCYK 1988, S. 159, KAPLAN/NORTON 1997, S. 176, KAUFMANN 2002, S. 21, KOPPELMANN 1997, S. 140ff., KOPPELMANN 1999, S. 207, KOPPELMANN 2000, S. 391ff.+400, MARLEAUX 1997, S. 361ff., MEYER 1994, S. 68f., MONCZKA/TRENT/HANDFIELD 1998, S. 681, PIONTEK 1993, S. 23, PIONTEK 1994, S. 192, POISCHBEG 1995, S. 33, RADKE 2001, S. 276ff.+286, ROSENWALD 1998, S. 422f.+429, SCHLOTTERBECK 1995, S. 28, SCHULTE 1991, S. 31ff., STARK 1990, S. 26, STARK 1994, S. 62, WEBER 1999, S. 195f., WHITTAKER 2000, S. 191ff.)

Bezeichnung:	**Liefertermintreue Lieferant X**
Einheit:	Prozent
Typ:	Relativzahl
Inhalt:	nicht monetär
Formel:	$\dfrac{\text{Liefervolumen ohne Lieferterm128abweichungen des Lieferanten X} * 100}{\text{Gesamtliefervolumen des Lieferanten X}}$
Kennzahlen ähnlichen Inhalts:	Lieferverzögerungsquote/-zeit/-zeitquote, (Liefer-)Verzugsquote, Lieferzeitabweichung, Lieferverspätungen, Anteil Liefertermínüberschreitungen, durchschnittlicher Lieferverzug in Tagen, Terminüberschreitungsquote, durchschnittliche Lieferzeitüberziehung, Lieferzeitindex, Servicezeit, Anzahl überfällige Bestellungen, Rückstandsvolumenquote, Lieferbereitschaft(-sgrad), Lieferquote, Lieferzeitpunkteinhaltung, Lieferpünktlichkeit, (Liefer-)Termintreue(-grad) Zuverlässigkeit der Lieferanten, Servicegrad, Lieferausfallquote, Fehlmengenkosten(-quote)
Nachweise ähnlicher Kennzahlen:	(AICHELE 1997, S. 330ff., ARNOLD 1997, S. 240, ARNOLDS/HEEGE/TUSSING 2001, S. 458f., BERG 1982, S. 378, BOECKER 2001, S. 59, BORNEMANN 1987, S. 42, DOBLER/BURT 1984, S. 677, DRESEN 1997, S. 112ff.+128ff., ESCHENBACH 1999, 39ff., GEISS 1986, S. 336f., GOLLE 1993, S. 63, GROCHLA ET AL. 1983, S. 72, GRUNDWALD 1993, S. 119ff., HARTMANN 1997, S. 494ff., HIRSCHSTEINER 2000, S. 95, HIRSCHSTEINER 2002a, S. 79f., 324f., 450+461, HOMBURG/WERNER/ENGLISCH 1997, S. 55, KAPLAN/NORTON 1997, S. 176, KOPPELMANN 1997, S. 140f., KOPPELMANN 1999, S. 207f., KOPPELMANN 2000, S. 391ff.+400, PIONTEK 1993b, S. 23, PIONTEK 1994, S. 105ff., 192ff., 209+231, POISCHBEG 1995, S. 33, RADKE 2001, S. 276ff., ROSENWALD 1998, S. 422f.+429, SCHLOTTERBECK 1995, S. 28, SCHULTE 1991, S. 34, STARK 1990, S. 26, TANEW 1979, S. 219ff.)

Bezeichnung:	**Lieferbereitschaft Lieferant X**
Einheit:	Prozent
Typ:	Relativzahl
Inhalt:	nicht monetär
Formel:	$\dfrac{\text{Anzahl vom Lieferanten X erfüllte Lieferwünsche} * 100}{\text{Gesamtanzahl an den Lieferanten X gerichtete Lieferwünsche}}$
Kennzahlen ähnlichen Inhalts:	Lieferbereitschaft, Servicegrad
Nachweise ähnlicher Kennzahlen:	(ARNOLD 1997, S. 240, BUDDE 2001, S. 378, GROCHLA ET AL. 1983, S. 147, GEISS 1986, S. 337, HIRSCHSTEINER 2002a, S. 450, KOPPELMANN 1997, S. 142, KOPPELMANN 1999, S. 208, KOPPELMANN 2000, S. 396, MEYER 1986, S. 136, STARK 1990, S. 26)

Bezeichnung:	**Preisniveau Lieferant X**
Einheit:	Prozent
Typ:	Relativzahl
Inhalt:	monetär
Formel:	$$\sum_{X=BOG_1}^{BOG_n} (\text{Preisabweichung } BOG_X * \text{Beschaffungsmenge } BOG_X)$$ oder $$\sum_{X=BO_1}^{BO_n} (\text{Preisabweichung } BO_X * \text{Beschaffungsmenge } BO_X)$$ (BOG = Beschaffungsobjektgruppe, BO = Beschaffungsobjekt)
Kennzahlen ähnlichen Inhalts:	s. Kennzahl „Abweichung vom Marktpreis der Beschaffungsobjektgruppe X" (Kap. 5.3.3.3.2)
Nachweise ähnlicher Kennzahlen:	(ESCHENBACH 1999, 39ff.); s. Kennzahl „Abweichung vom Marktpreis der Beschaffungsobjektgruppe X" (Kap. 5.3.3.3.2)

Bezeichnung:	**Anzahl aktiver Lieferanten der Beschaffungsobjektgruppe X**
Einheit:	-
Typ:	absolute Zahl
Inhalt:	nicht monetär
Formel:	-
Kennzahlen ähnlichen Inhalts:	Lieferantenanteil pro Artikelgruppe, Lieferantendiversifizierung, Single Sourcing-Lieferanten bezogen auf Beschaffungsobjekte/Anzahl Lieferanten oder Beschaffungsvolumen Anteil Single/Sole Sourcing
Nachweise ähnlicher Kennzahlen:	(ACKERMAN 1992, S. 351, AICHELE 1997, S. 330ff., BICK 2000, S. 72, GEISS 1986, S. 337, MONCZKA/CARTER/HOAGLAND 1979, S. 239, MONCZKA/TRENT/HAND-FIELD 1998, S. 681, PIONTEK 1994, S. 243, VAN WEELE 1984, S. 172ff.)

Abb. 56: Kennzahlen der Bezugspolitik der Sachbearbeitungsebene (Ebene III)

6 Implementierung

In den vorangehenden Kapiteln wurde zunächst ausführlich das Konzept des öffentlichen Beschaffungsmarketings dargestellt. Mit dem entwickelten Kennzahlensystem ist ein Instrument geschaffen worden, das die Implementierung des Konzepts insbesondere vor dem Hintergrund der Rahmenbedingungen der öffentlichen Beschaffung in der Kommunalverwaltung ermöglicht. Bevor auf die Einführung des Kennzahlensystems im Detail eingegangen wird, gilt es, bedeutende Punkte für Reformprojekte in der Kommunalverwaltung zu beachten, die für den Erfolg der Umsetzung essentiell sind. Unbedingt muss davor gewarnt werden, ein neues Konzept zu einzuführen, und die Maßnahmen der Implementierung auf Fortbildung zu begrenzen. Stattdessen muss ein systematischer Implementierungsplan aufgestellt werden, der die folgenden wichtigen Aspekte berücksichtigen sollte. Davon wurden einige bereits in Kapitel 2 angesprochen, werden aber hier noch einmal hervorgehoben, da ein leichtfertiges Übergehen dieser Aspekte den Erfolg des gesamten Konzepts gefährdet könnte. Besonders soll dabei auf die Reformerfahrungen der Kommunalverwaltung bzw. öffentlichen Verwaltung bei der Einführung von betriebswirtschaftlichen Instrumenten zurückgegriffen werden. Erkenntnisse der Organisationsentwicklung bzw. des Change Managements werden nur implizit berücksichtigt.

Zunächst hat die Erfahrung gezeigt, dass Reformbestrebungen möglichst in Projektform durchgeführt werden sollten, um eine zügige und zielgerichtete Umsetzung zu ermöglichen (JANN 1994, S. 12, KGST 1993, S. 28, MUNDHENKE 1997, S. 14). Unter einem Projekt kann ein einmaliges Vorhaben verstanden werden, das innerhalb eines bestimmten Zeitraums versucht, ein definiertes Ziel zu erfüllen. Die Inhalte der Projektorganisation und des Projektmanagements werden hier nicht dargestellt und finden sich in der entsprechenden Literatur. Es sei jedoch darauf hingewiesen, dass für den Erfolg des Projektes die Implementierung entscheidend ist. Hierfür ist ein situationsadäquater Implementierungsplan allein schon aufgrund der unterschiedlichen Größe, finanziellen Situation und Reformerfahrung der einzelnen Kommunalverwaltungen notwendig (ADAMASCHEK ET AL. 2002, S. 28, ADAMASCHEK ET AL. 2002, S. 16, REICHARD 1987, S. 212ff., TÖPFER 2000a, S. 42). Die jeweiligen Reformprozesse unterscheiden sich deshalb stark voneinander. Das Kopieren von Implementierungsvorgehen ist - außer bei starker Übereinstimmung der Ausgangssituation – meist ebenso wenig aussichtsreich wie das Beauftragen externer Dienstleister mit der Implementierung, wenngleich die Erfahrungen Dritter natürlich genutzt werden sollten (JANN 1993, S. 78, WEBER 1997a, S. 503f.).

Aber nicht nur der Implementierungsplan, sondern auch das Konzept insgesamt ist der Situation anzupassen. Während größere Kommunalverwaltungen beispielsweise tendenziell einen höheren Steuerungsbedarf haben und Steuerungsinstrumente und -informationen stärker benötigen, fällt der Steuerungsbedarf kleinerer Kommunalverwaltungen geringer aus. Auch wenn das öffentliche Beschaffungsmarketing und der

Einsatz von Kennzahlen nicht an eine bestimmte Mindestgröße oder an einen Reform-
stand der Kommunalverwaltung gebunden sind, muss sich der Umfang – insbesondere
des Kennzahlensystems – an der Ausgangssituation orientieren.

Grundsätzlich ist bei Reformbemühungen zu berücksichtigen, dass die Mitarbeiter den Engpass für Änderungen darstellen (BUDÄUS 1997c, S. 352, TÖPFER 2000a,
S. 43+50). Dies gilt auch für das öffentliche Beschaffungsmarketing und den Einsatz
des Kennzahlensystems. Deshalb sind Betroffene unbedingt zu Beteiligten zu machen,
da die Umsetzung des Konzepts nur mit Unterstützung des jeweiligen Mitarbeiters
gelingen kann (FISCH 2002, S. 580, HESS 1997, S. 178, JENZER 1998, S. 16). Dabei
bietet es sich an, Eigeninitiative, Kreativität und Know-how der Mitarbeiter zu nutzen
(BOGDANSKI 1997, S. 25, FISCH 2002, S. 583), was sowohl die Akzeptanz und Motivation der Mitarbeiter als auch ihr Vertrauen in das Reformprojekt insgesamt vergrößern kann (KÜHN 1999, S. 60+84, NAU/WALLNER 1999, S. 19, REMBOR 1997,
S. 202). Der Widerstand gegenüber Änderungen und neuen Konzepten ist ein weit ver-
breitetes Phänomen in der öffentlichen Verwaltung, gerade nachdem in einigen Kommunalverwaltungen aufgrund der großen Anzahl unterschiedlicher Reformbemühungen
und des partiellen Scheiterns eine gewisse Ernüchterung und auch Frustration festgestellt werden kann (FISCH 2002, S. 574, KRAUS 1985, S. 50, SCHRIJVERS 1999,
S. 251). Die Veränderungsbereitschaft der Kommunalverwaltungen ist im Schnitt geringer als bei privatwirtschaftlichen Unternehmen, so dass das Verwaltungshandeln
wesentlich änderungsresistenter ist (GREVE 1993, S. 179, SEIBEL/REULEN 2002,
S. 446). Ohnehin rufen unbekannte Konzepte und Veränderungen Ängste hervor (NA-
GEL 1997, S. 42, SCHMIDT 2001, S. 182). Es wäre jedoch falsch, diese Ängste als
unbegründetes Verhalten abzutun (ANKE/GRABOWSKI/WETZEL 1999, S. 20,
JANN 1994, S. 11). Die Ängste der Betroffenen sollten durch überzeugende Argumen-
te abgemildert werden. Während Kennzahlen in einem Teil der Kommunalverwaltung
schon bekannt sind, ist zu vermuten, dass in erster Linie das Beschaffungsmarketing
auf Widerstände stoßen kann. Es ist deshalb bei der internen Kommunikation stark auf
die Glaubwürdigkeit des Konzepts zu achten, da sich in der Vergangenheit neue Konzepte oft als Sprachhülsen oder „Reformmoden" entpuppt haben (KÜCHLER 2000,
S. 114, POPOVICH 1998, S. 41, REICHARD 1993a, S. 7). Auch wenn die vorteilhafte
Präsentation im Betrieb gewährleistet sein muss, ist vor übertriebenen Darstellungen
der Möglichkeiten ebenso zu warnen wie davor, die notwendige mit der Neueinführung
verbundene Arbeit herunterzuspielen (HESS 1997, S. 178).

Durch die begrenzten Möglichkeiten der leistungsbezogenen Bezahlung und der
geringen Sanktionsmöglichkeiten muss vor allem auf die intrinsische Motivation der
Mitarbeiter gesetzt werden. Den Mitarbeitern sollte deshalb fortwährend gezeigt werden, welchen Nutzen die Veränderungen stiften, und welche konkreten Veränderungen
sich für den Mitarbeiter direkt ergeben (ANKE/GRABOWSKI/WETZEL 1999, S. 20,
JANN 1994, S. 12, RAFFETSEDER 2001, S. 248). Für das hier vorgestellte Konzept
ist besonders wichtig zu zeigen, dass die neue Methode zuverlässig arbeitet, die verga-

berechtlichen Vorgaben eingehalten werden können und trotzdem die Wirtschaftlichkeit gesteigert werden kann. Auch muss guten Argumenten, die für den Status Quo
sprechen, begegnet werden, da es stets Blockierer des Änderungsvorhabens gibt, die
sich im bestehenden Ist-Zustand besser als im zu erwartenden Neuzustand positioniert
sehen (BUDÄUS 1993b, S. 168, BUDÄUS 1998a, S. 24, JANN 1993, S. 79, JANN
1994, S. 11). Des Weiteren sollten die Mitarbeiter in wenige, wenn nicht sogar nur in
ein Reformprojekt involviert sein, um sie nicht zu überfordern. Innerhalb dieser Reformprojekte sollten sie nicht mit zu vielen Reformschritten auf einmal konfrontiert
werden (RAFFETSEDER 2001, S. 247).

Aber nicht nur die Unterstützung der Mitarbeiter, sondern auch die der Verwaltungsleitung und des Rates muss gesichert sein (BRÜCKMANN 1994, S. 162, JANN
1993, S. 79). Der Verwaltungsleitung muss – wenn sie nicht der Ausgangspunkt der
Veränderungen ist – ebenso die Vorteilhaftigkeit des Konzepts vorgeführt werden, vor
allem wenn sie als Nutzer des Kennzahlensystems vorgesehen ist. Dem Rat muss deutlich gemacht werden, was sich hinter dem neuen Konzept verbirgt, um vorzubeugen,
dass er mit Machtverlust rechnet (BRÄUNIG 2000, S. 175, KROKER 1981, S. 79f.).
Sowohl für den Rat als auch die Verwaltungsleitung ist zu beachten, dass sie auf das
Vorhaben, Kennzahlen einzuführen, wegen der resultierenden Transparenz kritisch
gegenüberstehen können.

Die adäquate Nutzung des Beschaffungsmarketings und des Kennzahlensystems
sollte durch Fortbildungsmaßnahmen sowohl auf Bereichsleitungs- als auch auf Sachbearbeitungsebene sichergestellt werden (ADAMASCHEK ET AL. 2002, S. 7, GRE-
VE 1993, S. 179, PROMBERGER 1995, S. 283f.). Die Nutzung externer Hilfe kann,
abhängig vom vorhandenen Know-how, empfehlenswert sein.

Ferner sollte berücksichtigt werden, dass ein veränderungsfreundliches Umfeld
die Chance von Reformen erhöht (REXRODT 1991, S. 10, TÖPFER 2000a, S. 52).
Allerdings kann ein besonders hoher Veränderungsdruck auch kontraproduktiv sein, da
die betroffenen Mitarbeiter dann zu eher konservativen Verhaltensmustern neigen.

Ein häufiger Reformfehler ist die Unterschätzung der benötigten – insbesondere
zeitlichen – Ressourcen (HALLIGAN 2001, S. 87, REICHARD 1987, S. 217). Ohne
das Bereitstellen ausreichender Ressourcen ist eine erfolgreiche Implementierung
jedoch ausgeschlossen (ANKE/GRABOWSKI/WETZEL 1999, S. 35, BAUER/KLUG
1996, S. 41). Wenngleich der Einsatz des Beschaffungsmarketings und des Kennzahlensystems in kleinem Umfang relativ zügig erreichbar ist, handelt es sich bei einer umfassenden Einführung um einen längerfristigen Prozess. Die Arbeitsbelastung durch die
Einführung des Konzepts richtet sich nach dem Umfang des individuell angestrebten
Entwurfs. Gerade am Anfang des Aufbaus des Kennzahlensystems kann eine hohe Belastung durch anspruchsvolle und teils auch monotone Arbeit bestehen (BROWN 1997,
S. 173, REICHARD 1987, S. 218). Die direkten Investitionskosten für das vorgestellte
Konzept sind jedoch eher gering, da teilweise nur die Anschaffung einer Software für
die Nutzung des Kennzahlensystems notwendig ist. Dies ist in Anbetracht der Haus-

haltslage ein großer Vorteil für die Zustimmung der leitenden Ebenen der Kommunalverwaltung. Werden nur sehr wenige Kennzahlen erhoben, kann eine Standard-Daten-
banksoftware zum Einsatz kommen. Ansonsten kann – sofern das Know-how nicht im
eigenen Betrieb besteht – auf spezielle Software für Kennzahlensysteme oder Balanced
Scorecards zurückgegriffen werden. Der Investitions- und Arbeitsaufwand kann beispielsweise durch die interkommunale Zusammenarbeit mit Kommunalverwaltungen in
einer vergleichbaren Ausgangssituation sich verringern.

Speziell für den Aufbau des Kennzahlensystems gelten die folgenden Punkte.
Die für öffentliche Verwaltungen geforderte Reformpolitik der kleinen Schritte kann
auch beim Kennzahlensystem verfolgt werden, da der Aufbau nach und nach geschehen
kann (KEWENIG 1988, S. 15, KÜCHLER 2000, S. 113, REINERMANN 1984, S. 93).
So können kleinere Kommunalverwaltungen beispielsweise auch nur wenige Kennzahlen des Kennzahlensystems nutzen und trotzdem ihren Steuerungsbedarf bezüglich des
Beschaffungsmarketings decken. Eine Einführung des gesamten Kennzahlensystems
wäre in diesem Fall nicht zielführend. Größere, mit betriebswirtschaftlichen Instrumenten vertraute oder in der Beschaffung sehr professionell agierende Kommunalverwaltungen, die die Anwendung eines umfangreichen Kennzahlensystems planen, können
das Kennzahlensystem nach und nach implementieren. Wenngleich idealerweise die
drei Ebenen des Kennzahlensystems parallel und im Bezug zueinander aufgebaut werden sollten, kann auch ein Top-down- oder Bottom-up-Ansatz erfolgen – also ein Aufbau ausgehend von den Strategien und Zielen oder von den Maßnahmen. Während
beim Top-down-Ansatz die Problematik besteht, dass einzelne Kennzahlenwerte nur
durch die Mitarbeit der Beschaffer erhoben werden können, ist beim Bottom-up-Vorgehen bei fehlender Unterstützung der Leitungsebenen die Einführung des Gesamtsys-
tems stark gefährdet.

Bei jedem dieser Ansätze sollten zu Beginn nur wenige Kennzahlen pro Ebene
des Kennzahlensystems – für sehr kleine und betriebswirtschaftlich unerfahrene Kommunalverwaltungen nur ein oder zwei Kennzahlen – genutzt werden. Bei diesen Kennzahlen sollte es sich nicht um besonders leicht zu erhebende, sondern um besonders
bedeutende handeln, da nicht nur der Umgang mit Kennzahlen erlernt, sondern auch die
Leistungsfähigkeit demonstriert werden muss. Frühe Erfolge ebnen den Weg für weitere Veränderungen (GREVE 1993, S. 180). Wenn nur einzelne Kennzahlen verfolgt
werden, die noch insgesamt keine Systemqualität aufweisen, sollte von der Nutzung der
Kennzahlen als alleinige Entscheidungsgrundlage abgesehen werden. Sowohl jede einzelne Kennzahl des Systems als auch das System selbst sollten den in Kapitel 5 grundsätzlichen Anforderungen an den Aufbau von Kennzahlen und Kennzahlensystemen
genügen, um die Voraussetzung für einen zielführenden Einsatz zu schaffen. Zudem
sind auch die an gleicher Stelle formulierten Anforderungen an den Einsatz von Kennzahlen und Kennzahlensystemen einzuhalten. Bürokratische Effekte, wie sie im Bereich der Produktdefinitionen zu beobachten sind (KÜHN 1999, S. 70), sind auf jeden
Fall zu vermeiden. Ziel des Kennzahlensystems ist nicht, möglichst viele Kennzahlen

zu erheben, sondern den Informations- und Steuerungsbedarf mit möglichst wenigen Kennzahlen zu decken. Dies ist besonders in der öffentlichen Beschaffung zu beachten, da diese meist personell schlecht ausgestattet ist und die Erhebung der Kennzahlenwerte Zeit beansprucht. Die Dokumentation des Kennzahlensystems ist zwar wichtig, sollte aber nicht dessen Anwendung in den Hintergrund treten lassen. Wichtig für das Erlernen des Beschaffungsmarketings ist, dass jeder Mitarbeiter nicht „blind" einem vorgegebenem Kennzahlenwert folgt, sondern die Gründe kennt, warum dieser verfolgt wird (SCHMITHALS-FERRARI/TAUSCH/HAAS 1999, S. 219, SCHMITHALS/TAUSCH/HAAS 2002, S. 4).

Die Einführung des Kennzahlensystems kann sich am nachfolgenden Beispiel orientieren. Im Rahmen eines Projektes wird zunächst festgelegt, welches die Ziele für den Einsatz des Kennzahlensystems sind, welche Ressourcen zur Verfügung stehen etc.. Anschließend wird geprüft, welche Steuerungs- und Informationsbedarfe bei den zukünftigen Nutzern des Kennzahlensystems bestehen. Danach werden die möglichen Kennzahleninhalte zusammengetragen, Kennzahlen entworfen und zu einem System zusammengefügt. Beim Aufbau des Systems kann es aufgrund der Komplexität und der Beziehungen der Kennzahlen zueinander zu zahlreichen iterativen Durchläufen kommen. Sind die entsprechenden Kennzahlen ausgewählt bzw. ist das Kennzahlensystem entworfen, sollte eine Probeerhebung mit anschließender Auswertung folgen. Erweisen sich das System oder die Kennzahlen als ungeeignet, müssen Modifizierungen erfolgen. Kommt es zur Verabschiedung des Kennzahlensystems, sind anhand von Kennzahlendefinitionsblättern festzulegen, was die Kennzahlen beinhalten, wie sie sich zusammensetzen, wer der Kennzahlenverantwortliche ist, wann und wie die Kennzahlenwerte erhoben werden, woher die Kennzahlenwerte stammen etc. Zudem ist zu prüfen, wie sich die Kennzahlenerhebung am Besten in den Arbeitsablauf integrieren lässt, und wie die Kennzahlenarbeit softwareseitig unterstützt wird. Zum Ende der Projektphase sind die Ergebnisse zu präsentieren und die Kennzahlen den – idealerweise schon vorher integrierten – jeweiligen Nutzern bereit zu stellen. Dabei zeigt sich, ob es sich um ein zufriedenstellendes Projekt handelt, da der tagtägliche Einsatz des Kennzahlensystems durch die Nutzer über den Erfolg oder Misserfolg des Systems entscheidet. Die Eignung des Kennzahlensystems sollte jährlich überprüft und notwendige Modifizierungen vorgenommen werden, da auch die öffentliche Beschaffung ständigen Änderungen unterliegt.

7 Zusammenfassung und Ausblick

Zu Beginn wurde als Ziel der Arbeit formuliert, Ansätze zur Steigerung der Wirtschaftlichkeit der öffentlichen Beschaffung zu identifizieren und diese für die entsprechenden Rahmenbedingungen auszugestalten. Zu berücksichtigen war dabei, dass die öffentliche Beschaffung durch Finanzknappheit, Bedeutungszunahme der Beschaffung, gestiegene Anforderungen an die Sparsamkeit und Wirtschaftlichkeit und begrenzte personelle Ressourcen gekennzeichnet ist. Als geeignetes Konzept zur Steigerung der Wirtschaftlichkeit erweist sich das bislang in der öffentlichen Verwaltung nicht verfolgte Beschaffungsmarketing.

In den vorangegangenen Ausführungen dieser Arbeit wurde dargelegt, dass das Beschaffungsmarketing sich für die Anwendung in der öffentlichen Beschaffung anbietet und somit zur Wirtschaftlichkeitssteigerung eingesetzt werden kann. Eine effizientere und effektivere Beschaffung schont die finanziellen Ressourcen und eröffnet der öffentlichen Verwaltung einen größeren Handlungsspielraum. Das Beschaffungsmarketing kann unter anderem der zunehmenden Komplexität und Dynamik der Umwelt der öffentlichen Beschaffung Rechnung tragen, zur Senkung der Beschaffungskosten führen und ein strategisches Vorgehen ermöglichen. Da bisher ein strukturiertes Konzept zur Umsetzung des öffentlichen Beschaffungsmarketings fehlte, wurde die Übertragung des privatwirtschaftlichen Beschaffungsmarketings unter Anpassung an die entsprechenden Rahmenbedingungen angestrebt.

Auf der Basis dieser Überlegungen wurde zunächst die Ausgangslage der öffentlichen Verwaltung näher aufgezeigt, wobei insbesondere auf die Reformbewegungen der Kommunalverwaltung eingegangen wurde. Diese spielen in dieser Arbeit eine wichtige Rolle, da sie als Beleg für den sinnvollen Einsatz betriebswirtschaftlicher Instrumente angesehen werden können und eine bedeutende Rahmenbedingung für die Einführung eines weiteren Instruments dieser Art darstellen. Zudem erschien es auch erforderlich, die Hauptprinzipien und weiteren Inhalte des Vergaberechts aufzuzeigen, da die Kenntnis über die mit diesen Bestimmungen verbundenen Restriktionen notwendig ist, um ein handlungsfähiges öffentliches Beschaffungsmarketing schaffen zu können.

Nach umfangreicher Auswertung der relevanten Literatur wurde kein für die Übertragung auf die öffentliche Beschaffung geeignetes privatwirtschaftliches Beschaffungsmarketing gefunden, so dass dieses in dieser Arbeit zunächst entwickelt wurde. Das Kernstück des prozessorientierten Beschaffungsmarketingkonzepts bildet der Beschaffungsmarketingmix, der über eine integrierte Planung die Teilpolitiken Beschaffungsprogramm, Preis, Kommunikation und Bezug verbindet. Anschließend konnte durch die Anpassung des privatwirtschaftlichen Beschaffungsmarketingkonzepts an die Rahmenbedingungen der öffentlichen Beschaffung das benötigte strukturierte Konzept für die Umsetzung in der Kommunalverwaltung aufgebaut werden. Es wurde dabei gezeigt, dass die wenigen auf das Vergaberecht zurückgehenden Restriktionen keine plausiblen Gründe für das bisherige Nichtanwenden des Beschaffungsmarketings liefern. Neben dem zentralen Problem des fehlenden strukturierten Konzepts konnte festgestellt werden, dass insbesondere Know-how sowie geeignete Methoden und Informationen für das Management und die Implementierung des öffentlichen Beschaffungsmarketings fehlen. Ein hierfür geeignetes Instrument sind Kennzahlensysteme, die eine Effizienz- und Effektivitätsbewertung möglich machen und alltagstaugliche Größen zum Management des Beschaffungsmarketingprozesses liefern. Deshalb wurde in dieser Arbeit ein Kennzahlensystem entwickelt, das den gesamten Beschaffungsmarketingprozess sowie die Ziel-, Strategie- und Maßnahmenebene der Beschaffung vollständig abdeckt und die Anforderungen an ein „modernes" Kennzahlensystems erfüllt. Durch die Möglichkeit des sukzessiven Aufbaus des Systems ist die Umsetzung des Konzepts für Kommunalverwaltungen jeglicher Größenklasse und jeglichen Reformstandes gewährleistet.

Durch das Erreichen des zuvor anvisierten Ziels konnte mit dieser Arbeit ein Konzept zur Steigerung der Wirtschaftlichkeit der öffentlichen Beschaffung geschaffen werden, das aufgrund der Berücksichtigung der entsprechenden Rahmenbedingungen und des entwickelten Kennzahlensystems nicht „nur" ein neues theoretisches Konzept darstellt, sondern sich unmittelbar für die Umsetzung in die Praxis eignet.

Für den Forschungsausblick ist anzumerken, dass die Überprüfung der Eignung des hier entwickelten Konzepts – insbesondere des Kennzahlensystems – in der Praxis sowie sich daraus ergebende Anpassungen ausstehen. Erst die Umsetzung des öffentlichen Beschaffungsmarketings und des zugehörigen Kennzahlensystems kann zeigen, in welchem Maße es tatsächlich geeignet ist, die Situation in der öffentlichen Beschaffung zu verbessern. Zudem kann das Konzept noch auf die anderen Arten der öffentlichen Auftraggeber mit weniger restriktiven Rahmenbedingungen – wie beispielsweise Sektorenauftraggeber – übertragen werden. Ebenso ist die Übertragung des Konzepts auf die privatwirtschaftliche Beschaffung unter Wegfall der entsprechenden Restriktionen möglich.

Ein erheblicher Forschungsbedarf war für den Bereich der betriebswirtschaftlichen Analyse der öffentlichen Beschaffung festzustellen, obwohl der Forschungsgegenstand schon allein aufgrund des finanziellen Volumens ein großes Forschungsinteresse generieren sollte. Es bietet sich insbesondere eine interdisziplinäre Betrachtung mit der Rechtswissenschaft und den Verwaltungswissenschaften bzw. dem Public Management an. Diese wurde insbesondere im deutschsprachigen Raum für den Untersuchungsgegenstand bisher nur selten verfolgt. So könnten auch die Rahmenbedingungen der öffentlichen Beschaffung langfristig verändert werden und unnötige Wirtschaftlichkeitshemmnisse dadurch abgebaut werden.

Innerhalb der Betriebswirtschaftslehre besteht weiterer Forschungsbedarf im Rahmen der Theoriebildung des Beschaffungsmarketings und der Kennzahlensysteme.

Literaturverzeichnis

A

AAKER, D. A., Strategic Market Management, 1. Aufl., New York u.a. 1984.

ACKERMAN, R. B., Evaluating Purchasing Performance. In: FEARON, H. E., DOBLER, D. W., KIL-LEN, K. H., The Purchasing Handbook, 5. Aufl., New York u. a. 1992, S. 315-354.

ADAMASCHEK, B., Der Interkommunale Leistungsvergleich: Erfahrungen in Deutschland. In: SCHAUER, R. (Hrsg.), Interkommunale Leistungsvergleiche, 1. Aufl., Linz 2000a, S. 17-44.

ADAMASCHEK, B., Konzepte und praktische Erfahrungen mit der Leistungserfassung in kommunalen Managementberichten. In: BUDÄUS, D. (Hrsg.), Leistungserfassung und Leistungsmessung in öffentlichen Verwaltungen, 1. Aufl., Wiesbaden 2000b, S. 207-217.

ADAMASCHEK, B., Der Interkommunale Leistungsvergleich. In: ADAMASCHEK, B. ET AL. (Hrsg.), Managementhandbuch Kommunalverwaltung, 2. Aufl., Heidelberg 2002, D.6.

ADAMASCHEK, B. ET AL., Kommunale Verwaltungsreform. In: ADAMASCHEK, B. ET AL. (Hrsg.), Managementhandbuch Kommunalverwaltung, 2. Aufl., Heidelberg 2002, A.13.

AICHELE, C., Kennzahlenbasierte Geschäftsprozeßanalyse, Wiesbaden 1997.

ALBERS, H., Controlling im kommunalen Bereich: Kommunalverfassungsrechtliche und haushaltsrechtliche Rahmenbedingungen für Controlling. In: HARDT, U. (Hrsg.), Controlling im kommunalen Bereich, 1. Aufl., Hannover 1993, S. 51-76.

ALBERS, H., HARDT, U., Controlling und die Prinzipien des Verwaltungshandelns. Zur Beurteilung von Controlling aus der Sicht der kommunalen Gebietskörperschaften. In: BUNDE, J., POSTLEP, R.-D. (Hrsg.), Controlling in Kommunalverwaltungen, 1. Aufl., Marburg 1994, S. 111-143.

ALT, J. M., Balanced Government: Die Eignung der Balanced Scorecard als Organisationsentwicklungsprozess in der Öffentlichen Verwaltung. In: SCHERER, A. G., ALT, J. M. (Hrsg.), Balanced Scorecard in der Verwaltung und in Non-Profit-Organisationen, 1. Aufl., Stuttgart 2002, S. 43-72.

ALTINDAG, A., Chancen und Entwicklungen im Public Procurement, 1. Aufl., Berlin 2000.

AMBROSY, R., HINSENKAMP, M., Kosten- und Leistungsrechnung als Voraussetzung für ein effektives Controlling. In: WALLERATH, M. (Hrsg.), Verwaltungserneuerung, 1. Aufl., Baden-Baden 2001, S. 123-147.

AMMER, D. S., Materials Management and Purchasing, 4. Aufl., Homewood, Georgetown 1980.

ANDERS, W., Strategische Einkaufsplanung, 1. Aufl., Frankfurt am Main u. a. 1992.

ANDREE, U., Möglichkeiten und Grenzen des Controlling in Kommunalverwaltungen, 1. Aufl., Göttingen 1994.

ANKE, T., GRABOWSKI, J., WETZEL, R., Interkommunaler Leistungsvergleich: Kritische Erfolgsfaktoren. In: ADAMASCHEK, B., BAITSCH, C. (Hrsg.), Interkommunaler Leistungsvergleich, 1. Aufl., Gütersloh 1999, S. 19-88.

ANSOFF, H. I., Management-Strategie, 1. Aufl., München 1966.

ARBEITSGEMEINSCHAFT INTERNE REVISION, Kennzahlen: ein Revisionsinstrument, 1. Aufl., Wien 1985.

ARNOLD, U., Strategische Beschaffungspolitik: Steuerung und Kontrolle strategischer Beschaffungssubsysteme von Unternehmen, 1. Aufl., Frankfurt am Main, Bern 1982.

ARNOLD, U., Ziele, Aufgaben und Instrumente des Materialmanagements, Beschaffung ak-tuell, (1989)9, S. 47-54.

ARNOLD, U., Beschaffungsmanagement, 2. Aufl., Stuttgart 1997.

ARNOLD, U., Grundlagen von Einkaufskooperationen. In: ARNOLD, U. (Hrsg.), Erfolg durch Einkaufskooperationen, 1. Aufl., Wiesbaden 1998a, S. 1-12.

ARNOLD, U., Einkaufskooperationen im Mittelstand. In: LARGE, R. (Hrsg.), Trends im Beschaffungsmanagement, 1. Aufl., Bernburg 1998b, S. 31-50.

ARNOLD, U., Grundlagen von Einkaufskooperationen. In: ARNOLD, U. (Hrsg.), Erfolg durch Einkaufskooperationen, 1. Aufl., Wiesbaden 1998c, S. 13-56.

ARNOLD, U., Global Sourcing: Strategiedimensionen und Strukturanalyse. In: HAHN, D., KAUFMANN, L. (Hrsg.), Handbuch Industrielles Beschaffungsmanagement, 2. Aufl., Wiesbaden 2002, S. 201-220.

ARNOLD, U., ESSIG, M., Sourcing-Konzepte als Grundelemente der Beschaffungsstrategie, Wirtschaftswissenschaftliches Studium, 29(2000)3, S. 122-128.

ARNOLDS, H., HEEGE, F., TUSSING, W., Materialwirtschaft und Einkauf, 10. Aufl., Wiesbaden 2001.

ARROWSMITH, S., National and International Perspectives on the Regulation of Public Pro-curement: Harmony or Conflict? In: ARROWSMITH, S., DAVIES, A. (Hrsg.), Public Procurement, 1. Aufl., London 1998, S. 3-26.

AUST, E., DIENER, W., ENGELHARD, P., eSourcing: Die Revolution im strategischen Einkauf, 1. Aufl., Mannheim 2001.

AX, T., SCHNEIDER, M., Der Weg zum öffentlichen Auftrag, 1. Aufl., Berlin 2005.

AX, T., SCHNEIDER, M., NETTE, A., Handbuch Vergaberecht: VOB Teil A, VOL Teil A, VOF Rechtsschutz, 1. Aufl., München 2002.

B

BACKHAUS, K., Industriegütermarketing, 6. Aufl., München 1999.

BÄCK, H., PIGNITTER, E. A., Beschaffungs-Controlling: "Zeig mir Dein Logistik-Konzept, und ich sage Dir, ob Du liefern darfst", Beschaffung aktuell, (1993)6, S. 35-36.

BÄHR, U., Controlling in der öffentlichen Verwaltung, 1. Aufl., Sternenfels 2002.

BAILY, P. ET AL., Purchasing Principles and Management, 7. Aufl., London 1994.

BALS, H., Neue Haushaltssteuerung. In: BLANKE, B. ET AL (Hrsg.), Handbuch zur Verwaltungsreform, 3. Aufl., Wiesbaden 2005, S. 329-341.

BANNER, G., Von der Behörde zum Dienstleistungsunternehmen: Die Kommunen brauchen ein neues Steuerungsmodell, Verwaltung, Organisation, Personal, 13(1991)1, S. 6-11.

BANNER, G., Der Zwang zu Wirtschaftlichkeitsstrukturen in der Kommunalverwaltung. In: VON ARNIM, H. H., LÜDER, K. (Hrsg.), Wirtschaftlichkeit in Staat und Verwaltung, 1. Aufl., Berlin 1993a, S. 113-130.

BANNER, G., Konzern Stadt. In: HILL, H., KLAGES, H. (Hrsg.), Qualitäts- und erfolgsorien-tiertes Verwaltungsmanagement, 1. Aufl., Berlin 1993b, S. 37-56.

BANNER, G., Die internationale Entwicklung im kommunalen Management und ihre Rezeption in Deutschland. In: BANNER, G., REICHARD, C. (Hrsg.), Kommunale Managementkonzepte in Europa, 1. Aufl., Köln 1993c, S. 185-196.

BANNER, G., Die kommunale Modernisierungsbewegung. In: WISSENSCHAFTSFÖRDERUNG DER SPARKASSENORGANISATION E. V. (Hrsg.), Kommunales Management im Wandel, 1. Aufl., Bonn, Stuttgart 1997a, S. 11-37.

BANNER, G., Verwaltungsreform als Staatsdilemma. In: MUNDHENKE, E., KREFT, W. (Hrsg.), Modernisierung der Bundesverwaltung, 1. Aufl., Brühl 1997b, S. 19-32.

BAPP, K. B., Beschaffungsstrategien der 90er Jahre: Fair, kreativ und aggressiv, Beschaffung aktuell, (1990)8, S. 27-30.

BARGEHR, B., Marketing in der öffentlichen Verwaltung: Ansatzpunkte und Entwicklungsperspektiven, 1. Aufl., Stuttgart 1991.

BARTH, K., EGER, M., Beschaffungsmanagement in Europa: Erfolgsfaktoren, Barrieren und Best Practices, Beschaffung aktuell, (2000)4, S. 42-47.

BARTELS, W., Kennzahlen für die Beschaffungslogistik, Beschaffung aktuell, (1991)8, S. 69-70.

BARTL, H., Handbuch Öffentliche Aufträge: Erfolgreich anbieten und sicher vergeben, 2. Aufl., Baden-Baden 2000.

BAUER, H., KLUG, F., Kosten- und leistungsbewußte öffentliche Verwaltung: Strategien und Maßnahmen, 1. Aufl., Wien 1996.

BECKER, B., Öffentliche Verwaltung: Lehrbuch für Wissenschaft und Praxis, 1. Aufl., München 1989.

BECKER, J., Strategisches Marketing. In: TIETZ, B., KÖHLER, R., ZENTES, J. (Hrsg.), Handwörterbuch des Marketing, 2. Aufl., Stuttgart 1995, Sp. 2411-2425.

BECKER, J., Marketing-Konzeption: Grundlagen des strategischen und operativen Marketing-Managements, 6. Aufl., München 1998.

BECKER, K., HANSEN, P., Die Reform der öffentlichen Verwaltung: Anforderungen an das Personal- und Organisationsmanagement in theoretischer und praktischer Darstellung, 1. Aufl., Gelnhausen 1997.

BECKER, R., Die Erfüllung öffentlicher Aufgaben durch gemischtwirtschaftliche Unternehmen, 1. Aufl., Baden-Baden 1997.

BECKHOF, H., Ziele, Grundsätze und Einführungsstrategie der Budgetierung. In: BAYERISCHE VERWALTUNGSSCHULE (Hrsg.), Kosten senken durch Kostensteuerung, 1. Aufl., Stuttgart u. a. 1999, S. 87-122.

BEHR, A., "Vom Staatsdiener zum Dienstleister", Frankfurter Allgemeine Zeitung, 27.02.2002, S. 8.

BENDELL, T., BOULTER, L., KELLY, J., Benchmarking for Competitive Advantage, 1. Aufl., London 1993.

BENEDICT, C., Sekundärzwecke im Vergabeverfahren: Öffentliches Auftragswesen, seine teilweise Harmonisierung im EG/EU-Binnenmarkt und die Instrumentalisierung von Vergaberecht durch vergabefremde Aspekte, 1. Aufl., Berlin u. a. 2000.

BENSAOU, M., Portfolios of Buyer-Supplier Relationships, Sloan Management Review, 41(1999) Summer, S. 35-44.

BERG, C. C., Beschaffungsmarketing, 1. Aufl., Würzburg, Wien 1981.

BERG, C. C., Formeln und Kennzahlen der betrieblichen Beschaffung und Logistik, Wirtschaftswissenschaftliches Studium, 11(1982)8, S. 377-381.

BERNDT, R., Marketing für öffentliche Aufträge, 1. Aufl., München 1988.

BERNING, R., Beschaffungsmarketing, 1. Aufl., Wiesbaden 1996.

BERNING, R., WIERDEMANN, W., Benchmarking im Einkauf: Beständig ist nur der Wandel, Beschaffung aktuell, (1995)8, S. 33-36.

BESCHAFFUNGSAMT DES BUNDESMINISTERIUMS DES INNERN, Darstellung und Aufgabe der Behörde, http://www.bescha.bund.de/enid/3c74b350d566cdde2a6f52d9fc59fa3,0/ Das_Beschaffungsamt_des_BMI/Wir_ueber_uns_61.html, o. J., Zugriff am 02.01.2006.

BEYER, L., Öffentliches Rechnungswesen: Kameralistik oder Doppik? In: BLANKE, B. ET AL. (Hrsg.), Handbuch zur Verwaltungsreform, 2. Aufl., Opladen 2001, S. 337-347.

BEYER, L., KINZEL, H. G., Öffentliches Rechnungswesen: Kameralistik oder Doppik. In: BLANKE, B. ET AL. (Hrsg.), Handbuch zur Verwaltungsreform, 3. Aufl., Wiesbaden 2005, S. 351-360.

BICHLER, K., KROHN, R., Beschaffungs- und Lagerwirtschaft: Praxisorientierte Darstellung mit Aufgaben und Lösungen, 8. Aufl., Wiesbaden 2001.

BICK, W., Instrumente der Erfolgskontrolle: Beurteilung von Einkaufsorganisationen und -prozessen, Beschaffung aktuell, (2000)1, S. 72-74.

BIERGANS, B., Zur Entwicklung eines marketingadäquaten Ansatzes und Instrumentariums für die Beschaffung, 4. Aufl., Köln 1992.

BIRGEL, K., Öffentliches Auftragswesen und Preisrecht: Ratgeber für Klein- und Mittelbetriebe zur Ausschreibung, Vergabe und Preisbildung öffentlicher Aufträge einschließlich Bauaufträge, 1. Aufl., Freiburg, Berlin 1994.

BISCHOF, J., Die Balanced Scorecard als Instrument einer modernen Controlling-Konzeption: Beurteilung und Gestaltungsempfehlungen auf der Basis des Stakeholder-Ansatzes, 1. Aufl., Wiesbaden 2002.

BLUMENTHAL, C., MATTHEIS, H., REIME, W., Beschaffung im öffentlichen Bereich: Spezifika und Entwicklungstendenzen. In: KPMG (Hrsg.), Jahrbuch der Beschaffung 2000, Berlin 2000, S. 123-149.

BODMER, C., Die Methode Benchmarking. In: FAHRNI, F., VÖLKER, R., BODMER, C. (Hrsg.), Erfolgreiches Benchmarking in Forschung und Entwicklung, Beschaffung und Logistik, 1. Aufl., München, Wien 2002, S. 3-25.

BOECKER, E., Sechs Stufen: Controlling mit Kennzahlen, Beschaffung aktuell, (2001)10, S. 58-60.

BÖHRET, C., Reformfähigkeit und Anpassungsflexibilität der öffentlichen Verwaltung. In: HESSE, J. J. (Hrsg.), Politikwissenschaft und Verwaltungswissenschaft, 1. Aufl., Opladen 1982, S. 134-150.

BÖLKE, L., Marktgesetzlichkeiten auch im öffentlichen Dienst: Eine Verwaltungsreform in Großbritannien, und was wir daraus lernen können, Verwaltungsführung, Organisation, Personal, 15(1993)1, S. 31-36.

BOERGER, M., Zur Problematik der Effizienzkriterien öffentlicher Verwaltung, Diss. Universität Nürnberg 1975.

BOESEN, A., Rechtsschutz bei der Vergabe öffentlicher Aufträge aus Sicht der Europäischen Kommission. In: GORMLEY, L. W. (Hrsg.), Gordian knots in European public procurement law, 1. Aufl., Köln 1997, S. 47-55.

BOESEN, A., Das neue Vergaberecht: ein Leitfaden für Unternehmen, die sich um öffentliche Aufträge bewerben, 1. Aufl., Köln 1999.

BOESEN, A., Vergaberecht: Kommentar zum 4. Teil des GWB, 2. Aufl., Köln 2003.

BOGAN, C. E., ENGLISH, M. J., Benchmarking for best practices: winning through innovative adaption, 1. Aufl., New York u. a. 1994.

BOGASCHEWSKY, R., Integrated Supply Management: Ganzheitliche Konzepte zur Kostensenkung und zur Effektivitätssteigerung. In: BEARING POINT (Hrsg.), Jahrbuch der Beschaffung 2002, 1. Aufl., Berlin 2002, S. 15-30.

BOGASCHEWSKY, R. (Hrsg.), Elektronischer Einkauf: Erfolgspotentiale, Praxisanwendungen, Sicherheits- und Rechtsfragen, 1. Aufl., Germsbach 1999.

BOGDANSKI, E., Die Organisation der Reformprozesse in Berlin. In: HILL, H., KLAGES, H. (Hrsg.), Berlin: Unternehmen Verwaltung, 1. Aufl., Stuttgart u. a. 1997, S. 25-31.

BOGDANSKI, E., PASUTTI, M., Neues Berliner Verwaltungsmanagement. In: HILL, H., KLAGES, H. (Hrsg.), Berlin: Unternehmen Verwaltung, 1. Aufl., Stuttgart u. a. 1997, S. 77-90.

BOGUMIL, J., KISSLER, L., Verwaltungsmodernisierung als Machtspiel: Zu den heimlichen Logiken kommunaler Modernisierungsprozesse. In: BUDÄUS, D., CONRAD, P., SCHREYÖGG, G. (Hrsg.), New Public Management, 1. Aufl., Berlin, New York 1998, S. 123-149.

BOGUMIL, J., KUHLMANN, S., Zehn Jahre kommunale Verwaltungsmodernisierung: Ansätze einer Wirkungsanalyse. In: JANN, W. ET AL. (Hrsg.), Status-Report Verwaltungsreform, 1. Aufl., Berlin 2004, S. 51-63.

BOLLONGINO, A., Geltendmachung von zivilrechtlichen Ansprüchen von Unternehmen bei Abweichungen von Bestimmungen der Verdingungsordnung für Leistungen, Teil A, durch öffentliche Auftraggeber unter Berücksichtigung neuerer Entwicklungen im Hinblick auf eine gesetzliche Regelung des öffentlichen Auftragswesens, Diss. Universität Bonn 1992.

BOOMS, B., BITNER, J., Marketing strategies and organizational structures for service firms. In: DONNELLY, J., GEORGE, W. (Hrsg.), Marketing of services, 1. Aufl., Chicago 1981, S. 47-51.

BORDEN, N., The concept of the marketing mix, Journal of Advertising Research, 4(1964)June, S. 2-7.

BORNEMANN, H., Controlling im Einkauf: Planung – Analyse – Bericht – Fallstudien, 1. Aufl., Wiesbaden 1987.

BORINS, S., GRÜNING, G., New Public Management: Theoretische Grundlagen und problematische Aspekte der Kritik. In: BUDÄUS, D., CONRAD, P., SCHREYÖGG, G. (Hrsg.), New Public Management, 1. Aufl., Berlin, New York 1998, S. 11-53.

BOTTA, V., Kennzahlensysteme als Führungsinstrumente: Planung, Steuerung und Kontrolle der Rentabilität im Unternehmen, 5. Aufl., Berlin 1997.

BOUTELLIER, R., CORSTEN, D., Basiswissen Beschaffung, 1. Aufl., München, Wien 2000.

BOVIS, C., The liberalisation of public procurement and its effects on the common market, 1. Aufl., Aldershot 1998.

BRACHMANN, H., Beschaffungswirtschaftliche Grundzüge der Stromversorgungswirtschaft, 1. Aufl., Frankfurt am Main 1986.

BRÄUNIG, D., Öffentliche Verwaltung und Ressourcenbewirtschaftung: Institutionenökonomische Aspekte und betriebswirtschaftliche Rechnungen am idealtypischen Beispiel des Hierarchie- und Vertragsmodells, 1. Aufl., Baden-Baden 2000.

BRÄUNIG, D., GRELING, D. (Hrsg.), Stand und Perspektiven der Öffentlichen Betriebswirtschaftslehre, 1. Aufl., Berlin 1999.

BRAMSEMANN, R., KÖSTER, M., Controlling in der öffentlichen Verwaltung, 1. Aufl., Münster 1998.

BRANDES, H., Einkäufer müssen sich zu häufig auf ihren Instinkt verlassen, Financial Times Deutschland, 08.01.2003, S. 5.

BRANDSTÄTT, T., Prozeßmanagement in der kommunalen Verwaltung: Möglichkeiten und Grenzen für die Übertragung eines Organisationskonzeptes, 1. Aufl., Köln 2000.

BRAUN, G. E., Stand und Entwicklungsperspektiven der öffentlichen Betriebswirtschaftslehre, Betriebswirtschaftliche Forschung und Praxis, 38(1986a)3, S. 181-198.

BRAUN, G. E., Öffentliche Betriebswirtschaftslehre: Theorie der öffentlichen Verwaltung aus betriebswirtschaftlicher Sicht, Die Unternehmung, 40(1986b)4, S. 338-347.

BRAUN, G. E., Betriebswirtschaftliche Kennzahlen und Indikatoren zur Verbesserung der Wirtschaftlichkeit des staatlichen Verwaltungshandelns. In: EICHHORN, P. (Hrsg.), Doppik und Kameralistik, 1. Aufl., Baden-Baden 1987, S. 183-200.

BRAUN, G. E., Ziele in öffentlicher Verwaltung und privatem Betrieb: Vergleich zwischen öffentlicher Verwaltung und privatem Betrieb sowie eine Analyse der Einsatzentscheidungen betriebswirtschaftlicher Planungsmethoden in der öffentlichen Verwaltung, 1. Aufl., Baden-Baden 1988.

BRAUN, G. E., Ziele in der öffentlichen Verwaltung: Die Sicht der öffentlichen Betriebswirtschaftslehre, Verwaltungsführung, Organisation, Personal, 14(1992)3, S. 162-169.

BRAUN, G. E., TÖPFER, A., Ansatzpunkte für Marketing im kommunalen Bereich. In: BRAUN, G. E., TÖPFER, A. (Hrsg.), Marketing im kommunalen Bereich, 1. Aufl., Stuttgart 1989, S. 8-28.

BREDE, H., Ziele öffentlicher Verwaltungen. In: CHMIELEWICZ, K., EICHHORN, P. (Hrsg.), Handwörterbuch der öffentlichen Betriebswirtschaft, 1. Aufl., Stuttgart 1989, Sp. 1867-1877.

BREDE, H., Grundzüge der öffentlichen Betriebswirtschaftslehre, 1. Aufl., München, Wien 2001.

BRENZKE, D., Wirtschaftlichkeitsrechnungen in öffentlichen Betrieben und Verwaltungen: Grundlagen für die Anwendung der Wirtschaftlichkeitsvorschriften in Bund, Länder und Kommunen, 1. Aufl., Kornach, München 1989.

BRETSCHNEIDER, G. (Hrsg.), Einkaufsleiter-Handbuch, 1. Aufl., München 1974.

BROWN, M. G., Kennzahlen: Harte und weiche Faktoren erkennen, messen und bewerten, 1. Aufl., München, Wien 1997.

BRUCH, H., Strategisches Beschaffungs-Controlling. In: STEINLE, C., BRUCH, H. (Hrsg.), Controlling, 2. Aufl., Stuttgart 1999, S. 677-690.

BRÜCKMANN, F., Erste Controlling-Schritte in der Kommunalverwaltung. In: BUNDE, J., POSTLEP, R.-D. (Hrsg.), Controlling in Kommunalverwaltungen, 1. Aufl., Marburg 1994, S. 159-184.

BRUHN, M., Marketing: Grundlagen für Studium und Praxis, 5. Aufl., Wiesbaden 2001.

BUCHHOLZ, W., Outsourcing der Beschaffung: Strategische Ausrichtung und organisatorische Umsetzung, Zeitschrift Führung + Organisation, 68(1999)5, S. 271-277.

BUCK, T., Konzeption einer integrierten Beschaffungskontrolle, 1. Aufl., Wiesbaden 1998.

BUDÄUS, D., Betriebswirtschaftliche Instrumente zur Entlastung kommunaler Haushalte: Analyse der Leistungsfähigkeit ausgewogener Steuerungs- und Finanzierungsinstrumente für eine effizientere Erfüllung öffentlicher Aufgaben, 1. Aufl., Baden-Baden 1982.

BUDÄUS, D., Betriebswirtschaftliche Analyse öffentlicher Verwaltungen: Konzepte, Probleme, Perspektiven. In: HOFMANN, M., ZAPOTOCZKY, K., STRUNTZ, H. (Hrsg.), Gestaltung öffentlicher Verwaltungen, 1. Aufl., Heidelberg 1993a, S. 57-73.

BUDÄUS, D., Kommunale Verwaltungen in der Bundesrepublik Deutschland zwischen Leistungs- und Modernisierungsdruck. In: BANNER, G., REICHARD, C. (Hrsg.), Kommunale Managementkonzepte in Europa, 1. Aufl., Köln 1993b, S. 163-176.

BUDÄUS, D., Neue Wege im Rechnungswesen und Controlling öffentlicher Einrichtungen. In: BAUM ET AL. (Hrsg.), Controlling öffentlicher Einrichtungen, 1. Aufl., Stuttgart 1997a, S. 43-55.

BUDÄUS, D., Controlling als integratives Element von Verwaltungsreformen. In: BECKER, R., WEBER, J. (Hrsg.), Kostenrechnung, 1. Aufl., Wiesbaden 1997b, S. 27-84.

BUDÄUS, D., Probleme und Defizite der Verwaltungsreform auf Bundesebene. In: MUNDHENKE, E., KREFT, W. (Hrsg.), Modernisierung der Bundesverwaltung, 1. Aufl., Brühl 1997c, S. 335-358.

BUDÄUS, D., Public Management: Konzepte und Verfahren zur Modernisierung öffentlicher Verwaltungen, 4. Aufl., Berlin 1998a.

BUDÄUS, D., Organisationswandel öffentlicher Aufgabenwahrnehmung als Teil eines New Public Management. In: BUDÄUS, D. (Hrsg.), Organisationswandel öffentlicher Aufgabenwahrnehmung, 1. Aufl., Baden-Baden 1998b, S. 99-118.

BUDÄUS, D., Von der bürokratischen Steuerung zum New Public Management: Eine Einführung. In: BUDÄUS, D., CONRAD, P., SCHREYÖGG, G. (Hrsg.), New Public Management, 1. Aufl., Berlin, New York 1998c, S. 1-10.

BUDÄUS, D., Von der Dominanz der Sachziele im öffentlichen Sektor zum System von Formalzielen als Grundlage zukünftiger Reformentwicklungen. In: BRÄUNIG, D., GRELING, D. (Hrsg.), Stand und Perspektiven der Öffentlichen Betriebswirtschaftslehre, 1. Aufl., Berlin 1999, S. 55-65.

BUDÄUS, D., Aktuelle Bestrebungen um Leistungserfassung und leistungsorientierte Ressourcensteuerung in öffentlichen Verwaltungen. In: BUDÄUS, D. (Hrsg.), Leistungserfassung und Leistungsmessung in öffentlichen Verwaltungen, 1. Aufl., Wiesbaden 2000, S. 11-21.

BUDÄUS, D., Strategisches Management in öffentlichen Verwaltungen: Zur Funktion und Leistungsfähigkeit der Balanced Scorecard als strategisches Planungs- und Managementkonzept. In: SCHERER, A. G., ALT, J. M. (Hrsg.), Balanced Scorecard in der Verwaltung und in Non-Profit-Organisationen, 1. Aufl., Stuttgart 2002, S. 319-338.

BUDÄUS, D., Öffentliche Verwaltungen zwischen Krisenaktionismus und konstruktiver Reform, Arbeitsbereich Public Management, Hamburger Universität für Wirtschaft und Politik, Hamburg 2004.

BUDÄUS, D., BUCHHOLTZ, K., Konzeptionelle Grundlagen des Controlling in öffentlichen Verwaltungen, Die Betriebswirtschaft, 57(1997)3, S. 322-337.

BUDÄUS, D., GRÜNING, G., New Public Management: Entwicklung und Grundlagen einer "Revolution" des öffentlichen Sektors, Zeitschrift Führung + Organisation, 67(1998)1, S. 4-9.

BUDDE, R., Führungstechnik: Grundregeln der Beschaffungspolitik nach ISO 9000, Beschaffung aktuell, (1998)12, S. 33-35.

BUDDE, R., Strategieentwicklung und -abgleich: Materialwirtschaftliche Strategien umsetzen, Beschaffung aktuell, (2001)6, S. 56-58.

BUFF, R., Kostenmanagement im Einkauf: Jetzt ganz besonders: Im Einkauf liegt der Gewinn, Beschaffung aktuell, (1993)8, S. 19-22.

BUNDESMINISTERIUM FÜR WIRTSCHAFT UND TECHNOLOGIE, Rundschreiben zur Anwendung der Richtlinie 2004/18/EG des Europäischen Parlaments und des Rates vom 31. März 2004 über die Koordinierung der Verfahren zur Vergabe öffentlicher Bauaufträge, Lieferaufträge und Dienstleistungsaufträge. http://www.dstgb-vis.de/home/aktuelles_news/aktuell/ unmittelbare_anwendbarkeit_der_eu_vergaberichtlinien_ab_februar_2006/index.html,   o. J., Zugriff 28.02.2006.

BUNTE, H.-J., Die kartellrechtliche Beurteilung von Einkaufsgemeinschaften der öffentlichen Hand, Wirtschaft und Wettbewerb, 48(1998), S. 1037-1046.

BURKHARDT, D. ET AL. (Hrsg.), Innovationen durch öffentliche Beschaffungen: Chancen und Probleme, 1. Aufl., München 1981.

BURR, W., SEIDLMEIER, H., Benchmarking in der öffentlichen Verwaltung: Anwendungspotentiale und Grenzen aus theoretischer und empirischer Sicht. In: BUDÄUS, D., CONRAD, P., SCHREYÖGG, G. (Hrsg.), New Public Management, 1. Aufl., Berlin, New York 1998, S. 55-92.

BURT, D. N., PINKERTON, R. L. A purchasing manager's guide to strategic proactive procurement, 1. Aufl., New York u. a. 1996.

BURT, D. N., STARLING, S., World Class Supply Management. In: HAHN, D., KAUFMANN, L. (Hrsg.), Handbuch Industrielles Beschaffungsmanagement, 2. Aufl., Wiesbaden 2002, S. 93-111.

BUSCHOR, E., Von der Kameralistik zur Kosten- und Leistungsrechnung. In: MORATH, K. (Hrsg.), Wirtschaftlichkeit der öffentlichen Verwaltung, 1. Aufl., Bad Homburg 1994, S. 25-39.

BYOK, J., § 114 GWB: Entscheidung der Vergabekammer. In: BYOK, J., JAEGER, W. (Hrsg.), Kommentar zum Vergaberecht, 1. Aufl., Heidelberg 2000a, S. 259-264.

BYOK, J., § 107 GWB: Einleitung, Antrag. In: BYOK, J., JAEGER, W. (Hrsg.), Kommentar zum Vergaberecht, 1. Aufl., Heidelberg 2000b, S. 228-237.

C

CADUFF, T., Zielerreichungsorientierte Kennzahlennetze industrieller Unternehmen: Bedingungsmerkmale, Bildung, Einsatzmöglichkeiten, 1. Aufl., Thun, Frankfurt am Main 1981.

CALIK, K., Der staatliche Patient: Beim Beschaffungswesen der öffentlichen Hand bestehen große Potenziale für effizienteren und kostengünstigeren Einkauf, CYbiz, 2(2001)1, S. 40.

CAMMISH, R., KEOUGH, M., A strategic role for purchasing, The McKinsey Quarterly, (1991)3, S. 22-39.

CANNON, J. P., PERREAULT, W. D., Buyer-Seller Relationships in Business Markets, Journal of Marketing Research, 36(1999)11, S. 439-460.

CARTER, J. R., Development of Supply Strategies. In: CAVINATO, J. L., KAUFFMAN, R. G. (Hrsg.), The purchasing handbook, 6. Aufl., New York 1999, S. 81-98.

CARTER, J. R., NARASIMHAN, R., Purchasing in the International Marketplace: Implications for Operations, Journal of Purchasing and Materials Management, 26(1990)Summer, S. 2-11.

CAVINATO, J. L., KAUFFMAN, R. G. (Hrsg.), The purchasing handbook: a guide for the purchasing and supply professional, 6. Aufl., New York 1999.

CHMIELEWICZ, K., Zur Problematik einzelwirtschaftlicher Effizienzkriterien bei öffentlichen Unternehmungen. In: THIEMEYER, T. (Hrsg.), Öffentliche Unternehmen und ökonomische Theorie, 1. Aufl., Baden-Baden 1987, S. 125-174.

CHMIELEWICZ, K., EICHHORN, P., Überlegungen zu einer Betriebswirtschaftslehre der öffentlichen Verwaltung, Zeitschrift für Betriebswirtschaft, 41(1971)4, S. 583-610.

CHRISTENSEN, T., LAEGREID, P., A Transformative Perspective on Administrative Reforms. In: CHRISTENSEN, T., LAEGREID, P. (Hrsg.), New Public Management, 1. Aufl., Aldershot 2001, S. 13-39.

CHRISTMANN, K., HULAND, D., MEISSNER, B., Einkaufen für Kommunen: Modern, wirtschaftlich und rechtssicher, 1. Aufl., Heidelberg, München, Berlin 2004.

CLEMENS, M., Entscheidungsorientierte Beschaffungskostenrechnung, 1. Aufl., Frankfurt am Main u. a. 1995.

COLBERG, W., HOFFMANN, J., KOSMOL, T., Beziehungsmanagement mit Lieferanten: Konzepte, Instrumente und Erfolgsmessung am Beispiel des Programms competeS der Bosch-Gruppe. In: HILDEBRANDT, H., KOPPELMANN, U. (Hrsg.), Beziehungsmanagement mit Lieferanten, 1. Aufl., Stuttgart 2000, S. 49-67.

CORSTEN, H., Beschaffung. In: CORSTEN, H., REISS, M. (Hrsg.), Betriebswirtschaftslehre, 2. Aufl., München, Wien 1996, S. 611-736.

CORTE, C., HESSELMANN, S., KAYSER, G., Öffentliches Auftragswesen in der EG: Eine empirische Untersuchung über Zugangsbedingungen und -erfordernisse für mittelständische Unternehmen, 1. Aufl., Stuttgart 1990.

COURT, B., STEELE, P., Das Konzept des Beschaffungsmarketing: Einkäufer werden Verkäufer, Beschaffung aktuell, (1989)1, S. 31-32.

CRONAUGE, U., Kommunale Unternehmen: Eigenbetriebe – Kapitalgesellschaften – Zweckverbände, 3. Aufl., Berlin 1997.

D

DÄUMLER, K.-D., GRABE, J., Kalkulationsvorschriften bei öffentlichen Aufträgen, Herne, Berlin 1984.

DAMKOWSKI, W., PRECHT, C., Public Management: Neuere Steuerungskonzepte für den öffentlichen Sektor, 1. Aufl., Stuttgart, Berlin, Köln 1995.

DAMKOWSKI, W., PRECHT, C., Public Management in Deutschland: Neuere Entwicklungen und eine Zwischenbilanz. In: DAMKOWSKI, W., PRECHT, C. (Hrsg.), Moderne Verwaltung in Deutschland, 1. Aufl., Stuttgart, Berlin, Köln 1998, S. 15-33.

DAUB, W., MEIERROSE, R., EBERSTEIN, H. H., Kommentar zur VOL-A: Verdingungsordnung für Leistungen – ausgenommen Bauleistungen – Teil A, 5. Aufl., Düsseldorf 2000.

DEIMER, J., KOSTENBADER, T., Privatisierung kommunaler Aufgaben: Position und Erfahrungen der Städte. In: BAUM ET AL. (Hrsg.), Controlling öffentlicher Einrichtungen, 1. Aufl., Stuttgart 1997, S. 21-28.

DELLMANN, K., Prozesskostenrechnung für Maßnahmen- und Ressourcenentscheidungen in der Verwaltung? In: HESS, J. (Hrsg.), Controlling in der öffentlichen Verwaltung, 1. Aufl., Bern 1991, S. 7-70.

DEMARCHI, C., Beschaffungsmarketing: Ein revolutionäres System zur Gewinnsteigerung, 1. Aufl., Düsseldorf, Wien 1974.

DE PAOLL, T. M., Re-engineering Purchasing and Supply. In: CAVINATO, J. L., KAUFFMAN, R. G. (Hrsg.), The Purchasing Handbook, 6. Aufl., New York 1999, S. 311-329.

DERLIEN, H.-U., Öffentlicher Dienst im Wandel. In: KÖNIG, K. (Hrsg.), Deutsche Verwaltung an der Wende zum 21. Jahrhundert, 1. Aufl., Baden-Baden 2002, S. 229-253.

DEUTSCHES INSTITUT FÜR URBANISTIK (Difu), Verwaltungsmodernisierung in deutschen Kommunalverwaltungen: Eine Bestandsaufnahme, 1. Aufl., Berlin 2005.

DEUTSCHER STÄDTE- UND GEMEINDEBUND (DStGB), Kommunale Auftragsvergabe: Grundlagen, Vergabeverfahren, Rechtsschutz, Dokumentation Nr. 36, Verlagsbeilage „Stadt und Gemeinde INTERAKTIV", (2004)3.

DIECKMANN, J., Sinn und Zweck der Verwaltungsreform: Anforderungen und Chancen für die Kommunen. In: TÖPFER, A. (Hrsg.), Die erfolgreiche Steuerung öffentlicher Verwaltungen, 1. Aufl., Wiesbaden 2000, S. 29-39.

DIEDZOLEIT, W., Brüsseler Prinzipien, Der Spiegel, 27.11.2000, S. 122.

DIEMER, R., Neukonzeption des kommunalen Rechnungswesens: Vergleich des betriebswirtschaftlichen Gestaltungspotentials von Doppik und Kameralistik, 1. Aufl., Essen 1996.

DILLER, K. D., Dezemberfieber, Wirtschaftswissenschaftliches Studium, 14(1985)12, S. 628-632.

DOBLER, D. W., BURT, D. N., Purchasing and Supply Management, 6. Aufl., New York u. a. 1984.

DOBLER, T., Kennzahlen für die erfolgreiche Unternehmenssteuerung: Instrumente zur Analyse, Krisenvorbeugung und Unternehmenssicherung, 1. Aufl., Stuttgart 1998.

DOENGES, N., KOEDER, K., Kennzahlensysteme: Grundlage der Unternehmensanalyse, Neue Betriebswirtschaft, 35(1982), S. 573-582.

DOLLMANN, M., DREBINGER, T., READ, D., Erfolgreiches Lieferantenmanagement basiert auf sieben Kernprozessen. In: KPMG (Hrsg.), Jahrbuch der Beschaffung 2001, Berlin 2001, S. 47-57.

DOLMETSCH, R., e-Procurement: Einsparungspotentiale im Einkauf, 1. Aufl., Berlin 2000.

DOMBERGER, S., RIMMER, S., Competitive Tendering and Contracting in the Public Sector: A Survey. In: ARROWSMITH, S., HARTLEY, K., (Hrsg.), Public Procurement I, 1. Aufl., Cheltenham, Northampton 2002, S. 32-46.

DONGES, J. B. ET AL., Reform der öffentlichen Verwaltung: Mehr Wirtschaftlichkeit beim Management staatlicher Einrichtungen, 1. Aufl., Bad Homburg 1991.

DOSTAL, A. W. T., Beschaffungsmarketing der öffentlichen Hand: Ein Forschungsbericht mit zehn Hypothesen, Verwaltungsführung, Organisation, Personal, 2(1980)5, S. 328-338.

DOSTAL, A. W. T., Beschaffungsverhalten der öffentlichen Hand: oder die Notwendigkeit zur Entwicklung eines neuen Forschungskonzepts, Die Unternehmung, 35(1981), S. 193-207.

DOSTAL, A. W. T., Organisation und koordinative Funktion des Behördeneinkaufs, Journal für Betriebswirtschaft, 33(1983)3, S. 156-167.

DOSTAL, A. W. T., Beschaffungsmarketing. In: KIRCHHOFF, G. (Hrsg.), Handbuch zur Ökonomie der Verteidigungspolitik, 1. Aufl., Regensburg 1986, S. 121-127.

DOSTAL, G., Die Rolle der Marktforschung im Beschaffungsmarketing der öffentlichen Hand, Planung und Analyse, 11(1984)1, S. 4-8.

DRESEN, P., Benchmarking in der Beschaffung, 1. Aufl., Köln 1997.

DRÜGEMÖLLER, A., Vergaberecht und Rechtsschutz: Der inter- und supranationale Rahmen und seine Ausgestaltung in Deutschland, 1. Aufl., Berlin u. a. 1999.

DUNSCH, J., Kooperationen: Die sinnvollen Wahlverwandtschaften. In: VOEGELE, A. R., SCHIN-
DELE, S. (Hrsg.), Einkaufskooperationen in der Praxis, 1. Aufl., Wiesbaden 1998, S. 13-27.

E

EGGER, W., Wettbewerbsorientierung als nachhaltiger Lernprozess: Erfahrungen in Österreich. In:
SCHAUER, R. (Hrsg.), Interkommunale Leistungsvergleiche, 1. Aufl., Linz 2000, S. 79-120.

EHRMANN, H., Kompakt-Training Balanced Scorecard, 2. Aufl., Ludwigshafen 2002.

EICHHORN, P., Wirtschaftlichkeit der Verwaltung. In: CHMIELEWICZ, K., EICHHORN, P. (Hrsg.),
Handwörterbuch der öffentlichen Betriebswirtschaft, 1. Aufl., Stuttgart 1989, Sp. 1795-1803.

EICHHORN, P., Immaterielle Leistungsanreize im öffentlichen Dienst, Verwaltungsführung, Organisation, Personal, 13(1991)3, S. 152-156.

EICHHORN, P., Strukturmodell zur Reorganisation der Kommunalverwaltung: In: BUDÄUS, D.
(Hrsg.), Organisationswandel öffentlicher Aufgabenwahrnehmung, 1. Aufl., Baden-Baden
1998, S. 211-221.

EICHHORN, P., Controlling als Instrument zur Steuerung öffentlicher Verwaltungen. In: ERICHSEN,
H.-U. (Hrsg.), Kommunale Verwaltung im Wandel, 1. Aufl., Köln u. a. 1999, S. 117-123.

EICHHORN, P., Das Prinzip der Wirtschaftlichkeit, 2. Aufl., Wiesbaden 2000.

EICHHORN, P., Öffentliche Betriebswirtschaftslehre als eine Spezielle BWL, Wirtschaftswissenschaftliches Studium, 30(2001)8, S. 409-416.

EICHHORN, P., BUCHHOLZ, W., Marketing in öffentlichen Verwaltungen, Betriebswirtschaftliche
Forschung und Praxis, 35(1983)3, S. 209-221.

EICHLER, B., Beschaffungsmarketing und -logistik, 1. Aufl., Herne, Berlin 2003.

EILENBERGER, G., SACHENBACHER, H.-U., Betriebswirtschaftliche Formeln und Kennzahlen,
1. Aufl., München 1992.

EILSBERGER, R., Aspekte des öffentlichen Beschaffungswesens im Bereich der Bürowirtschaft, Verwaltung, Organisation, Personal, 2(1980), S. 340-349.

EINSPORN, T., eProcurement für Unternehmen: der neue Weg zum effizienten Einkauf, 1. Aufl., Köln
2000.

ELLERMANN, S., Öffentliches Beschaffungswesen in den USA, 1. Aufl., Köln, Berlin 1993.

ELLRAM, L. M., Total Cost Modeling in Purchasing, 1. Aufl., Tempe 1994.

ELLRAM, L. M., Total Cost of Ownership. In: HAHN, D., KAUFMANN, L. (Hrsg.), Handbuch Industrielles Beschaffungsmanagement, 2. Aufl., Wiesbaden 2002, S. 659-671.

ELLRAM, L. M., BIROU, L. M., Purchasing for bottom line impact: improving the organization through strategic procurement, 1. Aufl., Chicago u. a. 1995.

EMMEL, R., Budgetierung als Teilelement eines "Neuen Steuerungsmodells" unter Berücksichtigung der Haushaltskonsolidierung. In: BOLAY, F. W. ET AL. (Hrsg.), Öffentliche Verwaltungen nachhaltig modernisieren, 1. Aufl., Frankfurt am Main 1998, S. 227-232.

ENGELHARDT, C., Balanced Scorecard in der Beschaffung: Erfolg durch Kennzahlen, 2. Aufl., München, Wien 2002.

ENGELS, T., Wirtschaftlichkeitsprinzip und Rationalisierung in der öffentlichen Verwaltung, 1. Aufl., Regensburg 1994.

ERHARDT, M., Öffentliche Aufgaben. In: CHMIELEWICZ, K., EICHHORN, P. (Hrsg.), Handwörterbuch der öffentlichen Betriebswirtschaft, 1. Aufl., Stuttgart 1989, Sp. 1003-1011.

ERICKSON, K. C., WHITTIER, R., OSWALD, M. S., Sourcing. In: FEARON, H. E., DOBLER, D. W., KILLEN, K. H., The Purchasing Handbook, 5. Aufl., New York u. a. 1992, S. 129-168.

ERNST, A., Methoden im Beschaffungsmarketing, 1. Aufl., Köln 1996.

ESCHENBACH, R., Systematischer führen: Balanced Scorecard für die Materialwirtschaft, Beschaffung aktuell, (1999)10, S. 38-41.

ESSIG, M., Lieferantenbeziehungen im Wandel: Eine Analyse von Kooperationsformen in der Beschaffung, Der Betriebswirt, 42(2001)4, S. 21-27.

ESSIG, M., Cooperative Sourcing. In: HAHN, D., KAUFMANN, L. (Hrsg.), Handbuch Industrielles Beschaffungsmanagement, 2. Aufl., Wiesbaden 2002, S. 263-280.

F

FABRY, B., Organisationsformen öffentlicher Unternehmen. In: FABRY, B., AUGSTEN, U. (Hrsg.), Handbuch Unternehmen der öffentlichen Hand, 1. Aufl., Baden-Baden 2002, S. 1-56.

FAHN, E., Die Beschaffungsentscheidung: Ein Beitrag zur integrativen Betrachtung interorganisatorischer Beschaffungs- und Absatzaktivitäten, Diss. Universität München 1972.

FARA, L. K., Preis- und Vertragsverhandlung, 1. Aufl., Landsberg/Lech 1998.

FEARON, H. E., DOBLER, D. W., KILLEN, K. H. (Hrsg.), The Purchasing Handbook, 5. Aufl., New York u. a. 1992.

FERNANDEZ MARTIN, J. M., The EC public procurement rules: A critical analysis, 1. Aufl., Oxford 1996.

FERRIN, B. G., PLANK, R. E., Total Cost of Ownership Models: An Exploratory Study, The Journal of Supply Chain Management, 38(2002)Summer, S. 18-29.

FIEBIG, H., Kommunale Kostenrechnung und Wirtschaftlichkeitssteuerung: Ziele – Methoden – Ergebnisse, 1. Aufl., Berlin 1995.

FIEDLER, J., Aufgabenkritik und Konzentration auf Kernaufgaben. In: BLANKE, B. ET AL. (Hrsg.), Handbuch zur Verwaltungsreform, 2. Aufl., Opladen 2001, S. 105-118.

FIETEN, R., Beschaffung: Wege aus der operativen Problemverengung? Die Betriebswirtschaft, 50(1990)3, S. 375-391.

FISCH, R., Widerstände gegen Veränderungen in Behörden: sozialpsychologische Perspektiven. In: KÖNIG, K. (Hrsg.), Deutsche Verwaltung an der Wende zum 21. Jahrhundert, 1. Aufl., Baden-Baden 2002, S. 547-584.

FISCHBACH, S., Lexikon der Wirtschaftsformeln und Kennzahlen, 2. Aufl., München 2002.

FISCHENBECK, E., Einführung von Controlling und Berichtswesen im Landkreis Göttingen: Erfahrungsbericht. In: ADAMASCHEK, B. ET AL. (Hrsg.), Managementhandbuch Kommunalverwaltung, 2. Aufl., Heidelberg 2002, D. 5.

FISCHER, T. M., Neue Wege im Kostenmanagement: Einsatzmöglichkeiten der Prozeßkostenrechnung in öffentlichen Unternehmen. In: BAUM ET AL. (Hrsg.), Controlling öffentlicher Einrichtungen, 1. Aufl., Stuttgart 1997, S. 145-167.

FRANZ, K. P., Preisbildung bei öffentlichen Aufträgen, Das Wirtschaftsstudium, 11(1991)20, S. 831-835.

FRANZ, K. P., Kalkulation von Selbstkostenpreisen für öffentliche Aufträge, Das Wirtschaftsstudium, 21(1992)1, S. 40-45.

FREHNER, U., Best Practices im Einkauf. In: FAHRNI, F., VÖLKER, R., BODMER, C. (Hrsg.), Erfolgreiches Benchmarking in Forschung und Entwicklung, Beschaffung und Logistik, 1. Aufl., München, Wien 2002, S. 116-129.

FREHNER, U., BODMER, C., Best Practice im Einkauf: Optimieren durch messen und vergleichen, 1. Aufl., München, Wien 2000.

FREIENSTEIN, M., PETRI, R., MÜLLER, R., Procurement Service Provider Development: Die Entwicklung des Zentraleinkaufs der Hoechst AG zu einem "long-term value proposition"-Provider. In: HAHN, D., KAUFMANN, L. (Hrsg.), Handbuch Industrielles Beschaffungsmanagement, 2. Aufl., Wiesbaden 2002, S. 837-857.

FREUDENBERG, D., Reform des öffentlichen Rechnungs- und Haushaltswesens. In: DAMKOWSKI, W., PRECHT, C. (Hrsg.), Moderne Verwaltung in Deutschland, 1. Aufl., Stuttgart, Berlin, Köln 1998, S. 223-238.

FREY, H.-E., Agonie des Bürokratiemodells? Wo fehlt der politische Wille, wo hemmen Vorschriften die Reform des öffentlichen (kommunalen) Sektors? In: STEGER, U. (Hrsg.), Lean Administration, 1. Aufl., Frankfurt am Main, New York 1994, S. 23-47.

FRICKE, W., Zentralisierung und Dezentralisierung des öffentlichen Einkaufs: Grundfragen der Organisation des Beschaffungswesens, 1. Aufl., Heidelberg 1961.

FRIEDAG, H., SCHMIDT, W., Balanced Scorecard: Mehr als ein Kennzahlensystem, 4. Aufl., Freiburg, Berlin, München 2002.

FRIEDL, B., Grundlagen des Beschaffungscontrolling, 1. Aufl., Berlin 1990.

FRIEDRICHSMEIER, H., New Public Management: Eine Standortbestimmung. In: FRIEDRICHSMEIER, H. (Hrsg.), New Public Management, 1. Aufl., Wien u. a. 2000, S. 13-18.

FRISCHMUTH, B., Erfahrungen mit der Budgetierung in öffentlichen Verwaltungen. In: BUDÄUS, D., GRONBACH, P. (Hrsg.), Umsetzung neuer Rechnungs- und Informationssysteme in innovativen Verwaltungen, 1. Aufl., Freiburg, Berlin, München 1999, S. 139-154.

FRÖHLING, O., NONNENMACHER, M. G., Purchasing Portfolio Analysis in the Future Market Environment. In: HAHN, D., KAUFMANN, L. (Hrsg.), Handbuch Industrielles Beschaffungsmanagement, 2. Aufl., Wiesbaden 2002, S. 593-612.

FUCHS, K., Organisationshandbuch für Behörden: Ein Leitfaden für Ausbildung und Praxis in der Verwaltung, 1. Aufl., Baden-Baden 2002.

FUNKE, A., Zielkostenmanagement in öffentlichen Betrieben und Verwaltungen, 1. Aufl., Frankfurt am Main u. a. 1998.

G

GADDE, L.-E., HAKANSSON, H., Professional Purchasing, 1. Aufl., London, New York 1993.

GADDE, L.-E., SNEVOTA, I., Making the Most of Supplier Relationships, Industrial Marketing Management, 29(2000)4, S. 305-316.

GAIDA, H.-J., HEINZE, T., Beim Staat verkaufen: Akquisition und Abwicklung öffentlicher Aufträge, 2. Aufl., Bonn 1990.

GALLER, E., Die Kennzahlenrechnung als internes Informationsinstrument der Unternehmung: Elemente einer betriebswirtschaftlichen Theorie der Kennzahlenrechnung, Diss. Universität München 1969.

GATZER, W., Modernisierung der Haushaltsführung des Bundes, 1. Aufl., Speyer 1999.

GEHRMANN, R., SCHINZER, H., Public E-Procurement: Potenziale und Rahmenbedingungen der netzbasierten Beschaffung öffentlicher Auftraggeber. In: GEHRMANN, F., SCHINZER, H., TACKE, A. (Hrsg.), Public E-Procurement, 1. Aufl., München 2002, S. 13-24.

GEIDER, C. H., Beschaffungsverhalten in der industriellen Unternehmung, 1. Aufl., Köln 1986.

GEISS, W., Betriebswirtschaftliche Kennzahlen: Theoretische Grundlagen einer problemorientierten Kennzahlenanwendung, 1. Aufl., Frankfurt am Main, Bern, New York 1986.

GELDERMAN, C. J., VAN WEELE, A. J., Strategic Direction through Purchasing Portfolio Management: A Case Study, The Journal of Supply Chain Management, 38(2002)Spring, S. 30-37.

GENTNER, A., Entwurf eines Kennzahlensystems zur Effektivitäts- und Effizienzsteigerung von Entwicklungsprojekten: dargestellt am Beispiel der Entwicklung- und Anlaufphasen in der Automobilindustrie, 1. Aufl., München 1994.

GESELLSCHAFT FÜR ÖFFENTLICHE WIRTSCHAFT, Plädoyer für den Ausbau der Öffentlichen Betriebswirtschaftslehre an den Hochschulen: Stellungnahme des Wissenschaftlichen Beirats der Gesellschaft für öffentliche Wirtschaft, Zeitschrift für öffentliche und gemeinwirtschaftliche Unternehmen, 17(1994)1, S. 87-89.

GHAZVINIAN, A., Organisationen im Wandel. In: KPMG (Hrsg.), Jahrbuch der Beschaffung 2000, Berlin 2000, S. 28-36.

GILLES, M., Balanced Scorecard als Konzept zur strategischen Steuerung von Unternehmen, 1. Aufl., Frankfurt am Main u. a. 2002.

GLADEN, W., Kennzahlen- und Berichtssysteme: Grundlagen zum Performance Measurement, 1. Aufl., Wiesbaden 2001.

GLEICH, R., Balanced Scorecard, Die Betriebswirtschaft, 57(1997)3, S. 432-435.

GLOGER, A., Wenn Vater Staat elektronisch handelt, Die Welt, 17.01.2001, S. 15.

GOERDELER, A., E-Vergabe: Erste praktische Erfahrungen und Weiterentwicklung: Projektstand/Begleitforschung und inverse Auktion. In: GEHRMANN, F., SCHINZER, H., TACKE, A. (Hrsg.), Public E-Procurement, 1. Aufl., München 2002, S. 3-11.

GÖTZ, W., Öffentliche Beschaffungsmärkte und Europarecht: Die Transparenz- und Teilnahmebestimmungen der Vergaberichtlinien im Lichte der Rechtsprechung des Europäischen Gerichtshofs, 1. Aufl., Frankfurt am Main u. a. 1999.

GOLLE, H., Mit Kennzahlen Einkauf steuern und Materialwirtschaft kontrollieren: Wie man Kennzahlen richtig einsetzt und beurteilt, 5. Aufl., Wiesbaden 1993.

GORDON, H., RIMMER, S., ARROWSMITH, S., The Economic Impact of the European Union Regime on Public Procurement: Lessons for the WTO. In: ARROWSMITH, S., DAVIES, A. (Hrsg.), Public Procurement, 1. Aufl., London 1998, S. 27-55.

GORDON, S. B. ET AL., Public/Not-for-Profit Purchasing. In: FEARON, H. E., DOBLER, D. W., KILLEN, K. H., The Purchasing Handbook, 5. Aufl., New York u. a. 1992, S. 817-854.

GORNAS, J., Grundzüge einer Verwaltungskostenrechnung: die Kostenrechnung als Instrument zur Planung und Kontrolle der Wirtschaftlichkeit in der öffentlichen Verwaltung, 2. Aufl., Baden-Baden 1992.

GORNAS, J., BEYER, W., Betriebswirtschaft in der öffentlichen Verwaltung: Systematische Darstellung der Besonderheiten der öffentlichen Betriebswirtschaftslehre, 1. Aufl., Köln 1991.

GOTTBEHÜT, C., Balanced Scorecard als Steuerungsinstrument für Kommunalverwaltungen. In: SCHERER, A. G., ALT, J. M. (Hrsg.), Balanced Scorecard in der Verwaltung und in Non-Profit-Organisationen, 1. Aufl., Stuttgart 2002, S. 93-116.

GREVE, G., High Performance Administration: Steigerung der Leistungsfähigkeit und der Wirtschaftlichkeit im öffentlichen Sektor. In: HILL, H., KLAGES, H. (Hrsg.), Qualitäts- und erfolgsorientiertes Verwaltungsmanagement, 1. Aufl., Berlin 1993, S. 167-181.

GROCHLA, E., Der Weg zu einer umfassenden betriebswirtschaftlichen Beschaffungslehre, Die Betriebswirtschaft, 37(1977)2, S. 181-191.

GROCHLA, E., Beschaffungsstrategie und Beschaffungspolitik als aktuelle Herausforderung an die Unternehmensführung. In: GROCHLA, E., WUNDERLICH, D., FIETEN, R., (Hrsg.), Erfolgreiche Beschaffung, 1. Aufl., Dortmund 1982, S. 2-16.

GROCHLA, E., SCHÖNBOHM, P., Beschaffung in der Unternehmung: Einführung in eine umfassende Beschaffungslehre, 1. Aufl., Stuttgart 1980.

GROCHLA, E. ET AL., Erfolgsorientierte Materialwirtschaft durch Kennzahlen: Leitfaden zur Steuerung und Analyse der Materialwirtschaft, 1. Aufl., Baden-Baden 1983.

GROLL, K.-H., Erfolgssicherung durch Kennzahlensysteme, 4. Aufl., Freiburg 1991.

GRUBER, G., GRUBER, T., SACHS, M., Überblick über die Vergaberichtlinie 2004, die Sektorenrichtlinie 2004, die bisherigen Rechtsgrundlagen und die aktuelle Rechtsprechung von EuGH und EuGEI, 1. Aufl., Wien 2005.

GRUBER, H., Die Reform der Kommunen: das Neue Steuerungsmodell als Ausgangspunkt für alle Reformmaßnahmen. In: BECKHOF, H., GRUBER, H. ET AL. (Hrsg.), Kosten senken durch Kostensteuerung, 1. Aufl., Stuttgart 1999, S. 15-25.

GRÜNING, G., Grundlagen des New Public Management: Entwicklung, theoretischer Hintergrund und wissenschaftliche Bedeutung des New Public Management aus Sicht der politisch-administrativen Wissenschaften der USA, 1. Aufl., Münster 2000.

GRUNWALD, H., Erfolgreicher einkaufen und disponieren: Berechnungsmethoden und Formeln für die tägliche Praxis, 3. Aufl., Freiburg 1993.

GRUNOW, D., Development of the Public Sector: Trends and Issues. In: KAUFMANN, F. X., MAJONE, G., OSTROM, V. (Hrsg.), Guidance, Control, and Evaluation in the Public Sector, 1. Aufl., Berlin, New York 1985, S. 25-58.

GÜNTER, B. Organisationales Beschaffungsverhalten. In: BERNDT, R., HERMANNS, A. (Hrsg.), Handbuch Marketing-Kommunikation, 1. Aufl., Wiesbaden 1993, S. 193-208.

H

HAAGSMA, A., Gordian Knots in Relation to the GPA: Myth or Reality? In: GORMLEY, L. W. (Hrsg.), Gordian knots in European public procurement law, 1. Aufl., Köln 1997, S. 11-20.

HAASE, K. D., Internationale Harmonisierung des öffentlichen Auftragswesens, 1. Aufl., Frankfurt am Main u. a. 1997.

HABBEL, F.-R., Perspektiven des Public Procurement in Kommunen: internationale Erfahrungen. In: GEHRMANN, F., SCHINZER, H., TACKE, A. (Hrsg.), Public E-Procurement, 1. Aufl., München 2002, S. 265-274.

HACK, D., LATTWEIN, R., Alle Macht dem Team: Dezentralisierung: Paradigmenwechsel im Public Management. In: SCHEER, A.-W., FRIEDRICHS, J. (Hrsg.), Innovative Verwaltungen 2000, 1. Aufl., Wiesbaden 1996, S. 79-91.

HACKETHAL, S., Der Mitarbeiter steht im Mittelpunkt: Ohne die richtige Organisation läuft nichts, Beschaffung aktuell, (2003)1, S. 29-31.

HAHN, D., PuK, Controllingkonzepte: Planung und Kontrolle, Planungs- und Kontrollsysteme, Planungs- und Kontrollrechnung, 5. Aufl., Wiesbaden 1996.

HAHN, D., KAUFMANN, L. (Hrsg.), Handbuch Industrielles Beschaffungsmanagement: Internationale Konzepte, Innovative Instrumente, Aktuelle Praxisbeispiele, 2. Aufl., Wiesbaden 2002.

HAILBRONNER, K., Die Neugestaltung des Vergabewesens durch die Europäische Gemeinschaft. In: IPSEN J. (Hrsg.), Öffentliches Auftragswesen im Umbruch, 1. Aufl., Osnabrück 1997, S. 19-41.

HAILBRONNER, K., § 97 GWB: Allgemeine Grundsätze. In: BYOK, J., JAEGER, W. (Hrsg.), Kommentar zum Vergaberecht, 1. Aufl., Heidelberg 2000a, S. 55-81.

HAILBRONNER, K., § 99 GWB: Öffentliche Aufträge. In: BYOK, J., JAEGER, W. (Hrsg.), Kommentar zum Vergaberecht, 1. Aufl., Heidelberg 2000b, S. 122-142.

HALLIGAN, J., The Process of Reform in the Era of Public Sector Transformation. In: CHRISTENSEN, T., LAEGREID, P. (Hrsg.), New public management, 1. Aufl., Aldershot 2001, S. 73-89.

HAMMANN, P., LOHRBERG, W., Beschaffungsmarketing: Eine Einführung, 1. Aufl., Stuttgart 1986.

HANSEN, U., Absatz- und Beschaffungsmarketing des Einzelhandels: eine Aktionsanalyse, 2. Aufl., Göttingen 1990.

HARDING, M., Profitable Purchasing: An Implementation Handbook for Just-In-Time, 1. Aufl., New York 1990.

HARDING, M., HARDING, M. L., Supplier Performance Evaluation. In: CAVINATO, J. L., KAUFFMAN, R. G. (Hrsg.), The Purchasing Handbook, 6. Aufl., New York 1999, S. 779-806.

HARDT, U., Anpassungsstrategien und Anpassungsbedarf: Zur ökonomischen Notwendigkeit effizienzorientierter Steuerung im kommunalen Bereich. In: HARDT, U. (Hrsg.), Controlling im kommunalen Bereich, 1. Aufl., Hannover 1993, S. 5-29.

HARLANDER, N., BLOM, F., Beschaffungsmarketing: Einkaufsgewinne konsequent realisieren, 7. Aufl., Renningen-Malmsheim, Wien 1999.

HARTMANN, H., Beschaffungsmarketing im Spannungsdreieck: Der Einkauf als Katalysator zwischen Entwicklung und Lieferant, Beschaffung aktuell, (1996)6, S. 24-25.

HARTMANN, H., Materialwirtschaft: Organisation, Planung, Durchführung, 7. Aufl., Gernsbach 1997.

HARTMANN, H., PAHL, H.-J., SPOHRER, H., Lieferantenbewertung: aber wie? Lösungsansätze und erprobte Verfahren, 2. Aufl., Gernsbach 1997.

HASSEMER, K., Prozeßorientierte Beschaffungs-Organisation: Dem Kundennutzen und der Marktdynamik gerecht werden, Beschaffung aktuell, (1996)8, S. 26-28.

HATIP, A., STREHLAU, R., Kennzahlen im operativen Marketing-Controlling. In: ZERRES, M. P. (Hrsg.), Handbuch Marketing-Controlling, 2. Aufl., Berlin u. a. 2000, S. 251-265.

HAUBNER, O., Spitzenverwaltungen im Wettbewerb: Konzept und Ergebnisse des "1. Speyerer Qualitätswettbewerbs 1992". In: HILL, H., KLAGES, H. (Hrsg.), Qualitäts- und erfolgsorientiertes Verwaltungsmanagement, 1. Aufl., Berlin 1993, S. 313-325.

HAUSWIRTH, I., Strategisches Controlling: Keine Tagespolitik ohne Zielorientierung. In: BUNDE, J., POSTLEP, R.-D. (Hrsg.), Controlling in Kommunalverwaltungen, 1. Aufl., Marburg 1994, S. 43-66.

HEEGE, F., Portfolio-Management in der Beschaffung, Der Betriebswirt, 22(1981)1, S. 17-23.

HEIERMANN, W., AX, T., Rechtsschutz bei der Vergabe öffentlicher Aufträge, 1. Aufl., Wiesbaden, Berlin 1997.

HEINRICH, W., Drei kritische Erfolgsfaktoren öffentlicher Verwaltung. In: HILL, H., KLAGES, H. (Hrsg.), Qualitäts- und erfolgsorientiertes Verwaltungsmanagement, 1. Aufl., Berlin 1993, S. 281-300.

HEINRITZ, S. ET AL., Purchasing: Principles and Applications, 8. Aufl., Englewood Cliffs 1991.

HEINZ, R., Kommunales Management: Überlegungen zu einem KGSt-Ansatz, 1. Aufl., Stuttgart 2000.

HEINZ, R., Steuerung über Produkte: Von der aufgabenorientierten Verwaltung zum zielorientierten Dienstleister. In: ADAMASCHEK, B. ET AL. (Hrsg.), Managementhandbuch Kommunalverwaltung, 2. Aufl., Heidelberg 2002, A.3.

HEISS, H.-J., Konzeption und Erfahrungen kommunaler Leistungsvergleiche in Baden-Württemberg. In: BUDÄUS, D. (Hrsg.), Leistungserfassung und Leistungsmessung in öffentlichen Verwaltungen, 1. Aufl., Wiesbaden 2000, S. 181-206.

HENNING, R., Controlling in Nonprofit-Organisationen (NPO). In: STEINLE, C., BRUCH, H. (Hrsg.), Controlling, 2. Aufl., Stuttgart 1999, S. 1055-1072.

HERMA, M., Die Berücksichtigung vergabefremder Zwecke. In: STOYE ET AL. (Hrsg.): Aktuelle Probleme des Vergaberechts, 1. Aufl., Speyer 2004.

HERTEL, K.-A., PIETRASZEK, M., Die Preisbildung und das Preisprüfrecht bei öffentlichen Aufträgen, Tangstedt 1988.

HERTWIG, S., Praxis der öffentlichen Auftragsvergabe: VOB/VOL/VOF, 2. Aufl., München 2001

HERTWIG, S., Praxis der öffentlichen Auftragsvergabe: Systematik, Verfahren, Rechtsschutz, 3. Aufl., München 2005.

HESS, T., Die Erfolgsfaktoren für den Reformprozeß im Bezirksamt Schöneberg von Berlin. In: HILL, H., KLAGES, H. (Hrsg.), Berlin: Unternehmen Verwaltung, 1. Aufl., Stuttgart u. a. 1997, S. 177-189.

HEUER, E., Die künftige Entwicklung des staatlichen Rechnungswesens aus der Sicht des Bundesrechnungshofes. In: LÜDER, K. (Hrsg.), Staatliches Rechnungswesen in der Bundesrepublik Deutschland vor dem Hintergrund neuerer internationaler Entwicklungen, 1. Aufl., Berlin 1991, S. 149-163.

HEWEL, B., Budgetierung im Kontext der kommunalen Verwaltungsmodernisierung. In: BOLAY, F. W. ET AL. (Hrsg.), Öffentliche Verwaltungen nachhaltig modernisieren, 1. Aufl., Frankfurt am Main 1998, S. 206-213.

HEYDE, K., Beschaffung als Kontrapunkt der Absatzwirtschaft in der Unternehmung. In: RÜHLE VON LILIENSTEIN, H. (Hrsg.), Die informierte Unternehmung, 1. Aufl., Berlin 1972, S. 167-176.

HIEBER, F., Öffentliche Betriebswirtschaftslehre: Grundlagen für das strategische und operative Verwaltungsmanagement, 1. Aufl., Ludwigsburg, Berlin 1995.

HILL, H., Gemeindeverbände. In: CHMIELEWICZ, K., EICHHORN, P. (Hrsg.), Handwörterbuch der öffentlichen Betriebswirtschaft, 1. Aufl., Stuttgart 1989, Sp. 440-446.

HILL, H., Strategische Erfolgsfaktoren in der öffentlichen Verwaltung, Die Verwaltung, 26(1993)2, S. 167-181.

HILSE, T., Der öffentliche Beschaffungsprozess: Ansätze einer effizienzorientierten Analyse kommunaler Güterbeschaffungen, 1. Aufl., Stuttgart 1996.

HIMPEL, E., Industrielle Beschaffungsnetzwerke: Theoretische Fundierung, Entwicklungsprinzipien und Gestaltungsaspekte, 1. Aufl., Wiesbaden 1999.

HIRSCHSTEINER, G., Bester sein unter den Besten: Benchmarking und Balanced Score Card, Beschaffung aktuell, (2000)8, S. 93-95.

HIRSCHSTEINER, G., Einkäufer oder Beziehungsmanager? Beschaffungs- und Marketingverhalten, Beschaffung aktuell, (2001)2, S. 86-88.

HIRSCHSTEINER, G., Einkaufs- und Beschaffungsmanagement: Strategien, Verfahren und moderne Konzepte, 1. Aufl., Ludwigsburg 2002a.

HIRSCHSTEINER, G., Managementtechniken und -konzepte: C-Artikel Management – Direct Purchasing for Peanuts? Beschaffung aktuell, (2002b)6, S. 78-80.

HÖVELER, B. H., Kommunikations-Management im Beschaffungsmarketing, 1. Aufl., Köln 2000.

HOFBAUER, G., BAUER, C., Integriertes Beschaffungsmarketing: der systematische Ansatz im Wertschöpfungsprozess, 1. Aufl., München 2004.

HOFFMANN, R., LUMBE, H.-J., Lieferantenbewertung: der erste Schritt zum Lieferantenmanagement. In: HILDEBRANDT, H., KOPPELMANN, U. (Hrsg.), Beziehungsmanagement mit Lieferanten, 1. Aufl., Stuttgart 2000, S. 87-120.

HOMANN, K., Verwaltungsmarketing. In: CHMIELEWICZ, K., EICHHORN, P. (Hrsg.), Handwörterbuch der öffentlichen Betriebswirtschaft, 1. Aufl., Stuttgart 1989, Sp. 1689-1696.

HOMANN, K., Marketing für Kommunalverwaltungen: eine abnehmerorientierte Marketingkonzeption für den kommunalen Bereich, 1. Aufl., Berlin 1995.

HOMBURG, C., Bestimmung der optimalen Lieferantenzahl für Beschaffungsobjekte: Konzeptionelle Überlegungen und empirische Befunde. In: HAHN, D., KAUFMANN, L. (Hrsg.), Handbuch Industrielles Beschaffungsmanagement, 2. Aufl., Wiesbaden 2002, S. 181-199.

HOMBURG, C., WERNER, H., ENGLISCH, M., Kennzahlengestütztes Benchmarking im Beschaffungsbereich: Konzeptionelle Aspekte und empirische Aspekte, Die Betriebswirtschaft, 57(1997)1, S. 48-64.

HOPP, H., GÖBEL, A., Management in der öffentlichen Verwaltung: Organisations- und Personalarbeit in modernen Kommunalverwaltungen, 1. Aufl., Stuttgart 1999.

HOPP, H., GÖBEL, A., Management in der öffentlichen Verwaltung: Organisations- und Personalarbeit in modernen Kommunalverwaltungen, 2. Aufl., Stuttgart 2004.

HORN, L., Public Procurement in Germany, 1. Aufl., München u. a. 2001.

HORVATH, P., Der Einsatz von Kennzahlen im Rahmen des Controlling, Wirtschaftswissenschaftliches Studium, 12(1983)7, S. 349-356.

HORVATH, P., KAUFMANN, L., Balanced Scorecard: ein Werkzeug zur Umsetzung von Strategien, Harvard Business Manager, 20(1998)5, S. 39-48.

HORVATH & PARTNER (Hrsg.), Balanced Scorecard umsetzen, 1. Aufl., Stuttgart 2001.

HOUGH, H. E., Handbook of buying and purchasing management, 1. Aufl., Englewood Cliffs 1992.

HUBER, P. M., Kampf um den öffentlichen Auftrag, Vom Hoflieferantenprivileg zum europäischen Auftragsvergaberecht, 1. Aufl., Berlin 2002.

HUBMANN, H.-E., BARTH, M., Portfolio-Methoden im Einkauf: Die Einkaufsmatrix: Das neue Strategiebewußtsein im Einkauf, Beschaffung aktuell, (1990)10, S. 26-32.

HUELMANN, S., Öffentliche Beschaffungen nach EG-Recht, WTO und dem deutsch-amerikanischen Freundschaftsvertrag: unter besonderer Berücksichtigung der Diskriminierung von Drittlandswaren nach der EG-Sektorenrichtlinie, 1. Aufl., Heidelberg 2000.

HÜLSMANN, M., Grenzen effizienzorientierter Verwaltungsmodernisierung: eine kritische Analyse des Leitbildes "Dienstleistungsunternehmen Kommune", Working Paper, Universität Bremen, Bremen 2002.

HUMMEL, T., KURRAS, K., NIEMEYER, K., Kennzahlensysteme zur Unternehmensplanung, Zeitschrift Führung + Organisation, 49(1980)2, S. 94-101.

HUNJA, R. R., The UNCITRAL Model Law on Procurement of Goods, Construction and Services and its Impact on Procurement Reform. In: ARROWSMITH, S., HARTLEY, K., (Hrsg.), Public Procurement I, 1. Aufl., Cheltenham, Northampton 2002, S. 167-179.

HUNZIKER, A. W., Prozessorganisation in der öffentlichen Verwaltung: New Public Management und Business Process Reengineering in der schweizerischen Bundesverwaltung, 1. Aufl., Bern, Stuttgart, Wien 1999.

HUTH, W. D., Der intraorganisationale Beschaffungsentscheidungsprozeß: Ein operationales Modell, Diss. Universität Mainz 1988.

I/J

ILIUS, L., Öffentliches Beschaffungsmarketing, Berlin 2004.

JACOBI, K.-O., SCHMITT, H.-J., Controlling in kommunalen Versorgungsunternehmen: Rechtliche Grundlagen und erste Erfahrungen. In: BRAUN, G. E., BOZEM, K. (Hrsg.), Controlling im kommunalen Bereich, 1. Aufl., München 1990, S. 197-215.

JAEGER, W., § 116 GWB: Zulässigkeit, Zuständigkeit. In: BYOK, J., JAEGER, W. (Hrsg.), Kommentar zum Vergaberecht, 1. Aufl., Heidelberg 2000, S. 269-277.

JANN, W., Neue Wege in der öffentlichen Verwaltung. In: HILL, H., KLAGES, H. (Hrsg.), Qualitäts- und erfolgsorientiertes Verwaltungsmanagement, 1. Aufl., Berlin 1993, S. 77-90.

JANN, W., Zur Notwendigkeit der Modernisierung des öffentlichen Sektors. In: DIE MINISTERPRÄSIDENTIN DES LANDES SCHLESWIG-HOLSTEIN (Hrsg.), Modernisierung des öffentlichen Sektors in Schleswig-Holstein, 1. Aufl., Kiel 1994, S. 7-16.

JANN, W., Lernen vom privaten Sektor – Bedrohung oder Chance? Oder: Wer hat Angst vor Public Management? In: EDELING, T., JANN, W., WAGNER, D. (Hrsg.), Öffentliches und privates Management, 1. Aufl., Opladen 1998, S. 11-51.

JANN, W., Neues Steuerungsmodell. In: BLANKE, B. ET AL. (Hrsg.), Handbuch zur Verwaltungsreform, 2. Aufl., Opladen 2001a, S. 82-92.

JANN, W., Hierarchieabbau und Dezentralisierung. In: BLANKE, B. ET AL. (Hrsg.), Handbuch zur Verwaltungsreform, 2. Aufl., Opladen 2001b, S.253-262.

JANSEN, H. H., Neue Anforderungen an das Beschaffungsmarketing: Nutzung des EG-Binnenmarktes, 1. Aufl., Renningen-Malmsheim 1994.

JANSEN, S. A., KLIPSTEIN, C., Strategien zur Einführung netzbasierter Beschaffung und PEP 2.0. In: GEHRMANN, F., SCHINZER, H., TACKE, A. (Hrsg.), Public E-Procurement, 1. Aufl., München 2002, S. 145-164.

JASPER, U., Vergaberecht, 7. Aufl., München 2004.

JESTAEDT, T. ET AL., Das Recht der Auftragsvergabe: Auftraggeber, ausschreibungspflichtige Aufträge, Vergabeverfahren, Sektoren, Rechtsschutz, 1. Aufl., Neuwied 1999.

JETTER, O., Einkaufsmanagement: Qualitätsprodukte kostengünstig einkaufen in Europa und weltweit, 2. Aufl., Landsberg/Lech 1992.

K

KAILING, V., Öffentliche Aufträge als Problem der Absatzpolitik einer Unternehmung, Diss. Universität Frankfurt am Main 1970.

KALBFUSS, W., Einkaufstrategien. In: STRUB, M. (Hrsg.), Das große Handbuch Einkaufs- und Beschaffungsmanagement, 1. Aufl., Landsberg/Lech 1998, S. 19-38.

KAPLAN, R. S., NORTON, D. P., Balanced Scorecard: Strategien erfolgreich umsetzen, 1. Aufl., Stuttgart 1997.

KAPOOR, V., GUPTA, A., Aggressive Sourcing: A Free-Market Approach, Sloan Management Review, 39(1997)Fall, S. 21-31.

KATZMARCYK, J., Einkaufs-Controlling in der Industrie, Diss. Universität Frankfurt 1988.

KAUFMANN, L., Strategisches Sourcing, Zeitschrift für betriebswirtschaftliche Forschung, 47(1995)3, S. 275-296.

KAUFMANN, L., Internationales Beschaffungsmanagement: Gestaltung strategischer Gesamtsysteme und Management einzelner Transaktionen, 1. Aufl., Wiesbaden 2001.

KAUFMANN, L., Purchasing and Supply Management: A Conceptual Framework. In: HAHN, D., KAUFMANN, L. (Hrsg.), Handbuch Industrielles Beschaffungsmanagement, 2. Aufl., Wiesbaden 2002, S. 3-33.

KELMAN, S., Procurement and public management: the fear of discretion and the quality of government performance, 1. Aufl., Washington 1990.

KEMPKEN, J., Optimale Preisstrategien bei Ausschreibungen, 1. Aufl., Düsseldorf 1980.

KERN, F., Einkaufsmarketing: der Aufstieg zum Einkaufsmanagement, 1. Aufl., Freiburg 1991.

KEWENIG, W. A., Chancen und Notwendigkeit des Controlling für die öffentliche Verwaltung. In: WEBER, J., TYLKOWSKI, O. (Hrsg.), Controlling, 1. Aufl., Stuttgart 1988, S. 15-19.

KOMMUNALE GEMEINSCHAFTSSTELLE FÜR VERWALTUNGSVEREINFACHUNG (KGST) (Hrsg.), Dezentrale Ressourcenverantwortung: Überlegungen zu einem neuen Steuerungsmodell, KGSt-Bericht, (1991)12.

KOMMUNALE GEMEINSCHAFTSSTELLE FÜR VERWALTUNGSVEREINFACHUNG (KGST) (Hrsg.), Wege zum Dienstleistungsunternehmen Kommunalverwaltung: Fallstudie Tilburg, KGSt-Bericht, (1992)19.

KOMMUNALE GEMEINSCHAFTSSTELLE FÜR VERWALTUNGSVEREINFACHUNG (KGST) (Hrsg.), Das Neue Steuerungsmodell: Begründung, Konturen, Umsetzung, KGSt-Bericht, (1993)5.

KOMMUNALE GEMEINSCHAFTSSTELLE FÜR VERWALTUNGSVEREINFACHUNG (KGST) (Hrsg.), Verwaltungscontrolling im Neuen Steuerungsmodell, KGSt-Bericht, (1994)15.

KOMMUNALE GEMEINSCHAFTSSTELLE FÜR VERWALTUNGSVEREINFACHUNG (KGST) (Hrsg.), Steuerung kommunaler Haushalte: Budgetierung und Finanzcontrolling in der Praxis, KGSt-Bericht, (1997a)9.

KOMMUNALE GEMEINSCHAFTSSTELLE FÜR VERWALTUNGSVEREINFACHUNG (KGST) (Hrsg.), Organisation des Einkaufs, KGSt-Bericht, (1997b)1.

KOMMUNALE GEMEINSCHAFTSSTELLE FÜR VERWALTUNGSVEREINFACHUNG (KGST) (Hrsg.), Arbeiten mit Kennzahlen: Teil 2: Empfehlungen für die Praxis, KGSt-Bericht, (2001a)5.

KOMMUNALE GEMEINSCHAFTSSTELLE FÜR VERWALTUNGSVEREINFACHUNG (KGST) (Hrsg.), Arbeiten mit Kennzahlen: Teil 1: Grundlagen, KGSt-Bericht, (2001b)4.

KOMMUNALE GEMEINSCHAFTSSTELLE FÜR VERWALTUNGSVEREINFACHUNG (KGST) (Hrsg.), Elektronische Vergabe und Beschaffung in Kommunalverwaltungen: Grundlagen und Umsetzungshilfen, KGSt-Bericht, (2003)4.

KIENZLE, W., Früherkennung im Beschaffungsmarketing, 1. Aufl., Köln 2000.

KLING, M., Die Zulässigkeit vergabefremder Regelungen: Möglichkeiten und Grenzen einer politischen Instrumentalisierung der Vergabe öffentlicher Aufträge, 1. Aufl., Berlin 2000.

KLINGEBIEL, N., Performance Management – Performance Measurement, Zeitschrift für Planung, 9(1998)9, S. 1-15.

KLINGEBIEL, N., Controlling in öffentlichen Institutionen, Die Betriebswirtschaft, 59(1999)3, S. 378-396.

KNOBLOCH, A., Erste Schritte zur Leistungserfassung und -rechnung in Pilotprojekten der Landesverwaltung Hessen. In: BUDÄUS, D. (Hrsg.), Leistungserfassung und Leistungsmessung in öffentlichen Verwaltungen, 1. Aufl., Wiesbaden 2000, S. 111-117.

KOCH, J., Marketing: Einführung in die marktorientierte Unternehmensführung, 1. Aufl., München, Wien 1999.

KÖGLMAYR, H.-G., STRUB, M. F., Einkaufsorganisation. In: STRUB, M. (Hrsg.), Das große Handbuch Einkaufs- und Beschaffungsmanagement, 1. Aufl., Landsberg/Lech 1998, S. 39-76.

KÖNIG, K., Zur Kritik eines neuen öffentlichen Managements, 3. Aufl., Speyer 1995.

KÖNIG, K., Zur Managerialisierung und Ökonomisierung der öffentlichen Verwaltung, 1. Aufl., Speyer 2000.

KÖNIG, K., Zwei Paradigmen des Verwaltungsstudiums: Vereinigte Staaten von Amerika und Kontinentaleuropa. In: KÖNIG, K. (Hrsg.), Deutsche Verwaltung an der Wende zum 21. Jahrhundert, 1. Aufl., Baden-Baden 2002, S. 393-423.

KOETZ, A., Auf dem Weg zum "Als-Ob-Wettbewerb". In: HILL, H., KLAGES, H. (Hrsg.), Qualitäts- und erfolgsorientiertes Verwaltungsmanagement, 1. Aufl., Berlin 1993, S. 145-166.

KOKOTT, J., Einführung. In: BYOK, J., JAEGER, W. (Hrsg.), Kommentar zum Vergaberecht, 1. Aufl., Heidelberg 2000, S. 1-54.

KOMMISSION DER EUROPÄISCHEN GEMEINSCHAFT, Die Öffnung der Beschaffungsmärkte, Luxemburg 1993.

KOMMISSION DER EUROPÄISCHEN GEMEINSCHAFT, The rules governing the procedure in the award of public procurement contracts, Luxemburg 1997.

KOMMISSION DER EUROPÄISCHEN GEMEINSCHAFT, Growth and jobs: ensure open and competitive markets inside and outside, http://europa.eu.int/growthandjobs/areas/ fiche02_en.htm, o. J., Zugriff 02.01.2006.

KOONTZ, H., O'DONELL, C., Management: A systems and contingency analysis of managerial functions, 1. Aufl., New York u. a. 1976.

KOPP, H.-P., Die spezielle Problematik im Beschaffungsmarketing, Beschaffung aktuell, (1978)12, S. 54-56.

KOPPELMANN, U., Beschaffungsmarktforschung: ein prozessuales Konzept. In: THEUER, G., SCHIEBEL, W., SCHÄFER, R. (Hrsg.), Beschaffung, 1. Aufl., Landsberg/Lech 1986a, S. 149-171.

KOPPELMANN, U., Beschaffungsmarketing: Überlegungen zum entscheidungsorientierten Beschaffungsverhalten. In: GAUGLER, E., Zukunftsaspekte der anwendungsorientierten Betriebswirtschaftslehre, 1. Aufl., Stuttgart 1986b, S. 303-316.

KOPPELMANN, U., Beschaffungsmarketing: Marktbeeinflussung findet auch im Einkauf statt, Beschaffung aktuell, (1994)9, S. 48-49.

KOPPELMANN, U., Planung von Zulieferer-Abnehmerbeziehungen, Zeitschrift für Planung, 7(1996)7, S. 61-72.

KOPPELMANN, U., Beschaffungsmarketing für die Praxis: Ein strategisches Handlungskonzept, 1. Aufl., Berlin u. a. 1997.

KOPPELMANN, U., Marketing: Einführung in die Entscheidungsprobleme des Absatzes und der Beschaffung, 6. Aufl., Düsseldorf 1999.

KOPPELMANN, U., Beschaffungsmarketing, 3. Aufl., Berlin u. a. 2000.

KOPPELMANN, U.: Beschaffungsmarketing, 4. Aufl., Berlin u. a. 2004.

KORECKY, P., NPM – Konkret. In: FRIEDRICHSMEIER, H. (Hrsg.), New Public Management, 1. Aufl., Wien u. a. 2000, S. 56-61.

KORINTENBERG, W., Anforderungen an die öffentliche Verwaltung aus der Sicht der Mitarbeiter. In: HILL, H., KLAGES, H. (Hrsg.), Qualitäts- und erfolgsorientiertes Verwaltungsmanagement, 1. Aufl., Berlin 1993, S. 127-137.

KOSILEK, E., Elektronische Beschaffung in Kommunen, 1. Aufl., Lohmar 2004.

KOSILEK, E., UHR, W., Public Electronic Procurement. Eine empirische Untersuchung, 1. Aufl., Köln 2002.

KOTLER, P., A generic concept of marketing, Journal of Marketing, 36(1972)April, S. 46-54.

KOTLER, P., Marketing-Management: Analyse, Planung und Kontrolle, 4. Aufl., Stuttgart 1982.

KOTLER, P., ARMSTRONG, G., SAUNDERS, J., WONG, V., Grundlagen des Marketing, 3. Aufl., München 2003.

KRAFT-LEHNER, M., Subjektive Rechte und Rechtsschutz des Bieters im Vergaberecht unterhalb der EU-Schwellenwerte, 1. Aufl., Hamburg 2002.

KRAHE, A., Balanced Scorecard: Baustein zu einem prozeßorientierten Controlling? Controller Magazin, 23(1999)2, S. 116-122.

KRALICEK, P., BÖHMDORFER, F., KRALICEK, G., Kennzahlen für Geschäftsführer: Das Handbuch für Praktiker, 4. Aufl., Wien, Frankfurt am Main 2001.

KRAUS, H., Betriebswirtschaftliche Beratung von Politik und öffentlichem Management. In: EICHHORN, P. (Hrsg.), Betriebswirtschaftliche Erkenntnisse für Regierung, Verwaltung und öffentliche Unternehmen, 1. Aufl., Baden-Baden 1985, S. 47-66.

KRAUS, H., Betriebswirtschaftliche Kennzahlen als Steuerungsinstrumente des Controlling. In: LIESSMANN, K. (Hrsg.), Controlling-Konzepte für den Mittelstand, 1. Aufl., Freiburg 1993, S. 233-266.

KROKER, R., Der Verwaltungsvergleich als Instrument zur Effizienzsteigerung der öffentlichen Verwaltung, 1. Aufl., Düsseldorf 1981.

KROPFBERGER, D., Stand und Perspektiven der Öffentlichen Betriebswirtschaftslehre, Zeitschrift für öffentliche und gemeinwirtschaftliche Unternehmen, 23(2000)3, S. 351-359.

KRYSTEK, U., Beschaffung und Vertrauen. In: HAHN, D., KAUFMANN, L. (Hrsg.), Handbuch Industrielles Beschaffungsmanagement, 2. Aufl., Wiesbaden 2002, S. 1039-1057

KÜCHLER, S., Der prozeßorientierte Ansatz zur Verwaltungsmodernisierung des öffentlichen Sektors in Deutschland am Beispiel einer niedersächsischen Kommunalverwaltung, 1. Aufl., Frankfurt am Main u. a. 2000.

KÜHN, D., Reform der öffentlichen Verwaltung: das neue Steuerungsmodell in der kommunalen Sozialverwaltung, 1. Aufl., Köln 1999.

KÜTING, K., Grundsatzfragen von Kennzahlen als Instrument der Unternehmensführung, Wirtschaftswissenschaftliches Studium, 12(1983)5, S. 237-241.

KUHLMANN, E., Marketing im öffentlichen Personennahverkehr (ÖPNV): Eine Untersuchung der theoretischen Grundlagen des Marketing und des realen Marketingverhaltens der ÖPNV-Unternehmen, 1. Aufl., Berlin 1980.

KUHLMANN, E., Verbraucherpolitik: Grundzüge ihrer Theorie und Praxis, 1. Auflage, München 1990.

KUHLMANN, E., Industrielles Vertriebsmanagement, 1. Aufl., München 2001.

KUHLMANN, S., Selbstevaluation durch Leistungsvergleiche in deutschen Kommunen, Zeitschrift für Evaluation, (2005)1, S. 7-28.

KULARTZ, H.-P., PORTZ, N., VOL und VOF: Kurzerläuterungen für die Praxis, 4. Aufl., Stuttgart 2004.

KURRLE, A., Controlling und Effizienz: Die Messung der Effizienz des Controlling in Industrie auf der Grundlage einer empirischen Einzelanalyse, 1. Aufl., Bielefeld 1995.

L

LACHNIT, L., Zur Weiterentwicklung betriebswirtschaftlicher Kennzahlensysteme, Zeitschrift für betriebswirtschaftliche Forschung, 28(1976), S. 216-230.

LADEUR, K.-H., Von der Verwaltungshierarchie zum administrativen Netzwerk? Zur Erhaltung der Eigenständigkeit der Verwaltung unter Komplexitätsbedingungen, Die Verwaltung, 26(1993)2, S. 137-165.

LAMLA, J., Prozessbenchmarking: dargestellt an Unternehmen der Antriebstechnik, 1. Aufl., München 1995.

LAMM, C., LEY, R., WECKMÜLLER, D., Öffentliche Aufträge nach VOL/A an Handel, Gewerbe und Industrie: Praktischer Ratgeber für öffentliche Beschaffungsstellen und Unternehmen im Bereich der Verdingungsordnung für Leistungen, 1. Aufl., München, Berlin 1991.

LANE, J.-E., New Public Management, 1. Aufl., London 2000.

LANGTHALER, S., Der Einsatz der Balanced Scorecard im kommunalen Management. In: SCHAUER, R., BUDÄUS, D. (Hrsg.), Public management, 1. Aufl., Linz 2001, S. 121-141.

LARGE, R., Strategisches Beschaffungsmanagement: Eine praxisorientierte Einführung, 2. Aufl., Wiesbaden 2000.

LAUX, E., Verwaltungsmanagement. In: CHMIELEWICZ, K., EICHHORN, P. (Hrsg.), Handwörterbuch der öffentlichen Betriebswirtschaft, 1. Aufl., Stuttgart 1989, Sp. 1677-1689.

LAUZEL, P., CIBERT, A., Des Ratios au Tableau de Bord, 2. Aufl., Paris 1962.

LEE, P., Current EC Legal Developments: Public Procurement, 1. Aufl., London u. a. 1992.

LEENDERS, M. R., BLENKHORN, D. L., Reverse Marketing. Wettbewerbsvorteile durch neue Strategien in der Beschaffung, 1. Aufl., Frankfurt am Main, New York 1989.

LEENDERS, M. R., FEARON, H. E., Purchasing and Supply Management, 11. Aufl., Chicago u. a. 1997.

LENSING, M., Der Beschaffungsmarkt und seine Mechanismen, 1. Aufl., Wiesbaden 1990.

LENSING, M., SONNEMANN, K., Materialwirtschaft und Einkauf: Organisation, Bedarfsermittlung, Beschaffungsplanung, Materialdisposition, ABC-Analyse, Einkaufspolitik, Beschaffungsmarketing, Bestellung, Vertrag, Terminsicherung, 1. Aufl., Wiesbaden 1995.

LEWIS, S., JONES, J., The Use of Output and Performance Measures in Government Departments. In: CAVE, M., KOGAN, M., SMITH, R. (Hrsg.), Output and Performance Measurement in Government, 1. Aufl., London 1990, S. 39-55.

LINDNER, T., Strategische Entscheidungen im Beschaffungsbereich, 1. Aufl., München 1983.

LIPPMANN, H., Funktionales Beschaffungsmarketing: Ein Beitrag zu einer einzelwirtschaftlichen Beschaffungslehre, Diss. Universität Augsburg 1979.

LÖFFLER, E., Ansätze zur Erfassung und Dokumentation von Leistungen öffentlicher Verwaltungen im internationalen Vergleich. In: BUDÄUS, D. (Hrsg.), Leistungserfassung und Leistungsmessung in öffentlichen Verwaltungen, 1. Aufl., Wiesbaden 2000, S. 49-58.

LUDERER, H., Kostensenkung durch initiative Beschaffungstätigkeit. In: BRETSCHNEIDER, G. (Hrsg.), Einkaufsleiter-Handbuch, 1. Aufl., München 1974, S. 965-980.

LÜDER, K., Betriebswirtschaftslehre und öffentliche Verwaltung: Bestandsaufnahme und Entwicklungsperspektiven, Zeitschrift für Betriebswirtschaft, 52(1982)6, S. 538-554.

LÜDER, K., Was kann die Betriebswirtschaftslehre zur Entbürokratisierung öffentlicher Verwaltungen beitragen? In: EICHHORN, P. (Hrsg.), Betriebswirtschaftliche Erkenntnisse für Regierung, Verwaltung und öffentliche Unternehmen, 1. Aufl., Baden-Baden 1985, S. 97-104.

LÜDER, K., Verwaltungscontrolling. In: VON ARNIM, H. H., LÜDER, K. (Hrsg.), Wirtschaftlichkeit in Staat und Verwaltung, 1. Aufl., Berlin 1993, S. 209-226.

LÜDER, K., Entwicklungen des öffentlichen Rechnungswesens im internationalen Vergleich. In: BUDÄUS, D., GRONBACH, P. (Hrsg.), Umsetzung neuer Rechnungs- und Informationssysteme in innovativen Verwaltungen, 1. Aufl., Freiburg, Berlin, München 1999, S. 39-53.

LÜDER, K., KÜPPER, W., Möglichkeiten und Probleme der Organisationsentwicklung öffentlicher Verwaltungen: Dargestellt am Beispiel der Dezentralisierung durch Ausgliederung von Verwaltungsaufgaben, Die Betriebswirtschaft, 39(1979)2, S. 247-259.

LÜHMANN, H., Hartz IV – Finanzielle Folgewirkungen für die Kreise und kreisfreien Städte – Finanzverfassungsrechtliche Aspekte. In: OEBBECKE J., ET AL. (Hrsg.), Kommunalverwaltung in der Reform, 1. Aufl., Stuttgart 2004, S. 132-157.

LUPP, D., Objektivität, Transparenz und Nachprüfbarkeit der Angebotsbewertung bei der Vergabe öffentlicher Bauaufträge, 1. Aufl., München 1992.

LYNCH, R. L., CROSS, K. F., Measure up! Yardsticks for Continuous Improvement, 1. Aufl., Cambridge 1991.

M

MÄNNEL, W., Die Wahl zwischen Eigenfertigung und Fremdbezug: theoretische Grundlagen – praktische Fälle, 2. Aufl., Stuttgart 1981.

MÄRZ, T., Interdependenzen in einem Kennzahlensystem: Eine empirische Untersuchung zur Aussagefähigkeit von Kennzahlen bei der Unternehmensanalyse, 1. Aufl., München 1983.

MAIER, M., Kommunale Verwaltungsreform und controllingorientierte Systeme der Kosten- und Leistungsrechnung, 1. Aufl., Frankfurt am Main u. a. 2002.

MAIJ, N. G., Tilburg: Wettbewerb in Kommunalverwaltungen. In: PRÖHL, M. (Hrsg.), Internationale Strategien und Techniken für die Kommunalverwaltung der Zukunft, 1. Aufl., Gütersloh 1997, S. 167-204.

MALMENDIER, B., MÜLLER, E.-M., Virtuelle Einkaufsgemeinschaften der öffentlichen Hand. In: GEHRMANN, F., SCHINZER, H., TACKE, A. (Hrsg.), Public E-Procurement, 1. Aufl., München 2002, S. 131-144.

MARKHAM, W. J., MORALES, J. T., SLAIGHT, T. H., Creating Supply Advantage by Leveraging the Strategic Nature of Procurement. In: CAVINATO, J. L., KAUFFMAN, R. G. (Hrsg.), The purchasing handbook, 6. Aufl., New York 1999, S. 35-59.

MARLEAUX, S., Ein Kennzahlensystem als Weg zum Self-Controlling, Controller-Magazin, 22(1997)5, S. 343-345.

MARTIN-EHLERS, A., Die Unzulässigkeit vergabefremder Kriterien, Wirtschaft und Wettbewerb, 49(1999)7+8, S. 685-694.

MARX, F., Vergabeverfahren und Kontrollverfahren: Eine erste Bilanz. In: IPSEN, J. (Hrsg.), Öffentliches Auftragswesen im Umbruch, 1. Aufl., Osnabrück 1997, S. 71-80.

MARX, F., Vergabefremde Aspekte im Lichte des europäischen und des deutschen Rechts. In: SCHWARZE, J. (Hrsg.), Die Vergabe öffentlicher Aufträge im Lichte des europäischen Wirtschaftsrechts, 1. Aufl., Baden-Baden 2000, S. 77-86.

MATTHEWS, P. A., TOOLE, R. J., FAVRE, D. J., The Future of Purchasing and Supply. In: CAVINATO, J. L., KAUFFMAN, R. G. (Hrsg.), The purchasing handbook, 6. Aufl., New York 1999, S. 3-33.

MATTHEY, P., Das Recht der Auftragsvergabe in den Sektoren: Unter besonderer Berücksichtigung der deutschen Elektrizitätswirtschaft, 1. Aufl., Köln 2001.

MATZENBACHER, H.-J., Konzeption eines als Auslöser geeigneten Kennzahlenmodells zur Überwachung und Steuerung der Organisation, 1. Aufl., Frankfurt am Main 1978.

MCCARTHY, J., Basic Marketing: A managerial approach, 1. Aufl., Homewood 1960.

MEFFERT, H., Marketing: Grundlagen marktorientierter Unternehmensführung, 9. Aufl., Wiesbaden 2000.

MEHL, L. G., Beschaffungsmanagement in der Krise. In: SCHIMKE, E., TÖPFER, A. (Hrsg.), Krisenmanagement und Sanierungsstrategien, 1. Aufl., Landsberg/Lech 1985, S. 46-51.

MEININGER, F., Vergaberecht: Relevanz für öffentliche Unternehmen. In: FABRY, B., AUGSTEN, U. (Hrsg.), Handbuch Unternehmen der öffentlichen Hand, 1. Aufl., Baden-Baden 2002, S. 501-547.

MEISTER, H., Wohlfahrtsverluste im Staat: Ein Beitrag zur Theorie bürokratischer Ineffizienz, 1. Aufl., Spardorf 1983.

MELZER-RIDINGER, R., Implementierung des E-Procurements: Anpassung der Geschäftsprozesse erforderlich, Beschaffung aktuell, (2002)3, S. 32-40.

MENZE, T., Strategisches internationales Beschaffungsmarketing, 1. Aufl., Stuttgart 1993.

MERKLE, E., Betriebswirtschaftliche Formeln und Kennzahlen und deren betriebswirtschaftliche Relevanz, Wirtschaftswissenschaftliches Studium, 11(1982)7, S. 325-330.

MEYER, C., Beschaffungsziele, 1. Aufl., Köln 1986.

MEYER, C., Betriebswirtschaftliche Kennzahlen und Kennzahlen-Systeme, 2. Aufl., Stuttgart 1994.

MEYER, C., Die Effizienz in der Kommunalverwaltung: Eine Analyse der Kommunalverwaltungsreformdebatte aus sozialökonomischer Perspektive, 1. Aufl., Baden-Baden 1998.

MEYER, H., Mit Recht steuern: Das "Was" und "Wie" im kommunalen Kompetenzgefüge und im Haushaltsrecht. In: WALLERATH, M. (Hrsg.), Verwaltungserneuerung, 1. Aufl., Baden-Baden 2001, S. 65-80.

MEYER, H., Zwischen Klagen und Hoffen: Perspektiven für Reformen der Kommunalfinanzen. In: OEBBECKE, J. ET AL. (Hrsg.), Kommunalverwaltung in der Reform, 1. Aufl., Stuttgart 2004, S. 114-131.

MEYER, N., Die Einbeziehung politischer Zielsetzungen bei der öffentlichen Beschaffung, 1. Aufl., Berlin 2002.

MEYER, T. R., Rechtsquellen des Vergaberechts. In: SCHWARZE, J. (Hrsg.), Die Vergabe öffentlicher Aufträge im Lichte des europäischen Wirtschaftsrechts, 1. Aufl., Baden-Baden 2000, S. 47-60.

MEYER-PITON, B., RIENASS, U., Berlin auf dem Weg zur Verwaltungsreform. In: HILL, H., KLAGES, H. (Hrsg.), Berlin: Unternehmen Verwaltung, 1. Aufl., Stuttgart u. a. 1997, S. 11-23.

MILES, R. E., SNOW, C. C., Unternehmensstrategien, 1. Aufl., Hamburg u. a. 1986.

MITSCHKE, J., Staatsverwaltung und Betriebswirtschaft: Wege zur Wirtschaftlichkeit der öffentlichen Verwaltung. In: MORATH, K. (Hrsg.), Wirtschaftlichkeit der öffentlichen Verwaltung, 1. Aufl., Bad Homburg 1994, S. 11-24.

MÖHRSTÄDT, D. G. ET AL., Electronic Procurement planen – einführen – nutzen: von der Konzeption zu optimalen Beschaffungsprozessen, 1. Aufl., Stuttgart 2001.

MONCZKA, R., CARTER, P., HOAGLAND, J., Purchasing Performance. Measurement and Control, 1. Aufl., East Lansing 1979.

MONCZKA, R., TRENT, R., HANDFIELD, R., Purchasing and Supply Chain Management, 1. Aufl., Cincinatti 1998.

MÜHLMEYER, J., BELZ, C., Key Supplier- und Key Account Management: Konfrontation oder Kooperation zwischen Anbieter und Nachfrager? In: BELZ, C., MÜHLMEYER, J. (Hrsg.), Key Supplier Management, 1. Aufl., St. Gallen, Kriftel-Neuwied 2001, S. 20-37.

MUNDHENKE, E., Verwaltungsmodernisierung heute. In: MUNDHENKE, E., KREFT, W. (Hrsg.), Modernisierung der Bundesverwaltung, 1. Aufl., Brühl 1997, S. 9-17.

MUNDHENKE, E., Controlling / KLR in der Bundesverwaltung: Was man dazu wissen sollte, 3. Aufl., Brühl 2000.

MURRAY, R., The Backlash on New Public Management: A View from Praxis. In: HESSE, J. J., TOONEN, T. A. J. (Hrsg.), The European Yearbook of Comparative Government and Public Administration, Baden-Baden 1996, S. 407-424.

MUSCHINSKI, W., Lieferantenbewertung. In: STRUB, M. (Hrsg.), Das große Handbuch Einkaufs- und Beschaffungsmanagement, 1. Aufl., Landsberg/Lech 1998, S. 77-126.

N

NAGEL, J., Externe Beratung schafft die Voraussetzung für die Veränderung. In: HILL, H., KLAGES, H. (Hrsg.), Berlin: Unternehmen Verwaltung, 1. Aufl., Stuttgart u. a. 1997, S. 33-44.

NAU, H.-R., WALLNER, G., Verwaltungs-Controlling für Einsteiger. Kosten- und Leistungsrechnung in öffentlichen Unternehmen und Verwaltungen, 2. Aufl., Freiburg, Berlin, München 1999.

NEKOLAR, A.-P., E-Procurement: Euphorie und Realität, 1. Aufl., Berlin u. a. 2003.

NESSLER, V., Das neue Auftragsvergaberecht: ein Beispiel für die Europäisierung des deutschen Rechts, Europäisches Wirtschafts- und Steuerrecht, 10(1999), S. 89-94.

NESSLER, V., Politische Auftragsvergabe durch den Staat? Zur europarechtlichen Zulässigkeit politischer Kriterien bei der öffentlichen Auftragsvergabe, Die öffentliche Verwaltung, 26(2000)4, S. 145-152.

NICKLISCH, H., Allgemeine kaufmännische Betriebslehre als Privatwirtschaftslehre des Handels und der Industrie, 1. Aufl., Leipzig 1912.

NIESCHLAG, R., DICHTL., E., HÖRSCHGEN, H., Marketing, 18. Aufl., Berlin 1997.

NIESCHLAG, R., DICHTL., E., HÖRSCHGEN, H., Marketing, 19. Aufl., Berlin 2002.

NOCH, R., § 103 GWB: Vergabeprüfstellen. In: BYOK, J., JAEGER, W. (Hrsg.), Kommentar zum Vergaberecht, 1. Aufl., Heidelberg 2000, S. 194-201.

NOCH, R., Vergaberecht kompakt: Verfahrensablauf und Entscheidungspraxis, 2. Aufl., Düsseldorf 2002.

NOELLE, T., ROGMANS, J, Öffentliches Auftragswesen: Leitfaden für die Vergabe und Abwicklung von öffentlichen Aufträgen (GWB und VO PR 30/53), 3. Aufl., Berlin 2002.

NORQUIST, W. E. ET AL., Global Purchasing. In: FEARON, H. E., DOBLER, D. W., KILLEN, K. H., The Purchasing Handbook, 5. Aufl., New York u. a. 1992, S. 169-197.

NOWAK, R., FINCKE, U., KADES, E., Preisoptimierung oder Innovation- und Prozessbeschleunigung: Besser sein als die anderen, Beschaffung aktuell, (2002)5, S. 32-35.

NULLMEIER, F., Input, Output, Outcome, Effektivität und Effizienz. In: BLANKE, B. ET AL. (Hrsg.), Handbuch zur Verwaltungsreform, 2. Aufl., Opladen 2001a, S. 357-363.

NULLMEIER, F., Kennzahlen und Performance Measurement. In: BLANKE, B. ET AL. (Hrsg.), Handbuch zur Verwaltungsreform, 2. Aufl., Opladen 2001b, S. 383-391.

O

ÖSZE, D., Managementinformationen im New Public Management: am Beispiel der Steuerverwaltung des Kantons Bern, 1. Aufl., Bern, Stuttgart, Wien 2000.

OETTLE, K., Grenzen und Möglichkeiten einer unternehmungsweisen Führung öffentlicher Betriebe. In: RÜHLE VON LILIENSTEIN, H. (Hrsg.), Die informierte Unternehmung, 1. Aufl., Berlin 1972, S. 129-143.

OHL, J., Waren und Dienstleistungen für die Prozessindustrie: Outsourcing kann Beschaffungskosten senken, Beschaffung aktuell, (2002)10, S. 66-67.

OHLER, F. P., Zum Begriff des öffentlichen Auftraggebers im europäischen Vergaberecht, 1. Aufl., Frankfurt am Main u. a. 2001.

OLESCH, G., Einkaufkooperationen im Handel. In: ARNOLD, U. (Hrsg.), Erfolg durch Einkaufskooperationen, 1. Aufl., Wiesbaden 1998, S. 57-88.

ORTHS, H., Controlling im Einkauf. In: STRUB, M. (Hrsg.), Das große Handbuch Einkaufs- und Beschaffungsmanagement, 1. Aufl., Landsberg/Lech 1998, S. 533-577.

OSBORNE, D., GAEBLER, T., Reinventing government: how the entrepreneurial spirit is transforming the public sector, 1. Aufl., Reading 1992.

OSTERHOFF, B., Kosten-/Leistungsrechnung und Budgetierung in der öffentlichen Verwaltung. In: BOLAY, F. W. ET AL. (Hrsg.), Öffentliche Verwaltungen nachhaltig modernisieren, 1. Aufl., Frankfurt am Main 1998, S. 184-189.

OTTING, O., Ist das öffentliche Auftragswesen der geeignete Ort, gesetzespolitische Ziele durchzusetzen? Zur Zulässigkeit beschaffungsfremder Vergabekriterien, Stadt und Gemeinde interaktiv, 51(1996)12, S. 461-466.

O. V., Der Staat verschwendet Milliarden, Information Management & Consulting, 14(2000)4, S. 93-94.

P

PAGE, H. R., Public Purchasing and Materials Management, 1. Aufl., Lexington 1980.

PALUPSKI, R., Marketing kommunaler Verwaltungen, 1. Aufl., München, Wien 1997.

PALUPSKI, R., Management von Beschaffung, Produktion und Absatz, 1. Aufl., Wiesbaden 1998a.

PALUPSKI, R., Controlling kommunaler Verwaltungen, 2. Aufl., Aachen 1998b.

PARKER, D., HARTLEY, K., The economics of partnership sourcing versus adversal competition: a critique. In: ARROWSMITH, S., HARTLEY, K., (Hrsg.), Public Procurement I, 1. Aufl., Cheltenham, Northampton 2002, S. 196-206.

PARSONS, A. L., What Determines Buyer-Seller Relationship Quality? An Investigation from the Buyer's Perspective, The Journal of Supply Chain Management, 38(2002)Spring, S. 4-12.

PAUL, J., Wenn Kennzahlen schaden, Harvard Business Manager, 26(2004)Juni, S. 108-111.

PEEMÖLLER, V. H., Controlling: Grundlagen und Einsatzgebiete, 4. Aufl., Herne, Berlin 2002.

PETERS, C., Verwaltungspolitik beim Bund: Zwischen Kontinuität und Neuansatz: Bilanz und Perspektive, 1. Aufl., Speyer 1999.

PEUKERT, J., Wertbeitrag und strategische Verantwortung der Beschaffung. KPMG (Hrsg.), Jahrbuch der Beschaffung 2000, Berlin 2000, S. 14-27.

PFISTERER, J., Beschaffungskontrolle, 1. Aufl., Köln 1988.

PIDUCH, E. A., Die Bedeutung des öffentlichen Beschaffungswesens im Rahmen der staatlichen Wirtschafts- und Finanzpolitik. In: IHK BERLIN (Hrsg.), Das öffentliche Beschaffungswesen, 1. Aufl., Berlin 1981, S. 9-13.

PIETZCKER, J., Das deutsche Vergaberecht nach der Umsetzung der EG-Richtlinien. In: IPSEN J. (Hrsg.), Öffentliches Auftragswesen im Umbruch, 1. Aufl., Osnabrück 1997, S. 43-58.

PIETZCKER, J., Die neue Gestalt des Vergaberechts, Zeitschrift für das gesamte Handelsrecht und Wirtschaftsrecht, 162(1998), S. 427-473.

PIETZCKER, J., Das Vergaberechtsänderungsgesetz: europarechtliche Grundlagen, wesentliche Änderungen und offene Fragen, 1. Aufl., Leipzig 1999.

PIETZCKER, J., Die Zweiteilung des Vergaberechts. In: SCHWARZE, J. (Hrsg.), Die Vergabe öffentlicher Aufträge im Lichte des europäischen Wirtschaftsrechts, 1. Aufl., Baden-Baden 2000, S. 61-75.

PINKERTON, R. L., The Evolution of Purchasing to Supply Chain Management. In: HAHN, D., KAUFMANN, L. (Hrsg.), Handbuch Industrielles Beschaffungsmanagement, 2. Aufl., Wiesbaden 2002, S. 507-521.

PIONTEK, J., Internationales Beschaffungsmarketing, 1. Aufl., Stuttgart 1993a.

PIONTEK, J., Kennzahlengestütztes strategisches Beschaffungsmarketing-Controlling: Leistungsbeurteilung, Wirtschaftlichkeitsanalyse und Erfolgmessung: Kennzahlen-gestütztes Beschaffungsmarketing-Controlling, Beschaffung aktuell, (1993b)12, S. 21-23.

PIONTEK, J., Planung und Kontrolle von Kostensenkungen im Beschaffungsbereich, Zeitschrift für Planung, 4(1993c)2, S. 115-126.

PIONTEK, J., Beschaffungscontrolling, 1. Aufl., München 1994.

PIONTEK, J., Controlling, 2. Aufl., München, Wien 2003.

PIPPKE, W., Berufsbeamtentum. In: CHMIELEWICZ, K., EICHHORN, P. (Hrsg.), Handwörterbuch der öffentlichen Betriebswirtschaft, 1. Aufl., Stuttgart 1989, Sp. 86-93.

PITSCHAS, R., Verwaltungshandeln. In: CHMIELEWICZ, K., EICHHORN, P. (Hrsg.), Handwörterbuch der Öffentlichen Betriebswirtschaftslehre, Stuttgart 1989, 1. Aufl., Sp. 1642-1650.

PLHAK, N., Allgemeine Bemerkungen zum Thema Kennzahlen. In: ARBEITSGEMEINSCHAFT INTERNE REVISION (Hrsg.), Kennzahlen: ein Revisionsinstrument, 1. Aufl., Wien 1985, S. 16-23.

POISCHBEG, M., Benchmarking in der Beschaffung: Mit den Besten der Besten zum Weltklasse-Einkauf, Beschaffung aktuell, (1995)12, S. 30-33.

POOK, M., Verwaltungscontrolling im Neuen Steuerungsmodell: Überblick. In: ADAMASCHEK, B. ET AL. (Hrsg.), Managementhandbuch Kommunalverwaltung, 2. Aufl., Heidelberg 2002, D.2.

POPOVICH, M. G. (Hrsg.), Creating High-Performance Government Organizations, A Pracatical Guide for Public Managers, 1. Aufl., San Francisco 1998.

POTTHOFF, E., Entwicklungsgeschichte der öffentlichen Betriebswirtschaftslehre. In: EICHHORN, P. (Hrsg.), Betriebswirtschaftliche Erkenntnisse für Regierung, Verwaltung und öffentliche Unternehmen, 1. Aufl., Baden-Baden 1985, S. 35-46.

PREISSNER, A., Balanced Scorecard in Vertrieb und Marketing. Planung und Kontrolle mit Kennzahlen, 2. Aufl., München, Wien 2002.

PRIESS, H.-J., Das öffentliche Auftragswesen in der Europäischen Union: Gesamtdarstellung der EU/EWR-Vergaberegeln mit Textausgabe, 1. Aufl., Köln u. a. 1994.

PRIESS, H.-J., Handbuch des europäischen Vergaberechts: Gesamtdarstellung der EU/EWR-Vergaberegeln mit Textausgabe, 2. Aufl., Köln u. a. 2001.

PROBST, J., Balanced Scorecard leicht gemacht. Warum sollen Sie mit weichen Faktoren hart rechnen? 1. Aufl., Frankfurt am Main, Wien 2001.

PROMBERGER, K., Controlling für Politik und öffentliche Verwaltung, 1. Aufl., Wien 1995.

PUSCHMANN, T., ALT, R., ÖSTERLE, H., Best Practices im E-Procurement, Information Management & Consulting, 16(2001)4, S. 20-30.

R

RADKE, M., Die große betriebswirtschaftliche Formelsammlung, 11. Aufl., Landsberg/Lech 2001.

RAFFEE, H., FRITZ, W., WIEDMANN, K.-P., Marketing für öffentliche Betriebe, 1. Aufl., Stuttgart, Berlin, Köln 1994.

RAFFETSEDER, G., Erfolgs- und Mißerfolgsfaktoren der Verwaltungsmodernisierung: Zur Steuerung von Reformprozessen, 1. Aufl., Frankfurt am Main 2001.

RAMSAY, J., Can Purchasing Have a Strategic Role in the Modern Firm? In: HAHN, D., KAUF-MANN, L. (Hrsg.), Handbuch Industrielles Beschaffungsmanagement, 2. Aufl., Wiesbaden 2002, S. 113-124.

RAU, T., Betriebswirtschaftslehre für Städte und Gemeinden, 1. Aufl., München 1994.

RECK, R. F., LONG, B. G., Purchasing: A Competitive Weapon, Journal of Purchasing and Materials Management, 24(1988)Fall, S. 2-8.

REDING, K., Die Effizienz staatlicher Aktivitäten: Probleme ihrer Messung und Kontrolle, 1. Aufl., Baden-Baden 1981.

REICHARD, C., Betriebswirtschaftslehre der öffentlichen Verwaltung, 2. Aufl., Berlin/New York 1987.

REICHARD, C., Internationale Trends im kommunalen Management. In: BANNER, G., REICHARD, C. (Hrsg.), Kommunale Managementkonzepte in Europa, 1. Aufl., Köln 1993a, S. 3-24.

REICHARD, C., Entscheidungsstrukturen und Entscheidungsprozesse in der öffentlichen Verwaltung. In: HOFMANN, M., ZAPOTOCZKY, K., STRUNTZ, H. (Hrsg.), Gestaltung öffentlicher Verwaltungen, 1. Aufl., Heidelberg 1993b, S. 113-136.

REICHARD, C., Umdenken im Rathaus: Neue Steuerungsmodelle in der deutschen Kommunalverwaltung, 1. Aufl., Berlin 1994.

REICHARD, C., Neue Ansätze der Führung und Leitung. In: KÖNIG, K., SIEDENTOPF, H. (Hrsg.), Öffentliche Verwaltung in Deutschland, 2. Aufl., Baden-Baden 1997, S. 641-660.

REICHARD, C., Institutionelle Wahlmöglichkeiten bei der öffentlichen Aufgabenwahrnehmung. In: BUDÄUS, D. (Hrsg.), Organisationswandel öffentlicher Aufgabenwahrnehmung, 1. Aufl., Baden-Baden 1998, S. 121-153.

REICHARD, C., Kommunale Wirtschaft unter Anpassungsdruck. In: EICHHORN, P., REICHARD, C., SCHUPPERT, G. F. (Hrsg.), Kommunale Wirtschaft im Wandel, 1. Aufl., Baden-Baden 2000, S. 15-24.

REICHARD, C., Verwaltungsmodernisierung in Deutschland in internationaler Perspektive. In: WALLERATH, M. (Hrsg.), Verwaltungserneuerung, 1. Aufl., Baden-Baden 2001, S. 13-39.

REICHARD, C., Verwaltung als öffentliches Management. In: KÖNIG, K. (Hrsg.), Deutsche Verwaltung an der Wende zum 21. Jahrhundert, 1. Aufl., Baden-Baden 2002, S. 255-277.

REICHMANN, T., Grundlagen einer systemgestützten Controlling-Konzeption mit Kennzahlen, Zeitschrift für Betriebswirtschaft, 55(1985)9, S. 887-898.

REICHMANN, T., Kennzahlensysteme. In: HORVATH, P., REICHMANN, T. (Hrsg.), Vahlens großes Controllinglexikon, 1. Aufl., München 1993a, S. 346-347.

REICHMANN, T., Du-Pont-Kennzahlensystem. In: HORVATH, P., REICHMANN, T. (Hrsg.), Vahlens großes Controllinglexikon, 1. Aufl., München 1993b, S. 164-165.

REICHMANN, T., ZVEI-Kennzahlensystem. In: HORVATH, P., REICHMANN, T. (Hrsg.), Vahlens großes Controllinglexikon, 1. Aufl., München 1993c, S. 679-681.

REICHMANN, T., RL-Kennzahlensystem (Rentabilitäts-Liquiditäts-Kennzahlensystem). In: HORVATH, P., REICHMANN, T. (Hrsg.), Vahlens großes Controllinglexikon, 1. Aufl., München 1993d, S. 567-569.

REICHMANN, T., Kriterien entscheidungsrelevanter Kosten: Make-or-buy-Kalkulationen im modernen Beschaffungsmanagement, Beschaffung aktuell, (2000)3, S. 44-52.

REICHMANN, T., Controlling mit Kennzahlen und Managementberichten: Grundlagen einer systemgestützten Controlling-Konzeption, 6. Aufl., München 2001.

REICHMANN, T., LACHNIT, L., Planung, Steuerung und Kontrolle mit Hilfe von Kennzahlen, Zeitschrift für betriebswirtschaftliche Forschung, 28(1976), S. 705-723.

REICHMANN, T., PALLOKS-KAHLEN, M., Make-or-Buy-Kalkulationen im modernen Beschaffungsmanagement. In: HAHN, D., KAUFMANN, L. (Hrsg.), Handbuch Industrielles Beschaffungsmanagement, 2. Aufl., Wiesbaden 2002, S. 525-541.

REICHWEIN, A., MÖLTGEN, K., PADBERG, E., Leitbild. In: ADAMASCHEK, B. ET AL. (Hrsg.), Managementhandbuch Kommunalverwaltung, 2. Aufl., Heidelberg 2002, A.6.

REIDT, L., STICKLER, T., GLAHS, H., Vergaberecht: Kommentar, 2. Aufl., Köln 2003.

REINELT, G. R., Multimediale Beschaffungsmarktforschung. In: HAHN, D., KAUFMANN, L. (Hrsg.), Handbuch Industrielles Beschaffungsmanagement, 2. Aufl., Wiesbaden 2002, S. 563-592.

REINERMANN, H., Controlling in mittleren und kleinen Kommunalverwaltungen, Die Betriebswirtschaft, 44(1984)1, S. 85-97.

REINERMANN, H., Controlling für Verwaltungsorganisationen: Stand und Entwicklungstendenzen. In: WAGNER, H. (Hrsg.), Betriebswirtschaftslehre und Unternehmensforschung, 1. Aufl., Wiesbaden 1994a, S. 103-117.

REINERMANN, H., Die Krise als Chance: Wege innovativer Verwaltungen, 1. Aufl., Speyer 1994b.

REINSCHMIDT, J., Beschaffungs-Controlling mit Kennzahlensystemen, 1. Aufl., Bergisch-Gladbach 1989.

REISS, M., Win-Win-Partnerschaften in der Beschaffung: Beide Seiten müssen darin glücklich werden!, Beschaffung aktuell, (2002)2, S. 28-31.

REMBOR, R.-P., Controlling in der Kommunalverwaltung: Koordination dezentraler Verantwortung, 1. Aufl., Wiesbaden 1997.

RENKEWITZ, D., Subcontracting. In: BRETSCHNEIDER, G. (Hrsg.), Einkaufsleiter-Handbuch, 1. Aufl., München 1974, S. 923-951.

REXRODT, G., Controlling in öffentlichen Verwaltungen im Spannungsfeld zwischen privatwirtschaftlicher Erfahrung, politischen Einflüssen und bürokratischer Tradition. In: WEBER, J., TYLKOWSKI, O. (Hrsg.), Perspektiven der Controlling-Entwicklung in öffentlichen Institutionen, 1. Aufl., Stuttgart 1991, S. 1-14.

RICHTER, M., Controllingkonzeption für öffentliche Verwaltungsbetriebe, 1. Aufl., Hamburg 2000.

RICHTER, W., Controlling und Berichtswesen. In: BLANKE, B. ET AL. (Hrsg.), Handbuch zur Verwaltungsreform, 2. Aufl., Opladen 2001, S. 392-400.

RICHTER, W., DREYER, M., Cost Center und Profit Center im Kontext kommunaler Aufgabenfelder. In: BLANKE, B. ET AL. (Hrsg.), Handbuch zur Verwaltungsreform, 2. Aufl., Opladen 2001, S. 329-337.

RIDLEY, F. F., Competition for Quality, Performance Indicators, and Reinventing Government. In: HILL, H. (Hrsg.), Quality, innovation and measurement in the public sector, 1. Aufl., Frankfurt am Main u. a. 1996, S. 25-36.

RIEDEL, H., Interkommunaler Leistungsvergleich: Philosophie, Methodik, Organisation. In: ADAMA-SCHEK, B., BAITSCH, C. (Hrsg.), Interkommunaler Leistungsvergleich, 1. Aufl., Gütersloh 1999, S. 11-18.

RIEGER, F. H., Grundlagen der Betriebswirtschaftslehre öffentlicher Verwaltungsbetriebe, Das Wirtschaftsstudium, 20(1991)5, S. 382-387.

RIESE, C., Vergaberecht, Grundlagen – Verfahren – Rechtsschutz, 1. Aufl., Berlin u. a. 1998.

RITTNER, F., Rechtsgrundlagen und Rechtsgrundsätze des öffentlichen Auftragswesens: Eine systematische Analyse, 1. Aufl., Tangstedt/Hamburg 1988.

RITTNER, F., Die "sozialen Belange" i. S. der EG-Kommission und das inländische Vergaberecht. In: SCHWARZE, J. (Hrsg.), Die Vergabe öffentlicher Aufträge im Lichte des europäischen Wirtschaftsrechts, 1. Aufl., Baden-Baden 2000, S. 87-96.

ROBINSON, P. J., FARIS, C. W., WIND, Y., Industrial Buying and Creative Marketing, 1. Aufl., Boston 1967.

RÖSSLE, W., Selbstanfertigung oder Fremdbezug: Das Rechnen mit "relevanten" Kosten als Entscheidungshilfe. In: BRETSCHNEIDER, G. (Hrsg.), Einkaufsleiter-Handbuch, 1. Aufl., München 1974, S. 905-922.

ROGMANS, J., Öffentliches Auftragswesen: Leitfaden für die Vergabe und Abwicklung von öffentlichen Aufträgen einschließlich Bauaufträgen, 2. Aufl., Berlin 1993.

ROLAND, F., Beschaffungsstrategien: Voraussetzungen, Methoden und EDV-Unterstützung einer problemadäquaten Auswahl, 1. Aufl., Bergisch-Gladbach, Köln 1993.

ROSENWALD, W., Global Sourcing im Einkauf. In: STRUB, M. (Hrsg.), Das große Handbuch Einkaufs- und Beschaffungsmanagement, 1. Aufl., Landsberg/Lech 1998, S. 379-398.

ROUSE, J., Resource and Performance Management in Public Service Organizations. In: ISAAC-HENRY, K., PAINTER, C., BARNES, C. (Hrsg.), Management in the Public Sector, 2. Aufl., London, Boston 1997, S. 73-104.

RUHNAU, H., Management öffentlicher Unternehmen. In: CHMIELEWICZ, K., EICHHORN, P. (Hrsg.), Handwörterbuch der öffentlichen Betriebswirtschaft, 1. Aufl., Stuttgart 1989, Sp. 935-943.

RUDOLPH, F., ZP-Stichwort: Kennzahlensysteme, Zeitschrift für Planung, 4(1993)1, S. 97-100.

RÜCKZIEGEL, G., JEPP, H., Untersuchung der Beschaffungsstrategien: Die Notwendigkeit des prozeßorientierten Beschaffungsmarketing, Beschaffung aktuell, (1993) 4, S. 30-33.

RUOFF, M. J., Strategic Outsourcing: Steigerung der Unternehmenseffizienz durch Outsourcing, Diss. Universität Zürich 2001.

S

SACHER, P., Die Beschaffungspraxis öffentlicher Verwaltungen: eine verwaltungswissenschaftliche Untersuchung am Beispiel ausgewählter Kommunalverwaltungen, 1. Aufl., Frankfurt am Main u. a. 1992.

SACKSTETTER, H., Wege zur Optimierung im Einkauf. In: STRUB, M. (Hrsg.), Das große Handbuch Einkaufs- und Beschaffungsmanagement, 1. Aufl., Landsberg/Lech 1998, S. 337-377.

SALMEN, R., Das Wirtschaftlichkeitsprinzip in der kommunalen Finanz- und Haushaltsplanung, 1. Aufl., Berlin 1980.

SANDER, L., LANGER, C., Reform der Kommunalverwaltung im New Public Management, Volkswirtschaftliche Diskussionsbeiträge, Westfälische Wilhelms-Universität Münster, Beitrag Nr. 354, Münster 2003.

SANDIG, C., Grundriß der Beschaffung, Die Betriebswirtschaft, 28(1935), S.175-182, S. 196-201 und S. 228-235.

SARKIS, J., TALLURI, S., A Model for Strategic Supplier Selection, The Journal of Supply Chain Management, 38(2002)Winter, S. 18-27.

SAUNDERS, M., Strategic purchasing and supply chain management, 2. Aufl., Harlow 1997.

SCHÄFER, P. W., Public E-Procurement im Rahmen der europäischen Vergabereform. In: GEHRMANN, F., SCHINZER, H., TACKE, A. (Hrsg.), Public E-Procurement, 1. Aufl., München 2002, S. 49-74.

SCHÄFFER, M., Kommunale Kostenmanagementsysteme: Ein Beitrag zum neuen öffentlichen Rechnungswesen, 1. Aufl., Stuttgart, Berlin, Köln 2000.

SCHAUER, R., Kameralistik und/oder Doppik? Anmerkungen zur Reform des öffentlichen Rechnungswesens im Lichte der Erfahrungen in Österreich und der Schweiz, Verwaltung, Organisation, Personal, 14(1992)1, S. 5-11.

SCHEDLER, K., Anreizsysteme in der öffentlichen Verwaltung, 1. Aufl., Bern, Stuttgart, Wien 1993.

SCHEDLER, K., PROELLER, I., New Public Management, 1. Aufl., Bern, Stuttgart, Wien 2000.

SCHEER, A.-W., BOLD, M., HEIB, R., Geschäftsprozeßmodellierung als Instrument zur Gestaltung von Controlling-Systemen in der öffentlichen Verwaltung. In: SCHEER, A.-W., FRIEDERICHS, J. (Hrsg.), Innovative Verwaltungen 2000, 1. Aufl., Wiesbaden 1996, S. 119-130.

SCHENK, M., Das neue Vergaberecht: Auslegung und Anwendung am Maßstab des Gemeinschaftsrechts, 1. Aufl., Baden-Baden 2001.

SCHERER, A. G., Besonderheiten der strategischen Steuerung in Öffentlichen Institutionen und der Beitrag der Balanced Scorecard. In: SCHERER, A. G., ALT, J. M. (Hrsg.), Balanced Scorecard in der Verwaltung und in Non-Profit-Organisationen, 1. Aufl., Stuttgart 2002, S. 3-26.

SCHERER, A. G., ALT, J. M., Strategische Steuerung und Balanced Scorecard, http://www.bva.bund.de/aufgaben/win/beitraege/00153/, o. J., Zugriff 02.07.2003.

SCHEUCH, F., Marketing, 5. Aufl., München 1996.

SCHEUING, E. E., Purchasing Management, 1. Aufl., Englewood Cliffs u. a. 1988.

SCHINDELE, S., Der Kooperationsbegriff und die Bedeutung von Einkaufskooperationen. In: VOE-GELE, A. R., SCHINDELE, S. (Hrsg.), Einkaufskooperationen in der Praxis, 1. Aufl., Wiesbaden 1998, S. 29-47.

SCHLECHT, O., Das öffentliche Auftragswesen als wirtschaftspolitische Aufgabe. In: BUNDESVER-BAND DER DEUTSCHEN INDUSTRIE (Hrsg.), Öffentliche Aufträge, 1. Aufl., Köln 1988, S. 21-34.

SCHLEMMER, K. W., Kernprobleme einer kommunalen Kostenrechnung. In: BOLAY, F. W. ET AL. (Hrsg.), Öffentliche Verwaltungen nachhaltig modernisieren, 1. Aufl., Frankfurt am Main 1998, S. 160-165.

SCHLESINGER, A., Zur Analyse des Beschaffungsbedarfs, 1.Auf., Köln 1991.

SCHLOTTERBECK, W., Controlling in Einkauf und Logistik – Teil II: Die Verfahren des Einkaufs-Controlling, Beschaffung aktuell, (1995)8, S. 27-33.

SCHMALENBACH, E., Kostenrechnung und Preispolitik, 7. Aufl., Köln, Opladen 1956.

SCHMID, H., Beschaffungswesen öffentlicher Unternehmen. In: CHMIELEWICZ, K., EICHHORN, P. (Hrsg.), Handwörterbuch der öffentlichen Betriebswirtschaft, 1. Aufl., Stuttgart 1989, Sp. 94-102.

SCHMIDBERGER, J., Controlling für öffentliche Verwaltungen: Funktionen – Aufgabenfelder – Instrumente, 2. Aufl., Wiesbaden 1994.

SCHMIDT, H.-J., Betriebswirtschaftslehre und Verwaltungsmanagement, 5. Aufl., Heidelberg 2001.

SCHMIDT, J., Wirtschaftlichkeit in der öffentlichen Verwaltung: Grundsatz der Wirtschaftlichkeit, Zielsetzung, Planung, Vollzug, Kontrolle, Wirtschaftlichkeitsuntersuchungen, Kosten- und Leistungsrechnung, 6. Aufl., Berlin 2002a.

SCHMIDT, M., Kommunale Einkaufsgemeinschaft. In: GEHRMANN, F., SCHINZER, H., TACKE, A. (Hrsg.), Public E-Procurement, 1. Aufl., München 2002b, S. 313-319.

SCHMIDT-ASSMANN, E., Gesetzes- und Rechtsbindung der Verwaltung. In: KÖNIG, K., SIEDEN-TOPF, H. (Hrsg.), Öffentliche Verwaltung in Deutschland, 2. Aufl., Baden-Baden 1997, S. 359-376.

SCHMITHALS, E., TAUSCH, C., HAAS, G., Vergleich kommunaler Leistungen: Das IKO-Netz der KGSt. In: ADAMASCHEK, B. ET AL. (Hrsg.), Managementhandbuch Kommunalverwaltung, 2. Aufl., Heidelberg 2002, D.1.

SCHMITHALS-FERRARI, E., TAUSCH, C., HAAS, G., Kennzahlenorientierte Steuerung in den Kommunen und die Unterstützung durch das IKO-Netz der KGSt. In: BAYERISCHE VER-WALTUNGSSCHULE (Hrsg.), Kosten senken durch Kostensteuerung, 1. Aufl., Stuttgart u. a. 1999, S. 218-243.

SCHNEIDER, H., Outsourcing von Beschaffungsprozessen: Beschaffungsdienstleister und ihre Konzepte, 1. Aufl., Gernsbach 1998.

SCHNEIDER, S., Die Planung von Bereichszielen bei öffentlichen Verwaltungen unter spezieller Berücksichtigung der Kommunalverwaltungen, Zeitschrift für betriebswirtschaftliche Forschung, 30(1978), S. 561-585.

SCHOCH, F., Public Private Partnership. In: ERICHSEN, H.-U. (Hrsg.), Kommunale Verwaltung im Wandel, 1. Aufl., Köln u. a. 1999, S. 101-116.

SCHOTT, G., Kennzahlen: Instrument der Unternehmensführung, 6. Aufl., Wiesbaden 1991.

SCHRIJVERS, P. M., New Public Management: Konzeption, Elemente und praktische Erfahrungen. In: BUDÄUS, D., GRONBACH, P. (Hrsg.), Umsetzung neuer Rechnungs- und Informationssysteme in innovativen Verwaltungen, 1. Aufl., Freiburg, Berlin, München 1999, S. 243-253.

SCHRÖDER, H., Haushaltswirtschaft und Haushaltsrecht als Instrumente wirtschaftlichen Verwaltens. MORATH, K. (Hrsg.), Wirtschaftlichkeit der öffentlichen Verwaltung, 1. Aufl., Bad Homburg 1994, S. 41-49.

SCHRÖTER, E., WOLLMANN, H., New Public Management. In: BLANKE, B. ET AL. (Hrsg.), Handbuch zur Verwaltungsreform, 2. Aufl., Opladen 2001, S. 71-82.

SCHRÖTER, E., WOLLMANN, H., New Public Management. In: BLANKE, B. ET AL. (Hrsg.), Handbuch zur Verwaltungsreform, 3. Aufl., Wiesbaden 2005, S. 63-74.

SCHUBERT, M., Risikomanagement im Beschaffungsmarketing, 1. Aufl., Köln 2004.

SCHÜTTE, D. B., HORSTKOTTE, M., Vergaberecht bei öffentlichen Aufträgen: eine Einführung anhand von Fällen, 1. Aufl., Stuttgart, Berlin, Köln 2001.

SCHULTE, C., Kennzahlensystem für die Beschaffungslogistik: Das Optimum herausholen, Beschaffung aktuell, (1991)11, S. 32-35.

SCHULTE, P., Einkaufen: professionell und erfolgreich, 1. Aufl., Ehningen 1990.

SCHUMACHER, F. A., Rechtsschutz im öffentlichen Auftragswesen: der Rechtsschutz bei der Vergabe öffentlicher Aufträge nach dem europäischen Gemeinschaftsrecht und dem deutschen Recht, 1. Aufl., Regensburg 1998.

SCHUSTER, F., Einführung in die Betriebswirtschaftslehre der Kommunalverwaltung, 1. Aufl., Hamburg 2001.

SCHUSTER, F., Kommunale Kosten- und Leistungsrechnung, 2. Aufl., München, Wien 2002.

SCHWAAB, M., Die inputorientierte Budgetierung in der Hoheitsverwaltung: Überlegungen und Umsetzung einer Neustrukturierung der Stadtverwaltung Gelnhausen. In: BOLAY, F. W. ET AL. (Hrsg.), Öffentliche Verwaltungen nachhaltig modernisieren, 1. Aufl., Frankfurt am Main 1998, S. 214-221.

SCHWAB, H., Industrielles Beschaffungsmarketing: Anregungen für den öffentlichen Einkauf. IHK BERLIN (Hrsg.), Das öffentliche Beschaffungswesen, 1. Aufl., Berlin 1981, S. 55-63.

SCHWARZE, J., Die Vergabe öffentlicher Aufträge im Lichte des europäischen Wirtschaftsrechts. In: SCHWARZE, J. (Hrsg.), Die Vergabe öffentlicher Aufträge im Lichte des europäischen Wirtschaftsrechts, Baden-Baden 2000, 1. Aufl., S. 13-45.

SCHWARZE, J., KOSS, T., Prozessorientierte Kosten- und Leistungsrechnung in der öffentlichen Verwaltung, 1. Aufl., Hannover 1996.

SEIBEL, W., REULEN, S., Strategiefähigkeit verwaltungspolitischer Akteure. In: KÖNIG, K. (Hrsg.), Deutsche Verwaltung an der Wende zum 21. Jahrhundert, 1. Aufl., Baden-Baden 2002, S. 525-545.

SEIDENSCHWARZ, B., Entwicklung eines Controlling-Konzeptes für öffentliche Institutionen: dargestellt am Beispiel einer Universität, 1. Aufl., München 1992.

SEIFERT, K., Prozeßmanagement für die öffentliche Verwaltung, 1. Aufl., Wiesbaden 1998.

SIEDENTOPF, H., Öffentliche Verwaltungen in EG-Ländern. In: CHMIELEWICZ, K., EICHHORN, P. (Hrsg.), Handwörterbuch der öffentlichen Betriebswirtschaft, 1. Aufl., Stuttgart 1989, Sp. 1173-1185.

SIMPSON, P. M., SIGUAW, J. A., WHITE, S. C., Measuring the Performance of Suppliers: An Analysis of Evaluation Processes, The Journal of Supply Chain Management, 38(2002)Winter, S. 29-41.

SOBOLL, M., Beschaffungsmarketing für Facility Management-Dienstleistungen, 1. Aufl., Hamburg 2004.

SPEKMAN, R. E., KAMAUFF, J. W., SALMOND, D. J., At Last Purchasing is Becoming Strategic, Long Range Planning, 27(1994)2, S. 77-84.

SPOHRER, H., Effizienzverbesserung durch EDV-Unterstützung im Einkauf. In: HARTMANN, H. (Hrsg.), Optimierung der Einkaufsorganisation, 1. Aufl., Gernsbach 1996, S. 58-77.

STAEHLE, W. H., Kennzahlen und Kennzahlensysteme als Mittel der Organisation und Führung von Unternehmen, 1. Aufl., Wiesbaden 1969.

STAEHLE, W. H., Kennzahlensysteme als Instrument der Unternehmensführung, Wirtschaftswissenschaftliches Studium, 2(1973)5, S. 222-228.

STANGL, U., Beschaffungsmarktforschung: Ein heuristisches Entscheidungsmodell, 1. Aufl., Köln 1985.

STANLEY, L. L., Purchasing Performance Evaluation. In: CAVINATO, J. L., KAUFFMAN, R. G. (Hrsg.), The Purchasing Handbook, 6. Aufl., New York 1999, S. 357-373.

STARK, H., Beschaffungsführung: Grundlagen marktkonformen und zielorientierten Verhaltens in der Beschaffung, 1. Aufl., Stuttgart 1973.

STARK, H., Erfolgsmessung in der Materialwirtschaft, Beschaffung aktuell, (1990)12, S. 24-26.

STARK, H., Beschaffungsplanung und Budgetierung, 4. Aufl., Wiesbaden 1994.

STATISTISCHES BUNDESAMT (Hrsg.), Statistisches Jahrbuch für die Bundesrepublik Deutschland, Wiesbaden 2005.

STAUDT, E. ET AL., Kennzahlen und Kennzahlensysteme: Grundlagen zur Entwicklung und Anwendung, 1. Aufl., Berlin 1985.

STAUSS, B., Ein bedarfswirtschaftliches Marketing-Konzept für öffentliche Unternehmen, 1. Aufl., Baden-Baden 1987.

STEGMANN, B., Benchmarking als Instrument einer New Public Management-orientierten Controllingkonzeption für kommunale Abfallwirtschaftsbetriebe, 1. Aufl., Aachen 2002.

STEINEBACH, N., Verwaltungsbetriebslehre: für Studium und Praxis, 5. Aufl., Regensburg, Bonn 1998.

STERNER, F., Rechtsbindungen und Rechtsschutz bei der Vergabe öffentlicher Aufträge, 1. Aufl., Stuttgart u. a. 1996.

STEVENS, J., Measuring Purchasing Performance: with special reference as to how purchasing performance is measured in the United Kingdom, 1. Aufl., London 1978.

STIEGENROTH, H., Bedarfsspezifizierung bei individuellen Investitionsgütern, 1. Aufl., Wiesbaden 2000.

STÖRMANN, W., Reformbedarf im kommunalen Haushalts- und Rechnungswesen. In: WISSEN-SCHAFTSFÖRDERUNG DER SPARKASSENORGANISATION E. V. (Hrsg.), Kommunales Management im Wandel, 1. Aufl., Bonn, Stuttgart 1997, S. 39-65.

STRACHE, H., Basis für Advanced Purchasing: Notwendiges Wissen über die Wertanalyse, Beschaffung aktuell, (1999)7, S. 45-47.

STRACHE, H., Wertschöpfungs-Parameter richtig gewichten: Kosten- und Erfolgsmessung im Einkauf, Beschaffung aktuell, (2000)7, S. 40-43.

STRACHE, H., BLOM, F., Beschaffungsmarktforschung, 1. Aufl., Wiesbaden 1982.

STRAUBE, F., Logistik und Bedarfsermittlung im Einkauf. In: STRUB, M. (Hrsg.), Das große Handbuch Einkaufs- und Beschaffungsmanagement, 1. Aufl., Landsberg/Lech 1998, S. 435-490.

STRUB, M. (Hrsg.), Das große Handbuch Einkaufs- und Beschaffungsmanagement, 1. Aufl., Landsberg/Lech 1998.

STRUNZ, H., Verwaltung: Einführung in das Management von Organisationen, 1. Aufl., München, Wien 1993.

SULIMMA, M., Die Kostenrechnung der Unternehmen im Hinblick auf das Preisrecht des öffentlichen Auftragswesens unter besonderer Berücksichtigung des europäischen Binnenmarktes: Ein Vergleich Deutschland/Frankreich, 1. Aufl., Frankfurt am Main. u.a. 1991.

SUNDHOFF, E., Grundlagen und Technik der Beschaffung von Roh-, Hilfs- und Betriebsstoffen, 1. Aufl., Essen 1958.

SYSON, R., Improving Purchase Performance, 1. Aufl., London 1992.

SZYPERSKI, N., ROTH, P. (Hrsg.), Beschaffung und Unternehmensführung: Bericht des Arbeitskreises "Beschaffung, Vorrats- und Verkehrswirtschaft", 1. Aufl., Stuttgart 1982.

T

TANEW, G., Controlling in der Materialwirtschaft: Planung, Steuerung und Messung des materialwirtschaftlichen Erfolges, Zeitschrift Interne Revision, 14(1979)4, S. 215-226.

TEMPELMEIER, H., Beschaffung, Materialwirtschaft, Logistik. In: WITTMANN, W. ET AL. (Hrsg.), Handwörterbuch der Betriebswirtschaft, 5. Aufl., Stuttgart 1993, Sp. 312-325.

THEISEN, P., Grundzüge einer Theorie der Beschaffungspolitik, 1. Aufl., Berlin 1970.

TÖPFER, A., Gestaltung des Wandels: Erfolgskonzepte zur Steuerung: Fünf Thesen. In: TÖPFER, A. (Hrsg.), Die erfolgreiche Steuerung öffentlicher Verwaltungen, 1. Aufl., Wiesbaden 2000a, S. 41-61.

TÖPFER, A., Steuerung der Verwaltung durch die Balanced Score Card. In: TÖPFER, A. (Hrsg.), Die erfolgreiche Steuerung öffentlicher Verwaltungen, 1. Aufl., Wiesbaden 2000b, S. 159-174.

TÖPFER, A., Von der Reform zur kontinuierlichen Verbesserung: Anforderungen und Probleme. In: TÖPFER, A. (Hrsg.), Die erfolgreiche Steuerung öffentlicher Verwaltungen, 1. Aufl., Wiesbaden 2000c, S. 353-368.

TÖPFER, A., Meilensteine der Veränderung: Ein Leitfaden für das Buch. In: TÖPFER, A. (Hrsg.), Die erfolgreiche Steuerung öffentlicher Verwaltungen, 1. Aufl., Wiesbaden 2000d, S. 1-23.

TOONEN, T. A. J., Public Sector Reform in Western Europe: A Paradigm Shift or Public Administration as Usual? In: HESSE, J. J., TOONEN, T. A. J. (Hrsg.), The European Yearbook of Comparative Government and Public Administration, Baden-Baden 1996, S. 485-498.

TREIS, B., Beschaffungsmarketing. In: THEUER, G., SCHIEBEL, W., SCHÄFER, R. (Hrsg.), Beschaffung, 1. Aufl., Landsberg/Lech 1986, S. 133-148.

TRENT, R. J., Strategic Alliances and Partnerships. In: CAVINATO, J. L., KAUFFMAN, R. G. (Hrsg.), The Purchasing Handbook, 6. Aufl., New York 1999, S. 167-203.

TUCKER, S. A., Successful Managerial Control by Ratio-Analysis, 1. Aufl., New York, Toronto, London 1961.

U/V

UMWELTBUNDESAMT (Hrsg.), Handbuch Umweltfreundliche Beschaffung: Empfehlungen zur Berücksichtigung des Umweltschutzes in der öffentlichen Verwaltung und im Einkauf, 4. Aufl., München 1999.

VAN WEELE, A., Purchasing Control: Performance Measurement and Evaluation of the Industrial Purchasing Function, 1. Aufl., Eindhoven 1984.

VENKATESAN, R., Strategic Sourcing: To Make or Not to Make, Harvard Business Review, 71(1992)November-December, S. 97-108.

VERSTEEG, A., Revolution im Einkauf: Höchste Qualität und bester Service zum günstigsten Preis, 1. Aufl., Frankfurt am Main, New York 1999.

VOEGELE, A. R., SCHINDELE, S. (Hrsg.), Einkaufskooperationen in der Praxis: Chancen, Risiken, Lösungen, 1. Aufl., Wiesbaden 1998.

VOGELSANG, K., LÜBKING, U., ULBRICH, I.-M., Kommunale Selbstverwaltung: Rechtsgrundlagen – Organisation – Aufgaben – Neue Steuerungsmodelle, 3. Aufl., Berlin 2005.

VOLLMUTH, H. J., Führungsinstrument Controlling: Planung, Kontrolle und Steuerung, 6. Aufl., Planegg 2001.

VOLLMUTH, H. J., Kennzahlen, 2. Aufl., Freiburg 2002.

VOLZ, J., Controlling als wesentlicher Baustein neuer Steuerungsmodelle. In: BOLAY, F. W. ET AL. (Hrsg.), Öffentliche Verwaltungen nachhaltig modernisieren, 1. Aufl., Frankfurt am Main 1998, S. 234-243.

VON AMELN, R., Öffentliche Auftragsvergabe im Gemeinsamen Markt aus kommunaler Sicht, Der Städtetag, 42(1989)1, S. 7-14.

VONDERHEID, U., Die Beschaffungswirtschaft kommunaler Versorgungs- und Verkehrsunternehmen und EG-Binnenmarkt, 1. Aufl., Baden-Baden 1994.

W

WACHENDORFF, P., Alternative Vertragsgestaltung bei öffentlichen Aufträgen: Eine ökonomische Analyse, 1. Aufl., Frankfurt am Main, Bern, New York 1985.

WALLER, E. L., Operations Management: A supply chain approach, 2. Aufl., London u. a. 2003.

WALLERATH, M., Verwaltungsreform in der Rationalitätenfalle? In: WALLERATH, M. (Hrsg.), Verwaltungserneuerung, 1. Aufl., Baden-Baden 2001, S. 41-59.

WALTHER, N., Einführung der Kosten- und Leistungsrechnung in der Kernverwaltung. In: BOLAY, F. W. ET AL. (Hrsg.), Öffentliche Verwaltungen nachhaltig modernisieren, 1. Aufl., Frankfurt am Main 1998, S. 173-183.

WALTHER, N., BRÜCKMANN, F., Controllinggrundlagen und Controllingerfahrungen in Offenbach. In: HILL, H., KLAGES, H. (Hrsg.), Controlling im Neuen Steuerungsmodell, 1. Aufl., Düsseldorf 1996, S. 23-44.

WAMBACH, M., Controlling: Kommunale Steuerung mit Konzept. In: BAYERISCHE VERWALTUNGSSCHULE (Hrsg.), Kosten senken durch Kostensteuerung, 1. Aufl., Stuttgart u. a. 1999, S. 244-282.

WEBER, G. R., Controlling: Möglichkeiten und Grenzen der Übertragbarkeit eines erwerbswirtschaftlichen Führungsinstruments auf öffentliche Institutionen, Die Betriebswirtschaft, 48(1988a), S. 171-194.

WEBER, J., Controlling in öffentlichen Unternehmen und Verwaltungen: Chancen, Restriktionen und was man daraus für's Controlling in der Unternehmensverwaltung lernen kann, Controller-Magazin, 12(1987), S. 265-270.

WEBER, J., Controlling in öffentlichen Unternehmen und Verwaltungen: Chancen und Restriktionen. In: WEBER, J., TYLKOWSKI, O. (Hrsg.), Controlling, 1. Aufl., Stuttgart 1988b, S. 35-48.

WEBER, J., Überblick über die spezifischen Rahmenbedingungen des Controlling in öffentlichen Institutionen. In: MAYER, E., WEBER, J. (Hrsg.), Handbuch Controlling, 1. Aufl., Stuttgart 1990, S. 581-608.

WEBER, J., Kostenrechnung als zentrales Element des New Public Management? In: BECKER, R., WEBER, J. (Hrsg.), Kostenrechnung, 1. Aufl., Wiesbaden 1997a, S. 485-508.

WEBER, J., Kennzahlen. In: KÜPPER, H.-U., WEBER, J. (Hrsg.), Taschenlexikon Controlling, 1. Aufl., Stuttgart 1997b,. S. 172-173.

WEBER, J., Einführung in das Controlling, 9. Aufl., Stuttgart 2002.

WEBER, J., SANDT, J., Erfolg durch Kennzahlen: Neue empirische Erkenntnisse, 1. Aufl., Vallendar 2001.

WEBER, J., SCHÄFFER, U., Balanced Scorecard: Gedanken zur Einordnung des Konzepts in das bisherige Controlling-Instrumentarium, Zeitschrift für Planung, 9(1998)9, S. 341-365.

WEBER, J., SCHÄFFER, U., Auf dem Weg zu einem aktiven Kennzahlenmanagement, Die Unternehmung, 53(1999)5, S. 333-350.

WEBER, J., SCHÄFFER, U., Balanced Scorecard & Controlling: Implementierung – Nutzen für Manager und Controller – Erfahrungen in deutschen Unternehmen, 3. Aufl., Wiesbaden 2000.

WEBER, M., Kennzahlen: Unternehmen mit Erfolg führen, 1. Aufl., Planegg 1999.

WELGE, M. K., AL-LAHAM, A., Planung: Prozesse – Strategien – Maßnahmen, 1. Aufl., Wiesbaden 1992.

WERNER, H., Relationales Beschaffungsverhalten: Ausprägungen und Determinanten, 1. Aufl., Wiesbaden 1997.

WERNER, M. J., § 98 GWB: Auftraggeber. In: BYOK, J., JAEGER, W. (Hrsg.), Kommentar zum Vergaberecht, 1. Aufl. Heidelberg 2000a, S. 82-121.

WERNER, M. J., § 101 GWB: Arten der Vergabe. In: BYOK, J., JAEGER, W. (Hrsg.), Kommentar zum Vergaberecht, 1. Aufl., Heidelberg 2000b, S. 164-174.

WESTHOF, P., Die wettbewerbswidrige Beeinflussung des öffentlichen Beschaffungswesens, 1. Aufl., Wiesbaden 1989.

WESTING, J. H., FINE, J. V., ZENS, G. J., Purchasing Management: Materials in Motion, 4. Aufl., Santa Barbara u. a. 1976.

WEWER, G., Zieldefinition in der Verwaltung. In: BLANKE, B. ET AL. (Hrsg.), Handbuch zur Verwaltungsreform, 2. Aufl., Opladen 2001, S. 247-253.

WHITTAKER, J. B., Balanced Scorecard in the federal government, 1. Aufl., Vienna 2000.

WICHER, H., Probleme und Chancen einer innovativen Verwaltungspolitik, Das Wirtschafts-studium, 19(1990)2, S. 99-104.

WICK, T., Kosten- und Leistungsrechnung. In: BAYERISCHE VERWALTUNGSSCHULE (Hrsg.), Kosten senken durch Kostensteuerung, 1. Aufl., Stuttgart u. a. 1999, S. 123-142.

WILLEKE, M., ALTHAUS, T., Prozeßoptimierung der Beschaffung und Materiallogistik bei der WILO GmbH: Ein Erfahrungsbericht über ein mitarbeitergetragenes Prozeßoptimierungsprojekt, Zeitschrift Führung+Organisation, 67(1998)5, S. 280-285.

WILLIAMS, R., SMELLIE, R., Public Purchasing: An Administrative Cinderella, Public Administration, 63(1985)Spring, S. 23-39.

WINDISCH, R., OBERDIECK, E., Haushaltsplanung. In CHMIELEWICZ, K./EICHHORN, P. (Hrsg.), Handwörterbuch der öffentlichen Betriebswirtschaft, 1. Aufl., Stuttgart 1989, Sp. 559-654.

WIRTZ, B. W., ECKERT, U., Electronic Procurement: Einflüsse und Implikationen auf die Organisation der Beschaffung, Zeitschrift Führung + Organisation, 70(2001)3, S. 151-158.

WISSENBACH, H., Betriebliche Kennzahlen und ihre Bedeutung im Rahmen der Unternehmerentscheidung: Bildung, Auswertung und Verwendungsmöglichkeiten von Betriebskennzahlen in der unternehmerischen Praxis, 1. Aufl., Berlin 1967.

WITTE, J., Die Neuregelung des Vergaberechts, Deutsches Steuerrecht, 36(1998), S. 1684-1688 .

WITTIG, O., Wettbewerbs- und verfassungsrechtliche Probleme des Vergaberechts, 1. Aufl., Düsseldorf 1999.

WOHLFAHRT, N., ZÜHLKE, W., Von der Gemeinde zum Konzern Stadt: Auswirkungen von Aus-gliederungen und Privatisierung für die politische Steuerung auf kommunaler Ebene, 1. Aufl., Dortmund 1999.

WOLF, J., Kennzahlensysteme als betriebliche Führungsinstrumente, 1. Aufl., München 1977.

WOLLMANN, H., Reformen der kommunalen Politik- und Verwaltungsebene in Großbritannien, Schweden und Frankreich. In: JANN, W. ET AL. (Hrsg.), Status-Report Verwaltungsreform, 1. Aufl., Berlin 2004, S. 36-50.

WOODS, D. L. ET AL., Public/Private Purchasing. In: CAVINATO, J. L., KAUFFMAN, R. G. (Hrsg.), The Purchasing Handbook, 6. Aufl., New York 1999, S. 1029-1069.

WORLD TRADE ORGANIZATION (WTO): COMMITTEE ON GOVERNMENT PROCURE-MENT, Government procurement: the plurilateral agreement, http://www.wto. org/english/ tratop_e/gproc_e/memobs_e.htm, o. J., Zugriff 02.01.2006.

WORLD TRADE ORGANIZATION (WTO): COMMITTEE ON GOVERNMENT PROCURE-MENT, Decision pursuant to article XXIV: 6(a) of the agreement on government procurement, GPA/78, http://www.wto.org/english/tratop_e/gproc_e/gp_gpa_e.htm http://europa.eu.int/ comm/internal_market/publicprocurement/international_de. htm, aus dem Jahr 2004, Zugriff 02.01.2006.

WULLENKORD, A., Abspecken und fit werden, Harvard Business Manager, 25(2003)2, S. 10-13.

Y/Z

YATES, R. A., Human Resource Management. In: CAVINATO, J. L., KAUFFMAN, R. G. (Hrsg.), The Purchasing Handbook, 6. Aufl., New York 1999, S. 331-355.

YOUNG, R. Y., Knowledge of Supply Markets. In: CAVINATO, J. L., KAUFFMAN, R. G. (Hrsg.), The Purchasing Handbook, 6. Aufl., New York 1999, S. 99-126.

ZDROWORRYSLAW, N., KASCH, R., Betriebsvergleiche und Benchmarking für die Management-praxis: Unternehmensanalyse, Unternehmenstransparenz und Motivation durch Kenn- und Ver-gleichsgrößen, 1. Aufl., München, Wien 2002.

ZDZIEBLO, W., Einführung in die Grundlagen des Öffentlichen Auftragswesens. In: JANK, V., ZDZIEBLO, W. (Hrsg.), Einführung in das Öffentliche Auftragswesen, 1. Aufl., Tang-stedt/Hamburg 1987, S. 7-72.

ZEITZ, S., Dezentrale elektronische Bekanntmachung öffentlicher Ausschreibungen, Diss. Universität Würzburg 1997.

ZENTRALVERBAND ELEKTROTECHNIK- UND ELEKTRONIKINDUSTRIE (ZVEI): BETRIEBSWIRTSCHAFTLICHER AUSSCHUSS, ZVEI-Kennzahlensystem: ein Instrument zur Unternehmenssteuerung, 4. Aufl., Frankfurt am Main 1989.

ZIEGENBEIN, K., Controlling, 7. Aufl., Ludwigshafen 2002 .

ZIMMERMANN, R., GASSER, A. J., Partners for Profit: Beziehungsmanagement statt Preisdrückerei, 1. Aufl., St. Gallen, Zürich 1999.

ZIMMERMANN, G., JÖHNK, T., Die Balanced Scorecard als Performance Measurement System, Das Wirtschaftsstudium, 30(2001)4, S. 516-526.

ZWICKER, E., Möglichkeiten und Grenzen der betrieblichen Planung mit Hilfe von Kennzahlen, Zeitschrift für Betriebswirtschaft, 46(1976), S. 225-244.